VERLAG
FRITZ
MOLDEN

PETER MATTHIESSEN
ELIOT PORTER

DER BAUM
DER
SCHÖPFUNG
ERLEBNIS
OSTAFRIKA

VERLAG FRITZ MOLDEN · WIEN-MÜNCHEN-ZÜRICH

1.—10. Tausend

Aus dem Amerikanischen übertragen von Helga Zoglmann
Titel der amerikanischen Originalausgabe
THE TREE WHERE MAN WAS BORN — THE AFRICAN EXPERIENCE

Idee und Gestaltung: E. P. Dutton & Co., Inc., New York
Gesamtherstellung: Amilcare Pizzi — S. P. A. Mailand, Italien
(in Zusammenarbeit mit Chanticleer Press, Inc., New York)

Textteile erschienen in etwas abgeänderter Form ursprünglich
im Magazin „The New Yorker"

Copyright © 1972, The New Yorker
Alle Rechte der deutschen Ausgabe 1973:
Verlag Fritz Molden, Wien-München-Zürich
Lektor: Johannes Eidlitz
Technischer Betreuer: Herbert Tossenberger
Schrift: Garmond Garamond-Antiqua
Satz: Filmsatzzentrum Deutsch-Wagram
ISBN 3-217-00533-3

Zum Gedenken an

DEBORAH LOVE
MATTHIESSEN

in Liebe und Dankbarkeit

Inhalt

Affenbrotbaum beim Manyarasee

Ol Doinyo Lengai – Berg Gottes (umseitig)

Dornenbäume
bei Seronera, Serenget

12

Gepard
in der Kurzgrassteppe der Serengeti

Murchison Falls,
der Obere Nil bricht durch eine enge Schlucht

14

Schmiedespornkiebitze,
Ngorongoro

Die wilden Tiere, denen ich in Afrika nachspürte, waren überwältigend in ihrer Vielfalt und Farbenpracht. Es war, als hätte ich einen Blick in den Morgen der Schöpfungsgeschichte getan; dieses Erlebnis weckte in mir freudige Erwartung, ließ mich die Ursprünge erahnen, führte mich zurück zu jener kindlichen Einfalt, der das unschuldige Staunen vor dem großen Wunder dieses Lebens gegeben ist. Vielleicht ist es auch das Bewußtsein, daß hier in Afrika, südlich der Sahara, die Wiege des Menschengeschlechtes stand. Aber da war auch noch etwas anderes, das mich vor vielen Jahren unter dem Himmel des Sudans rastlos hatte werden lassen: die Stille in diesem uralten Kontinent, das Echo des Vergangenen, das Erahnen des Kommenden. Etwas ist hier geschehen, geschieht eben und wird immer von neuem geschehen – ganze Landschaften scheinen wachsam zu sein.

Auf einer Reise um die Welt, um mich einer anthropologischen Expedition nach Neu-Guinea anzuschließen, kam ich im Frühjahr 1961 nach Afrika. Ich wollte den ägyptischen Tempel von Abu Simbel am Oberen Nil besuchen, die kriegerischen Hirten des Südsudans und die großen Tierherden in der Serengeti, die im Jahr 1961 schon vom Aussterben bedroht schienen. Von Kairo aus über Land reisend, kam ich bis zum Ngorongoro-Krater, in jener Gegend, die damals noch Tanganjika hieß. Ein Sonntagsflug von Nairobi aus ermöglichte einen kurzen Besuch in der Serengeti, wo ich den ersten Leoparden meines Lebens sah, der zwischen Büschen entlang des Stromes lief. Auf der Heimreise überflog der Pilot die endlosen Tierherden auf der Ebene – das größte Erlebnis der Tierwelt der Wildnis, das man auf dieser Welt noch haben kann. Aber von der Luft aus gesehen bleiben diese Tiere fremd, es fehlt die Unmittelbarkeit von Geräusch, Gefühl und Geruch. Ich hatte nicht das Gefühl, die Serengeti wirklich erlebt zu haben, und als ich von John Owen, dem damaligen Direktor der Nationalparks von Tansania, zu einem Besuch eingeladen wurde, ergriff ich sogleich freudig diese Gelegenheit. Von Ende Januar bis Mitte März 1969 lebte ich größtenteils in Seronera, wo ich vom Hegepersonal und den Wissenschaftlern des Serengeti Research Institute überaus freundlich aufgenommen wurde. Das Institut ist im Jahr 1966 für die bedeutenden ökologischen Untersuchungen gegründet und eingerichtet worden, die ganz sicherlich die Zukunft von Mensch und Tier in Afrika beeinflussen werden.

Oft nahmen mich diese Männer – sowohl Parkheger wie Wissenschaftler – auf ihre Beobachtungsflüge, Fußwanderungen und Safaris mit und gaben mir unschätzbare Anleitungen in der Ökologie Afrikas; inzwischen habe ich meinen eigenen Landrover mit Allradantrieb und die Chance, alles, was mich interessiert, nach eigenem Belieben zu untersuchen ...

Peter Matthiessen

Thomson's Falls

Kisumu

Londiani

Kericho

Njoro • Nakuru

Gilgil

Lake Elementeita

ABERDARE MTS.

Naivasha

Lake Naivasha

MAU ESCARPMENT

Lake Victoria

Musoma

M

Narok

Limuru

LOITA PLAINS

Susua

Dagore Ngong

A

IKURIA ESCARPMENT

MAASAI-MARA

NGONG HILLS

Lemai

S

LOITA HILLS

Nerok R.

Uaso Nyiro River

Olorgesaille

Mara *River*

A

KENYA

TANZANIA

Olgaga *Lake Magadi*

Magadi

Ikoma

A

Loliondo

DOROBO

NGURUMAN ESCARPMENT

+ Shombole

Orangi *R.*

Banagi

SONJO

Lake

Natron

Seronera

Seronera R.

GREAT

A

Soit Naado Murt +

GOL MTS.

+ Gelai

SERENGETI NAT PARK

+ Lemuta Hill

SALEI PLAIN

SERENGETI

+ Ol Doinyo Lengai

+ Kerimasi

Kitumbeine

Mwanza

+ Naabi Hill

Olduvai Gorge

Ol Alilal

C

Embagai Crater

L

Engaruka

D

Lake Lagarja

PLAIN

Lemagurut Volcano

Ngorongoro Crater

Loolmalassin

Endulen

Mt. Me

Arus

MBULU

Karatu • Mto Wa Mbu

M

Oldeani

Ndala R.

T

Lake Eyasi

GIYEDA BARAKH

SIPUNGA HILLS

(Gidabembe)

KAINAM PLATEAU

Lake Manyara

Udahaya

A MBUGWE

L

Lake Burungi

HADZA

A

ISANZU

YAIDA VALLEY

Yaida Chini

N

Mt. Hanang +

Z

BARABAIG PLAINS

MAASAI

D

Kondoa

SPRACHFAMILIEN OSTAFRIKAS

(Die Wohnsitze der Stämme sind nur annähernd angegeben, weil ständig wechselnd)

△ Bantu

▽ Niloten

□ Hamiten

◆ Semiten

■ Khoisan (Schnalzlaute)

◰ Einteilung zweifelhaft

Anmerkung: Die Pygmäen und die nilotischen Watussi sprechen Bantu-Sprachen. Die ursprüngliche Sprache der Pygmäen ist unbekannt.

0   25   50   75   100

Miles

△ ISANZU   ▽ BARABAIG

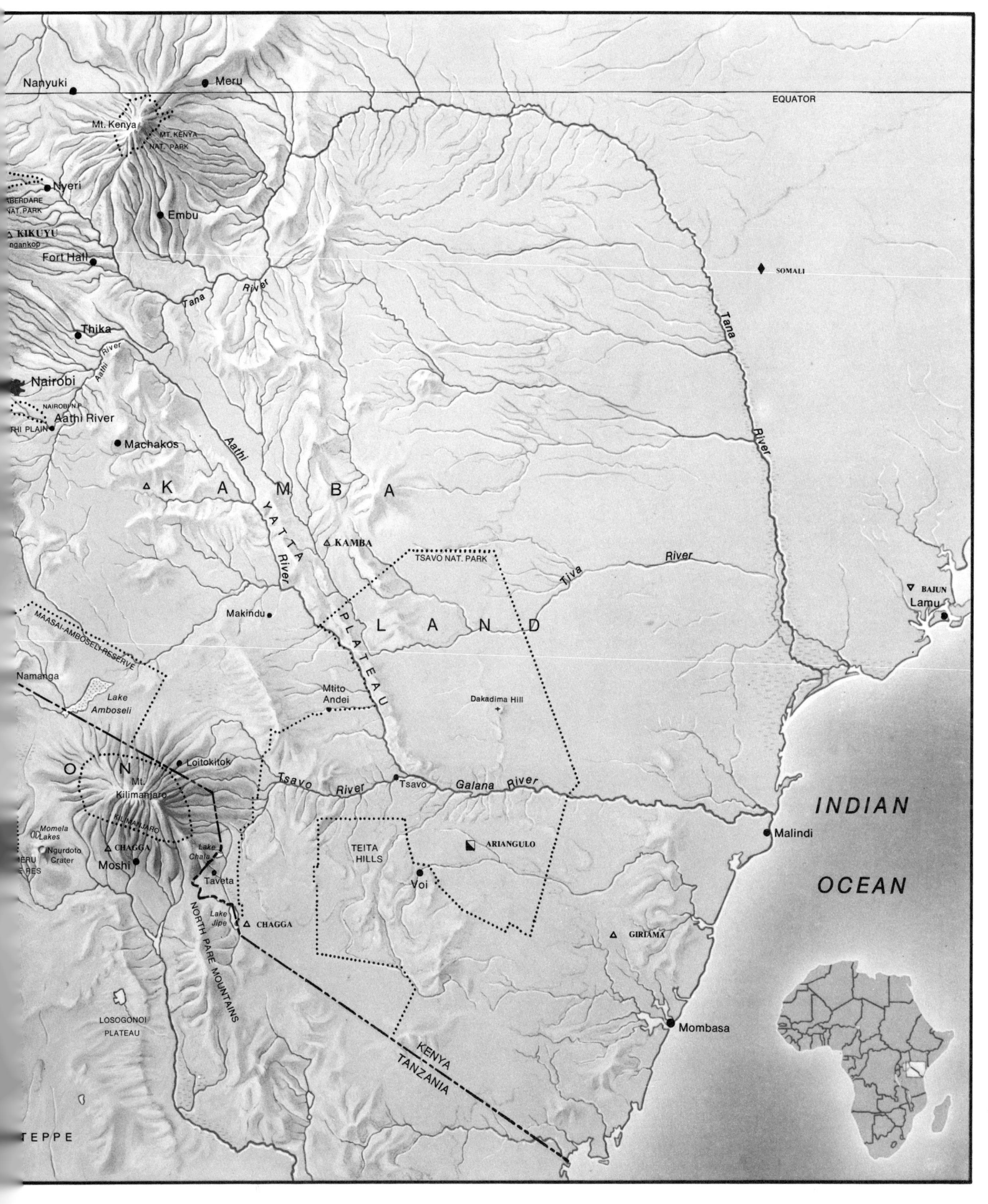

Nanyuki   Meru   EQUATOR

Mt. Kenya   MT. KENYA
                 NAT. PARK

Nyeri
ABERDARE
NAT. PARK
                 Embu   SOMALI
△ KIKUYU
ngankop
Fort Hall

                                                                                        Tana

Thika
              Aathi River

Nairobi
                                                                                        River
NAIROBI N.P.
Aathi River
THI PLAIN

        Machakos

△ K   A   M   B   A

                                                                                              BAJUN
                 △ KAMBA
                              TSAVO NAT. PARK   Tiva   River   Lamu
                                                                    P
                 Makindu   L   A   N   D
MAASAI-AMBOSELI-RESERVE
                                                                    A
Namanga   T
                                Mtito   E
        Lake   Andei   Dakadima Hill   A
        Amboseli   U
                                                                         INDIAN
O   N   Loitokitok
                 Mt.   Tsavo   River   Tsavo   Galana   River
                 Kilimanjaro   OCEAN
Momela   KILIMANJARO
Lakes
                                                                                   Malindi
Ngurdoto △ CHAGGA   Lake
MERU   Crater   Chala   TEITA   ARIANGULO
E RES   Moshi   HILLS
                         Taveta
                                                      Voi
                 △ CHAGGA
        Lake   △ GIRIAMA
        Jipe

                NORTH PARE MOUNTAINS

LOSOGONOI
PLATEAU   Mombasa
                                KENYA
                                TANZANIA

TEPPE

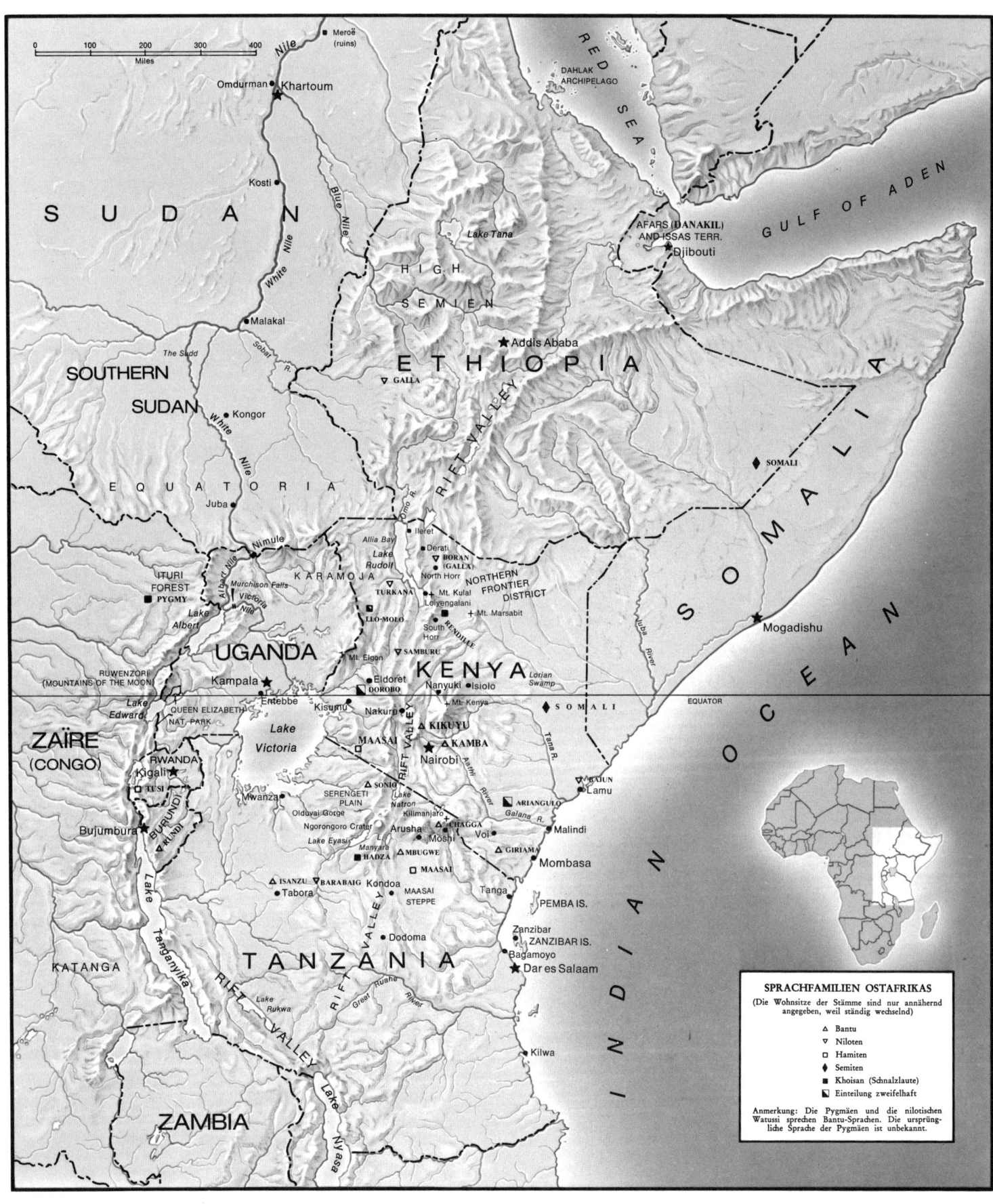

SUDAN

Nile
Meroë (ruins)

Omdurman • Khartoum ★

Kosti •

White Nile
Blue Nile

Malakal •

The Sudd

SOUTHERN

SUDAN

Kongor •
White Nile

E Q U A T O R I A

Juba •

Nimule

ITURI
FOREST
■ PYGMY

Murchison Falls
Albert Nile
Victoria Nile
Lake
Albert

RUWENZORI
(MOUNTAINS OF THE MOON)

Kampala ★

UGANDA

Lake
Edward

QUEEN ELIZABETH
NAT. PARK

ZAÏRE
(CONGO)

RWANDA
Kigali ★
△ TUSI

BURUNDI

Bujumbura ★

Lake
Tanganyika

KATANGA

RIFT

VALLEY

Lake
Rukwa

RIFT

VALLEY

Lake
Nyasa

ZAMBIA

ETHIOPIA

Lake Tana

HIGH

SEMIEN

★ Addis Ababa

▽ GALLA

RIFT VALLEY

Omo R.

Ileret •
Allia Bay •
Derati •
Lake
Rudolf
▽ BORAN
(GALLA)
North Horr •

KARAMOJA

▽ TURKANA
+ Mt. Kulal
Loiyengalani •

ILO-MOLO
South
Horr •
RENDILLE
+ Mt. Marsabit

NORTHERN
FRONTIER
DISTRICT

Mt. Elgon +
▽ SAMBURU

KENYA

Lorian
Swamp

Eldoret •
● DOROBO
Nanyuki • Isiolo •

EQUATOR

Kisumu •
Nakuru •
+ Mt. Kenya
Mt. Kenya

● SOMALI

△ KIKUYU

MAASAI
RIFT VALLEY
★ Nairobi
△ KAMBA

Tana R.

Lake
Victoria

Mwanza •

SERENGETI
PLAIN
△ SONJO
Lake
Natron
Olduvai Gorge
Ngorongoro Crater
Lake Eyasi
Arusha •
Moshi •
Kilimanjaro +
+ CHAGGA
Manyara
▽ MBUGWE
■ HADZA
Voi •

△ ISANZU ▽ BARABAIG Kondoa
● Tabora
■ MAASAI
STEPPE

Dodoma •

TANZANIA

Great Ruaha River

Pangani River

Athi River
Galana R.

△ ARIANGULO

Malindi •

△ GIRIAMA

● Mombasa

Tanga •

PEMBA IS.
Zanzibar ◆ ZANZIBAR IS.
● Bagamoyo
★ Dar es Salaam

Kilwa •

▽ BAJUN
● Lamu

SOMALIA

RED SEA
DAHLAK
ARCHIPELAGO

GULF OF ADEN

AFARS (DANAKIL)
AND ISSAS TERR.
● Djibouti

◆ SOMALI

Juba River

● Mogadishu

I N D I A N

O C E A N

SPRACHFAMILIEN OSTAFRIKAS

(Die Wohnsitze der Stämme sind nur annähernd
angegeben, weil ständig wechselnd)

△ Bantu
▽ Niloten
□ Hamiten
◆ Semiten
■ Khoisan (Schnalzlaute)
◨ Einteilung zweifelhaft

Anmerkung: Die Pygmäen und die nilotischen
Watussi sprechen Bantu-Sprachen. Die ursprüngliche Sprache der Pygmäen ist unbekannt.

---

0   100   200   300   400
Miles

I | Der Baum der Schöpfung

In jener Zeit, als Dendid alle Dinge schuf

Schuf er die Sonne

Und die Sonne wird geboren und stirbt und kommt wieder.

Er schuf den Mond

Und der Mond wird geboren und stirbt und kommt wieder.

Er schuf die Sterne

Und die Sterne werden geboren und sterben und kommen wieder.

Er schuf den Menschen

Und der Mensch wird geboren und stirbt und kommt nicht wieder.

Altes Volkslied der Dinka

Der Baum, auf dem der Mensch geboren wurde, stand, sagen die Nuer, im Westen des Südsudans, noch in einer Zeit, in die die Erinnerung der Alten zurückreicht. Ich sehe ihn vor mir, einen riesigen Affenbrotbaum, der sich wie eine Gestalt gewordene Wurzel des Lebens emporreckt, zwischen jenen wilden Gräsern, die zeitlos zum Horizont hinwogen – und vor ihm den ersten Menschen: nackte Silhouette vor dem jungfräulichen blauen Himmel. Dieser aus der Stille Geborene und die Vergangenheit sind allgegenwärtig in Afrika. Man hört sie förmlich, diese Stille, hört den Schritt des ersten Menschen, verhält selbst den Schritt – und plötzlich steht er da, ganz nahe. Ich sehe ihn noch vor mir: eine Speerspitze blitzt in der Sonne.

Die Menschen im Südsudan sind groß und schlank und schwarz wie das verbrannte Skelett eines Baumes: der Dinka, der seine Stammesnarben V-förmig in die Haut ritzt; der Shilluk, dessen Gesicht perlenförmige Schmucknarben bis zu den Ohren zieren; und der Nuer mit sechs gezackten Ziernarben von Schläfe zu Schläfe – seine furchterregende Stirn und die zugefeilten Zähne, die wie Hauer hervorragen, verleihen dem Nuer das starre Grinsen eines Totenschädels, das nicht als ein Lächeln mißdeutet werden kann. Im Jahre 1961 wanderten einige Nuer noch immer nordwärts, bis nach Khartum hinauf, wo ich das erstemal mit ihnen Bekanntschaft machte. Angetan mit kurzen Hosen, stolzierten sie durch den arabischen Bazar von Omdurman, neben ihnen schienen die geschäftig hin und her eilenden Händler aus dem Suq zwerghaft.

Andere wiederum überquerten die Brücke von Khartum, unweit des Zusammenflusses von Blauem und Weißem Nil. Ohne der Brücke und den Flüssen Beachtung zu schenken, dem Lärm der Autohupen, dem Gestank der Auspuffgase und den schrillen Rufen der Händler, jener verachtenswerten Lebewesen, die kein Vieh ihr eigen nannten, bahnten sich diese Gestalten wie in Trance den Weg mitten durch den Verkehr des 20. Jahrhunderts, sie zogen durch ihn in langer Reihe, so wie sie quer durch die Wüste und über Wasserläufe bis nach Äquatorialafrika zurückwandern würden.

Für die meisten Eingeborenen bedeutet die Regierung des Sudans eine fremde Macht, die 1955 ohne die Zustimmung, ja nicht einmal mit Wissen der meisten Sudanesen ins Leben gerufen wurde: Der nördliche Teil des Landes, die Wüstenregion, ist Teil der arabischen Welt, während der Süden, tausend Kilometer und mehr entfernt, mitten in Schwarz-Afrika liegt. Als ich im Jahre 1961 durch Ägypten und den Sudan nach Ostafrika reiste, hatte man diese südlichen Provinzen –

Obernilgebiet, Bahr-el-Ghazal und Äquatorialafrika – zu „geschlossenen Territorien" erklärt, da die Eingeborenen die islamische Regierung nicht zur Kenntnis nehmen wollten. Ausländer durften das Gebiet nur mit einer Sondergenehmigung bereisen, und es war verboten, die nackten Menschen dort zu photographieren. Auch gestaltete sich die Reise durch das Land sehr schwierig, denn es führte keine befestigte Straße durch die Wüste, die sich von Khartum mehrere hundert Kilometer nach Süden ausdehnte. Da eine reguläre Transportmöglichkeit fehlte, fuhr ich auf einem alten Lastwagen mit, der von den Händlern aus Omdurman in der Trockenzeit nach Süden geschickt wurde. Ich saß auf einer Ladung Kartoffeln, Drahtrollen, Blechtöpfen und Eisentoren und teilte mein Lager mit zwei anderen Weißen, auf die ich in Omdurman gestoßen war – einem jungen Studenten auf dem Heimweg nach Südafrika und einem bärtigen amerikanischen Israelkrieg-Veteranen mit Hirschfänger, dunkler Baskenmütze, Sonnenbrillen und einem goldenen Ohrring –, und mit sechzehn in der Mission tätigen Eingeborenen, hauptsächlich Dinka und Shilluk, sowie zwei Nuern. Sosehr wir es auch zu vermeiden versuchten, kamen wir dennoch immer wieder in enge Berührung mit mindestens fünf oder sechs Mitreisenden, und nach der langen Wartezeit und der unerträglichen Hitze war unser aller Stimmung nicht die beste, als in der Abenddämmerung der Lastwagen sich in Bewegung setzte und über Straßen fuhr, die selbst in den ärmsten Städten des Nordsudans täglich mit Reisigbesen gekehrt werden; auf einem Minarett, das sich deutlich vom abendroten Himmel abhob, rief ein Muezzin die Gläubigen zum Abendgebet.

Als unser Wagen endlich die Stadt hinter sich gelassen hatte, war die Nacht hereingebrochen, und der tiefschwarze Himmel war sternenübersät. Der ungewisse Pfad führte südwärts in die Wüste. Aus dem im Nachtwind abkühlenden Sand erhoben sich verstreut da und dort Dornensträucher. Im schwankenden Lichtkegel der Scheinwerfer tanzten geisterhaft Springmäuse, auf „Zehenspitzen" hin und her hopsend wie verwunschene Vögel. Und später, knapp vor Mitternacht, als der Sand zu weichen begann, kamen die Vögel der Nacht – die afrikanische Eule, die Ziegenmelker und die hellen Nordafrika-Triele, die wie die Seelen von Toten senkrecht in den nächtlichen Himmel hinaufwirbelten.

Im Laufe der Nacht wurde der Weg immer weniger erkennbar. Unser Fahrer, der kein Beduine war und sich nicht nach den Sternen orientieren konnte, folgte wiederholt zufälligen Spuren, die ins Nichts führten.

Einmal hielt der Wagen an, und unsere mohammedanischen Gefährten kletterten hinunter, rollten ihre Gebetsteppiche auf, wuschen ihre Füße und berührten – im Licht der Scheinwerfer – die Erde mit ihren Stirnen. Wahrscheinlich wandten sie sich nach Osten, gegen Mekka, doch schien dies nicht zu bedeuten, daß sie wußten, welcher Weg weiter nach Süden führte, denn bald hielt der Fahrer wiederum an, nachdem er einige Zeit im Kreis gefahren war; kurze Zeit später waren wir unbarmherzig in einem Graben gelandet. Das aufgestapelte Frachtgut kippte um, die Passagiere sprangen von der Ladefläche und standen respektvoll um den Fahrer herum, der den Motor laufen ließ und zusah, wie die Räder sich immer tiefer in die Erde eingruben. Als die Achsen des Wagens schließlich am Boden festsaßen, kletterte der Chauffeur aus dem Führerhaus, stellte sich neben seine Fahrgäste und betrachtete das Werk Allahs mit sichtbarer Befriedigung. Daraufhin holte jeder der Passagiere Decken hervor – außer den beiden Amerikanern, die keine mithatten –, und alle legten sich mitten in der Wüste zur Ruhe.

Die Kälte der Wüstennacht gegen vier Uhr früh war die Kälte des herabgesunkenen Universums schlechthin. Doch kam schließlich die Morgendämmerung, und eine Stunde später wurde es etwas wärmer; gestärkt mit staubigen Datteln und Sardinen, gruben wir den Lastwagen aus dem Wüstensand aus. Einsame Gestalten mit wehenden weißen Umhängen wanderten durch die Gegend: die braunen Klumpen ihrer Behausungen verschmolzen mit einer steinigen Anhöhe in mehr als einem Kilometer Entfernung. Unweit der Wasserstelle gab es spärlichen Graswuchs, aber überall sonst, soweit das Auge sehen konnte, nichts als verbrannte Erde und Kies.

In früheren Jahrtausenden, während der Regenzeiten im Pleistozän und auch noch später, war ein Großteil dieses Ödlandes saftiges Grasland gewesen. Als ich Jahre später in der Morgendämmerung von Rabat an der Atlantikküste nach Südosten flog, über endlose rote Wüste aus Geröll und verwehtem Sand und unter einem dunstigen Himmel, konnte ich die äonenalten Flußbetten der Eiszeit erkennen, wie Fossilienspuren im Sand der Sahara. Einst waren Jäger hier durchgezogen und hatten rote Zeichnungen auf diesen Felsen hinterlassen, doch heute gab es hier kein Zeichen von Leben mehr, keine Spur. Vor sieben Jahrtausenden, als Männer aus Asien Weizen und Gerste, Schafe und Ziegen an den Unteren Nil brachten, breitete sich die Wüste schon langsam aus, und die Dürre griff immer rascher um sich, weil die Ziegen der Nomaden die Dornensträucher wegfraßen, die das Land befestigten, bis nur noch Sand übrigblieb.

Die Jäger der Steinzeit, auf die die Asiaten stießen, nennt man Tasarianer und Bedarianer. Die Afro-Asiaten, die aus dieser Verbindung stammten, gründeten Dörfer in den Schwemmlandebenen des Nil; aus ihnen sollten die Dynastien der Ägypter werden. Bis zu diesem Zeitpunkt hatte es in Afrika keine Landwirtschaft gegeben und auch keine Haustiere, außer vielleicht den Hund. Aber während der folgenden eintausend Jahre wurden einheimische Pflanzen in Westafrika und bestimmte Hirsearten im Hochland von Äthiopien domestiziert. Um 3500 v. Chr. scheinen die negroiden Stämme Westafrikas zum erstenmal Vieh besessen zu haben, das ihnen möglicherweise Händler aus dem Mittelmeerraum gebracht hatten, die bereits auf den großen Nord-Süd-Karawanenrouten quer durch die Sahara vordrangen. Höhere Kulturen hatten sich in Westafrika überaus rasch entwickelt – die Nok-Kultur scheint lange vor dem Jahr 2000 v. Chr. entstanden zu sein –, aber obwohl zweifellos gewisse Handelsverbindungen weiterbestanden, so waren doch die Völker von Bilad-al-Sudan – dem Land der Schwarzen – vom Aufstieg der mediterranen Kulturen nur wenig beeinflußt. Wohl hatten sie Haustiere und einige wenige Getreidearten übernommen, die Bronzezeit ging jedoch spurlos an ihnen vorüber. Selbst die Verwendung von Eisen, das im alten, nördlich von Khartum gelegenen Königreich Kusch, mit der Hauptstadt Meroë, schon um 300 v. Chr. bekannt war, gelangte erst tausend Jahre später zu den Stämmen des Südsudans, denn die Wüste zwischen dem Nil und den Bergen Äthiopiens war völlig unwegsam, und die Reise auf dem Fluß wurde durch den gewaltigen flußgespeisten Sumpf, den sogenannten Sudd, erschwert; dies verhinderte die Verbreitung der Herrlichkeiten Ägyptens nach Süden und kennzeichnete die südlichen Grenzen des Römischen Reiches. Die Römer konnten damals noch immer ihr Vieh in Libyen weiden, wo heute nur Wüste ist, und Elfenbeinhändler aus Alexandria, die bei Ptolomäus erwähnt werden, brachten Berichte heim von den großen Seen Zentralafrikas und von den „Bergen des Mondes", wahrscheinlich den schneebedeckten Ruwenzori-Bergen, aber nur wenige Eindringlinge aus dem Mittelmeerraum gelangten über jenen Teil der Sahara hinaus, der unter dem Namen Nubische Wüste bekannt ist, einer von heftigen Winden heimgesuchten Leere. Was von den nordafrikanischen Weidegründen übriggeblieben war, wurde von den Beduinenhorden vernichtet, die vor zehn Jahrhunderten den nördlichen Kontinent überrannt hatten; heute klammern sich nur noch einige Araber und ein paar traurige Esel an die düsteren, fast unter dem Sand begrabenen Außenposten, und selten genug zieht eine Kamelkarawane die einsame Eisenbahnlinie entlang, die quer durch die Wüste von Wadi Halfa nach Khartum führt.

Im Verlauf des Tages verschwanden die Kamele vom Horizont der Wüste. In der Nähe des Nils zog sich ein schmaler Streifen Gras die Ufer entlang, aber dies ist ein Stück Land, wo die Menschen kaum ihr karges Leben fristen können und wo die ständig drohende Dürre noch durch die Wanderheuschrecke verschärft wird. Heute brannte die Sonne erbarmungslos vom Himmel, und das kahle Land wirkte wie ein Reflektor: Die weit entfernten Hütten schienen in der schmelzenden Sonne gespenstische Formen anzunehmen, wie Glutklumpen in den Lavaseen eines Vulkans. In der Nähe der Hütten, wo der Fahrer anhielt, um die Autoreifen abzukühlen und seine Waren zum Kauf anzubieten, überfielen uns Horden von Fliegen, die an Augen und Mund nach Feuchtigkeit suchten. Die Fliegen bildeten schwarze Ringe um die Augen der Kleinkinder, die dadurch gespenstisch aussahen, aber nur die Allerkleinsten weinten; die größeren hatten bereits gelernt, sich mit dem Unabänderlichen abzufinden, wie mir das auch bei den Stammesangehörigen im Lastwagen so deutlich aufgefallen war: Die „Europäer" – dieser Sammelbegriff umfaßt alle Weißen in Afrika – zeigten weitaus weniger stoischen Gleichmut. Die Belästigung durch die Fliegen sowie Hitze, Schmutz und eine immer stärker spürbare Ermüdung versetzten uns in eine Art Delirium von Durst und Übelkeit. Aus alten Fetzen fertigten wir uns Turbane an, aber das grelle Licht, das die verbrannte Erde widerspiegelte, gerbte unsere Gesichter zu ledernen Masken. Die Sudanesen wanderten barhäuptig ohne ein Wort der Klage umher, aber das Gesicht des Veteranen aus dem Israelkrieg nahm bald eine gefährliche Färbung an: Hinter seinen dunklen Brillen, das Haupt mit Fetzen bedeckt, warf er irre Blicke über das Land, einem rasenden Rächer ähnlich. Und der junge Bursche aus Südafrika, der einzige Weiße, der nach dem berüchtigten Massaker von Sharpeville mit den afrikanischen Studenten in London demonstriert hatte – er mußte deshalb drei Wochen im Gefängnis zubringen –, dessen Nerven das Gedränge und den Gestank dieser vielfarbigen Reisegenossen nicht ertrugen, stieß ebenjenen Ausspruch der „Kolonialherren" hervor, den er früher mit Verachtung zitiert hatte: „Diese verdammten Nigger sind wirklich

gerade erst von den Bäumen heruntergeklettert!" Er mußte über sich selbst lachen und brach dabei fast in Tränen aus, so entsetzt war er über seinen eigenen Gefühlsausbruch und dabei so erleichtert, daß diese Neger kein Englisch verstanden. Doch die Afrikaner, die erfahren hatten, daß er aus dem Land der Apartheid kam und die seinen widersprüchlichen Gefühlen, seiner Zwiespältigkeit keineswegs verständnislos gegenüberstanden, zogen ihn eindeutig dem Soldaten vor, der ein echter Demokrat in wahrstem Sinn des Wortes war, wie dies nur wenige Weiße sind; außerdem empfahl er sich noch durch seinen deutlich zur Schau getragenen Haß auf die mitreisenden Araber, die auch von den Negern gehaßt wurden: Der arabische Sklavenhandel, der im 19. Jahrhundert den Südsudan verwüstet hatte, war niemals vergessen oder vergeben worden. Doch der Soldat war ihnen nicht geheuer, und zwar nicht wegen der Baskenmütze, des Barts und des Ohrrings, sondern weil er keine Distanz zu den Eingeborenen wahrte, weil er die Fragen der Etikette überging. Überaus konservativ, zurückhaltend, in ihrer typischen Angst vor dem Ungewöhnlichen, verfolgten die Afrikaner mit finsteren Blicken die groteske Gestik und die Clownereien, die der Soldat als Verständigungsmittel einsetzte. Angesteckt von der Anti-Weißen-Propaganda, die ganz Afrika erfaßt hatte, glaubten sie überall gönnerhafte Herablassung oder sogar Bedrohung zu verspüren; sie waren dauernd auf dem Sprung, eingebildete Invasionen aus der imperialistischen Enklave hinter dem Auto – aus dem Wüstenwind – auf die Grenzen der heimischen Territorien abzuwehren. Aber der Soldat versuchte es immer wieder von neuem, er wollte einfach nicht wahrhaben, daß seine freundliche Art als Beleidigung aufgefaßt wurde, daß diese wie gemeißelten maskenhaften Gesichter wahrscheinlich mit demselben, ja vielleicht sogar noch größerem Mißtrauen seine schwarzen Freunde in Amerika betrachtet hätten, die in ihren Augen auch Menschen aus dem Abendland waren, mit der ihnen unverständlichen Einstellung zu Leben und Tod.

Allmählich wurden die viereckigen Lehmziegelhütten von den afrikanischen Bienenkorbhütten abgelöst, zylinderförmigen Wohnhütten aus getrocknetem Schlamm und Stöcken unter kegelförmigem Dach aus Stroh und Binsen. Am Nachmittag erreichte der Lastwagen Kosti, wo wir im Bazarviertel, dem Suq, Rast machten und auf den Sonnenuntergang warteten. Kosti befindet sich im Stadium der sogenannten Nähmaschinenwirtschaft; veraltete Exemplare dieser

Geräte in kleineren Ansiedlungen sind für gewöhnlich die einzigen Beweise des Maschinenzeitalters. Wir aßen eigentümlich schmeckendes Schaffleisch aus verdächtig aussehendem Tongeschirr, tranken den schwarzen Tee der Wüste und brachen schließlich knapp vor Einbruch der Nacht wieder auf; mit mehreren Unterbrechungen fuhren wir bis nach Mitternacht weiter, und zum zweitenmal legten wir uns unter freiem Himmel zur Ruhe. Diesmal war die Nacht wärmer, sogar warm genug für die Moskitos; doch schließlich ging auch das vorüber. Während der Nachtstunden hörten wir weit entfernt das Gebrüll der Flußpferde vom Nil herüber, die ersten Geräusche mitten aus dem Herzen Afrikas.

Das frühe Morgenlicht zeigte uns eine neue Landschaft mit hohem Gras und kleinen Akazienbäumen, und immer wieder vereinzelt ein Affenbrotbaum. Die süß duftenden Akazien oder Dornenbäume, mit ihren federförmigen schlanken Blättern, sind in ihrer großen Vielfalt die vorherrschende Vegetation in den regenarmen Gebieten bis hinunter zum Kap, doch der typische Baum Afrikas ist der Baobab, der Affenbrotbaum, mit seinem gigantischen Stamm und dem primitiven Aussehen; man glaubt, daß er bis zu 2500 Jahre alt werden kann und das überhaupt älteste lebende Ding auf Erden ist. Die Savanne war belebt mit Antilopen und Vögeln – tropische Greife, Tauben, Perlhühner, Frankoline, Bienenfresser, Racken, Nashornvögel und Myriaden von Webervögeln, einschließlich des Blutschnabelwebers, der in dichten Wolken brütet und fliegt und ebensoviel Schaden anrichten kann wie die Heuschrecke. Am Rande eines Wasserlochs standen zweihundert Kronenkraniche und wie ein Wächter ein einsamer Strauß; bei einer Baumgruppe blitzten die weißen Gesichter von Meerkatzen auf. Am Nachmittag ging die Savanne in eine große Ebene über, wo die Gazellen vor dem uns vorauseilenden Geräusch unseres Wagens davonstoben und wo nackte Hirten mit glitzernden Speerspitzen unsere Fahrt über das raschelnde Steppengras mit dem aufmerksamen Gleichmut von Reihern beobachteten. Alles um uns herum war in Blau und Gold getaucht, in weiter Ferne standen Gruppen von Akazienbäumen und in Halbkreisen angeordnet die Hütten der Eingeborenen. Gegen Sonnenuntergang erreichte der Lastwagen Malakal, von wo er wieder nach Norden zurückfahren sollte.

Zwei Tage blieb ich in Malakal und wartete auf eine Möglichkeit, weiter nach Süden zu fahren; fast die ganze Zeit verbrachte ich auf einer langgestreckten Halbinsel, die vor einem Sumpfgebiet an der Nilschleife lag. Ein Pfad führte zu einer Stelle auf der Halbinsel, wo ein Shilluk ein Fischwehr betreute; von hier aus überquerten die Eingeborenen im primitiven Einbaum den Fluß, um zu dem großen, in einem Palmenhain gelegenen Dorf zu gelangen. Da ich nicht unbedingt die Bekanntschaft eines Krokodils machen wollte, drängte es mich nicht, mit hinüber zu fahren, denn der von November bis März wehende Nordwind peitschte den Fluß auf, und außerdem waren die Kanus zum Bersten voll; statt dessen beobachtete ich die Eingeborenen beim Kommen und Gehen und hörte dem Singsang ihrer Stimmen zu. Shillukfrauen trugen auf ihren Köpfen Waren zum Boot, ihre Bewegungen glichen dem Schlängeln einer Kobra durch das wogende Gras, und Rudel junger Mädchen, mit aufrechtem Gang, hohen Brüsten, flirteten und winkten. Die Männer waren mit aschgrauer oder roter Ockerfarbe bemalt, und die Ältesten hatten mehrere perlenartig angeordnete Schmucknarben auf ihren Stirnen; diese Form der Opferung zur Feier der Aufnahme eines Jungen in den Stamm, der sogenannte Initiationsritus, stirbt langsam aus, und nur wenige jüngere Männer hatten mehr als eine einzige Reihe Schmucknarben, manche trugen überhaupt keine mehr.

Vom Dorf am anderen Ufer des Flusses trug der Wind den Gesang und das Wirbeln der Trommeln herüber. Auf der Halbinsel sah ich Eingeborene gebückt in einem kleinen Garten arbeiten, und im Sumpf dahinter zwei nackte Männer, lachend und plaudernd, mit einem ausgeworfenen Netz. Cistensänger flirrten durch die hohen Gräser, eine Schlange schlüpfte aus dem modrigen Riedgras ins Wasser, und auf den Bäumen entlang dem Ufer tummelten sich türkisblaue Racken. In dieser Atmosphäre, in Erwartung des Sonnenaufganges, schienen die nackten Männer zum Urbild des Lebens geworden zu sein: hier waren die dunklen Gestalten der Urgeschichte. Noch vor wenigen Jahrhunderten lebten die Shilluk weiter im Norden, in der Gegend von Khartum, und vielleicht stammten diese Fischer, deren Körper im Morgenlicht glänzten, von den allerersten Negriden ab, einer Gemeinschaft von Fischern aus der Mittleren Steinzeit, die vor mehr als siebentausend Jahren im Gebiet um Khartum lebten. (Angeblich haben die Fischer aus Khartum die Töpferei erfunden, möglicherweise durch das zufällige Verbrennen von Körben, die aus Stroh und nassem Ton bestanden, wie sie noch heute in Gebrauch sind.)[2]

Die frühen Negriden scheinen sehr verstreut gelebt zu haben und sehr wenige gewesen zu sein; vielleicht waren sie seßhafte Fischer, die erst dadurch, daß sie zu

Ackerbauern wurden, ihre beherrschende Rolle unter der Völkerschaft Afrikas erreichten. Vielleicht entwickelten sie sich auch im zentralen Seengebiet und besiedelten erst viel später jene Gebiete südwestlich und westlich der Sahara, die heute mit dem „echten Neger" assoziiert werden, was immer dieser Begriff auch bedeuten soll: Ein mit den Schädelfunden von Khartum gleich alter Schädel wurde nordöstlich von Timbuktu ausgegraben, in einem Landstrich, der sich noch nicht in Wüste verwandelt hatte, und andere Reste altertümlicher Negriden wurden in Nigeria und am Edwardsee gefunden.

Daß so wenig von den Ursprüngen der Negriden bekannt ist, ist eines der Rätsel Zentralafrikas; bearbeitete Steine, Tonscherben, Felszeichnungen und ausgrabene Gebeine des Menschen und seiner Jagdbeute bilden hier die Grundlage der prähistorischen Forschung. So nimmt man zum Beispiel heute an, daß die Buschmänner, Pygmiden und Negriden Rassenvarianten einer afrikanischen Urbevölkerung sind, die sich über Jahrtausende hinweg der jeweils verschiedenen Umwelt anpaßten – den weiten Savannen, den Äquatorialwäldern, den Flußtälern – und die später ihren Kontinent mit den Kaukasoiden* aus dem Norden teilten, und daß die Verschmelzung von Negroiden und Kaukasoiden die langschädelige, schmalgesichtige Rasse der Niloten hervorbrachte, die eben durch diese großen, schlanken Shilluk, die ihre Netze am Nil auswerfen, repräsentiert werden.

Eines Morgens traf ich auf der Halbinsel im Nil in einer großen Gruppe zwei Shilluk, die mit mir auf dem Lastwagen gefahren waren. Angesichts ihrer Missionshosen wirkten ihre heidnischen Ziernarben und zugefeilten Zähne um so grotesker. Die zwei Anwärter auf westliche Zivilisation freuten sich sichtlich, mich wiederzusehen, denn die Bekanntschaft mit mir war ja

---

* Der Begriff „Kaukasoid" wird hier im weitesten Sinn des Wortes verwendet, um Völker eurasischer Abstammung zu bezeichnen, die sich im Laufe der Jahrhunderte unterschiedlich stark mit Afrikanern vermischt haben. Zu den Kaukasoiden zählen die hamitischsprechenden Berber, die Tuareg, die Ägypter und die Äthiopier Nordafrikas sowie die später zugewanderten semitischen Volksstämme wie Araber und Somalis; die Nordsudanesen sind heute eine Mischung aus Arabern, Hamiten und Negern. Da sich die Forscher noch immer nicht über sprachliche und rassische Gruppierungen einigen konnten und daher keine zwei Bücher über Afrika übereinstimmende Angaben bringen, habe ich mich, wo immer möglich, auf die Namen der Hauptsprachfamilien – d. i. Niloten, Hamiten, Semiten – beschränkt und die wenn auch genaueren, so doch weniger verläßlichen Begriffe wie nilo-hamitisch, kuschitisch, sudanesisch, afro-asiatisch etc. vermieden. Die ausgewählten Anmerkungen sowie die Bibliographie am Ende des Buches führen an, wo umfassende Darstellungen solcher Fragen gefunden werden können.

ein sichtbares Zeichen ihrer Weltläufigkeit. „Ezzay-yek, ezzay-yek!" grüßten sie auf arabisch – eine weitere Errungenschaft – und boten mir die Hand zum Gruß. Als ich dann diesen Menschen des neuen Afrika auf ihrem Weg zum Fluß nachblickte, überfiel mich grenzenlose Traurigkeit. Die Shilluk glauben, daß Gott zur Erschaffung des Menschen hellen Ton verwendete, aber daß seine Hände während der Arbeit immer schmutziger wurden und daß die dunkelhäutigen Völker weniger begünstigt seien als die hellhäutigen, wenn es um solche Errungenschaften wie Gewehre und eine Schrift ging.[3]

Es gibt ein Nuer-Lied, das während der arabischen Sklavenüberfälle des vergangenen Jahrhunderts entstanden sein könnte ...

> Der Wind weht wirawira.
> Wo weht er?
> Er weht zum Fluß ...
> Dieses Land ist überrannt von Fremden,
> Die unseren Schmuck in den Fluß werfen
> Und ihr Wasser von seinem Ufer holen.
> Schwarzhaar, meine Schwester,
> Ich bin bestürzt.
> Schwarzhaar, meine Schwester, ich bin bestürzt,
> Wir sind verwirrt;
> Wir blicken auf die Sterne Gottes.[4]

Wir verließen Malakal mit einem kleinen Lieferwagen, dessen Fahrer Gabriel Babili hieß. Eine Autofähre brachte uns über den Sobat, an dessen Ufer sich eine Gruppe Dinka wusch, gemächlich und graziös neben einem gestrandeten Boot, einem Schwesterschiff des britischen Kanonenbootes im Museum der Mahdikriege in Omdurman. Im windgepeitschten Gras entlang der Straße wanderten Nuer mit Speerbündeln, ähnlich jenen der Mahdi-Derwische; die Speere werden neben blauen Angelhaken und Schmuck gegen Häute eingetauscht. Der Lastwagen blieb überall stehen, damit Geschäfte gemacht werden konnten. Einmal war der Weg durch eine große Herde Rinder blockiert, die genauso aussahen wie das Vieh auf den altägyptischen Darstellungen, mit riesigen Hörnern, deren Spitzen nach innen gedreht sind. Die Hirten hatten sich vom Scheitel bis zur Sohle mit Asche eingerieben; in den grauen, maskenhaften Gesichtern wirkten Mund und Augen feucht und erschreckend. Einige blieben angesichts des Wagens unbekümmert – obwohl sie so etwas noch nie gesehen hatten –, andere wieder, von der Autohupe in Panik versetzt, rannten um ihr Leben. Quer über die ausgedörrte Ebene lief eine kaum erkennbare Fahrspur nach Osten. „Das ist der Weg nach Abessinien", sagte Gabriel Babili, der übel roch, Missionsenglisch sprach und stets verzückt lächelte.

Das Christentum drang schon um 540 n. Chr. in den Südsudan vor, zur Zeit der Blüte des christlichen Reiches von Axum in Äthiopien, und die daraus hervorgegangenen nubischen Königreiche behaupteten sich bis zum 14. Jahrhundert gegen die Welle des Islams. Dagegen scheinen die im späteren anglo-ägyptischen Sudan um die Jahrhundertwende gegründeten modernen Missionsstationen keinen nachhaltigen Erfolg gehabt zu haben. Der Menschenschlag hier ist schön, die Frauen sind züchtig, aber die Mädchen verführerisch herausgeputzt mit Federnkopfschmuck, Perlenschnüren, Kupferarmbändern und Kaurimuscheln. Doch außerhalb der Städte laufen die Männer nackt herum – ihre Nacktheit ist allerdings relativ, denn oft sind jene Teile ihres Körpers, denen die Moralisten kein Interesse abgewinnen können, mit Perlenschnüren und Tonerde prächtig geschmückt –, und dieser völlige Mangel an Scham ist eine ständige Quelle des Ärgers ebenso für Missionare wie auch für Moslems.

Was Kultur- und Lebensstandard betrifft, so zählen die Niloten des Südsudans noch immer zu den primitivsten Völkern Afrikas. Die moralische Mißbilligung ihrer Bräuche läßt sich zumindest bis in die sechziger Jahre des vorigen Jahrhunderts zurückverfolgen, als Sir Samuel Baker mit Lady Baker und Unmengen von Gepäck auf der Suche nach den Quellen des Nil flußaufwärts reiste und zu dem Schluß kam, daß die Dinka weniger Charakter zeigten als Hunde (vielleicht dachte Sir Samuel dabei an typische britische Hunde). Er führte dies weniger auf die skandalöse Nacktheit zurück als auf den völlig verantwortungslosen Mangel von Gesetzen und Vorschriften in ihrer Gesellschaft oder vielmehr, daß es den Dinka überhaupt an jeder Gesellschaftsform mangelte, die von einem Untertan Ihrer Britischen Majestät hätte anerkannt werden können. Tatsächlich jedoch basiert das Gesellschaftssystem der Niloten auf einer sehr komplizierten Struktur von Gesetzen und Gebräuchen. Diese schließen etwa bei den Dinka und Shilluk eine besondere Form des uralten ägyptischen Gottkönigtums ein, mit dem Brauch, den alternden, schwach werdenden Häuptling zu töten. Bei den Dinka gibt der „Meister des Fischspeeres" durch ein Handzeichen an, daß der Häuptling nun lebendig zu begraben sei, „um den unwillkürlichen Tod, der das Los aller gewöhnlichen Menschen und Tiere ist – zu vermeiden".[5]

Die Nuer und Dinka ernähren sich hauptsächlich von Milch, Käse und von Blut, das sie mit Pfeilen den Nacken ihrer Rinder abzapfen. Während der Regenzeit bauen sie Hirse an, und während der Trockenperiode, wenn sie das Vieh zu den Flüssen treiben, essen sie Fisch. Sie sind schlechte Bauern und schlechte Jäger, was den hohen Bestand an wilden Tieren in ihrem Land erklärt. Tatsächlich sind sie völlig von ihrem Vieh abhängig. Neben Blut und Milch (Fleisch wird nur selten gegessen, außer wenn ein Tier verendet ist) liefern die Herdentiere Dünger als Brennstoff und als Verputz, Häute für dekorative Lederartikel, Schwanzhaare für Quasten, Knochen für Armreifen und Geräte, Horn für Löffel und Fischspeere und Hodensäcke für Beutel. Die Asche verbrannten Dungs liefert Farbstoff und dient als Entkrausungsmittel für Haare – das Haar der Niloten ist bedeutend länger als das der Bantustämme weiter im Süden – sowie als Mundwasser, und der Urin wird nicht nur zum Färben, sondern auch für die Butter- und Käseerzeugung verwendet und für Gesichts- und Handbäder geschätzt. Es ist daher unvermeidlich, daß immer wieder Kämpfe der Stämme untereinander um Vieh und Weidegründe ausgefochten werden, wobei meistens die Nuer angreifen und die Dinka die Opfer sind. Ursprünglich gab Gott seinen beiden Söhnen Dinka und Nuer eine alte Kuh und ein Kalb, aber Dinka stahl im Schutz der Dunkelheit das Kalb von Nuer. Gott, erzürnt, befahl darauf Nuer, nun Dinka die Kuh wegzunehmen, und so halten die Nuer es seither. Es ist bereits zur Tradition der beiden Stämme geworden, daß der Nuer offen raubt, was der Dinka heimlich stiehlt; auch sind die Nuer dem alten Brauch treu geblieben, die Dinka zu überfallen und zu töten.

Diese wieder haben sich mit ihrer untergeordneten Rolle abgefunden und leisten kaum Widerstand; dafür überfallen und plündern sie die Bari aus, die größtenteils auf den Nilinseln leben und Nacht für Nacht angeblich zum Schutz vor Moskitos ihre Körper ganz mit Schlamm bedecken. Die Nuer führen nur selten Stammesfehden mit den seßhafteren Shilluk, die nur wenig Vieh besitzen und hauptsächlich von Maismehl sowie von kleinen, bei Nacht erlegten Tieren und in Fallen gefangenen Vögeln leben. Als einziger der drei Stämme haben sie eine primitive Schlingenfalle entwickelt, aber sie sind schlechte Jäger und bleiben oft hungrig. Die Nuer erzählen,[6] daß ursprünglich der Magen getrennt vom Menschen gelebt habe, irgendwo im Busch, ein unauffälliges Wesen, das schon mit einigen gerösteten Insekten aus dem Buschfeuer zufrieden war. Dann gestattete der Mensch eines Tages dem Magen, sich seinem Körper anzuschließen, und seit damals hat er ihn immer gequält. Aber für die meisten Stämme im Sudan und auch anderswo entstanden Hunger und alles menschliche Elend in jenem Augenblick, als Gott sich von der Welt zurückzog. Einst hing der Himmel so tief über der Erde, daß der erste Mensch sorgfältig darauf bedacht war, Gott nicht zu verletzen, wenn er seinen Speer oder seine Werkzeuge erhob. In jener Zeit, so sagen die Dinka, schenkte Gott dem ersten Mann und dem ersten Weib ein Hirsekorn pro Tag, und das war reichlich, bis das Weib mehr nahm, als ihr zustand, und, einen längeren Stampfer verwendend, den Himmel traf. Daraufhin zogen sich der Himmel und Gott aus der Reichweite des Menschen zurück, und seit damals muß der Mensch seine Nahrung schwer erarbeiten und wird von Krankheiten und Tod heimgesucht, denn Gott ist fern und hört ihn nur selten.[7]

Die Savanne war noch immer in goldenes Licht getaucht und winddurchweht. In der Abenddämmerung nahm das Gras allmählich eine silberne Färbung an, und in diesem eigenartigen Zwielicht huschte ein Gepard vor unserem Wagen über den Pfad, seinen kleinen Kopf tief gesenkt. Die Ebene ging allmählich in Waldland über – Akazien, Feigenbäume, Affenbrotbäume, Euphorbien und Palmen. Bald reichte die Vegetation bis an die Straße heran, im Dämmerlicht wechselte ein Rudel Flußschweine, die Nackenborsten so aufgestellt, als ob sie Löcher in den Lieferwagen bohren wollten. Sie brachen in das Dickicht ein. Gabriel, der uns immer die schrecklichsten Bilder vorgaukelte, beschwor unheilverkündend Zusammenstöße mit nächtlich umherziehenden Elefanten herauf und blendete sich selbst, indem er die Innenbeleuchtung im Wagen brennen ließ, „damit uns nicht treffen können andere Auto", obwohl wir den ganzen Tag kein anderes Fahrzeug gesehen hatten. Er fürchtete sich auch vor rebellierenden Eingeborenen, die die Außenposten der Regierung überfielen und deren Einstellung den meist arabischen Fahrern gegenüber nicht zu trauen war. Er erklärte, daß allein in diesem Gebiet innerhalb des letzten Monates sieben Krieger erschossen worden seien.

Am Straßenrand glitzerten aus dem Nachtdunkel Augen – Schakale, ein Stachelschwein, Ichneumons, Hörnchen, kleine Katzen, Gazellen und die kleinen Antilopen des Waldlandes, die man Ducker nennt. Ich hielt aufmerksam nach einer Antilope Ausschau, die als Mrs. Gray's Lechwe (Weißnacken-Moorantilope) bekannt ist, aber dieses faszinierende Geschöpf zeigte sich nirgends. Gegen neun Uhr abends überraschte der Wagen zwei Löwinnen in der Fahrspur; zwei Löwenmädchen lagerten auf der einen Seite der Straße im Gras. Diese ersten Löwen, die ich hier sah in freier Wildbahn, erhoben sich, wendeten ohne Hast ihre Köpfe, um die Lichter der Scheinwerfer zu betrachten, und verschwanden dann mit eleganten Sprüngen in der Dunkelheit. Ich starrte in die Richtung, in der sie verschwunden waren, aber die Nacht blieb ruhig. Vielleicht hatten die Katzen eine Tiang angepirscht, denn wenige Augenblicke später flüchtete ein aufgeschrecktes und verängstigtes Rudel dieser großen Antilopen mit ihren blauen Flanken vorbei (die ostafrikanische Rasse wird Topi genannt). Obwohl sie sich vor unserem Wagen fürchteten, schienen sie jedoch gleichzeitig davon angezogen und rasten auf die Scheinwerfer zu, bevor sie schließlich abdrehten.

Diese Nacht verbrachten wir auf dem Boden einer Dinka-Hütte; Fledermäuse quietschten im Strohdach über uns, und aus der Ferne drang der monotone Rhythmus der Gesänge und Trommeln an unsere Ohren. Gegen vier Uhr früh setzten wir unsere Reise nach Süden fort. Im feuchten Nebel der Morgendämmerung überquerte eine Giraffe unsere Straße und zog nach Westen weiter, dem Sudd zu. Nach einer Weile blieb sie stehen, um über die Schulter zurückzublicken. Um die Mittagsstunde erreichten wir Äquatoria, die südlichste Provinz des Sudans, und am späten Nachmittag kamen wir endlich in Juba an, wo wir von Gabriel Babili Abschied nahmen.

Juba schien der Inbegriff aller tropischen Orte der Welt: der süße Duft der Fäulnis in der sanften Luft, der metallene Klang und das Kreischen der Radios aus den staubigen Höfen der kleinen Cafés, das Gesumme der Insekten und die Silhouette der Mangobäume vor dem südlichen Sternenhimmel. Im Fluß tauchen träge einige Flußpferde auf und wieder unter, ein zahmer Strauß, Eigentum des Gouverneurs, stolziert in den Tümpeln der schlammigen Straße vorbei, und Aussätzige tauchen da und dort wie Milane auf, zerlumpt und auf Nahrungssuche. Anfang Februar 1961 war dieses Gebiet Zufluchtsstätte für aus dem Kongo vertriebene Belgier, die alle Betten im Hotel belegt hatten; auf einem Abstellplatz in der Nähe standen die Autos der schon nach Europa Geflohenen, bedeckt von rotem Staub. Die Herberge, in die man uns schließlich schickte, war von tausenden Flöhen heimgesucht, und so schliefen wir unter freiem Himmel auf dem Erdboden vor dem Haus. Am nächsten Morgen verließen wir Juba ohne Bedauern. Die Sudanesen versicherten uns, daß es in Nimule alle möglichen Transportmöglichkeiten nach Uganda gebe, denn war

Nimule nicht die Grenzstadt des größten Landes Afrikas, wohin aus allen Teilen der Welt Fahrzeuge kamen?

Unser Lastwagen fuhr den ganzen Nachmittag in Richtung des zentralafrikanischen Hochlands. Als ein Streit zwischen dem arabischen Fahrer und dem Soldaten, der unser Leben schon mehr als einmal gefährdet hatte – indem er die Moslems zur Begrüßung anspuckte –, entbrannte, wurden wir in tiefster Nacht an einer verkehrsarmen Kreuzung bei Mangara aus dem Wagen geworfen. Der Schuldige, der selbst noch in der Hölle sich wie ein Hanswurst benehmen würde, lief hinter dem davonrumpelnden Lastwagen her und schrie: "He, Kumpel, wartet eine Minute! Hier gibt es doch sicher Löwen!" Ein freundlicher Dorfbewohner, durch das Geschrei angelockt, tauchte aus der Dunkelheit auf und ließ uns in einem Raum des an der Kreuzung stehenden Ladens übernachten; gegen Mittag des folgenden Tages nahm uns ein anderer Laster auf und brachte uns bis nach Nimule. Dort gaben die Grenzbeamten zu, daß seit mehreren Tagen kein einziges Fahrzeug die Grenze passiert habe, obwohl auch sie wiederum mit Nachdruck betonten, daß Nimule ein weltwichtiger Verkehrsknotenpunkt sei.

Nimule ist nicht viel mehr als eine Ansammlung von Hütten, zu denen Frauen auf ihren Köpfen Wasserkrüge kilometerweit vom Fluß herauftrugen; die gebratenen Fische, Bananen, Papaufrüchte und ein mageres Hühnchen, das wir im Dorf auftrieben, sollten nicht ausreichen, uns während der langen heißen Tage zu ernähren. Das wußten wir anfangs jedoch nicht, und im Morgengrauen des zweiten Tages, nachdem noch immer kein Fahrzeug aus Juba eingetroffen war, das uns weiter nach Süden bringen konnte, wanderten der Südafrikaner und ich einige Kilometer flußabwärts, wo ein kleines Gebiet als Wildreservat eingerichtet war.

Nimule ist das einzige Wildreservat des Sudans; Zahl und Vielfalt des Tierbestandes, der in diesem kleinen Gebiet zu sehen ist, machen es zu einem der großartigsten in ganz Afrika. Es ist auch landschaftlich eines der schönsten, ein natürlicher Park, zwischen den Bergen und einem Knie des Albertnil gelegen. An diesem Morgen ließen mich die Berge Ugandas die ganze Weite des afrikanischen Himmels erleben. Irgendwo in diesen Bergen, gegen Südosten zu, lebt ein kleinwüchsiger Volksstamm, die Ik, die noch bis vor kurzer Zeit Steinwerkzeuge verwendeten, wie man sie aus der Altsteinzeit kennt; weiter westlich, im Ituriwald des Kongo, leben die Pygmäen, die primiti-

ven Urwaldjäger, die immer noch Feuer mit sich tragen, anstatt es zu machen.

Sanftwellige Hügel mit vereinzelten elefantengrauen erratischen Findlingen erhoben sich hinter dem hellen Band des blauen Flusses, und Elefanten zogen aus einem schattigen Tal auf einen in gleißendem Morgenlicht gebadeten Hügel. Mehr als einhundert Tiere wanderten langsam und bedächtig der Morgensonne entgegen; die Landschaft begann zu neuem Leben zu erwachen. Das kleine, mit zwei Askaris – eingeborene Soldaten in Khakihemden und Shorts, feschen Safarihüten und hohen Wickelgamaschen – bemannte Boot bahnte sich seinen Weg aus dem Schilf und den dahintreibenden Wasserrosen ins offene Meer hinaus.

Am Westufer angelangt, ließen die Askaris, um die Windrichtung festzustellen, feinen Staub aus kleinen Säckchen rieseln. Wir zogen landeinwärts. Aus einem Dickicht unweit des Flusses brach eine Büffelherde hervor, den unvermeidlichen Schwarm Kuhreiher um sich, die aufflogen und sich immer wieder auf die zuckenden, staubigen Rücken der Büffel niederließen. Nach der Schnelligkeit zu schließen, mit der die beiden Askaris ihre Gewehre in Anschlag brachten, waren wir den Tieren gefährlich nahe gekommen; feuchte Nüstern nahmen unsere Witterung auf; in drohender Haltung kamen die Tiere noch ein paar Meter näher. In meiner unmittelbaren Umgebung gab es keine Laubbäume, auf die wir hätten klettern können, und ich überlegte bereits ernsthaft, wie ich am schnellsten und trotzdem einigermaßen schmerzlos auf einen nahen riesigen Dornbusch gelangen könnte. Aber schließlich waren es die Büffel, die es noch vor mir mit der Angst zu tun bekamen; in wildem Aufruhr stoben sie davon, und die weißen Vögel, ihre ständigen Begleiter, schwebten über der von den Hufen aufgewirbelten Staubwolke.

Gegen Süden zu, auf einer Erhebung, von wo man den Albertnil in einer großen Schleife nach Uganda hineinfließen sieht, zog eine Herde Moorantilopen entlang – mehr als sechzig Muttertiere mit ihren Jungen, geführt von einem einzigen männlichen Tier mit geschwungenen Hörnern und schlanken schwarzen Vorderläufen –, und zierliche Oribis, Bleichböckchen mit leuchtend fuchsroter Decke und kurzen Hörnern, sprangen paarweise oder zu dritt davon, die kurzen Schwänze heftig zuckend. Ein grauer Ducker, einem großen Hasen ähnlicher denn einer Antilope, flüchtete in eleganten Sprüngen aus unserem Blickfeld, und ein Warzenschwein mit fünf Frischlingen, die Morgensonne auf den taunassen Mähnen und den erhobenen Schwänzen glitzernd, raste davon, als es die Witterung

29

des Menschen aufnahm. Da und dort beobachtete uns angespannt ein Ellipsen-Wasserbock.

Moorantilope und Ellipsen-Wasserbock würden in anderen Gebieten der Welt als große Tiere gelten, hier aber wirkten sie fast unscheinbar, denn östlich von ihnen war der ganze Hügel ein wogendes Elefantenmeer; fast zweihundert waren es inzwischen geworden, einschließlich einiger riesiger Bullen. Und gegen Norden zu standen auf einer kleinen Anhöhe vier Nashörner, darunter ein Kalb. Die Askaris bewegten sich langsam auf die Nashörner zu, den Windschatten ausnützend – was nicht immer sehr einfach ist, da die leichte Brise oft unvermittelt umschlägt –, und brachten uns schließlich ganz nahe an die Tiere heran; sie waren zwar erstaunt, daß wir keine Kameras mithatten und nur einfach sehen wollten: Die Nashörner gehörten der seltenen „weißen" oder breitmäuligen Art an: sie waren Grasfresser; im Gegensatz dazu ist das Spitzmaulnashorn mit seiner verlängerten Oberlippe ein Blattfresser. Schlammverkrustet wie sie waren, wirkten sie mit ihren doppelten Hörnern abstoßend und häßlich. Nachdem das Muttertier mit dem Kalb weitergezogen war, blieben nur noch die beiden männlichen Tiere übrig, die nun, wohl irgendeine Gefahr witternd, mißtrauisch aufeinander zutrabten, in letzter Sekunde jedoch abrupt stehenblieben, als ob sie Risiko und Erfolg eines Kampfes gegeneinander abwogen, und sich schließlich gleichzeitig wieder zurückzogen. Da dies mein erster Besuch in Afrika war, wußte ich noch nicht, daß das weiße Nashorn ein eher zahmes Tier ist und sich höchst selten auf Kämpfe einläßt; auch in Herden auftretende Büffel sind nicht angriffslustig, und zweifellos wollten uns die beiden Askaris nicht nur eine Freude bereiten, sondern auch ein wenig erschrecken und necken, obwohl sie ihr Gelächter für sich behielten.

Am Horizont zeichneten sich dürre Bäume gegen die staubbedeckten Berge ab, über den Hügeln spannte sich der blaue Dunstschleier Afrikas, und überall sah man Vögel – Steinschmätzer und Schmetterlingsfinken, Fliegenschnäpper und Würger, Eisvögel und Nektarvögel. Hoch über uns segelten Geier und fremdartige Adler und der Schwarze Milan Afrikas und Südasiens, der mich 3500 km von Kairo quer durch den ganzen Kontinent den Nil entlang begleitet hatte. Hier in Äquatoria, im Herzen Afrikas, westlich von Äthiopien und Uganda, nördlich des Kongos, östlich des Tschadsees und der neuen Staaten des ehemaligen Französisch-Afrika, bekam man eine Ahnung dessen, was dieser Kontinent einmal gewesen sein muß, als das weiße Nashorn noch nicht auf winzige Landstriche beschränkt gewesen war, sondern so wie die Milane frei herumziehen konnte, von den Ebenen Libyens nach Süden bis zum Kap der Guten Hoffnung. Heute ist Libyen größtenteils Wüste, und die wilden Tiere sind verschwunden. Der Milan, mit seiner Affinität zu Mensch und Aas, wird der letzte sein.

II | Das weiße Hochland

Mit leiser und trauriger Stimme sagte Moga wa Kebiro, daß Fremde aus dem großen Wasser nach Gikuyuland kommen würden, die Farbe ihrer Körper ähnlich dem eines kleinen hellfarbigen Frosches (kiengere), der im Wasser lebt, ihre Kleidung ähnlich den Flügeln der Schmetterlinge; diese Fremden würden Zauberstäbe in ihren Händen tragen, die Feuer entfachen können . . . Die Fremden, so sagte er, würden später auch eine eiserne Schlange mit sich bringen mit ebenso vielen Beinen wie Monyongoro (der Tausendfüßler), diese eiserne Schlange würde Feuer speien und sich von dem großen Wasser im Osten bis zu einem anderen großen Wasser im Westen des Gikuyulandes erstrecken. Weiters sagte er, daß eine große Hungersnot über das Land hereinbrechen werde, und diese wäre das Zeichen, daß die Fremden mit der eisernen Schlange nicht mehr weit seien . . . Daß die Nationen sich erbarmungslos miteinander vermischen würden, und das würde aussehen, als verschlängen sie einander . . . Viele Monde später . . . begannen die Fremden, in Gewänder gehüllt, die den Schwingen der Schmetterlinge ähnlich waren, in kleinen Gruppen einzutreffen; man erwartete sie bereits, denn knapp vor ihrer Ankunft war eine schreckliche Seuche ausgebrochen und hatte einen Großteil des Viehbestandes der Gikuyu sowie der Nachbarstämme der Massai und Wakamba vernichtet. Darauf folgte eine große Hungersnot, die Tausende Eingeborene dahinraffte.

Jomo Kenyatta, *Facing Mt. Kenya*

In meiner Erinnerung scheinen diese Tage in Nimule die längsten meines Lebens gewesen zu sein. Es hatte keinen Sinn, die Grenze zu Fuß zu passieren, da die nächste Stadt weit entfernt jenseits einer unfruchtbaren Ebene lag. Aus Angst, ein vielleicht zufällig vorbeikommendes Fahrzeug zu versäumen, harrten wir tagelang unermüdlich bei der Grenzstation aus, und es war während dieser Zeit – den eigentlichen Grund für diese Krise erfuhren wir erst Tage später, als wir endlich nach Uganda kamen –, daß Patrice Lumumba, der Unruhestifter und Aufwiegler des neuen Afrika, in Katanga im Kongo ermordet wurde.

Über Nacht nahmen die ansonsten freundlichen Sudanesen eine äußerst feindselige Haltung ein. Überall sah man Soldaten und Zivilisten in kleinen Gruppen beisammenstehen, ihre Handbewegungen und ihr Gemurmel wurden unterbrochen von Rufen und großen Gesten. Wir konnten nicht verstehen, was diese Männer sagten, aber es war uns klar, daß unser Verbrechen darin bestand, Weiße zu sein – soweit wir wußten, lebten die nächsten Weißen im hundertfünfzig Kilometer entfernten Juba – und daß über unser Schicksal eifrigst beraten wurde. Zahlreiche Weiße wurden in jenem Jahr in Afrika getötet: Eintausend starben allein in Angola.[1] Bis zu diesem Zeitpunkt war die Bevölkerung von Nimule nett und gastfreundlich gewesen. Der Lehrer hatte uns seine Hütte zur Verfügung gestellt, ja sogar sein Lager, und als uns die Nahrungsmittel ausgingen, teilten die Grenzposten ihre Kalebassen mit grünem Brei und Kutteln mit uns, in die drei schmutzige weiße und sieben oder acht schwarze Hände graue, klebrige Stücke der Maniokafrucht eintauchten, einer niederwüchsigen Feldfrucht, die ebenso wie der Mais zur Zeit des Sklavenhandels von Amerika nach Afrika gebracht worden war.

Nach einem Tag und einer Nacht der Angst wurden wir erneut aufgefordert, mit den Eingeborenen aus der gemeinsamen Schüssel zu essen. Ohne Zweifel hatte der Lehrer für uns ein gutes Wort eingelegt, obwohl er sich nach außen hin sehr bemüht hatte, genauso feindselig zu wirken wie alle anderen. Ich war mir klar darüber, daß wir die angebotenen Speisen annehmen mußten, um die Gastfreundschaft nicht zu verletzen, und der Südafrikaner war einer Meinung mit mir; tapfer würgte er die Kutteln hinunter, zog sich jedoch unmittelbar danach hinter eine Hütte zurück, um das Essen wieder von sich zu geben.

Mein Landsmann jedoch weigerte sich mit der Begründung, daß er in jedem Fall sterben würde, auch wenn er das Essen hinunterwürgte. Er ignorierte ganz einfach unsere inständigen Bitten und Flüche. Die Eingeborenen nahmen dies traurig zur Kenntnis, flüsterten bloß miteinander, unternahmen jedoch nichts; so wie ihre Stammesbrüder auf dem Lastwagen während der Fahrt nach Khartum fürchteten sie sich vor diesem behaarten Avatara, diesem zum Menschen gewordenen göttlichen Wesen, der unergründlich hinter seinen Brillen dasaß und dabei wie beschwörend mit seinen Händen gestikulierte.

In Uganda trennte ich mich von meinen Reisegefährten und fuhr nach Südwesten zu den Murchison-Wasserfällen, wo der Obere Nil, von den Hochplateaus des Zentralmassivs kommend, durch eine enge Schlucht bricht. Von dort begab ich mich über den Edwardsee zum Queen-Elizabeth-Nationalpark, von wo man die sogenannten Mondberge sehen kann, und dann weiter nach Kampala, nördlich des Viktoriasees. Dieses regenreiche und fruchtbare Land im Gebiet der großen Seen ist der Hauptsiedlungsraum der Bantustämme, die den größten Anteil der Bevölkerung von ganz Ost-, Zentral- und Südafrika stellen. Die Bantu – ihr eigenes Wort für „Volk", das von den Wissenschaftlern eher zur Definition einer Sprachfamilie als einer ethnischen Gruppe verwendet wird – setzen sich aus vielen Stämmen in vielen Ländern zusammen, die meisten von ihnen treiben Ackerbau. Bananenpalmen und Dörfer mit weißen Rauchfahnen erfüllen eine Landschaft voll wilder, sonnendurchfluteter Farben vor purpurnen Wolkenbergen. Auf rotsandigen Wegen wandern anmutige Menschen in weißen Hemden und hellen Kangas zu farbenprächtigen Märkten; überall sieht man Eingeborene mit Regenschirmen, auf Fahrrädern und in kleinen, billigen Autobussen. Ein Afrikaner aus Kenia berichtet,[2] daß er in Uganda einen Mann auf einem Fahrrad gesehen habe, der einen kompletten Ofen auf dem Rad montiert hatte: Während er dahinfuhr, bereitete er seine Mahlzeiten zu und verzehrte diese.

So viel Leben auch in diesem domestizierten Land des üppigen Grüns und ständig drohenden Regens herrscht, so wirkt doch manches bedrückend auf mich. In Ostafrika liegt der größte Teil des für Landwirtschaft geeigneten Gebietes im Klimaeinzug der großen Seen und Gebirge, im Land der dicken wasserhältigen Blätter und der verhangenen Himmel, und die kleinen Farmen oder Shamba, mit ihrem winzigen Getreidefeld, der strohgedeckten Hütte und dem Federvieh, unterscheiden sich nur wenig von den Shambas in allen anderen Tropengegenden der Welt – das war nicht das Ostafrika, wie ich es mir vorgestellt hatte: ein entlegenes Gebiet, das bis vor einem Jahrhundert durch die Wüsten und Gebirge Nordafrikas, die Regenwälder des Kongos, die grauen Dornensträucher und die unschiffbaren Flüsse an der Küste des Indischen Ozeans abgeschlossen war. Ein Land der wilden Tiere, der Stille und der unendlichen Weiten, wo der Mensch ein einsamer Hirte mit einem Speer ist oder ein kleinwüchsiger Ureinwohner mit Pfeil und Bogen. Auch konnte ich mich im Land der Bantu eines Gefühls der Zwiespältigkeit nicht erwehren, zumindest im Kreise jener Eingeborenen, die sich bereits unsere Kultur anzueignen begonnen hatten; eine Übernahme der westlichen Kleidung und Zielsetzungen ging fast überall mit der Ablehnung der westlichen Herrschaft Hand in Hand. Patrice Lumumba, dessen Ermordung uns so unerwartet in das Chaos des Antikolonialismus mit hineingezogen hatte, war ein Bantu gewesen, und dieser Menschenschlag hat vieles gemeinsam mit den amerikanischen oder westindischen Negern, deren Vorfahren auf angelsächsischen Schiffen aus Afrika gebracht wurden und deren Zorn und Unruhe und Hoffnung das Gewissen der Weißen in den Städten des Westens aufgepeitscht hat. Der Bantu ist der moderne Afrikaner, auf den man in Kampala und in Nairobi, auf den Straßen und in den Büros, in den Geschäften und auf den Märkten trifft. Ich schüttelte seine Hand, sagte: „Dschambo, Bwana", und lächelte freundlich. Mit Hemd und Krawatte, ein gutes Englisch sprechend, schien er mir – welche Täuschung – vertraut zu sein, und erst nach vielen späteren Reisen erkannte ich, daß ich in meiner Ignoranz und fehlenden Neugierde seine Eigenart, sein Wesen überhaupt nicht wirklich verstanden hatte. Und doch ist gerade die Geschichte dieses Volkes und nicht jene der edlen Jäger und grimmigen Hirten die wohl faszinierendste des südlichen Kontinents. Diese bantusprechenden Stämme wurden mit dem Tropenklima und den Tropenkrankheiten fertig, mit den Stammesfehden und den wilden Tieren, sie zogen weiter und breiteten sich aus, gründeten Städte und Königreiche tief im Landesinneren, das die westliche Welt bis vor einem Jahrhundert für das dunkelste Afrika gehalten hatte.

Im Jänner 1961 – vielleicht gerade zu dem Zeitpunkt, als ich in Nimule weilte – schrieb Patrice Lumumba einen letzten Brief an seine Frau:

„Ich schreibe diese Zeilen, obwohl ich nicht weiß, ob sie Dich erreichen, wann sie Dich erreichen werden und ob ich noch am Leben sein werde, wenn Du sie liest . . . Eines Tages wird die Geschichte zu Wort kommen, aber es wird nicht die Geschichte sein, die in Brüssel, Paris, Washington oder in den Vereinigten Staaten gelehrt wird . . . Afrika wird seine eigene Geschichte schreiben, und nördlich und südlich der Sahara wird es eine glorreiche und würdige Geschichte sein . . .

Weine nicht um mich, meine liebe Frau. . . . Lang lebe der Kongo! Lang lebe Afrika!"[3]

Die frühesten Aufzeichnungen[4] über Ostafrika, aus dem ersten nachchristlichen Jahrhundert, verfaßt von Kaufleuten aus Alexandria, die eine Handelsreise unternommen hatten, machen keinerlei Erwähnung von dunkelhäutigen Menschen, und es ist durchaus möglich, daß damals keine dort lebten; Ost- und Südafrika waren noch immer der Lebensraum der jagenden und sammelnden Buschmänner und der kaukasoiden Hirten, die auf den grasbewachsenen Hochebenen im Landesinneren nach Süden zogen. Von den Kaukasoiden dürften die an der Küste von „Zanj" (d. i. Afrika auf altägyptisch) lebenden „Azanier" abstammen – hochgewachsene, bärtige Männer mit „roter" Hautfarbe, ein Volksstamm von Piraten und Fischern, die Schildpatt, Elfenbein und aromatischen Kautschuk gegen eiserne Klingen, Perlen und Stoffe einhandelten. Vielleicht hatten sich damals schon die Azanier mit jenen frühen Indonesiern vermischt, die das Auslegerkanu und die Marimba in die Küstengebiete des Indischen Ozeans brachten und später Madagaskar kolonisieren sollten. In den ersten nachchristlichen Jahrhunderten tauchten dann Wellen schwarzer Volksstämme aus dem Landesinneren auf, die zahlreiche Eisenwerkzeuge und Waffen mit sich brachten.

Die Kenntnis des Eisens hatte zu einer raschen Zunahme der Bevölkerungszahl geführt. Das Eisen hatte sich von Meroë am Nil über ganz Westafrika verbreitet, vielleicht auf den alten Handelsrouten zum Tschadsee und von dort weiter nach Süden und Osten bis zum Äquatorialwald, den die neuen Metallwerkzeuge und der Anbau von Nutzpflanzen erschließen geholfen hatten. Zu den Strömen, die in Bewegung gerieten, zählten die Vorfahren der Bantu, die wahrscheinlich von negriden Rassen aus den Hochebenen von Kamerun am Nigerfluß abstammen. Wo immer sie auch herkommen mögen, es scheint, daß die rasche Vermehrung der Bantu, die auch zu einer geographischen Ausbreitung führte, in Mittelafrika, in der Provinz Katanga, zwischen den Quellgebieten des Sambesi und des Kongo, vor sich ging. Dort hatte sich die fortschrittliche und wohlhabende Kultur, in der schon Bergbau betrieben und mit Kupfer gehandelt wurde, um das 8. Jahrhundert am Kisalesee entwickelt. Zu diesem Zeitpunkt hatten Bantustämme beide Küstenstreifen bevölkert und die fruchtbaren Landstriche um den Viktoriasee besiedelt; innerhalb weniger Jahrhunderte hatten sie sich – mit bemerkenswert geringen Abweichungen in der Bantusprache – auf dem ganzen Subkontinent bis zum Kap im Süden ausgebreitet, in nördlicher Richtung bis zum heutigen Ostafrika und entlang der Küste bis Somalia und zum Juba-Fluß. Von den Kaukasoiden hatten sie vielleicht die äthiopischen Hirsesorten und die Haustiere kennengelernt, die es ihnen gestatteten, die regenarmen Gebiete Südafrikas zu besiedeln, wo viele von ihnen Hirten wurden. An der Südostküste hatten sie Zugang zu jenen tropischen Früchten aus Asien, wie Banane, Yamswurzel, Taro, Kokosnuß und Mangobaum. Das für den Wohlstand und die Vorrangstellung der Bantu wichtigste Gerät war die eiserne Klinge, wie sie bei der Axt, der Hacke und dem Speer verwendet wird. Ältere, an den Flüssen lebende negride Rassen sowie gewisse Hirten und Jäger-Sammler wurden aufgesaugt – daher die Vielfalt der Bantu-Typen, die meistens hellhäutiger sind und weniger breite Backenknochen haben als die Negriden Westafrikas. Selbst heute sind bis nach Natal hinunter nichtnegroide Merkmale bei verschiedenen Zulustämmen erkennbar, die sich mit den Xam-Buschmännern vermischten und die Khoisansprache übernahmen, während die Pygmäen des Kongos und die pygmiden Twa des Zentralseengebietes ihrem Ursprung nach eindeutig von den „Alten Rassen" abstammen, wenngleich auch sie im Lauf der Zeit die Bantusprache übernommen haben.

In fast ganz Ostafrika folgte unmittelbar auf die Mittlere Steinzeit die Eisenzeit, ohne das Zwischenstadium der Neueren Steinzeit, die sonst überall mit der Domestizierung von Pflanzen und Tieren einsetzte. Vereinzelt wurden jedoch Überreste von neolithischen Lehmbauten, Terrassen, Dämmen, Brunnen und Bewässerungsgräben gefunden sowie kreisförmige Steinbauten und Grubensiedlungen, die in feuchtem, für Ackerbau geeignetem Hügelland angelegt wurden. Diese Ansiedlungen werden allgemein den nördlichen Stämmen, den kaukasoiden „Protohamiten", den Vorfahren der heutigen Hamiten Nordkenias und Äthiopiens, zugeschrieben. Die großen Königreiche im Inneren des Kontinents – die Bergbaukultur in Katanga, die Steinstadt von Groß-Zimbawe in Rhodesien, die Seenkönigreiche von Uganda und Ruanda-Urundi – waren durchwegs Bantu-Domänen; aber zumindest Zimbawe wurde in seinen Bauten wahrscheinlich von den im Norden lebenden Stämmen beeinflußt, die damals bereits sicher in Stein gebaut haben.

An der Ostküste wurden die Azanier sehr bald von den östlichen Mittelmeerstämmen und den Asiaten aufgesogen – von den Persern, Indern und Chinesen –,

deren braune Segel wie Drachen in den Monsunwinden zu einem immer blühenderen Handel mit Schildpatt, Gold, Elfenbein, Bernstein, Leopardenfellen, Myrrhe, Weihrauch, Gummiharz und Sklaven angezogen wurden. Die heute in Lamu an der Küste Kenias lebenden Bajunfischer stammen der Tradition nach zum Teil von den Persern ab. Ab dem 10. Jahrhundert waren die islamischen Araber vorherrschend, und schon lange vor dem Mittelalter waren die befestigten Handelsstationen, die später zu kleinen Städten entlang den Küsten werden sollten, eingerichtet worden. Inzwischen wurden die Bantu von nilotischen und hamitischen Stämmen, die nach Süden zogen, bedroht, und ihre politischen Systeme zerbrachen überall auf Grund der hitzigen Stammesfehden, die der Sklavenhandel ausgelöst hatte; im 16. Jahrhundert wurde der Sklavenhandel durch die Ankunft von portugiesischen Seefahrern – den ersten Europäern – an der Ostküste sogar noch intensiviert. Obwohl die Portugiesen Handel mit den Bewohnern der Zimbawe-Region begannen, kannten sie das Landesinnere nicht. Alle Sklavenkarawanen, die nicht von örtlichen Stämmen geführt wurden – denn die Stämme wurden dazu ermutigt, die Nachbarstämme zu überfallen und gefangenzunehmen –, standen unter der Führung von Arabern oder Suahelibantus – einem Küstenvolk, das sich mit Arabern (stammen die Suahelis vielleicht von den Azaniern ab?) vermischte und dessen Sprache – mit vielen arabischen Elementen – die führende Handelssprache Ostafrikas wurde.

Im 17. Jahrhundert richtete die Holländische Ostindische Kompagnie in Südafrika, in der Kapprovinz, einen Nachschubhafen für ihre Flotte ein, und später förderten die als Buren bekannten holländischen Südafrikaner, mit ihren Karren landeinwärts ziehend, die große Ausbreitung der Ngoni Zulu nach Norden, die später Zimbawe überfielen und schließlich im Gebiet um den Njassa- und den Tanganjikasee ansässig wurden. In den anderen Teilen des Kontinents zeigten die Europäer keine territorialen Ambitionen, ja nicht einmal ein gewisses Maß an Neugierde für das Hinterland mit seiner sengenden Hitze, der Tsetsefliege, den wilden Tieren, den Speeren, den Krankheiten und den Plünderungen. Forscher-Missionare wie zum Beispiel Livingstone, die Mitte des 19. Jahrhunderts nach Zentralafrika kamen, waren überrascht, hochstehende Kulturen vorzufinden, die anscheinend von den nach Süden durchgesickerten Meroë- und Sudanischen Kulturen beeinflußt waren. Bestimmte übertriebene und grausame Bräuche dieser Königreiche begründeten den Glauben an den afrikanischen Barbarismus, auf den seit damals immer wieder hingewiesen wird, um die weit raffinierteren Greueltaten der hellhäutigen Menschen aus dem Norden zu entschuldigen; doch zum guten Teil entstand Despotismus aus der Anarchie, die auf den Sklavenhandel und die Einführung der Feuerwaffen zurückzuführen ist. Es mag sein, daß zur Zeit der Ankunft der ersten Weißen in Afrika die großen Bantu-Königreiche bereits in Verfall begriffen waren und nur wenige Spuren der Vergangenheit zurückließen, denn in den Tropen verschwindet gewöhnlich eine Stadt aus Stroh und Holz – die deshalb nicht unbedingt primitiver sein muß als eine Stadt aus Stein – in kürzester Zeit wieder vom Erdboden.

Im späten 19. Jahrhundert begannen die europäischen Staaten aus politischen Gründen – die nur wenig mit Afrika zu tun hatten – mit dem Erwerb von Kolonien. Kaum 25 Jahre nachdem Speke und Grant das Quellgebiet des Nils entdeckt hatten, im Jahr 1864, war Ostafrika in britische und deutsche Einflußsphären geteilt worden, und um die Jahrhundertwende führte schon eine Eisenbahnlinie von Mombasa entlang der Küste von Kenia bis nach Uganda. In den folgenden Jahrzehnten lockte der Plantagenanbau von Baumwolle, Kaffee, Tee, Pyrethrum, Sisal und Ananas mehr und mehr weiße Siedler nach Ostafrika, und die moderne Medizin führte ebenso wie das eiserne Beil vor zweitausend Jahren erneut zu einem Ansteigen der afrikanischen Bevölkerungszahl. Nun allerdings gab es keinen Platz mehr, wohin diese Afrikaner gehen konnten.

Die Kikuyu von Kenia, die in den Hochlandwäldern lebten, als die ersten Europäer gegen Ende des 19. Jahrhunderts einwanderten, waren erst vor wenigen Jahrhunderten dorthin gezogen. Es ist erwiesen, daß sie aus dem Juba-Land, nördlich des Tanaflusses, nahe der Küste, kamen, nachdem sie im 15. oder 16. Jahrhundert durch Invasionen der Galla-Nomaden aus dem Horn von Afrika hierher vertrieben worden waren; die Galla ihrerseits wiederum hatten den aus Arabien über das Rote Meer eindringenden Somali weichen müssen. Im Quellgebiet des Tana am Mount Kenia und den Aberdaren trafen die Kikuyu auf ein kleinwüchsiges, in Wohngruben lebendes Volk, die sogenannten Gumba, die sofort in ihre unterirdischen Verstecke verschwanden und nicht wieder auftauchten. Tonscherben eines Volksstammes – wahrscheinlich der Gumba – wurden hoch oben in den Aberdaren gefunden, in den kalten Mooren, wohin sich der kümmerliche Rest der Ureinwohner zurückgezogen hatte. Jomo Kenyatta, der in den dreißiger Jahren an der Londoner Universi-

tät als Schüler des berühmten Malinowski Anthropologie studiert hat, meint, daß dieses „Alte Volk" die ersten in dieses Gebiet einwandernden Kikuyu absorbiert und Jäger aus ihnen gemacht habe und die daraus entstandene Rasse jener Jägerstamm von zweifelhaftem Ursprung gewesen sei, dessen Überreste heute als Dorobo bekannt sind: „Es gibt guten Grund, diese letztere Theorie zu unterstützen, denn bald nachdem die Gumba als Rasse verschwunden waren, trat eine andere Rasse von Jägern auf den Plan, die Ndorobo oder Aathi, die wie Pilze aus der Erde geschossen zu sein schienen. Im Gegensatz zu ihren Vorgängern waren diese nicht kleinwüchsig, sondern der Statur nach zwischen den Gumba und den Gikuyu." Jedenfalls vermischten sich die Kikuyu sehr stark mit anderen Stämmen, denn zumindest um die Jahrhundertwende behaupteten bestimmte Kikuyustämme Blutsverwandtschaft mit den Massai,* den Kamba, den Dorobo und den Chagga vom Kilimandscharo.[5]

Von allem Anfang an waren die eingeborenen Jäger, klein an Wuchs und an Zahl, und die primitiven Hirten, die mit dem Wechsel der Jahreszeiten wanderten und in ihren Bräuchen völlig isoliert blieben, den Europäern angenehmer als die Bantu-Pflanzer, die nicht nur ehrgeizig waren, sondern sich auch das beste Land angeeignet hatten. Das heute noch gültige Vorurteil entstand schon im Jahre 1883 im heutigen Nairobi:

„In Ngongo hatten wir die Südgrenze des Landes der Kikuyu erreicht, dessen Eingeborene den Ruf haben, die unfügsamsten und unbändigsten des ganzen Gebietes zu sein. Bis heute ist es noch keiner Karawane gelungen, ins Landesinnere vorzudringen, so dicht sind die Wälder, so mörderisch und diebisch seine Bewohner. Sie sind begierig auf Schmuck von der Küste und Stoffe, und doch wirken sie ihren eigenen Wünschen entgegen durch ihre völlige Unfähigkeit, dem Stehlen oder dem Spaß zu widerstehen, einen vergifteten Pfeil in die Rücken der Händler zu jagen. Dabei gehen sie meist straflos aus, weil ihre undurchdringlichen Wälder, die nur für sie allein nicht unwegsam sind, sie schützen."[6]

Aber innerhalb weniger Jahre hatte ein anderer Forscher erkannt, daß dieser Stamm dazu bestimmt war, eine bedeutende Rolle in der Zukunft Ostafrikas zu spielen,[7] und der junge Ingenieur, der Berühmtheit erlangte, weil er die Menschenfresser von Tsavo, zwei große mähnenlose Löwen, tötete, die die Arbeiter des

* „Massai" müßte eigentlich „Maasai" geschrieben werden, und Kikuyu „Gikuyu", aber ich habe die übliche Schreibung beibehalten; überdies habe ich auch die Vorsilbe „Wa" weggelassen (was soviel wie „Volk" heißt), da sie in der gesamten Literatur nur sehr inkonsequent verwendet wurde (so findet man zum Beispiel Wakamba, aber nicht Wakikuyu, Wandorobo oder Wamaasai).

Eisenbahnbaues monatelang terrorisierten, hielt die Kikuyu für intelligent und fleißig.⁸ Derselben Ansicht war auch ein Beamter der Königlich-Britischen Ostafrika-Gesellschaft – der spätere Lord Lugard, der bedeutendste aller Verwaltungsbeamten Afrikas –, der im heutigen Dagoretti, einem Vorort Nairobis, mit den Kikuyu kämpfte. Die „Kikuyu sollten der fortschrittlichste Stamm zwischen der Küste und dem Seengebiet werden", schrieb Lugard in „The Rise of our East African Empire". „Die Eingeborenen waren sehr freundlich und meldeten sich sogar freiwillig, als Träger zur Küste zu gehen, aber dieses gute Einvernehmen wurde eines Tages durch eine unglückselige Geschichte getrübt. Da es nämlich den vorbeiziehenden Karawanen, die die Feldfrüchte stahlen und sich auch sonst unangenehm bemerkbar machten, an Disziplin mangelte, wurden die Eingeborenen mißtrauisch und böse und ermordeten bald darauf einige der Träger." Die Ostafrika-Gesellschaft, von der Idee besessen, Uganda zu kolonisieren, war unfähig und verfügte außerdem in Kenia über zuwenig Kapital; auch plünderten ihre Agenten die Dörfer der Kamba und der Kikuyu, um dadurch die Außenposten in Machakos und Dagoretti autark zu machen. In diesem Sinn schrieb auch der britische Regierungsbeauftragte in Sansibar im Jahre 1893 an seine Frau: „Durch die Weigerung, für gewisse Dinge zu zahlen, durch Plünderungen, Überfälle, Schwadronieren und durch das Erschießen von Eingeborenen hat die Gesellschaft nun erreicht, daß das ganze Land sich gegen die Weißen gewandt hat."⁹

In den ersten Jahren des 20. Jahrhunderts unternahmen die Massaihirten noch immer Viehraubzüge im ganzen Land, und die Karawanen der Araber und Suahelis setzten ihren mörderischen Sklavenhandel im Hinterland weiter fort. In Westkenia widersetzten sich die Nandi dem Ausbau der Eisenbahn, rissen bereits verlegte Schienen heraus und töteten Europäer mit ihren Pfeilen. Ein Kaufmann und Händler, John Boyes, der „König der Kikuyu", war der einzige weiße Siedler im Gebiet um Nairobi, das noch 1907 kaum mehr als eine Zeltstadt und ein Schienendepot unter der Bezeichnung „Meile 326" war, unweit der sumpfigen Quellen, die die Massai N'erobi, „Ort der kalten Wasser" nannten, am Südhang der fruchtbaren Kikuyu-Hügel. In diesem gut bewässerten Hügelland, wo es keine Tsetsefliegen gab, lebte eine blühende Kikuyu-Bevölkerung. Zur Rechtfertigung der immensen Ausgaben für die Uganda-Eisenbahn wurden Landplanungen entwickelt, um die Ansiedlung von Engländern zu fördern. Diese ersten Siedler litten unter der ihnen fremden Bodenbeschaffenheit und dem Tropenklima,

den gefährlichen Tieren, unfreundlichen Eingeborenen und zahlreichen Krankheiten und hatten sich das bißchen Fortschritt, das sie bis zum Ersten Weltkrieg errungen hatten, ehrlich verdient; es ist daher ganz verständlich, daß sie sich dem Mandat des Völkerbundes widersetzen wollten, das 1923 von der britischen Regierung erneut bestätigt wurde, wonach die wirtschaftliche Entwicklung der Afrikaner Vorrang vor ihrer eigenen hatte. In demselben Ausmaß, in dem sie ihren Einfluß auf das Parlament der Kolonie verstärkten, steigerte sich auch ihr Widerstand gegen die historische und moralische Wahrheit hinter „dem heiligen Vertrauen in die Zivilisation", das ihre Entwicklung Afrikas darstellen sollte: Hatten sie nicht schon genug getan, als sie „den Eingeborenen" Medizin und Frieden gebracht hatten? (Und tatsächlich führte auch die Herrschaft der Weißen zu einer dauernden Befriedung der einzelnen Stämme, ohne die der Übergang in die moderne Zeit, und damit zur Unabhängigkeit, unmöglich gewesen wäre.) Die Ankunft weißer Frauen in den Kolonien hatte zu einer strengen Rassentrennung geführt, und die britische Regierung, die sich nicht wirklich intensiv um eine „Besserstellung der Eingeborenen" bemühte, erreichte nur, daß die Bevölkerungszahl anstieg und immer mehr Unzufriedenheit um sich griff. Im Gebiet um Nairobi wurden die zahlreichen und umgänglichen Kikuyu dazu ermuntert, den Weißen in ihren Tugenden und ihrer Religion nachzueifern, ihnen zu dienen und ihren Handel zu fördern, aber ihr Lohn war nichts als steigende Knechtschaft und Mißachtung. Der im Busch lebende Jäger oder Hirte mag für pittoresk angesehen werden – zumindest bewahrte er sich eine gewisse Würde –, während der missionierte Afrikaner, übelriechend in seinem einzigen, von einem Weißen abgelegten Anzug, eine Parodie des weißen Mannes darstellte. Nach Wertvorstellungen beurteilt, die nicht seine eigenen waren, wurde er oft herablassend und sogar verächtlich behandelt, selbst als sein Haß gegen den weißen Mann zunahm.

Die Behauptung, die Gedankenwelt des Afrikaners genau zu kennen, ist sehr oft in der üblichen Phraseologie ausgesprochen worden: „Ich habe jahrelang mitten unter ihnen gelebt und kenne sie sehr genau." Doch das entspricht fast nie den Tatsachen, denn unter einem Volk „zu leben" heißt noch lange nicht, es zu „kennen". Während ein Europäer etwas über die äußeren Gebräuche und Formen des afrikanischen Lebens erfahren kann, über Verwandtschaftssysteme und -klassifikation, über seine eigenartige Kunst und die pittoresken Zeremonien, so muß er trotzdem noch lange nicht den Kern des Problems erfaßt haben . . . Mit seinen vorgefaßten Ansichten und Vorurteilen gelingt es ihm nicht, sich ein verständnisvolleres und phantasiereicheres Wissen anzueignen, eine menschlichere Einstellung und echte Anerkennung der Eingeborenen, der Schüler, die er unterrichtet, der Menschen, denen er auf Straßen begegnet und die er bei ihrer Arbeit beobachtet. Mit einem Wort, es gelingt ihm nicht, den Afrikaner mit allen seinen instinktiven Neigungen (die den seinen zweifellos sehr ähnlich sind) wirklich zu verstehen, denn dieser ist seit seiner Jugend auf stereotype Ansichten und Vorstellungen abgerichtet, auf Hemmechanismen und Ausdrucksformen der eigenen Persönlichkeit, die von einer Generation zur nächsten weitergereicht worden sind und die dem Europäer in Afrika fremd, wenn nicht sogar absurd erscheinen.[10]

Jomo Kenyattas Buch „Facing Mount Kenya", in den dreißiger Jahren geschrieben, ist besonders wichtig für das Verständnis der Konflikte, die 1952–1956 zum Mau-Mau-Aufstand führen sollten; obwohl Kenyatta selbst nie Terrorist war, mußte er sieben Jahre in einem Anhaltelager verbringen, denn er war einer der ersten Verfechter der Bodenreform und galt als Symbol des Widerstandes der Kikuyu. Die Hauptursache für die Verbitterung der Kikuyu lag in der Überzeugung, daß der Stamm um sein Land betrogen worden sei, denn jeder Meter Kikuyu-Land war im Besitz der Stammesangehörigen gewesen, nicht nur jene Gebiete, für die Abschlagszahlungen geleistet worden waren, sondern auch das brachliegende Land, das von der Regierung enteignet und an die Kolonisten übergeben worden ist, mit der Begründung, daß die rückständigen afrikanischen Landwirtschaftsmethoden diesen Boden zugrunde richten würden. Mehrere großzügige, für die Weißen vorteilhafte Gesetze wurden von Hugh Cholmondley, Lord Delamere, durchgeführt. Sein Denkmal setzte er sich wohl mit einer Anordnung der britischen Regierung im Jahr 1939, wonach kein Afrikaner oder Asiate in dem als „Weißes Hochland" bekannten Gebiet Land besitzen dürfe. Vier Fünftel des besten Bodens in Kenia waren nun in Besitz von nicht mehr als viertausend Weißen, während sich rund eine Million Kikuyu mit dem restlichen Fünftel begnügen mußten, das als das Kikuyu-Reservat abgegrenzt wurde. Die Arbeit der Missionen, Ambulatorien und Beratungsstellen führte zu einem bedrohlichen Bevölkerungszuwachs, und die wachsende Verarmung und Frustration waren um so bedrückender, da zahlreiche Kikuyu sich unter schwierigsten Bedingungen einen gewissen Grad an Bildung erkämpft hatten. Die Männer, die in der britischen Armee in Birma gekämpft hatten und zu einem niedrigeren Status in ihrem eigenen Land zurückkehren mußten, hatten zusätzlich Grund, verbittert zu sein, und viele dieser Soldaten traten der Bewegung der Landesbefreiungs-Armee (Land Freedom Army Movement) bei; ihre Ausrüstung bestand größtenteils nur aus der Machete, die zum Schneiden des Rohres verwendet wird, dem sogenannten Panga. Ein halbes Jahrhundert Haß und Ressentiment war der Grundstoff, der von der pan-afrikanischen Bewegung entflammt wurde und den Kontinent überrollte; leider wurde jedoch der Aufstand nicht von Männern wie Kenyatta geführt, sondern von fanatischen Rebellen wie Dedan Kimathi, die den Begriff Mau-Mau – wie die Kolonisten diese Bewegung nannten – zum Symbol der vorgeblichen Barbarei, der Unmenschlichkeit und schwarzen Magie werden ließen, die ihre Schwurzeremonien in solch schlechten Ruf brachten. Doch nach Ansicht der meisten Afrikaner ist Kimathi übel verleumdet worden. Auch seien die Mau-Mau-Greueltaten arg übertrieben worden, um die grausamen Maßnahmen zur Niederschlagung des Aufstandes zu rechtfertigen; Veteranen des Kenia-Regimentes bestätigen, daß auf beiden Seiten Greueltaten verübt worden waren.

Bis vor wenigen Jahren klammerten sich die meisten Afrikaner an die Hoffnung, mit den Weißen friedlich auskommen zu können, und die Mau-Mau-Bewegung erhielt nur begrenzte Unterstützung von anderen Stämmen. Die letzten Guerillas zogen sich unter der Führung Kimathis in die Hochländer der Aberdaren zurück, sie trugen sogar Tierfelle wie die verschwundenen Gumba, die vor Jahrhunderten vor den Kikuyu in diese Berge geflohen waren. In den dichten Bambuswäldern, im Moorland der schwarzen Bäume und hohen Gräser, wo Wildbäche in dunkle Bergschluchten stürzen, vegetierten diese armseligen Ureinwohner und die Ausgestoßenen der Kikuyu in ihren übelriechenden Tierfellen, um ein verstecktes Feuer geschart. Bei den Gura-Wasserfällen zittern rote Gladiolen im Gebirgswind; weiter unten stehen im Nebelschleier drei Buschböcke, deren Artgenossen mit ihrem Fleisch und ihrer Haut den Flüchtlingen das Leben erhielten, und horchen dem Rauschen des Regens bei Kingankop nach.

In Nairobi war im Jahr 1961 der Mau-Mau-Aufstand frisch im Gedächtnis der Menschen, und auf den Straßen und in den Kneipen herrschte ein kolonialer

Ton vor. Doch der Weg zur Unabhängigkeit zeichnete sich in Kenia schon ab, und überall schienen Änderungen bevorzustehen, sogar in Südafrika, wohin der Student, mein Reisegefährte von Khartum nach Süden, gefahren war, um seine Eltern zu warnen, vor dem unvermeidlichen Aufstand aus dieser mittelalterlichen Gegend zu fliehen. Der Mau-Mau-Aufstand, der zwar niedergeworfen wurde, hatte innerhalb weniger Jahre zum Sieg geführt, und Jomo Kenyatta, der wenige Monate nach meiner Ankunft aus dem Gefängnis entlassen worden war, sollte Kenias erster Präsident werden. Der „Alte Mann" oder „Mzee", wie er von Weißen wie Schwarzen genannt wird, kündigte an, daß die Vergangenheit im Interesse der Zukunft Kenias bewältigt werden müsse, und ernannte sogar einen Polizeioffizier, der die Jagd auf Kimathi geleitet hatte, zu seinem persönlichen Leibwächter. Die Weißen, die nicht mit den Schwarzen zusammenarbeiten wollten, verließen rasch das Land, ebenso wie jene, die um ihre Sicherheit und ihre Zukunft bangten. „Ich glaube, ich werde nach Süden gehen", sagte mir ein Mann. „Nach Rhodesien oder nach Südafrika." Er schüttelte verständnislos den Kopf. „Ich bin im Weißen Hochland aufgewachsen, wissen Sie. Wir hätten nie geglaubt, daß wir es einmal verlieren könnten. Nie."

Eine Reihe tüchtiger Verwaltungsbeamter verblieb in Kenia (sowie in Tansania und Uganda), um den neuen Staat aufzubauen, obwohl ihre Hauptaufgabe darin bestand, die Afrikaner dafür vorzubereiten, sie selbst zu ersetzen. Die meisten Bewohner Kenias teilten die gutmütige Haltung ihres Präsidenten; im Hotel Norfolk gibt es noch immer einen „Lord-Delamere-Saal", und nur wenige Fremde, die vor dem New-Stanley-Hotel die Kimathi-Straße entlanggehen, wissen oder sind interessiert daran, daß diese Straße nach dem Mau-Mau-Führer benannt ist, der gehängt wurde.

Mit dem Zusammenbruch des Kolonialregimes war die Vernichtung des Tierlebens in freier Wildbahn durch die Eingeborenen vorausgesagt worden; wenigstens einen flüchtigen Eindruck von den letzten großen Gesellschaften wilder Tiere auf der Erde zu erhalten, war der Hauptzweck meiner Reise nach Afrika im Jahre 1961. Seit damals (wenngleich auch die Zukunft ungewiß ist) haben die ostafrikanischen Wildparks und Tierreservate sogar noch an Größe und Zahl zugenommen. Selbst dem großen Albert-Park im Kongo (der heutige Kivu-Nationalpark), dem man überaus schlechte Zeiten vorausgesagt hatte, blieb ernsthafter Schaden erspart. Der einzige Park, der durch die

politischen Unruhen vernichtet wurde, ist der wunderschöne kleine Park in Nimule, wo Bürgerkriege – die schon zu dem Zeitpunkt, als ich mich dort aufhielt, begonnen hatten – die Ordnung im Lande zerstörten. Die sudanesische Regierung hatte die Schuld für den Aufstand der Niloten der Tätigkeit der Missionare unterschoben, die angeblich den islamischen Einfluß zu unterbinden und die schrecklichen Erinnerungen an den Sklavenhandel wiederzuerwecken trachteten, deshalb wies man die Missionare aus. Die Versuche zur Unterdrückung der wilden Stämme erreichten beinahe schon das Stadium eines systematischen Völkermordes.

Eine große Schiffsladung Elfenbein und Horn vom weißen Nashorn, die vor wenigen Jahren in Mombasa aufgetaucht war, sollte anscheinend die Waffen für die verzweifelten Eingeborenen finanzieren und stammte fast sicher aus Nimule. John Owen, der Distriktskommissar des ehemaligen anglo-ägyptischen Sudan, der später zum Direktor der Nationalparks von Tansania ernannt wurde, überflog 1969 Nimule in einer einmotorigen Maschine. „Trotz überaus genauer Suche entdeckten wir nur einen einzigen Büffel", sagte er. Höchstwahrscheinlich ist das im Aussterben begriffene weiße Nashorn für immer aus dem Sudan verschwunden.

Owen hatte mich eingeladen, in diesem Jahr wieder nach Afrika zu kommen, und so flog ich über Entebbe in Uganda nach Westkenia und über die regenreichen Gebiete des Viktoriasees. Ein klarer Himmel spannte sich über die Hochebenen, die sich durch ganz Ostafrika nach Süden erstrecken; unser Flugzeug warf seine Schatten auf die Nadi-Hügel, die Mau-Gebirgskette und das Land der Massai. Bald drängten sich die kreisförmig angelegten Bienenkorbhütten wie Narben auf der rauhen Oberfläche des Rift Valley in den wellblechgedeckten Kikuyu-Ansiedlungen um Nairobi zusammen.

Im Jahr 1961 war Nairobi noch immer eine Grenzstadt, wo man sich vor Antritt einer Reise in die unwirtlicheren Gebiete ausrüsten konnte. Gazellen und Zebras zogen über die Straße vor dem Embakasi-Flughafen, und die Aathi-Ebene und die Ngong-Hügel, jene Stellen, wo das Territorium der Massai bis an den Rand der Stadt reicht, ließen es glaubwürdig erscheinen, daß die ersten sechs Menschen, die am Friedhof von Nairobi begraben wurden, von Löwen getötet worden waren.[11] Das Nationalmuseum hieß noch immer das Coryndon, der britische Direktor der Nationalparks trug ein Monokel, und das Norfolk-Hotel und das New-Stanley-Hotel waren die einzigen respektablen Unterkünfte. Acht Jahre später schossen

Hotels internationalen Ausmaßes in den vielsprachigen Straßen Nairobis aus dem Boden, die Delamere Avenue wurde in Kenyatta Avenue umbenannt, und breite Boulevards mit Namen wie Uhuru (Unabhängigkeit) und Harambe (Alle Gemeinsam!) führten Besucher rasch vom einen Ende dieser kleinen Stadt zum anderen. Aber unter dieser glänzenden Oberfläche war Nairobi noch immer das gleiche Gemisch von Basars und Architektur im Kolonialstil, von Antiquitätenläden, Moscheen, Lärm und übelriechenden Elendsvierteln, wo verkrüppelte Bettler von den Schwärmen der Arbeitslosen beneidet wurden. Sobald ich ein sonnengebräuntes Gesicht und einen alten Landrover hatte, die es erlaubten, mich für einen Siedler zu halten, wurde ich auf der Straße von jungen Afrikanern belagert, die darauf brannten, irgendeine Form von Arbeit zu finden.

Arbeitslosigkeit, ganz abgesehen von Diebstahl und Korruption, erlaubt es eingefleischten Kolonialisten, auf die Unfähigkeit der Kikuyu hinzuweisen, die einfach zu unerträglich tüchtig und ehrgeizig sind: „Sie haben alle akademische Grade und Titel, diese verdammten Kyuks, aber sie können verdammt nichts leisten." Gerechterweise müßte es jedoch heißen: „... aber es gibt verdammt nichts, was sie tun können", denn die junge Nation hat nur wenige freie Posten für diese angehenden Buchprüfer, Pharmazeuten, Rechtsanwälte und geistigen Arbeiter; dafür sind nur wenige Menschen in Facharbeiten ausgebildet – Tischler, Mechaniker und ähnliches –, Tätigkeiten, die früher von Asiaten ausgeführt wurden. Noch mehr als den Weißen brachte man allerdings den Asiaten Ressentiments entgegen: Der einfache Mann hat das Gefühl, von den Geschäftsleuten ausgebeutet zu werden, während die Gebildeten sich darüber beklagen, daß die Asiaten ihr Geld außerhalb des Landes anlegen. Jene Leute, die deshalb ihre Position verloren haben, versuchen verzweifelt, irgendwohin auszuwandern, sie verhalten sich jedoch ruhig, und ihre hoffnungslose Lage wird von den zuständigen Stellen möglichst ignoriert. In einem asiatischen Geschäft in der Hardinge-Straße, der heutigen Kimathi-Straße, haben afrikanische Hilfskräfte die Arbeit der blassen, blutarmen Kinder übernommen, die so billig und doch tüchtig waren. Heute kann eine strapazfähige Safarihose, die 1961 in wenigen Stunden um ein paar lumpige Pennies geschneidert wurde, nicht einmal zum dreifachen Preis aus minderwertigem Material in weniger als 15 Tagen angefertigt werden.

Die Weißen werden gebraucht, aber nicht geschätzt – daher die unterschwellige Grobheit unter der ober-

flächlichen Höflichkeit. Der Schwarze, der seine Machtbefugnis mißbraucht, weniger aus Böswilligkeit als aus Unsicherheit, ist die tägliche Plage für alle Weißen, die nicht von einer Reisegesellschaft an solchen Klippen vorbeigesteuert werden. (Dabei ist man manchmal auch von besonderer Höflichkeit und Freundlichkeit überrascht.) Ich entsinne mich eines Tages in den Bergen, als unser Fahrzeug zusammengebrochen war. Ein Afrikaner, der von der Ladefläche eines vorbeifahrenden Lastwagens „Was ist los?" herunterrief, wollte nur mit seinem Englisch renommieren und keinesfalls Interesse zeigen, vielleicht wollte er uns auch bloß verhöhnen – jedenfalls nahm das der rotgesichtige, weiße Siedler neben mir sofort an. „Kümmere dich um deinen eigenen Kram!" stieß er wütend hervor. Für den jungen Afrikaner bedeutet solche Konfrontation die Möglichkeit, den Weißen endlich dazu zu bringen, ihn zu beachten, ihn als Menschen, als Individuum anzuerkennen. Das ist zumindest meine Ansicht zu diesem Problem. Die eben erwähnte Episode ereignete sich 1970, als ich trotz mehrerer Aufenthalte in Afrika – und nachdem ich viel über das Land gelesen und mich intensiv damit beschäftigt hatte – noch weniger als je zuvor über das essentielle Wesen der Afrikaner Bescheid wußte.

„Die Entdeckung der Bantu-Philosophie muß jene von uns beunruhigen, die sich mit der Erziehung und Bildung der Afrikaner beschäftigten ... Wir haben geglaubt, wir erziehen Kinder, ‚große Kinder', und das hielten wir für eine einfache Aufgabe. Aber nun müssen wir plötzlich erkennen, daß wir es mit einer Persönlichkeit zu tun haben, mit einem erwachsenen Menschen, der sich seines eigenen Verstandes bewußt ist, durchdrungen von seiner eigenen universalistischen Philosophie. Und wir haben das Gefühl, daß uns der Boden unter den Füßen weggezogen wird ..."[12]

Die erste Nacht nach meiner Rückkehr in dieses Land wohnte ich im New-Stanley-Hotel, da das altmodische Hotel Norfolk kein Zimmer frei hatte. Nach Einbruch der Dunkelheit verbrachte ich zwei Stunden zufrieden vor mich hindösend in einer riesigen weißen Badewanne im Kolonialstil, beobachtete das geisterhafte, unwirkliche Flackern von weit entfernten Fackeln auf dem Luftschacht des Badezimmers und hörte dem Schreien und Rufen des Personals im Erdgeschoß zu, dem Geräusch von zerbrechendem Geschirr und dem Stampfen und Hasten der Füße. Vor dem Hotel mischten sich am nächsten Morgen die afrikanischen Besucher aus den jungen Staaten mit Reisenden aus aller Herren Länder: Touristen mit relativ geringem Einkommen sind heutzutage keine Seltenheit mehr in Nairobi, und neben den alten, dunkelgrünen Safariautos tauchen immer häufiger zebra-gestreifte Reisebusse auf. An der Hotelbar tauschten Siedler aus dem Weißen Hochland, aus Nyeri, Eldoret und Rumuruti, Neuigkeiten aus; die Bartheke des Hotels ist das letzte Refugium der alteingesessenen Wildheger und weißen Jäger – die heute Profis, „Berufsjäger" genannt werden –, und das Gespräch wandte sich unwillkürlich auch jenen großen Tagen zu, als die Eingeborenen noch ihren Platz in der Hierarchie kannten und respektierten. Andere Gäste wiederum gaben ihrer Überzeugung Ausdruck, daß der Tag der Unabhängigkeit einmal habe kommen müssen. Wie ein solcher Mann einmal mir gegenüber bemerkte, nachdem ein Wildheger die „verdammten Kyukes" verflucht, „das Ende des Wildbestandes" heraufbeschworen hatte und so weiter: „Diese alten Kerle sollten sich nicht so aufführen – schließlich hatten sie das Beste davon."

Es ist schon viel über die schillernden, interessanten Jahrzehnte geschrieben worden, als die Kolonie Kenia als „das Land des weißen Mannes" betrachtet wurde, und es ist eigentlich nichts hinzuzufügen. Ich war damals nicht in Kenia, und die Formen des Kolonialismus in den einzelnen Ländern Afrikas unterschieden sich nur sehr wenig. Für mich ist der am wenigsten faszinierende Aspekt Ostafrikas die Zeit der Technokratie und Politik, die unter der weißen Herrschaft begann und kaum mehr als ein halbes Jahrhundert dauerte in all den Jahrtausenden, die Menschen in Afrika gelebt haben. Jomo Kenyatta, der unter dem Namen Kamau wa Ngengi geboren wurde, dessen Leben die gesamte Kolonialzeit umspannt, soll angeblich bis zu seinem zehnten Lebensjahr, das war um die Jahrhundertwende, keinen Weißen zu Gesicht bekommen haben. Und einer der Träger Livingstones lebte noch in den dreißiger Jahren dieses Jahrhunderts, als Karen Blixen in dem hervorragenden Buch „Out of Africa" als erste das Ende der großen Tage beklagte. Im Jahr 1970 lernte ich zufällig den Kikuyu-Helden dieses berühmten Romans kennen, ihren Diener „Kamande". Kamande Gatora ist ein äußerst zurückhaltender, beherrschter Mensch mit der für fast Erblindete typischen Wachsamkeit; er hatte den Mau-Mau-Eid abgelegt und war dafür eingesperrt worden, nachdem seine Herrin nach Dänemark heimgekehrt war, „trotz der Guttaten, die ich unaufgefordert von ihr erhalten hatte, und trotz des schönen Lebens, das wir bei ihr geführt hatten, so wie weiße und schwarze Tasten eines

Klaviers, die gespielt melodiöse Töne hervorbringen".[13]

Es war müßig, ihn anzusprechen, und ich stand stumm vor ihm, denn er konnte meine Worte nicht verstehen, und mein Gesicht war für seine blinden Augen nur ein verschwommenes Bild.

Es ist nicht einfach, die Eingeborenen kennenzulernen; sie haben eine rasche Auffassungsgabe und trotzdem kann man sich nicht wirklich mit ihnen verständigen; wenn man sie erschreckt, ziehen sie sich meist in Sekundenschnelle zurück wie wilde Tiere, die auf eine abrupte Bewegung des Menschen hin sofort verschwinden – einfach nicht mehr da sind . . . Als wir damals in die Welt der Eingeborenen einbrachen, reagierten sie wie die Ameisen, wenn man in einem Ameisenhügel herumstochert: sie beseitigten den Schaden mit ungebrochener Energie, rasch und ohne Aufhebens – als ob sie eine ungehörige Tat tilgen wollten.[14]

In einem vor wenigen Jahren diktierten Brief gab Kamande „eine Beschreibung meiner Ansichten über das alte Leben und das neue. Ich kann einfach keinen Unterschied sehen. Wir erfreuten uns an allem, was wir hatten, und bis jetzt genießen wir, was wir haben, daher sehe ich keinen Unterschied. Und die Zeiten sind nicht so lang vergangen, denn die Geschichte beginnt erst zu unseren Lebzeiten. Als Baronesse nach England fährt, verläßt der Mr. Matthew Wellington Mombasa. Mr. Wellington hilft den toten Bwana Livingstone zum Meer tragen, daher ist die Geschichte jetzt."[15]

Ein halbes Jahrhundert, nachdem er für die „für immer teure Baronesse" zu arbeiten begonnen hatte, als kränklicher Junge, dem die Pflege der Hunde anvertraut war, stand Kamande hier in der Dämmerung von Langate im letzten Abendlicht, das von den Ngong-Hügeln und der Massai-Ebene herüberleuchtete. In dem festen, uns so fremden Blick dieses alten Afrikaners zeigte es sich, daß es völlig unwichtig war, mit Vernunftgründen zu argumentieren, daß solche Ereignisse wie Mau-Mau und die Reise seiner Herrin Gründe hatten, die von einem Fremden nicht verstanden werden könnten, von einem Fremden, der das Wesen des Afrikaners nicht zu begreifen imstande war, aber doch hoffen kann, den geheimnisvollen, universellen Sinn des Lebens intuitiv zu erfassen. Das Leben beginnt, bevor die Seele geboren ist, und beginnt zum zweitenmal mit dem Eintritt des Todes, und so wie im afro-asiatischen Symbol, wo die Schlange der Ewigkeit ihren Schwanz schluckt, ist alles in Fluß, alles in ewiger Bewegung, ohne Anfang und ohne Ende.

Kopjes aus Granit im Kidepotal (Uganda)

Queen Elizabeth Park:
Rieseneuphorbia (Wolfsmilch)

Weiße Nashörner,
Murchison Falls

Oberer Nil:
Pavianfamilie
Krokodil

47

Flußpferde: im Niltal und (unten) im Queen Elizabeth Park

III | Nordwestgrenze

Irgendwo berührt der Himmel die Erde
und der Name jenes Ortes ist das Ende.
Kamba-Spruch[1]

Mit keiner anderen Straße in Ostafrika verbinden sich so viele Assoziationen für jeden Reisenden, der eine Ahnung von der kurzen Geschichte dieses Gebietes hat, wie mit jener Straße, die von Nairobi nach Norden zum Mount Kenia führt. Man erreicht nach kurzer Zeit Thika und das Blue-Post-Hotel, ein Relikt aus den Tagen kurz nach der Jahrhundertwende, als die ersten Pflanzer das Kikuyu-Land rodeten, um Kaffee-, Flachs- und Pyrethrumplantagen anzulegen. Bald darauf kommt man nach Nyeri, dem Colonel Richard Meinertzhagen, der Held der Naadi-Kriege, 1903 diesen Namen gab. Er war Zeuge einer Prozession von mehr als siebenhundert Elefanten durch diese Dorfstraße. Bei Nanyuki überquert die Fernstraße den Äquator und fällt dann langsam ab durch das Weideland westlich des Mount Kenia – Kere-Nyaga, benannt nach Nyaga oder Ngai, dem auch von den Kamba und Kikuyu verwendeten Massai-Wort für Gott. Abweisend, dunkel, zerklüftet und schroff erhebt sich der Berg mit seinen Schneefeldern, die die Afrikaner mieden, weil sie das strahlende Weiß für das Königreich Ngais hielten.

Vor dem Ersten Weltkrieg, als Elspeth Huxley ihre Kindheit auf einer Farm in Thika verbrachte, wanderten noch vereinzelt Dorobo über dieses Hochland:

Eine braune, in Felle gehüllte Gestalt trat heraus in die Sonne, deren Strahlen den Pelz satt und rötlich aufleuchten ließen und die Kupferornamente zum Glitzern brachten.

Er war ein kleiner Mann, aber doch kein Zwerg oder Pygmäe, sondern ungefähr in der Mitte zwischen einem Pygmäen und einem normalgewachsenen Menschen. Er war hellhäutig und trug einen Umhang aus der Haut eines Buschbocks, eine kleine Lederkappe und Ohrgehänge, einen langen Bogen und einen Köcher mit Pfeilen. Wie der Dik-Dik zuvor stand er reglos da und sah mich an, und ich überlegte, ob auch er verschwinden würde, wenn ich eine Bewegung machte ... Ich wußte, daß es ein Dorobo war, ein Angehöriger des Jägervolkes aus dem Wald, das sein Wild in Fallen fing oder mit vergifteten Pfeilen erlegte. Sie trieben keinen Ackerbau, sondern ernährten sich von Fleisch, Wurzeln und wildem Honig, die letzten eines uralten Volkes, dem einst das ganze Gebiet gehört hatte, die eigentlichen Ureinwohner. Dann waren andere Völker gekommen, wie die Kikuyu und die Massai, und die Dorobo hatten im Wald Zuflucht gesucht. Nun lebten sie in Frieden oder zumindest unangefochten neben den Hirten und Ackerbauern und tauschten manchmal Häute und Honig gegen Perlen ein oder erstanden von eingeborenen Schmieden gefertigte Messer und Speere. Sie waren vertraut mit allen Waldtieren, sogar mit dem Bongo, dem schönsten und scheusten der Tiere, und ihr größtes Vergnügen war es, drei Tage lang ein Festmahl mit rohem Elefantenfleisch zu feiern.[2]

Wie die Buschmänner Südafrikas, die von Weißen und Schwarzen gleichermaßen abgeschlachtet oder in Sumpf- und Wüstengebiete zurückgetrieben wurden, sobald sie sich der Rinder bemächtigten, die in ihre Jagdgründe eindrangen, wurde auch die Existenz der Dorobo durch die Rodung der Wälder gefährdet, und es gab zweifellos Zusammenstöße und Kämpfe, bevor sie sich als Regenmacher und Zauberer, Beschneider und Totenwächter den Nandi und den Massai anschlossen. Es ist wahrscheinlich nicht mehr möglich, die wahre Herkunft dieses ausgestoßenen Volkes zu erforschen, das seine eigene Sprache verloren hat und dessen Name (iltorrobo, ein Massaiwort, das „armer Mann" oder „Mann ohne Rinder" heißt, also ein Jäger oder Sammler) jetzt auf nahezu jeden angewandt wird, der sich im Busch durchzubringen versucht oder „wie ein Dorobo lebt". Trotzdem finde ich es interessant, daß die Muisi Dorobo, die einst die Bambuswälder am Mount Kenia bewohnten, angeblich sehr klein waren[3] und daß eine der beiden Hauptsippen der Dorobo, die in überdeckten Gruben lebenden Agumba – die anderen hießen Okiek –, angeblich in die Gegend von Kismayu gezogen waren, nachdem sie die Rodung ihrer Wälder durch die Kikuyu nicht hatten verhindern können. Ich könnte mir vorstellen, daß die Agumba und die verschollenen Gumba identisch sind. Vielleicht sind die Dorobo mit Jagdstämmen wie den Ik aus dem Nordosten Ugandas verwandt, die ebenfalls bis vor kurzem Jäger waren und als hellhäutiger und kleiner als ihre Nachbarn beschrieben wurden. Es mag sein, daß beide Gruppen von denselben Ahnen abstammen wie die größeren Khoisan oder mit Schnalzlauten sprechenden Völker (z. B. die modernen Verwandten der Buschmänner, die Khoi oder Hottentotten), deren Spuren man noch hoch oben im Norden am Blauen Nil und in Äthiopien gefunden hat. Sowohl Buschmänner als auch Pygmäen sind, wenn sie sich nicht mit anderen Gruppen vermischt haben, zartknochig, klein und haben eine gelblichbraune Hautfarbe. Andere körperliche Merkmale scheinen zwar eine rassische Trennung zu rechtfertigen, ihre bantusprechenden Nachbarn, von Uganda bis Südafrika, bezeichnen jedoch beide Gruppen als „Kleines Volk" – Abatwa oder Twa.

Obwohl Afrika ein so riesiges und dünn besiedeltes Land ist, bietet es den „Kleinen Leuten" keinen Lebensraum mehr. Wer mit ihnen in Kontakt kam, beschrieb sie als friedliche und ruhige Menschen, die im Einklang mit der Natur und dem Wechsel der Jahreszeiten lebten und denen die Aggressivität und Gier fehlten, die Ackerbau und Viehzucht mit ihrer Illusion von Sicherheit und Dauer der Menschheit gebracht haben. In alten Zeiten, sagen die Buschmänner, redeten die wilden Tiere mit den Menschen, und alle waren Freunde. Sie empfanden Ehrfurcht vor dem Leben und dem Tod der Tiere, die sie jagten. Wenn die Nandi von diesem Instinkt der Dorobo für die Wildnis sprechen, nennen sie es *comiet*, das heißt Verwandtschaft, Zugehörigkeit[4] – und ihre Legenden stehen im Einklang mit der Schöpfung. Das Kleine Volk, das Alte Volk, mit seinem sicheren, unverbildeten Instinkt, kannte das Geheimnis der Stille, und ich wünschte mir nichts mehr als eine Begegnung mit den langsam aussterbenden Jägern.

In Nairobi hörte man gelegentlich von Jägern, die angeblich vom Alten Volk abstammten, darunter einer Gruppe „irgendwo" in den Bergen östlich des Mount Kenia, die man für Überreste der Gumba hielt. Jene aber, über die verläßliche Informationen zu erhalten waren, hatten schon lange Sprache und Sitten der stärkeren Nachbarstämme angenommen. (Sogar die Ovajimba aus Südwestafrika, der letzte bekannte Stamm, der grobe Steinwerkzeuge herstellt und verwendet, haben die Sprache der Herero Bantu übernommen, die durch ihr Gebiet ziehen.) Die einzigen Jäger und Sammler in Kenia, die angeblich noch immer mehr oder weniger wie früher leben, waren einige wenige primitive Fischer am Rudolfsee, die El Molo, welche die Fachleute[5] für eine Restgruppe der Dorobo halten.

Im Juni 1970 begleitete ich den Photographen Eliot Porter, seine beiden Söhne und seine Schwiegertochter auf einer Reise zum Rudolfsee über den Mount Marsabit, auf einer gut organisierten Safari in ein abgelegenes wasserarmes Gebiet, in das ich mich mit meinem alten Landrover nicht allein wagen konnte. Dieser nördliche Grenzbezirk, NFD (Northern Frontier District), ein Ödland aus Wüste und wüstenähnlicher Dornensteppe, das sich im Norden und Osten bis nach Äthiopien und Somalia erstreckt, war bis vor kurzem für Reisende gesperrt gewesen, da er unter Kontrolle der Somali-Shifta stand, die ihn als ihr Land beanspruchten. Shifta oder „Wanderer" bedeutet eigentlich Stammesangehöriger ohne Bodenbesitz, wird aber heute für Guerillas oder Banditen verwendet. Die Somali-Guerillas und die echten Banditen, ob Somali oder Boran, werden alle mit diesem Terminus bezeichnet. Die Boran sind auch die Hauptleidtragenden bei den Raubzügen der Shifta. Banditen jeder Art brandschatzen ihre Dörfer und stehlen ihr Vieh, und was übrigbleibt, wird oft genug von der Kenia-Sicherheitspolizei in Schutt und Asche gelegt, weil die

Polizisten überzeugt sind, daß die Siedlungen der Boran, wenn sie auch nicht von Shifta bewohnt sind, den Terroristen Obdach gewähren. Zahlreichen Boran bleibt daher oft nichts anderes übrig, als selbst Banditen zu werden, um überleben zu können, andere fristen ihr Dasein als Flüchtlinge in Isiolo, wo sie sich mit Somalihändlern, Bantuarbeitern aus dem Süden und einigen Samburu und Turkana vermischen.

Hinter dem Grenzposten in Isiolo hört die befestigte Straße auf, und es gibt keine Zäune mehr. Dieses Grenzgebiet zwischen dem Hochland und dem NFD war ursprünglich Stammesgebiet der Samburu. Ein Höhenzug am Uaso-Nyiro-Fluß wurde als Wildreservat abgegrenzt und nach ihnen benannt. Hier schlug unsere Safari ein Lager auf, in einem Hain von Schirmakazien, mit Blick auf das Laikipia-Plateau im Westen. Der Uaso Nyiro kommt aus dem Laikipia-Plateau und versickert schließlich im Lorian-Sumpf östlich von Mado-Gashi. So nahe am Wasser war es überraschend, jeden Tag in der Morgendämmerung eine Schar weißer Reiher über die trockene Dornensteppe nach Süden fliegen zu sehen, zu unbekannten Gewässern am Fuß des Mount Kenia.

Die Berge und Hügel rund um den Uaso Nyiro haben einen prachtvollen Wildbestand, z. B. die Netzgiraffe und das Grevy-Zebra (hier in gemischten Herden mit dem weniger seltenen Burchell-Zebra), die weiter südlich nicht vorkommen: der Org, der Büschelohr-Spießbock und der blaubeinige Somalistrauß haben die südlicheren Rassen ihrer Art verdrängt. Die auffallendste Gazellenart ist die Giraffengazelle oder Gerenuk. Dieses einzigartige Tier – stilisiert bis zur geschnitzt wirkenden Augenform und dem Bronzeschimmer, wodurch der Körper wie geöltes Holz wirkt – äst stets auf den Hinterbeinen, mit zuckendem Schwanz und spielenden Fächerohren, die zarten Vorderhufe auf schwankende Äste gestützt. Bei einem meiner früheren Besuche in Samburu, im Winter, hatten die langhalsigen Tiere an den Blüten einer Gummiakazie geknabbert, die die Luft mit ihrem süßen Duft erfüllte, aber jetzt hatte die lange Trockenheit begonnen, die Hochebene glich wieder einer Wüste.

Samburu ist seit 1966 Wildschutzgebiet, aber fast ständig wegen der Shifta geschlossen gewesen. Erst in diesem Jahr hatten Banditen beim Wildern zwei der afrikanischen Heger getötet. Was es an Pfaden, Furten, Dämmen und Brücken gibt, ist zum größten Teil das Werk von Terence Adamson, den wir in diesem Februar in einer selbstgebauten strohgedeckten Banda am Fluß antrafen und der mir liebenswürdigerweise die einzige vollständige Wegkarte von Samburu geliehen hatte. Mr. Adamson ist ein kräftiger älterer Herr mit weißem Haar, Schlapphut, riesigen flatternden Shorts und schweren Schuhen, Junggeselle und überzeugter Einsiedler, der in den sieben Jahren, als er etwa 150 Kilometer nördlich in Marsabit stationiert war, nur ein einziges Mal wegen unerträglicher Zahnschmerzen nach Nairobi gegangen ist. Er haßt Nairobi und die in dieser Stadt verkörperte Veränderung Afrikas und wird nie mehr dorthin fahren, wenn er nicht unbedingt muß.

Obgleich er Shifta-Überfälle auf Isiolo erlebt hat, wobei einmal ein afrikanischer Bezirkskommissär ermordet wurde, sympathisiert Adamson mit den Guerillas. „Warum sollten diese Somali unter der Herrschaft Kenias stehen? Somalis betrachten sich gar nicht als Afrikaner, und natürlich haben sie recht." Er seufzte. „Sie haben eine merkwürdige Art, zugegeben – wie übrigens alle Araber –, aber sie stehen zu ihrem Wort, und sie stehen zu ihrem Ehrenkodex, ob es uns paßt oder nicht. Ich sah einmal einen halben Samburu hier in einer Astgabel hängen. Er war von einem Leoparden hinaufgeschleppt worden, nachdem er den Somali in die Hände gefallen war. Er war ein Viehdieb."

In früherer Zeit – für Adamsons Generation ist die eigene Jugend mit der großen Zeit der Kolonie Kenia identisch – schlief Adamson im Freien am Boden, wo immer er hinkam. „Nashörner waren manchmal lästig – nachts sind sie ebenso stockblind wie am Tag. Tschau, Tschau, Tschau", sagte er, wobei er das Gesicht wie ein Rhinozeros verzog. „Sie schnauben nie zwei- oder viermal, immer dreimal." Er schüttelte seinen imposanten Kopf. „In zehn Jahren ist das Spiel aus hier in Kenia. Ich will gar nicht daran denken, was passieren wird, wenn der Alte Mann stirbt. Ich hoffe nur, daß sie mich bis zum Ende hierbleiben lassen."

Der Südostmonsun wehte vom heißen Nyika herüber, und Wüstenstaub hüllte die Berge wie Nebel ein. Aber der Uaso Nyiro fließt das ganze Jahr über, und an seinem grünen Ufer gibt es keinen Jahreszeitenwechsel. Eine Löwin mit dunkelglänzendem Fell lag auf einer Anhöhe und lauerte an der Stelle, an der das Wild zur Tränke kam. An einer schattigen Flußkehre, auf sonnenüberfluteten Sandbänken, standen Paviane und Elefanten; ein kleines graugrünes Krokodil, das am Rand des schlammigen Flusses im Sonnenlicht glänzte, ließ in mir einen Kindheitstraum vom tiefsten Afrika wach werden. In der Ebene stand einsam ein uralter Elefant und wartete darauf, daß sich seine Zeit erfülle. Seine Stoßzähne waren abgebrochen und abgenützt, seine Schwanzhaare schütter. An seiner monumentalen

Stirn hing eine Grünscheitelracke, auf Insekten wartend, die der riesige Rüssel aufscheuchte, und ließ türkisfarbene Lichter in der trockenen Luft aufleuchten.

Auf einem Plateau, das stufenförmig vom Südufer aufsteigt, bilden drei Steinbecken in einem Hain von Astpalmen eine Oase inmitten des bizarren steinigen Dornengestrüpps. Die untere Quelle, wo sich das Wasser zu einem sumpfigen Fluß ausbreitet, ist von hohem Schilf und Riedgras umwachsen, hier kommen die Vögel und Tiere zur Tränke. Eines Nachmittags schwamm ich im mittleren Teich, dessen Ufer steil abfielen, sein Wasser war im Winter so klar wie der Wüstenwind. Nun aber reinigten sich hier die Arbeitstrupps, die die Straße nach Norden bis nach Äthiopien bauten, mit Waschmitteln, die dichten Schaum erzeugten. So stieg ich bald wieder aus dem Wasser und ließ mich von der Sonne trocknen. Der Schatten einer Schildkröte verschwand zwischen den Steinplatten am Ufer, und Libellen, eine feuerfarben, die andere kobaltblau, schwirrten mit ihren trockenen Flügeln durch die heiße Luft. Obwohl der Wind wehte, hing eine Stille in der Luft, eine Erwartung. An der unteren Quelle standen völlig reglos zwei Spornkiebitze, als warteten sie darauf, daß die Menschheit älter werde.

In der staubigen Ebene westlich der Quelle warteten Spießbock und Zebra mit gespitzten Ohren. Vielleicht war einer ihrer Artgenossen in der Nacht getötet worden, denn östlich der Quelle strichen Schakale wie scheue Hunde herum, und Geier saßen, riesigen Galläpfeln ähnlich, in den Bäumen. Als sich der Wind drehte und eine Wolke sich vor die Sonne schob, hatte das Rascheln der trockenen Palmwedel plötzlich etwas Bedrohliches an sich. Jenseits der Quellen rannten Spießböcke in wilder Flucht, Staub aufwirbelnd, zum höher gelegenen Plateau. Da mich der Wind störte, kleidete ich mich an und machte mich auf den Weg zum Camp.

Ich kletterte von den Quellen hinunter in die Ebene, überquerte eine steinige Bodenwelle, wo im Winter ein prachtvoller Löwe meinem Landrover ausgewichen war, und blickte mich um. Die Ebene ringsum war öd und leer. Seltsam bleiche Flecke in der Ferne waren Spießböcke und Gazellen, ein Adler flog über den Himmel, und eine Giraffe wanderte einsam am Fuß der Berge entlang. Ein Grevy-Zebrahengst (warum nicht „graues" oder „gemeines" Zebra?) griff laut wiehernd an, drehte ab, und umkreiste mich dann böse auf einer Strecke von mehr als drei Kilometern; in seinem Hirn konnte er einen dahinwandernden Menschen nicht einordnen.

Gegen Norden war der Himmel über den Schroffen und Wüstenklippen klar, direkt vor mir im Süden aber hing dunkler Regen über dem 80 Kilometer entfernten Mount Kenia. Das Gewitter kam rasch näher. Es warf ein fahles Licht über die Ebene, erhellte die weißen Schneckenhäuser toter Landschnecken, eine einsame weiße Blume, den weißen Schädel und das Gerippe eines getöteten Spießbocks.

Ich wollte die Lerchen näher betrachten, die die trockene Ebene für sich allein hatten, aber die Sonne sank rasch über dem Laikipia-Plateau, von Wolken verhüllt, und ich hatte noch etwa sieben Kilometer durch immer dichter bewaldetes Terrain zu gehen. Ich eilte weiter. Das Beobachten von Tieren hatte meine Sinne überhaupt geschärft – ein Stück Rosenquarz, ein bonbonfarbener Weißling, weiß mit roter Markierung, die leuchtend scharlachrote Brust eines Nektarvogels im schwarzen Astgewirr einer Akazie. Nichts ist so schwarz in Afrika wie der Dornenbaum, bei Sonnenaufgang oder abends gegen die Sonne gesehen, wenn die hängenden Webernester sonnenverbrannten Früchten gleichen und sich die unzähligen feinen Astspitzen gegen den Himmel abzeichnen.

Im offenen Wald waren alle Sinne für Löwen, Hyänen und Elefanten geschärft, ganz besonders Elefanten, denn sollte man unwahrscheinlicherweise Schwierigkeiten mit Löwen oder Hyänen bekommen, so kann man ohnehin nicht viel anderes tun als auf einen Baum klettern. Die Antilopen waren sehr scheu, aber einmal lief ein Rudel Impala mit hohen Sprüngen ganz nahe an mir vorbei. Ich hoffte nur, daß nicht ein Löwe, der seine Beute verfehlt hatte, nun verärgert neben dem Pfad saß.

Am Rande des Waldgebietes war überall frische Elefantenlosung, und natürlich kam auch das Krachen eines gespaltenen Baumes, das so oft das erste Zeichen ist, daß Elefanten in der Nähe sind. Es war jedoch keiner in Sicht, und ich eilte vorbei. Die rote Sonne in einem schmalen Streifen Himmel zwischen Wolken und Bergen ließ die Spinnweben im Gras wie Feuer aufleuchten, die nicht zu sehen gewesen waren, als die Sonne noch am Himmel stand. Dort, wo ich hergekommen war, strichen Flughühner zur abendlichen Tränke zu den Buffalo Springs. Dann war die Sonne verschwunden, und ein voller Mond ging über der Landschaft auf.

Die Erde war still, getaucht in Zwielicht und Schatten. Der Wind trug das tiefe Gurren einer Taube und den einsamen Glockenton eines Flötenwürgers zu mir herüber. Keine anderen Tiere waren zu sehen außer Giraffen, eine elfköpfige Herde, die in einem Hain auf die Nacht wartete. Die Giraffen waren sich meiner Gegenwart bewußt, zeigten jedoch in ihrer höflichen Art nicht, daß sie sich gestört fühlten.

Die Nacht war vor mir im Camp eingelangt. Schon hatten die Afrikaner ein Feuer entfacht und Laternen vor jedes Zelt gehängt; sie stellten sich in einer Reihe auf; erstauntes Gemurmel darüber, daß ich allein aus den Bäumen trat, schlug mir entgegen. Diese Männer sind Kamba aus der trockenen Dornensteppe am Osthang des Gebirges. Sie sind mehr an den Busch gewöhnt als die Kikuyu und eher bereit, im Freien zu schlafen. Kamba heißt „Reisender", denn sie waren immer Elfenbeinhändler gewesen; auch hatten sie am Sklavenhandel mitgewirkt und dabei Reisen bis südlich des Kilimandscharo und bis Samburu im Norden unternommen. Als Buschbewohner, die kaum von den Siedlern begehrtes Land besitzen – abgesehen von der Gegend um Machakos, gehört ihnen nur ganz wenig bebaubarer Boden –, gelten sie als verläßlicher als die Kikuyu, die angeblich durch die Missionsstationen und den zivilisatorischen Einfluß von Nairobi „verdorben" sind. In Kenia besteht das Personal der Safaris meist aus Kambas, die für ihre zugefeilten Zähne, ihre Tänze, ihr Jagdgeschick und ihren offenen, ehrlichen Charakter bekannt sind.

In der Zeit der Raubzüge der Massai gegen die anderen Stämme hielten sich die Kamba besser als die meisten übrigen, denn sie waren im Busch mehr zu Hause als die hageren Hirten; außerdem verteidigten sie sich geschickt mit vergifteten Pfeilen. Schon 1889 kämpften sie erfolgreich gegen die Massai und die Galla und unternahmen sogar Raubzüge gegen ihre alten Feinde; der Bogen der Kamba, den sie auch gegen Elefanten erfolgreich einsetzten, war stark genug, um einen Pfeil durch die Büffelhautschilder der Massai zu treiben und den Mann dahinter zu töten.[6] In jüngerer Zeit hatten sich die Kamba gegen die Verwüstung durch Buschrodung (um die Tsetsefliege unter Kontrolle zu bekommen) zur Wehr gesetzt, indem sie sich vor die Bulldozer legten. Als Kinder der Wildnis sprechen sie leise, sogar untereinander; in der Gegenwart solcher Menschen und solcher Stille senkt auch der Weiße seine Stimme.

Die Landrover, gelenkt von Jock Anderson und Adrian Luckhurst, waren mit Eliot Porter und seiner Familie noch nicht vom Nordufer des Flusses zurückgekehrt; auch Adrians Frau war mitgefahren. Ich hätte gerne mit den Afrikanern gesprochen, aber ich konnte die Sprache der Kamba nicht und kaum etwas

Kisuaheli, und selbst wenn mein Kisuaheli ausgezeichnet gewesen wäre, gab es zum Reden keinen Grund, den sie verstanden hätten: Ich war voll guten Willens, aber ich hatte gar nichts zu sagen. Ich kam mir vor allem unhöflich vor, also setzte ich mich mit einem Drink zum Feuer, lauschte den Grillen und den sanften Stimmen der Afrikaner und dem Summen der Petroleumlampe.

Der Mond schien in den Akazienästen zu hängen, der Wind erstarb. Das Leben der Wildnis drang sogar in den Camp ein – winzige rote Pfefferzecken, deren Bisse tagelang jucken, ein kleiner Skorpion, der vorsichtig über Rindenstücke neben dem Campingtisch kletterte, und Ameisenlöwen (die Larven der Netzflügler) mit ihren Regenlöchern ähnelnden Trichterfallen in der Asche oder im sandigen Boden. Die Ameisen, die über den Rand dieser Löcher geraten, schlittern in den Krater, wo der eingegrabene Ameisenlöwe wartet. Eine winzige Bewegung ist sichtbar – der Ameisenlöwe fegt unter der Ameise den Sand weg, um ihren Absturz zu beschleunigen –, dann wird das Opfer von seinem versteckten Gastgeber ergriffen und unweigerlich unter den Sand gezogen.

Als die Sonne am nächsten Morgen über den Akazien aufging, wirkte sie silbern und wintrig verhangen. Schwarze Krähen hüpften im Wind unruhig auf den toten Ästen. Die silbrige Sonne stand im geisterhaften Tageslicht genau dort, wo der Mond gewesen war. Das rauhe Bellen eines grauen Zebras weckte die Ebene, weiße Reiher zogen in Wellen südwärts, Spießböcke flüchteten in alle Himmelsrichtungen. Kalter Staub trieb über der Steppe.

An den Waldrand am Pfad, über den ich gegangen war, war am Vorabend ein weißhaariger Mann gekommen. Er saß in einem Faltstuhl neben seinem Landrover und blickte über die Samburu-Ebene nach Westen. Ein alter Schwarzer hockte in zwanzig Meter Entfernung an einen Baumstamm gelehnt auf seinen Fersen, den Blick nach Süden gewandt. Ein Campingbett stand da, aber keine Spur von einem Zelt. Beide Gestalten waren reglos, wie erstarrt. Adrian erkannte George Adamson, der viele Jahre lang Senior Game Warden des NFD gewesen war: „Mußte doch jemand wie Adamson sein, der sich im Busch auskennt, wenn er so ohne Zelt im Freien schläft." Ich dachte an den Bruder des Mannes, der am Boden geschlafen hatte, und an die alte Zeit, die vergangen, und die Zukunft, die unbarmherzig war. „Ich hoffe nur, sie lassen mich bis zum Ende bleiben – vierzig Jahre, das ist eine lange Zeit,

wissen Sie. Man sagt, Botswana – eigentlich Bechuanaland – ist in Ordnung, aber ich weiß nicht . . ."*

Die Brüder Adamson haben fast ein halbes Jahrhundert lang in entlegenen Gebieten Ostafrikas gearbeitet und zählen neben Louis (gestorben 1972) und Mary Leakey, deren Ausgrabungen in der Olduvai-Schlucht unser Wissen über die Geschichte der Frühmenschen entscheidend verändert hat, zu den letzten ihrer Generation, die noch im Busch tätig sind. Andere Veteranen aus den Großen Tagen: der Weiße Jäger J. A. Hunter und C. P. J. Ionides, „Old Iodine" von Tansania, der zuerst Elfenbeinwilderer war, dann aber Heger und noch später Reptilienkundler wurde, und Colonel Ewart Grogan, der um die Jahrhundertwende eine aufsehenerregende Wanderung vom Kap nach Kairo unternahm, und „T. B.", Major Lyn Temple-Boreham, Wildwart der Massai Mara und einer der wenigen Weißen, den die Massai je respektierten (T. B. sagte einmal zu Adrian: „Die Massai haben für nichts anderes Interesse als für Rinder, Wasser und Weiber, und das genau in dieser Reihenfolge"), sie alle waren seit der Unabhängigkeitserklärung gestorben.

Adrian winkte der Gestalt im Klappstuhl, wurde aber nicht beachtet. Der Weiße und der Schwarze – in rechtem Winkel zueinander sitzend – blieben reglos, wie in Stein gehauen. Wie die alten Büffel lieben diese alten Männer die Einsamkeit – den Blick auf jenes Afrika gerichtet, das dahin ist.

Bei Archers Post quert die neue Straße den Uaso Nyiro und verläuft in Richtung Äthiopien nach Norden. Vielleicht führt sie wirklich einmal bis Addis Abeba, vorläufig hat sie Marsabit noch nicht erreicht, und auch Oberflächenbelag gibt es noch nirgends. Die Arbeitstrupps sind zum größten Teil Kamba und Kikuyu, die aus dem Süden heraufgebracht wurden, sowie einige Turkana. Die Samburu-Hirten weigerten sich, beim Straßenbau zu arbeiten. Sie teilten die Haltung der echten Massai, deren Gebiete in Laikipia sie nach den großen Massaibürgerkriegen der achtziger Jahre des vorigen Jahrhunderts besetzten. Sie sind den Massai so ähnlich, daß sie oft als nördliche Massai bezeichnet werden. Die Samburu selbst nennen sich il-oikop – „die Wilden", die Massai hingegen nennen sie il-sampurrum pur (wörtlich: die weißen Schmetterlinge, die häufig bei Schaf- und Ziegendung gefunden werden), weil sie auf

* Später erfuhr ich, daß der Afrikaner Adamsons langjähriger Camp-Koch Stanley war, der bald darauf von einem zahmen Löwen namens Boy angefallen wurde. Adamson hörte einen Schrei, kam gelaufen und erschoß Boy, aber der alte Mann starb.

der Suche nach Wasser ständig unterwegs sind.[7] „Unsere Bräuche sind dieselben wie ihre", sagt ein alter Samburu, den wir eine kurze Wegstrecke mitnehmen. Die Samburu und die Straßenarbeiter starren einander voll des Mißtrauens und der Verachtung an.

Die Hirten treiben ihr Vieh nach Norden, asiatische Zebu-Buckelrinder und einige langhörnige Ankolerinder, ein jeder trägt sein Kurzschwert, einen Knüppel und zwei Blattschlingenspeere, wie sie die Massai bis zu diesem Jahrhundert verwendeten, als der schmale Wurfspeer in Mode kam, dazu eine lederne Wasserflasche und einen kleinen Lederbeutel. Einer trägt eine elegante Kopfstütze aus Holz, vielleicht von einem Turkana eingetauscht. Als Morani (junger Krieger) ist er mit rotem Ocker bemalt, und seine eingefetteten Zöpfe sind vom Nacken hinaufgezogen, so daß sie wie der Schirm einer Kappe von der Stirn abstehen. Die Samburu betrachten sich als „das oberste Volk der Welt",[8] jedenfalls sind sie hübscher und aristokratischer als die meisten anderen Eingeborenen, aber nicht so arrogant wie die Massai, vielleicht weil ihr Gebiet von wilden Nomaden wie den Boran und den Turkana umgeben ist.

Im Norden erheben sich bizarre Pyramiden und ebenmäßige Felsformationen aus dem blauen Dunst der Wüste. Zwischen niedrigen Dornenbüschen wachsen Zahnbürstensträucher, Combretum* und die Wüstenrose (Adenium) mit ihren rosaroten, fleischigen Blüten, kautschukartigen Stengeln und dem giftigen Saft, aus dem Pfeilgift gewonnen wird. Eliot ist hingerissen von den Mustern und Details im Landschaftsbild der Wüste, und wir bleiben immer wieder stehen, um sie festzuhalten. Unter einem Busch flitzt ein Rüsselspringer hervor. Er sitzt auf einem trockenen Blatt, schnuppert, wittert und verschwindet wieder mit trockenem Rascheln. Rund um ein Loch in der roten Wüste liegt ein Ring von Kornspreu, mehrere Zentimeter tief, Ernteameisen sammeln die Samenkörner von dünnen Gräsern und lassen die Spreu liegen. Ein Stück weiter, wo die dunklen Zinnen der Matthews-Berge im Westen aufragen, schützen vereinzelte Büsche Dik-Diks, Windspielantilopen, vor der Hitze. Es sind Guenthers Dik-Dik, grauer, größer und mit längeren Nüstern als das gewöhnliche Kirks Dik-Dik, das

* Da nur wenige afrikanische Pflanzen gebräuchliche Namen haben (außer in den Stammessprachen, und diese Namen sollten letzten Endes die europäischen ersetzen), werden meist generische Namen wie „Akazie" (Acacia ssp.) und Euphorbie (Euphorbia ssp.) verwendet. Ich habe diese unwissenschaftliche, aber unvermeidliche Praktik auf andere wichtige Arten ausgedehnt, siehe Commiphora, Grewia, Dombeya, Terminialia, Combretum etc., um eine Überladung des Textes mit Kursivdruck zu vermeiden.

südlich vom Uaso Nyiro vorkommt. (Wie bei den Zebras scheint auch hier die Bezeichnung „Gemeines" oder „Graues" Dik-Dik wesentlich einfacher; die Herren Kirk und Guenther sowie Burchell, Grevy und die geschätzte Frau Gray von Grays Moorantilopen sollte man nur in der Fachsprache verwenden, wo sie hingehören. Ebenso kann man fragen, warum diese uralten afrikanischen Felsen das Andenken des unbedeutenden Generals Matthew verewigen sollen? Warum nicht den Samburu-Namen Ol Doinyo Lenkiyio wiedereinführen?)

Aus den Bergen, wo angeblich einige Dorobo Zuflucht gefunden haben, kommt der Merillefluß. Samburu graben Wasserstellen in das trockene Flußbett, und riesige Lederflaschen, oft mehr als einen Meter hoch, stehen wie Amphoren neben den Wasserlöchern. Andere Stammesangehörige hocken unter großen Bäumen am Ufer. Die kleinen Knaben, nackt bis auf dünne Ketten und Ohrringe aus Flußmuscheln, haben eine einzige Haarlocke auf ihren geschorenen Köpfen; die Mädchen tragen Kalbslederschürzen und ein über der Schulter gebundenes Baumwolltuch, das zwischen ihren hübschen Brüsten durchgeht. Unverheiratete Mädchen sind rot bemalt, manche haben erhabene Tätowierungslinien auf ihren hellen Bäuchen, ein Baby in einer Tragschlinge hat eine kleine Kette aus grünen Perlen um den Hals. Die verheirateten Frauen tragen einen schweren Kragen aus Palmbast, mit großen dunkelroten Perlen geschmückt, und Armspangen aus Silberdraht und Goldkupfer, das Gold am Unterarm, das Silber am Oberarm oder umgekehrt. Männer und Frauen tragen metallene Knöchelspangen, Perlenkopfbänder, kupferne Ohrgehänge, ein Morani hat elfenbeinerne Ohrpflöcke und eine Perlenkette, die unter seiner Lippe und über seinen Ohren hängt. In einiger Entfernung lehnt er lässig an seinem Speer in der typischen Ruhestellung der kriegerischen Hirten vom Sudan bis hinunter ins Gebiet der Massai.

Nördlich von Merille tauchen die ersten Dromedare auf, eine kleine Herde im Schatten der Akazien. Der Treiber ist nirgends zu sehen. Ferne Kegel ragen aus der Wüste auf, eine Felsgruppe wirkt wie Haiflossen, als wäre sie von Winden der Urzeit von den Hochländern Äthiopiens herabgefegt worden. Dies ist die Kaisut-Wüste, aber im Juni, nach der Regenzeit, sind die schwarzen Lavafelsen in einem Hauch von Grün eingebettet.

Blechhütten der Straßenarbeiter stehen in einem mit Stacheldraht eingezäunten Gelände und glänzen in der unbarmherzigen Sonne von Lokuloko. Ringsum liegen die Dunghütten der Samburu, die von der Siedlung

55

angelockt wurden, Somalifrauen mit Kapuzen kommen und gehen. Manche Hütten haben Dächer aus rostigem Wellblech in Nachahmung der Blechöfen der Arbeiter. An Stelle des traditionellen Samburudorfes ist hier nur ein loser Haufen von Elendsquartieren. Nirgends ein Baum oder ein Grashalm auf dem windgefegten Boden, die Dornenbüsche sind von Bulldozern in Haufen aufgeschichtet. Staub, rostige Öltonnen, im Wind flatternde Papierfetzen, der Geruch menschlicher Armut: In gemäßigten Zonen riecht die Armut sauer, in heißen Zonen jedoch widerlich süß.

Der Mount Marsabit erhebt sich wie eine mißfarbene Wolke aus dem Wüstendunst. Grasbewachsene Vorberge steigen in Terrassen zu einsamen Kegeln auf, die Luft wird kühl. Auf einer Wiese steht wie ein Lavablock aus einem Vulkan ein Elefantenbulle mit riesigen nach innen gebogenen Stoßzähnen. Das Elfenbein des alten Tieres wirkt wie polierte Bronze, wie ein von Menschenhand abgegriffener Steinbrunnen. Diese hochgelegene Oase, fern von den alten Handelsrouten und den neuen Touristenstraßen, ist das Reich der letzten riesigen Elefanten in Afrika. Viele haben Stoßzähne von 45 Kilo und mehr an jeder Seite; die Stoßzähne eines als Ahmed bekannten Bullen werden auf 68 bis 72 Kilo geschätzt.

Marsabit im Juni: riesige Elefanten und Vulkane, das Zwitschern der Lerchen und bunte Schmetterlinge, weit unten blasse Wüsteneinöde, die in den Horizont versinkt. Am Marsabit gibt es herrliche Blumen, die im kupferfarbenen Gras zittern: blaue Disteln, Acanthus, Krapp, Winden, Wicken und eine prachtvolle, Insekten vortäuschende Verbenenart; Blüten gleich blauen Schmetterlingen, mit langen, eingerollten Antennen. Die Blüten der verschiedenen Pflanzenarten sind durchwegs bergblau, als wären sie alle aus denselben Bergmineralien, demselben Bergregen geboren. Eine Kuherbse hat große, geschwungene Blüten, zu jeder kommt ein goldgestreifter schwarzer Käfer, der die Blütenblätter frißt, und jeder Käfer ist von einer oder mehreren schwarzen Ameisen begleitet, die an seinen Hinterbeinen zu zwicken scheinen, als wollten sie die Produktion seines Thorax anregen. Am nächsten Tag kam ich zurück, um mir diese Sache genauer anzusehen, aber die Blütezeit war vorbei, und die Käfer waren verschwunden.

Auf den Straßen von Marsabit patrouillieren Soldaten der Kenia Rifles, die die Stammesangehörigen vor den Shifta schützen sollen. Die Truppe dient auch zur Bekämpfung der Wilderer, die oft aus den Reihen der

Shifta kommen. Sie forderten uns mit einer Handbewegung auf, stehenzubleiben. Nicht weit von der Straße war ein riesiger Elefant gesichtet worden. Sie meinten, es wäre Ahmed, der seit mehreren Wochen nicht gesehen worden war. Man sah nur eine granitfarbene Kuppel, die aus dem Busch aufragte; Schwarze und Weiße schlichen sich näher und standen in einer Reihe vor der grauen Eminenz wie vor einem Orakel, auf die Erleuchtung wartend. Endlich regte sich die Kuppel, ein eingerollter Rüssel erschien, und eher bescheidene Stoßzähne hoben sich, begleitet von Schmährufen der enttäuschten Afrikaner, aus dem Blätterwald, obwohl sie dann allerdings fröhlich über ihren eigenen Irrtum lachten.

Ahmed bekamen wir nicht zu Gesicht, ebenso nicht den Großen Kudu. Diese gestreifte Antilope wird nur von der Elenantilope an Größe übertroffen, aber die Tiere sind nicht leicht zu sichten, sie haben sich in die dichten Wälder zurückgezogen, die heute nur noch am hohen Mount Marsabit zu finden sind. „Moja moja tu", sagte der Boran, ein Ranger, der uns zum Einstand des großen Kudu führte – man sieht hier und dort einen. Die Samburu verdrängen die Kudus mit ihren Herden, ebenso wie die Galla, die Boran, Gabbra und Rendille. (Die Gallastämme, vor allem in Äthiopien beheimatet, sind Hamiten, den Ägyptern, den Wüstentuareg und den Berbern im Norden verwandt.) Die Männer der Boran tragen die mohammedanische Kleidung der Somali, obgleich die meisten Heiden sind, auch die Frauen kleiden sich wie Somali, aber ihren Gesichtern fehlt der orientalische Schnitt, der die Somalifrauen nach Ansicht vieler zu den schönsten auf diesem Kontinent macht.

Drei der erloschenen Vulkane am Mount Marsabit haben Kraterseen, von denen Gof Bongole der größte ist. Vom hohen Rand des Bongole sieht man im Süden die Haifischflossenberge von Losai, im Osten erstreckt sich die Wüste bis nach Somalia. Neuerdings, so hieß es, war der mächtige Ahmed, früher unerschütterlich in seinem Gleichmut, verärgert über die Nachstellungen der Menschen. Vielleicht störte ihn der Lärm der Baumaschinen, die die neue Straße aus dem Süden herbrachten, denn er blieb nun hauptsächlich in den Wäldern hinter Bongole, wo er zur Tränke ging. Ich wartete einmal eines Morgens neben einem Olivenbaum auf ihn; am Kraterrand sitzend, war ich vor dem Monsun geschützt. Die Wüste ringsum verströmte eine ungeheure Stille, wie auf einer Insel bei ruhiger See. Ein Amethyst-Nektarvogel leuchtete auf, ein Schmetterling atmete auf meinem Arm, ich roch wilden Jasmin, hörte die Grassamen fallen. Aus dem Kratersee

Hunderte Meter unter mir klang das Pfeifen von Kammbläßhühnern und das Aufklatschen ihrer Flügel am Wasser, wenn sie über den See flogen. Aber kein riesiger Elefant kam die Wildwechsel zum Kraterrand herab, nur ein Büffel trottete durch den Kraterwald und begab sich zwischen auffliegenden weißen Reihern ins seichte Wasser.

Sonne und Gras: In meinem Schlupfwinkel war die Luft heiß; Senegal-Schwalben, Segler, ein Habicht und zwei Geier kreisten im Abendwind des Kraters. Von oben kam ein Geräusch wie das Flügelschlagen eines stoßenden Falken. Aber der Vogel, der um den Kraterrand flog, war ein großer langschwänziger, eintönig braun gefärbter Segler. Es war ein Maussegler, der als „außerordentlich selten und nur hier vorkommend" beschrieben wird, „... eine hoch fliegende Hochlandart, die nur dann gesehen wird, wenn Gewitter oder Wolken sie zwingen, tiefer als üblich zu fliegen".[9] Obwohl dies nicht die erste Beobachtung am Marsabit war, machte mir der Anblick dieses seltenen Vogels große Freude.

Unser Camp lag im Bergwald, einem richtigen Wald riesiger heiliger Bäume – der afrikanischen Olive mit ihren graugrün und silbern glänzenden Blättern und dem riesigen, knorrigen Stamm –, mit wilden Blumen und einfallenden Lichtstrahlen, kühlen Schatten und starkem Humusduft, mit Moos, Farnen, Lichtungen und dem Ruf unsichtbarer Vögel aus den grünen hochstrebenden Mauern des Waldes. An einen Baum gelehnt, konnte ich in einem anderen die Oliventaube und die Olivendrossel beobachten, wie sie von der schwarzen Frucht fraßen, nach der sie gar nicht benannt sind. Zu einem nahen Waldbach kam der Paradiesfliegenschnäpper, der vielleicht eindrucksvollste Vogel Ostafrikas. Wenige Wälder sind so schön, so still, und hier wird die Stille noch betont durch die erahnte Gegenwart wilder Tiere – Büffel und Elefanten, Nashorn, Löwe, Leopard. Weil diese Geschöpfe so selten und so scheu sind, kann man in Frieden auf den Waldpfaden wandern; das einzige wilde Tier, das ich sah, war ein kleines Eichhörnchen, von einem Sonnenstrahl an einen abgestorbenen Baumstamm genagelt, mit gespreizten Beinen, abwehrbereit, sein Schwanz im Rhythmus seines dünnen, reinen Quiekens zuckend.

Die Leute vom Game Department sagen, wir sollten nicht ohne bewaffneten Geleitschutz über Marsabit hinaus fahren, aber es ist einfach nicht möglich, mehr Leute mitzunehmen. Die beiden Landrover und der Lastwagen sind vollbesetzt. Wir fuhren an der Nordflanke des Marsabit in die Dida-Gilgalu-Wüste hinunter, kamen allmählich aus den Hochgebirgswolken heraus; unten flatterte ein Rabe eine ausgetrocknete Gießbachrinne entlang, und Lava breitete eine pockenartige Kruste über das Ödland.

Vor uns erhoben sich Vulkankegel aus dem Sanddunst wie Berggipfel aus niedrig hängenden Wolken; über der Landschaft lastete drückende Hitze. Lerchen und Erdhörnchen, Kamelfliegen und Zecken; die Kamelfliege ist so flach und elastisch, daß sie selbst noch nach einem schweren Schlag davonfliegen kann. In trockenen Flußrinnen fand man Büschelgras und Webernester. In dieser Landschaft ist der rote Rücken des weißköpfigen Büffelwebers die einzige Farbe. Abgesehen von Schlangen sind die Tiere hier kein Problem, aber ein einsamer Reisender hatte am Straßenrand einen kleinen Unterstand aus Akazien gebaut, um die große Leere abzuhalten. Runde Lavafelsen, glänzend von Mangan und Eisenoxyd, von Wind und Sand blankpoliert, wirkten im trockenen Licht wie geölt – ein Land der Drachen aus tiefer Urzeit.

Im Norden erhoben und senkten sich die Huri-Berge gegen Äthiopien. Wir schlugen einen Weg nach Westen ein. An der Wand eines ausgetrockneten Flußbettes nisteten Segler und kleine braune Fledermäuse in einer Höhle, wo früher Menschen gelebt hatten, und aus dem Staub am Höhlenboden grub ich ein uraltes Grabgerät mit behauener Spitze aus. In der Nähe standen auf dem nackten Felsen armselige Behausungen aus Dung und Stroh, dort, wo die Silhouetten von Ziegen und Menschen ein Knäuel bildeten und uns nachsahen. Hier, wo nichts wächst, fristen diese primitiven Gabbra ihr Leben von Blut und Milch, wohl nicht viel anders als die ersten Hirten, die vor vielen Jahrhunderten hierher kamen.

Die Gabbra-Mission in der Oase Maikona besteht aus Hütten, zusammengeflickt aus Blech und Karton, auf unfruchtbarem Boden, wo Krähen und Köter umherstreunen. Hier nagen Kinder an den dünnen, bitteren Schalen der Borassuspalmfrüchte aus der schmutzigen Oase. Die Nüsse liegen rund um die Hütten zwischen vertrockneten Kotfladen, und sie werden noch da sein, wenn der Mensch schon längst verschwunden ist. Solche Nüsse finden sich in Ausgrabungen aus der Altsteinzeit – fünfundfünfzigtausend Jahre alt. Die Menschen gehen barfuß auf den Steinen, in wehenden Fetzen, und sind untätig, alle außer dem Schmied, der sein Feuer mit zwei Blasbälgen aus Ziegenhaut aufblies: aus ausgeschlachteten Autofedern und einem Winkeleisen hämmerte er einen schlanken Speer. Wie bei allen Galla-Stämmen ist der Schmied gehaßt und gefürchtet worden, seit die Eisenzeit dem Menschen dieses merkwürdige Element gebracht hat; doch er schien fröhlicher zu sein als die aristokratischen Nichtstuer, die über die Wüste starrten.

Maikona liegt am Südende eines schwarzen Lavafeldes, das sich in nördlicher Richtung hundertsechzig Kilometer bis nach Äthiopien hinein erstreckt. Die Lava endet in einer abrupten Mauer, wo die zehn Meter hohe Steinwoge zum Stillstand kam. Die Lavaflut bildet die Nordmauer eines alten Seebetts, der Chalbi-Wüste, einer Weite von Asche und totem Natron, deren Hitzeausstrahlung Fata Morganas erzeugt. Achtzig Kilometer lang verfolgten braune Staubsäulen unsere Karawane nach Westen. Gazellen bewegten sich geisterhaft langsam auf der Suche nach Salz über weiße Laugenfelder, ein von der Hitze überwältigter Schakal lag in krankhafter Ruhe in der Asche und beobachtete die vorüberziehenden Menschen. Im sandfarbenen Himmel wurde die Sonne orange, dann glänzend, und schließlich ließ sie die Konturen der Bura-Galadi-Berge verschwimmen.

Bei Einbruch der Dunkelheit erreichten die Wagen im Nordwestzipfel der Wüste die Oase von North Horr, wo eine Polizeistation die hier lebenden Gabbra vor den Shifta und vor den nomadischen Räuberbanden aus Äthiopien schützt. Die Gabbra-Frauen haben stark ausgeprägte Wüstengesichter hinter schwarzen Schleiern, Metallarmspangen und Kobrakopfarmbänder, Perlschnüre aus Aluminium, an einer Halskette hängt eine abgegriffene viktorianische Münze. Vielleicht stammte sie aus dem Sudan, wo man sie einem toten Engländer in Khartum aus den zerrissenen Taschen genommen hatte.

Kinder kommen mit Leuchtkäfern im krausen Haar, die Lichter tanzen zwischen wehenden Palmen. Die Kleinen spielen „Flugzeug", obwohl sie von ihnen nur die farbigen Lichter kennen, wenn sie im Dunkel der Nacht ihr Gebiet überfliegen. In dieser Nacht gab es keine Flugzeuge, aber ein Satellit unbekannter Herkunft kurvte über das Kreuz des Südens, und gegen Mitternacht folgte ihm eine Sternschnuppe, die in einem ätherischen blauen Lichtregen über dem Semien-Gebirge in Äthiopien verlosch.

Ich schlief unter dem Sternenhimmel der Wüste, zufrieden, hier in North Horr zu sein, zwischen der Wüste Chalbi und den Bura-Galadi-Bergen. Die kargen, unheilschwangeren Namen ließen mittelalterliche Sagen aufleben, Geschichten von Wüstenräubern und den wilden, merkwürdigen alten Koptenreichen von Abessinien.

Am Morgen entwickelte sich der Wind zu einem Sandsturm. Schwärme von Flughühnern schossen über den knarrenden Palmen auf der Suche nach Wasser hin und her, eine Kamelherde zeichnete sich wie ein langsam weiterlaufender Sprung in der Wüste im Süden ab.

Jenseits von North Horr ist der Weg für den Lastwagen, der keinen Vierradantrieb besitzt, zu schlecht; er sollte uns daher einige Tage später im El-Molo-Dorf Loiyengalani am Südende des Rudolfsees wieder treffen. Die acht Weißen in unserer Gruppe wollten zusammen mit unserem Koch Kimunginye, einem Kamba, in den beiden Landrovern mit leichtem Gepäck reisen, da wir vorhatten, noch am selben Abend Richard Leakeys archäologisches Camp in Koobi Fora, etwa einhundertachtzig Kilometer über North Horr hinaus, zu erreichen. Wir brachten unser Essen und unser Bettzeug mit, und Richard, der uns erwartete, versprach, Benzin und Wasser für die Rückfahrt nach Loiyengalani beizusteuern.

Im Schotterbett eines vertrockneten Flusses mußte einer unserer Wagen geschoben werden; auf der anderen Seite des Flusses war die Fahrspur von Leakeys jährlicher Karawane kaum zu erkennen. Die Gegend ist weniger unwirtlich als die Wüsten weiter im Osten und weniger monoton. Ausgetrocknete Flußbetten durchkreuzen weite trockene Grassteppen, hier und dort von Sanddünen, Lavablöcken und dunklen, schroffen vulkanischen Felsen unterbrochen, übersät mit Feuerstein und Gips. Die Tiere sind zahm und zahlreich, denn es ist niemand hier, der sie jagen würde. Doch weiter drinnen verschwinden alle Lebewesen; die trockene Ebene unter einem grauen, windgepeitschten Himmel wirkt bedrückender als die nackte Wüste, als wäre einst hier Leben gewesen, jetzt aber verschwunden. In diesem Wind ist das Echo der Vernichtung: So wird die Welt aussehen, wenn der Mensch alles Leben zerstört hat.

Die Gegend östlich vom Rudolfsee war anscheinend eine der Hauptwanderrouten früherer Völker, denn die Landschaft ist hier und dort von merkwürdigen, einen Meter zwanzig bis einen Meter fünfzig hohen Steinhaufen von drei Meter Durchmesser unterbrochen, mit einem Kreis größerer Steine ringsum. Manche dieser Grabhügel, die am häufigsten in der Nähe von Wasserstellen zu finden sind, zu denen die alte Wegspur führt, wurden den Galla zugesprochen. Andere, wie auch die Wege selbst, sind vielleicht Tausende Jahre alt. Sie wachsen allmählich, weil vorübergehende Nomaden als Zeichen der Verehrung Steinchen daraufwerfen. In dieser Stille hört man auch das Echo der Steinchen, wie sie auf dem stummen Hügel aufschlagen.

Die Vorgeschichte Afrikas besteht aus Vermutungen, und die Daten werden ständig zurückgesteckt, mit jeder neuen Ausgrabung. Derzeit nimmt man an, daß kaukasoide Wanderer schon vor zehntausend Jahren aus dem Norden nach Ostafrika kamen, vielleicht noch viel früher,[10] als alle Menschen auf dieser Erde noch Jäger und Sammler waren. Diese „Kenia-Kapsider" oder „Protohamiten", deren Überreste man in der Nähe der Seen im Rift Valley fand, verwendeten Obsidian-Werkzeuge zur Bearbeitung von Holz, Knochen und Häuten und zählten zu den ersten uns bekannten Völkern, die Pfeil und Bogen besaßen. Im Grunde waren sie seßhafte Fischer wie ihre Zeitgenossen, die negriden Fischer von Khartum. Obgleich die eine Gruppe negroid, die andere kaukasoider Abstammung war, verwendeten beide merkwürdigerweise die gleichen Knochenharpunen und geschwungenen Pfeilspitzen, die als „Halbmonde" oder Lünetten bezeichnet werden, stellten Keramik mit eingeritzten Wellenlinien her und entfernten die beiden mittleren unteren Schneidezähne, wie es alle Völker nilotischer Herkunft – einschließlich der Samburu und der Massai – bis zum heutigen Tag tun. Ein Volk, das in späterer Zeit am See Elmenteita[11] lebte, verwendete zweischneidige Steinklingen und symmetrische Lünetten und stellte feinste Keramik her, lange bevor die Ägypter diese Kunst erlernten. Es gibt jedoch keine echten Anzeichen einer auf Ackerbau und Viehzucht begründeten neolithischen Kultur vor dem ersten vorchristlichen Jahrtausend, wenigstens tausend Jahre, nachdem die Viehzüchter der Felsenmalereien ihre Spuren in der Sahara hinterlassen hatten.

Südlich der Sahara beschränkte sich die neolithische Kultur auf bestimmte Berghänge in Ostafrika; die Funde lassen darauf schließen, daß diese Menschen ihre Tiere und Feldfrüchte aus Südwestäthiopien gebracht hatten. Die Steinschalen und Mörser, die ihre Kultur symbolisieren, könnten zwar auch zum Zerreiben von rotem Ocker und wildwachsenden Gräsern gedient haben, aber die Protohamiten kannten sicherlich auch den Ackerbau. Inzwischen entwickelten verwandte Völker, die entdeckten, daß sie von Milch und Blut leben konnten, eine nomadische Viehzuchtkultur der Art, die man auch heute noch findet: Eine griechisch-römische Beschreibung aus dem 2. Jahrhundert

v. Chr. erzählt von Hirten südlich der Sahara, die ihr Vieh anbeteten, sich von Milch und Blut nährten, Beschneidung übten und ihre Toten „von Lachen begleitet" in Hockestellung begruben.[12] (Die „Anbetung" des Viehs durch die Hirten ist heute wie damals besser zu verstehen als tiefe Liebe, die sich in Oden und Schlafliedern, Kosenamen und ähnlichem äußert, und gilt einer lebensspendenden Kraft, die als besonderes Geschenk Gottes für dieses Volk verstanden wird. Auf dieselbe Weise besingen die Pygmäen den Wald und die Buschmänner die Wüste, die ihnen Lebensunterhalt schenkt, nicht in Anbetung, sondern in Dankbarkeit.) Die nomadischen Hirten wie die arabischen Beduinen, die später den Norden des Kontinents überrannten, waren die wirklichen Barbaren Afrikas, die andere beraubten und das Land verwüsteten. Höchstwahrscheinlich bezogen sie ihre Tiere und Speere von den Bauern, die sie verachteten, aber das Prestige, das sich an den Besitz der kostbaren Tiere knüpfte, die unter ihrer Obhut nach Süden kamen, wurde überall auch auf ihre Gebräuche ausgedehnt, die in den großen Viehkönigreichen vom Sudan bis Tansania im Süden weiterbestehen, und diese Gebräuche wurden von vielen ackerbautreibenden Stämmen nachgeahmt.

Die Nachfahren dieser Protohamiten haben sich bis in die jüngste Zeit erhalten. Die Meru (Bantu) am Mount Kenia erzählen von einem Rinderzucht treibenden Volk, den Mwoko, mit denen sie vor ein paar hundert Jahren Krieg führten und die ihre Toten in Hockestellung unter Steinhügeln begruben, wie die Galla es noch heute tun. Weiter im Süden wissen die Gogo (Bantu) von Viehzüchtern, die vor den Massai in die Steppen Tansanias kamen.[13] Diese Leute gruben Brunnen und bauten Reservoirs, schlugen für das Bao-Spiel Löcher in die Felsen, bauten mit Lehm verschmierte Hütten, die wie Keramik gebrannt wurden und rot und weiß waren, was dafür spricht, daß verschiedene Tonsorten verwendet wurden. Roter Ocker erklärt höchstwahrscheinlich die Farbe der legendären Azanier und auch des „roten Volkes", das man auf den Felszeichnungen in der Sahara findet.

Überreste der neolithischen Ackerbauern gibt es fast ausschließlich nur im Hügelland, das sich für Terrassenbau und Bewässerung eignet, und diese Bauern wurden mit der Zeit von aufeinanderfolgenden Einwanderungswellen bantusprechender Stämme umgeben und absorbiert. Im späten Mittelalter kamen dann schwarze ackerbauende Niloten aus dem Sudan herunter, während im Osten die sogenannten Nilohamiten – die Karomojong-Stämme, die Nandi-Völker, die Massai – aus einem Gebiet jenseits vom Rudolfsee nach

Süden zogen. Diese Völker wurden gewöhnlich als Mischung zwischen Niloten und Hamiten angesehen, aber manche ihrer Wörter sind weder nilotisch noch hamitisch; vor kurzem wurde sogar behauptet,[14] daß zumindest ihr hamitisches Erbteil von einem völlig anderen Zweig herstammt. Der Terminus „Nilohamiten" unterscheidet diese braunen, schlanken Hirten mit ihrem feinen Gesichtsschnitt von den dunkleren Niloten im Westen, doch ist diese Bezeichnung auch nicht unbedingt verläßlich: die Turkana, ein Stamm der Karomojong, sind derbgesichtig und schwarz. Nach den Jahrtausenden der Völkerwanderung in Afrika sind körperliche Merkmale kaum brauchbare Beweise rassischer Herkunft, und auch die Sprache liefert keine exakten Argumente. Die meisten dieser Völker sind eher Niloten in Sprache und Gebräuchen, aber die südlichsten Stämme, die Nandi und die Massai, pflegen so typisch hamitische Gebräuche wie Beschneidung der Vorhaut und der Klitoris bei den Initiationsriten, die Einteilung der Altersgruppen der jungen Krieger, die Verachtung der Schmiede-Clans und die Tabuisierung der Fische. Man könnte sich vorstellen, daß diese Gebräuche von den Galla übernommen wurden, die im 15. und 16. Jahrhundert im Gebiet nördlich des Rudolfsees umherzogen; wahrscheinlich sind sie aber eher ein Erbteil früher Hamiten, die auf ihren Wanderungen nach Süden absorbiert wurden. Das erklärt vielleicht auch die Hellhäutigkeit dieser Rasse. Diese verschollenen Völker haben im Terrassenbau und in den Bewässerungstechniken der Negriden – Bantu wie Niloten – ihre Spuren hinterlassen; diese beiden Stämme bebauen heute die Hänge, wo die Überreste jener Völker gefunden wurden, und haben auch ausschließlich in diesen Gegenden alle oben angeführten hamitischen Gebräuche übernommen.[15] Die Galla-Stämme sind die einzigen modernen Hamiten in Ostafrika, aber 640 Kilometer weiter südlich, im Kraterhochland von Tansania, haben sich Völker erhalten, die anscheinend hamitischer Herkunft sind. Ist dem so, dann stammen sie nicht von den Galla ab, sondern von viel älteren Stämmen, die viele Jahrhunderte lang isoliert waren, vielleicht seit der Zeit der ersten Eindringlinge aus dem Norden.

Der Rudolfsee schimmerte im Westen, ein Silberstreif unter dunklen Bergen. 24 Kilometer landeinwärts von Allia Bay wandte sich die Fahrspur nach Norden in Richtung Koobi Fora. Dieses verbrannte Gebiet zog im regenreichen Klima des Pleistozän gewaltige Tiergesellschaften an, und auch frühe Hominiden, deren auf 2,6

Millionen Jahre datierte Steinwerkzeuge die ältesten uns bekannten sind. Kürzlich fand Richard Leakeys Expedition in der Nähe von Ileret bei einem Grenzposten südlich der äthiopischen Grenze einen Schädel des *Australopithecus boisei*, der seiner Meinung nach 850.000 Jahre älter ist als der berühmte Schädel des Affenmenschen, den seine Eltern in der Olduvai-Schlucht gefunden haben. Richard hält dieses Gebiet östlich des Rudolfsees für das wichtigste archäologische Fundgebiet der Welt, sogar wichtiger noch als Olduvai, obgleich auch behauptet wird, daß Funde einer französischen Expedition am Omo-Fluß am Nordende des Sees, in Äthiopien, von durchaus vergleichbarer Bedeutung sind, wobei Homo-sapiens-Überreste gefunden wurden, die mit zweihunderttausend Jahren datiert werden, also etwa dem Doppelten früherer Schätzungen.

In der Dämmerung passierten wir Derati, eine Oase mit Borassuspalmen, die Leakeys Ausgangslager in Allia Bay in den Jahren 1968 und 1969 als Wasserquelle gedient hatte. Jenseits von Derati sprangen graue Zebras und Spießböcke über Steinklippen, und eine Schwarzbauchtrappe begann zu balzen und schlug im zwielichtigen Himmel die Flügel zusammen wie eine riesige verglühte Kohle im Wind. Dann tauchte eine Streifenhyäne zwischen den Felsen auf, ein Geist dieses öden Berges: sie wandte den Kopf und fixierte uns, bevor sie sich in die Schatten zurückzog. Dieses mähnige, stets hungrige Nachttier mit seinen eingefallenen Flanken wirkt wie der lebendig gewordene Werwolf aus der Sage.

Die Streifenhyäne ist gar nicht so selten, aber äußerst schwer zu sichten. Sogar Jock Anderson, der in Kenia geboren und sein Leben lang im Busch umhergezogen ist, hatte erst einmal in Amboseli eine solche Hyäne erblickt. Aber unsere Freude über den Anblick dieses Tieres wurde von der Erkenntnis überschattet, daß Koobi Fora doch bedeutend weiter war, als erwartet; die Dunkelheit hatte uns bereits eingeholt. Wir hielten an, um zu beratschlagen. Mittags hatte ich Bedenken gehabt, mit neun Liter Wasser für neun Leute durch die Wüste zu reisen; was würde geschehen, wenn ein Motor versagte, wir die falsche Richtung einschlugen oder ein Wagen den anderen verlor? Aber Leakey hatte alles so einfach dargestellt, daß Anderson keinerlei Schwierigkeiten erwartet hatte. Wir waren zwar nicht direkt in Schwierigkeiten, aber wir hatten nur noch zwei Liter Wasser und eine Ration Bier und Fruchtsaft, und es war nicht sicher, ob unsere 36 Liter Benzin für beide Wagen zurück nach North Horr, geschweige denn Loiyengalani reichen würden, sogar wenn wir auf der Stelle umkehrten. Wir waren vermutlich in der Nähe der Fahrspur nach Koobi Fora, aber Seitenwege sind auf diesem steinigen Grund nicht viel mehr als Schatten, und wenn die Suche fehlschlug, konnten wir nichts anderes tun als nach Ileret im Norden fahren und per Funk um Hilfe rufen. „Wir müßten mit irgend jemandem Kontakt aufnehmen", sagte Jock nach einer Weile. „Vorausgesetzt, daß wir es schaffen, an den verdammten Shifta vorbeizukommen", fügte Adrian hinzu. Es war ärgerlich zu wissen, daß Richards Lager nicht mehr als 24 Kilometer von uns entfernt sein konnte, und so beschlossen wir, in Derati zu kampieren und am nächsten Tag nach North Horr oder Loiyengalani zurückzufahren.

Jock Anderson schwieg wütend. Er kehrt nicht gerne um. Aber Jock hatte noch andere Sorgen als Benzin und Wasser. Wir waren in Marsabit gewarnt worden, daß man in diesem Gebiet bewaffneten Geleitschutz brauchte, und in North Horr hatte uns die Polizei von einem Gefecht erzählt, das vergangenen Monat in Derati stattgefunden hatte, als Leakeys Nachschubkarawane mit ihrem Geleitschutz auf lagernde Shifta stieß. Fünf Shifta waren dabei getötet worden. Für den Augenblick verschonte Jock die Gruppe mit diesen unheilvollen Neuigkeiten. Er war über Leakeys Behauptung erstaunt, daß er an einem einzigen Tag von Marsabit nach Koobi Fora gefahren sei, und wütend, daß Richards Anweisungen so ungenau und beiläufig gewesen waren.

Im Dunkeln, ohne richtige Laterne, konnten wir in Derati kein Wasser finden, nur widerlich stinkende, mit Algen überzogene Pfützen unter den Wurzeln der Borassuspalmen. Wir teilten das Bier auf. Alle waren verschwitzt und schmutzig; Eliot Porter zog sich im Dunkeln eine böse Schnittwunde am Bein zu. Niemand wirkte zufrieden. Wir waren eher in einer unbehaglichen Notsituation, aber wenn die Schwierigkeiten einmal anfangen, geraten sie leicht außer Kontrolle, und als Stephen Porter sagte: „Das ist kein Spiel mehr, wir könnten verdursten", meinte seine Frau, er solle still sein, aber keiner widersprach ihm.

Derati ist ein trübseliger Ort im Schatten eines Berges, und der einzige Lichtblick an jenem Abend war der alte Koch Kimunginye, der uns ein Abendessen bereitete und dazu weder eine Lampe noch Küchengeschirr benötigte. Mit einem Pangamesser schnitt er saubere Stäbchen aus der Mittelrippe eines herabgefallenen Palmwedels, legte sie kreuzweise über behauene Scheiter und baute so einen Grill. Dann legte er geschickt eine Kartoffel nach der anderen in die Holzasche. Fleischstückchen wurden auf den Stäbchen gebraten und eine Dose grüne Bohnen im Feuer erhitzt. Da wir nichts zu trinken hatten, aßen wir nur wenig, aber das Essen war gut. Kimunginye ist ein ruhiger alter Afrikaner, der mittags nicht um Wasser gebeten hatte, obwohl es fast 40 Grad hatte; die Kamba sind zäh – zäh wie die Sehnen der Hyäne, sagen die Massai. Vielleicht erinnerte sich Kimunginye daran, wie diese „roten Leute", häßlich wie rohes Fleisch, zur Zeit seiner Eltern die große Wanderheuschrecken-Hungersnot ausgelöst hatten, indem sie die Eisenbahn durch sein Land bauten (die Kamba hielten die Menschenfresser von Tsavo für die Geister verstorbener Häuptlinge, die gegen die Eindringlinge ins Gebiet der Kamba protestierten) und die den Elfenbeinhandel zum Stillstand brachten, indem sie den Kamba verboten, Elefanten zu jagen. Wenn dem auch so war, zeigte er jedenfalls nichts davon. Dieser Tag war nicht anders als jeder andere, und er ging seiner Arbeit nach, wie er es sicherlich auch tun würde, wenn dieser Tag sein letzter wäre. Seine Bewegungen waren langsam und weich, weil sie so sicher waren. Die Kamba wissen, daß der Mensch stirbt „wie die Wurzeln der Aloe", und Sterben, drückte seine Haltung aus, war ernst genug, ohne sich selbst zusätzliche Schwierigkeiten zu bereiten. Kimunginye war die Verkörperung dessen, was die Samburu *nkanyit*[16] nennen, oder „Gefühl der Ehrfurcht", jener Ruhe, die aus einer echten Bewußtheit der Welt ringsum mit all ihrer Vergänglichkeit und ihren merkwürdigen Bedeutungen kommt. Ich war voll Bewunderung und wußte auch, daß Kimunginye keine Ausnahme war, daß solche Qualitäten viele Afrikaner besitzen, die keine Notwendigkeit sehen, die Weißen nachzuahmen, und noch in Eintracht mit den alten Sitten leben.

Über uns peitschten die knarrenden Palmen wütend nach den Sternen. In diesem Ödland weht der Wind anscheinend ununterbrochen, mit lawinenartig auftretenden heftigen Böen. Dreckig, wie wir nach einem langen Tag in der Hitze waren, stellten wir unsere Campingbetten in den Rauch des Feuers, um Löwen und Moskitos abzuschrecken. Wir wollten nach Mitternacht aufbrechen, um die Wüstenhitze bei Tag und den damit einhergehenden Wasserbedarf zu vermeiden. Wind, Unbehagen und Angst machten allen außer Adrian das Schlafen schwer, der vom Fahren so müde war, daß er ohne Abendessen einschlief. Jock und ich schliefen kaum. Er hatte mir die Geschichte mit den Shifta verraten, und ich mußte immerzu daran denken, daß wir zwei Frauen zu beschützen hatten.

Um drei Uhr früh wehte der Wind immer noch, als wir aufstanden, das Lager abbrachen und ohne zu frühstücken nach Süden fuhren. Wir konnten kein Wasser für den Tee erübrigen, doch selbst wenn einer durstig war, sagte er es jedenfalls nicht. Auf dem steinigen Weg kam man nur langsam weiter, und es war schon taghell, als wir in den Schlacken die kaum erkennbare Spur nach Allia Bay entdeckten. Von einem Erkundungsflug im Vorjahr her wußte Anderson von einem Felsenteich am Ende einer Felsschlucht, und dort fanden wir kurz nach Sonnenaufgang endlich Wasser. Wir blieben zwei Stunden dort, um zu feiern, uns zu waschen und zu trinken, dann fuhren wir in Richtung North Horr nach Südosten weiter. Der einsame See, immer noch silbrig, immer noch fern, verschwand hinter dunklen Hügeln. 40 Kilometer vor North Horr, knapp nach der Quelle Hurran Hurra, zweigte die Straße nach Loiyengalani ab, und da wir unser Reservebenzin noch nicht angegriffen hatten, nahmen wir diesen Weg. Es war besser, die letzten Kilometer nach Loiyengalani zu Fuß zu gehen und den Lastwagen mit Benzin für die Landrover zurückzuschicken, als ewig in North Horr festgehalten zu werden, wo es kein Benzin gab und auch keine Transportmöglichkeit. Der Weg führte an den Bura-Galadi-Bergen vorbei nach Süden, dann wieder nach Westen, und am frühen Nachmittag tauchte der Rudolfsee wieder auf, etwa 110 Kilometer südlich von dem Punkt, wo wir ihn zuletzt gesehen hatten.

Der Rudolfsee mit einer Länge von 240 Kilometern war früher mit dem Nil verbunden. Heute noch gibt es dort den Nilbarsch, 90 Kilo und schwerer, und Kenias letzte bedeutende Vorkommen von Nilkrokodilen. Heute liegt der Brackwassersee zweihundert Meter unter dem ehemaligen Nilbett und geht immer weiter zurück. Er wird eigentlich nur vom Omofluß gespeist, der im Grabenbruch fließt, welcher Äthiopien zum Roten Meer hin durchquert. Die vorherrschenden Winde des Südostmonsuns peitschten die Wellen an die Westküste im Gebiet der Turkana, einer 59.000 Quadratkilometer großen Ödnis, die fast den Charakter einer Wüste hat, im Westen bis zur Uganda-Grabsenke reicht und den ostafrikanischen Grabenbruch vom Niltal trennt.

Im Abendlicht war der See meerblau und windgepeitscht. Das seichte Wasser war übersät von Wasservögeln – Flamingos, Pelikane, Kormorane, Gänse, Enten, Limikolen, Regenpfeifer, Möwen und Seeschwalben, Sichler, Reiher, darunter der Goliathreiher, der größte aller Stelzvögel in Afrika. Hinter ihnen Herden von Wildeseln, großköpfig und mindestens so wild wie Zebras. Früher, sagen die Turkana, gab es an dieser Küste Wildtiere und gutes Weideland, aber

Generationen von Haustieren hatten es abgeweidet und nur die Dornen übriggelassen.

Die ersten Menschen, die wir seit North Horr sahen, waren Turkana-Nomaden, die in einem trockenen Flußbett kampierten. Im Süden erhob sich ein Borassuspalmenwald, Zeichen einer großen Oase. Die beiden Fahrzeuge rollten mit insgesamt vierzehn Liter Benzin in Loiyengalani ein. Der Polizeiposten hatte per Funk erfahren, daß tags zuvor ein Lastwagen aus Koobi Fora in der Gegend von Derati angeschossen worden war, und weder der Polizeiposten von North Horr noch die Leute in Koobi Fora hatten eine Ahnung, wo wir sein könnten. Später sagte mir Leakey, daß die fünf Shifta nicht in Derati, sondern an der wenige Kilometer südlicher gelegenen Quelle getötet worden waren, wo wir Wasser gefunden hatten.

Loiyengalani besteht aus einer Polizeistation und einer kleinen asiatischen Duka, die die Nomadenhirten und die El Molo versorgt. Diese indischen Händler waren oft die ersten, die in unbesiedelte Regionen vordrangen, und an dem einsamen Leben würden nur wenige Afrikaner, die sie ersetzen könnten, Gefallen finden. An der nahen Quelle war ein Safari-Hotel gebaut worden, aber 1965 wurden dort drei Männer von den Shifta ermordet, darunter der Hotelmanager und ein Priester, der hier eine Mission aufbauen wollte. Seither ist eine Missionsstation geschaffen worden, aber die Loiyengalani Lodge wird von Unkraut überwuchert. Ein alter Afrikaner säubert die Wege in der Hoffnung auf eine Zukunft und eilt, zu Ehren unserer Ankunft das Schwimmbecken zu füllen. Eine seiner Aufgaben besteht seiner Ansicht nach darin, Samburu, Turkana und Rendille, deren Grashütten wie kleine Heuschober wild verstreut in der Oase stehen, von der Anlage fernzuhalten. Diese Menschen der unendlichen Weiten würden niemals unter den Bäumen Zuflucht vor Sonne und Wind suchen, sie bauen ihre Backöfen lieber auf den runden schwarzen Steinen zwischen der Oase und dem Strand. Es wimmelt hier von schwarzen, giftigen Schlangen, die als Sandrasselottern bezeichnet werden, und Palmwedel, die auch nur einen Tag lang herumliegen, beherbergen unweigerlich eine Schlange – daher die Bevorzugung nackter Steine. Außerdem, so heißt es, hält der Wind die Hütten kühl, und man kann mit einer Hand ein Fenster machen, wo immer man will.

Der Mann, der uns das sagte, war ein El Molo, oder richtiger seiner eigenen Aussprache nach Llo-molo; der Name, sagte er, komme aus der Sprache der Samburu: Loo Molo Osinkirri[17], die Fischesser. Das Hauptdorf der Llo-molo, insgesamt vielleicht zwanzig Hütten, liegt noch weiter von der Oase entfernt als die Hütten der Hirten auf einer nackten schwarzen Schutthalde oberhalb des Sees. Wie Schwalbennester an den Felsen geklebt, haben die Hütten dreieckige Eingänge, die mit Palmwedelvorhängen vor dem starken Wind geschützt sind. Der schwarze Schutt ringsum ist übersät mit zerfetzten Palmwedeln, Viehdung, Fischgräten, alten Feuerstellen, Leinen- und Netzresten, Lumpen. Fische trocknen auf den Schilfdächern, und auf den Felsen darüber warten Raben und Möwen. Weiter unten zeichnet sich ein kleineres Dorf am Binnenmeer ab.

Die Llo-molo sind stolz auf ihre Ehrlichkeit und Gastfreundlichkeit. Sie nehmen die Nomaden in ihr Dorf auf, obgleich sie sie nicht leiden können. Die Samburu und die Turkana, die hier durchziehen, stehlen und streiten ständig, manche bleiben wochenlang als Gäste der Llo-molo, die reichlich Fisch haben und es nicht über sich bringen, allein zu essen, wenn so viele Fremde hungrig herumstehen. Andere Stämme, sagen die Llo-molo, können besser Fisch essen als Fisch fangen. Die Turkanafischer an der Westküste, die Netze und Reusen verwenden, würden das allerdings nicht gelten lassen. „Wir müssen sie füttern", sagte ein Llo-molo, „damit sie sich stark genug fühlen, um wieder wegzugehen."

Die Llo-molo sind im allgemeinen kleiner als die Samburu, viele haben krumme Beine, anscheinend infolge von Rachitis, die sie sich durch ihre spezielle Diät zugezogen haben. Die Männer haben weiße, aus Rinderknochen oder Barschgräten geschnitzte Ohrgehänge, die Frauen tragen aus Palmblättern geflochtene Röcke unter dem Umhang aus eingehandeltem rotem Stoff, ansonsten aber ahmen sie die Samburu nach, mit denen sie angeblich verwandt sind. Ihre jungen Krieger sind von den Samburu-Kriegern nicht zu unterscheiden, die mit ihnen nun zu Ehren der Fremden tanzen. Die Gesichter beider Gruppen waren mit grellem Ocker bemalt, Kleidung und Schmuck identisch, und alle trugen je zwei Speere mit Scheiden aus Rinderhaut über den geschärften Schneiden.

Einige Turkana-Krieger und Frauen gesellten sich zu den Tanzenden, ansonsten tanzte keine der Frauen. Der Tanz ist im wesentlichen bei allen viehhaltenden Stämmen ähnlich. Die Turkana-Frauen werden als einzige in Ostafrika mit einem gewissen Respekt behandelt. Sie sind zwar weniger elegant als die Frauen der Samburu, haben aber einen aufrechten Gang und eine fröhliche Lebensart; ihr starker Charakter zeigt sich in den dunklen, kräftigen Gesichtern, die mit Perlen und dicken Metallohrringen geschmückt sind.

Das Haar der Turkana-Männer ist mit schwarzem und nicht mit rotem Fett eingeschmiert und wird mit einem blauen Tonklumpen festgehalten, in dem schwarze Straußenfedern stecken, auch sind sie nicht beschnitten. Die Turkana, die bis heute in Äthiopien Vieh gegen Gewehre tauschen und die anderen Karomojong überfallen, um Rinder zu rauben, leisteten von 1909 bis 1926 der verbündeten Macht von Kenia, Uganda und dem Sudan Widerstand. Die Unterwerfung schadete den Turkana jedoch weit weniger als die Dürre und das Abgrasen ihrer trockenen Weiden. Heute schickt der Stamm seine Männer auf Arbeitssuche nach dem Süden.

Die Tänzer sammeln sich zu einer Phalanx. Sobald der Tanz beginnt, treten die Moran mit erhobenen Speeren einer nach dem anderen unter Kriegsgeschrei vor, in dem langen, weitausholenden Schritt der Massai, mit dem die Hirten in Kriegszeiten und bei Raubüberfällen fünfhundert Kilometer und mehr über die Ebenen zogen. (Adrian sagt, daß die Giriama an der Küste, von denen die meisten noch nie in ihrem Leben einen Massai gesehen haben, erklären, es habe keinen Sinn, vor einem Massai zu flüchten, da seine Beine ewig laufen können.) Die Körper der Tänzer zucken. Nun treten zwei oder drei gleichzeitig vor, und die übrigen beginnen in die Höhe zu springen. Ihre Speere funkeln in der Sonne. Sie werfen beim Hochspringen das Kinn vor und stampfen mit dem rechten Fuß auf, wenn sie den Boden berühren. Bei jedem Sprung werden die Speere und Knüppel (auch Rungus genannt) herumgewirbelt. Einige Tänzer stoßen schrille Schreie aus, wobei sie sich auf den Mund schlagen; andere klatschen im Rhythmus in die Hände. „N-ga-AY!" Der Gesang ist tief und gutural, immer wiederkehrend, aber einer singt im Kontrapunkt dazu eine Litanei, und ein anderer deklamiert wild im Hintergrund, während der Tanz an Heftigkeit zunimmt. Die jungen Frauen und die alten Männer werden mitgerissen, sie wiegen sich im Rhythmus und lachen. Ein Baby mit einer Halskette aus winzigen Dik-Dik-Knochen hüpft auf den nackten Schultern eines Mädchens auf und ab. Anfangs hatten die Zuschauer die Tanzenden gehänselt, aber jetzt sind sie vom Tanz begeistert und fasziniert. Ihre Augen leuchten. „Um-ba-AY-uh! AH-yea-AY-y!" Die alten Frauen sitzen mürrisch im heißen Schatten der Hütten, weben Palmfasern zu Röcken, Netzen und Harpunenschnüren. Vielleicht fühlen sie eine gewisse Herablassung bei den Gästen, vielleicht überlegen sie, ob das Dorf Geld bekommen wird.

Der Tanz wird immer ekstatischer, immer wilder, die eingefetteten roten Gesichter glänzen vor Schweiß. Die singenden Moran tanzen im Kreis, dann in Kreisen innerhalb von Kreisen, springen, wirbeln herum; Speere und metallene Armspangen blitzen auf; unablässig tönen der Gesang und die Schreie, trauernd und harmonisch, die Stimme des Menschen, die sich in Verzückung und unsagbarem Schmerz zum Himmel erhebt.

Als Graf Telekis Expedition 1885 den Gipfel des Gebirges am Südufer erreicht hatte und zur Küste abstieg, waren die Expeditionsteilnehmer vom Wind und den Sandstürmen in diesem „Tal des Todes"[18] ebenso überwältigt wie von seiner wilden Schönheit. Damals lebten die fast nackten Llo-molo auf kleinen Inseln, aus Furcht vor stärkeren Stämmen, vor allem den Turkana, die häufig Raubzüge gegen die Rendille vom Mount Kulal unternahmen. Heute noch gibt es ein Inseldorf, das von der Küste aus sichtbar ist, aber die Hütten sind so niedrig und so formlos, daß sie aus der Ferne im schwarzen Sand und im harten Sonnenlicht eher wie Steinklötze als wie menschliche Behausungen wirken. Die kleine, kahle Insel, die die Llo-molo Lorian nennen, besteht aus zwei kleinen Anhöhen mit einem flachen Sattel dazwischen, und die Hütten am Sattel heben sich vor den blauen Bergen von Turkanaland ab. Die Turkana sagen, daß es früher auf der großen Südinsel weitab von der Küste Llo-molo gab, aber daß mit den Jahren ein Feuer nach dem anderen erloschen sei.

Nach der kolonialen Befriedung der Nomaden zogen einige Llo-molo auf das Festland bei Loiyengalani, dem Ort der vielen Bäume, und erwarben von durchziehenden Hirten im Austausch gegen Fische einige Rinder. Die ungefähr zwanzig Llo-molo, die noch auf Lorian verblieben sind, besitzen nur Ziegen. Die beiden Dörfer in Loiyengalani sowie die wenigen Hütten auf Lorian beherbergen alle bekannten Llo-molo, die heute kaum zahlreicher vertreten sind als zur Zeit des Grafen Teleki. Ihre Gesundheit hat sich gebessert, seit ihre Nahrung auch Milch und Blut, Fleisch, Beeren Borassusfrüchte und Ugali oder Maismehl umfaßt, aber die Llo-molo, die als minderwertig betrachtet werden, heiraten keine Frauen außerhalb des Stammes, während ihre jungen Mädchen gegen einen Brautpreis an andere Stämme verkauft werden können.

Nguya, dessen Bruder Nanyaluka der nächste Häuptling der Llo-molo sein wird, erzählt, daß die Leute auf Lorian ausschließlich von Fischen lebten, die überall reichlich vorkommen. Nur wenige Meter entfernt von den Beinen der mageren Kühe, die sich von Wasserpflanzen nähren – am Ufer gibt es kein Futter –, kann man mit dem Netz mehr Tilapia fangen, als die Eingeborenen brauchen. Aber die Fischer von Loiyengalani gehen auf eine sandige Landzunge gegenüber von Lorian, um Fische für das Dorf zu fangen und zu trocknen. Sie stecken ihre Speere in den schwarzen Sand, um Räuber abzuschrecken, und machen Feuer, indem sie über einer Kuhflade einen Stab in gekerbtem Weichholz so lange drehen, bis der Holzstab glüht. Dann wird mehr Dung über die Glut gelegt, und das Ganze wird mit beiden Händen in den Wind gehalten, bis Rauch aufsteigt und das Feuer entfacht ist.

Angelschnüre, Seile und Netze werden aus Palmfasern gewebt. Fangnetze, zusammengelegt über der Schulter getragen, werden mit dem Horn eines Spießbocks auf den Grund des Sees genagelt, wobei das freie Ende lose über das Netz des Nachbarn gelegt wird. Dieser Vorgang wird je nach Zahl der Fischer wiederholt, und mittlerweile wird die unterste Netzschnur in den Schlamm getreten, damit die Fische nicht nach unten entkommen können. Nun stampft ein Junge durch das seichte Wasser und scheucht dabei die Fische ins Netz. Die ein halbes bis ein Kilo schweren Tilapia werden herausgeholt und an Land getragen, wo ein Mann, auf seinen Fersen hockend, die Kiemendeckel abschneidet, sodann die Eingeweide vorsichtig durch die Kiemenöffnung herauszieht und anschließend die harten Kiemendeckel zum Abschuppen verwendet. All das geschieht geschickt, ohne Hast, und nach wenigen Augenblicken wird der leuchtende Fisch im See abgespült. Ein Teil der Fische wird gekocht und gegessen, die meisten aber werden aufgeschlitzt und auf Palmmatten zum Trocknen aufgelegt. Immer wieder machen die Fischer Pausen, um ihre Messer aus weichem Eisen an den funkelnden Steinen zu schärfen.

Eines Morgens kam ein junger Mann von Lorian zum Festland, mit einem einfachen Floß aus zwei Palmstämmen, stabilisiert durch zwei Luvbäume und vorangetrieben mit Hilfe eines kurzen Stabes, den er wie ein Kajakpaddel handhabte. Auf seinem Floß brachte er eine schwarze Ziege zum Tausch. Nachdem er die rote Ockerbemalung erneuert und sich von den Fischern das Haar hatte richten lassen, zog er mit seiner Ziege nach Loiyengalani weiter.

Früher jagte man hier Krokodile und Flußpferde, und die Harpune der Llo-molo, die fast identisch mit den Harpunen ist, die auf der ganzen Welt noch für Meeresfische wie Schwertfisch und Thunfisch verwendet werden, ist vielleicht eine eigenständige Erfindung

Moose und Farne in den Wäldern des Mount Kenia

Riesenkreuzkraut
und Teilansicht der Rinde,
Telekital, Mount Kenia

Moosbewachsene Riesenheidebäume, Mount Kenia

Riesenlobelie,
Telekital,
Mount Kenia

Termitenhügel, Samburu
Meerkatzen im Amboseli-Park

Verendeter Elefant im Schlamm, Tsavo-Park Ost

Büffel und Kuhreiher, Amboseli-Park

Springkraut

Dornenbäume bei Sonnenuntergang am Rudolfsee

Kalktufformationen am Hanningtonsee

Llo-molo-Fischer am Rudolfsee

Llo-molo-Tänzer

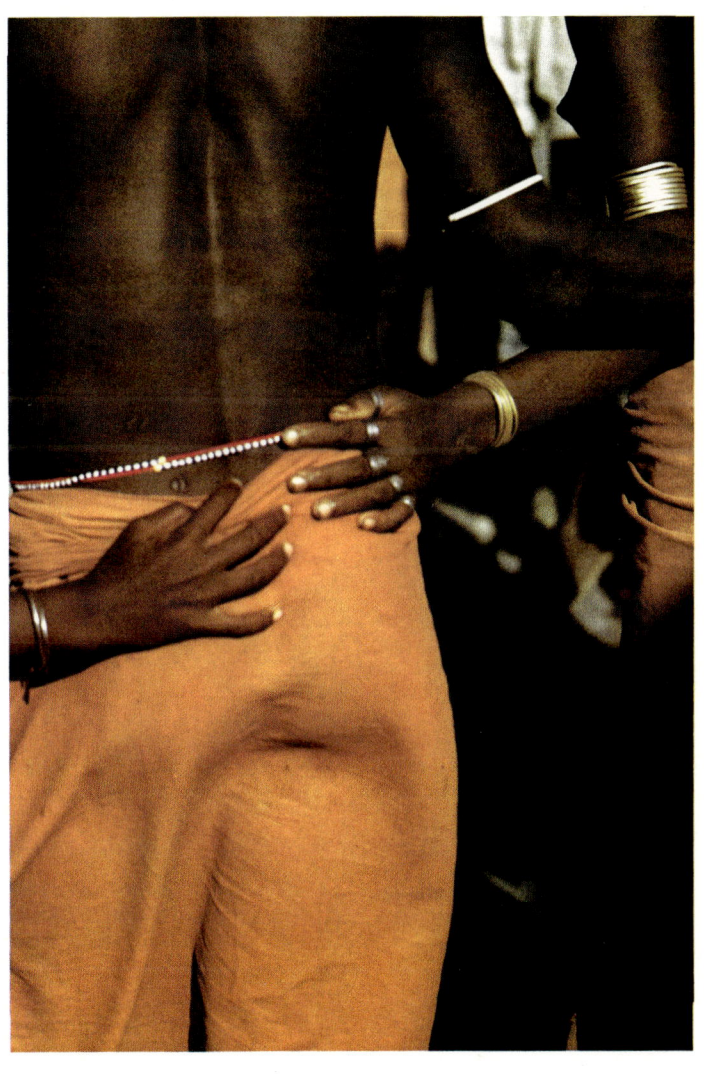

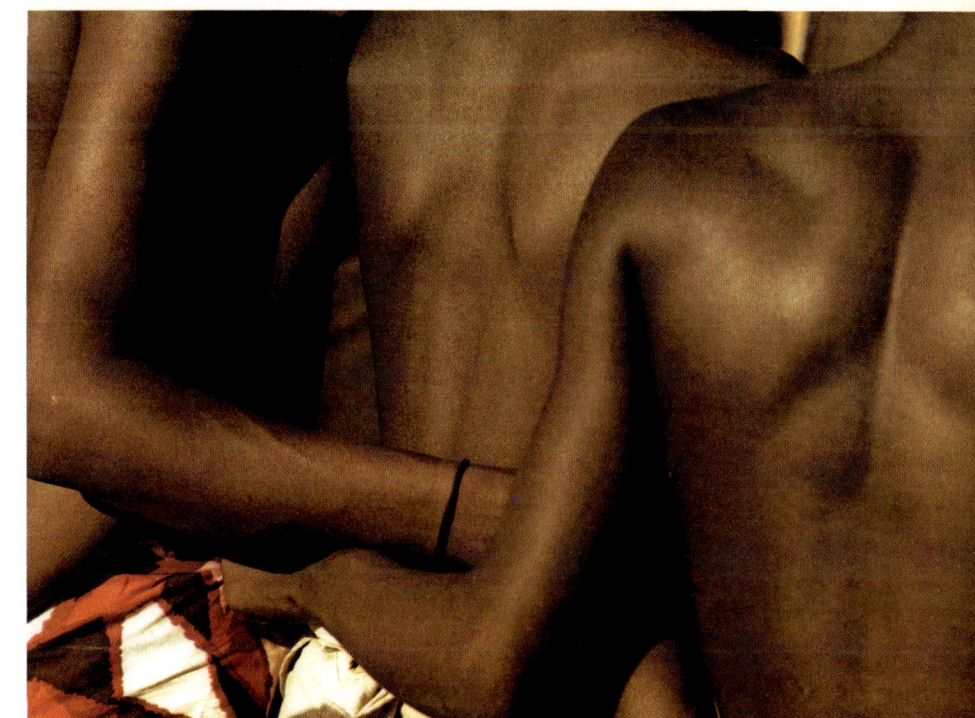

Kinder des Llo-molo-Stammes

dieses Volksstammes. Ein langer, gerader Schaft wird aus harten Akazienwurzeln geschnitzt, dann eingefettet und unter Einwirkung von Sonne oder Feuer geradegebogen. Eine stachelige Harpunenspitze – früher aus Knochen, jetzt aus Eisen – wird an der Harpunenleine befestigt, sie löst sich vom Schaft, sobald die Beute getroffen wurde. Es gibt eine leichte Harpune für schwere Fische, eine schwere für Krokodile, und für Flußpferde das lange Horn eines Spießbockes; das Tier wird durch zahlreiche Stiche getötet. Um Flußpferde zu jagen, müssen die Llo-molo jetzt nach Allia Bay im Norden gehen, wo sie einen Monat oder länger bleiben, bis das Fleisch verzehrt ist. Manchmal trocknen sie ein wenig Fleisch, um es den Frauen und Kindern nach Hause zu bringen. Auch Krokodile werden im Norden gejagt, obgleich einzelne noch in der Nähe von Loiyengalani auftauchen.

Heute morgen wurde jenseits der Landzunge, ein bis zwei Kilometer entfernt, der Kopf eines sehr großen Krokodils entdeckt – „Mkubwa sana mamba!" Selbst mit dem Fernglas kann man Nüstern und Augen des Krokodils nur gerade ausnehmen. Die Fischer mögen es anfangs für einen Steinbrocken gehalten haben, der an dieser Küste, die sie seit Generationen genau im Gedächtnis haben, allerdings nichts zu suchen hat. Das Untier sinkt langsam unter, um Minuten später weiter draußen wieder aufzutauchen. Es hebt die ganze Länge seines langen gezackten Schwanzes aus dem Wasser, bevor es wieder untertaucht. Überall, auch im Omofluß, ist das Nilkrokodil für den Menschen äußerst gefährlich, hier aber scheint es fast harmlos zu sein. Die Krokodile vom Rudolfsee können ganz aus dem Wasser springen und auch ohne Schwierigkeiten Fische fangen; sie jagen hauptsächlich bei Nacht an seichten Stellen. Sie haben aber auch einen ausgezeichneten Geruchssinn und ziehen weit über Land auf der Suche nach Aas. Es heißt,[19] daß diese vorsintflutlichen Tiere dem nasalen Ruf „im-im-im" nicht widerstehen können, der dadurch erzeugt wird, daß man eines der Nasenlöcher zuhält, aber ich hatte leider keine Gelegenheit, die Richtigkeit dieser Aussage selbst zu überprüfen.

Gelegentlich werden Tilapia und Nilbarsch mit dem Speer erlegt, im klaren Wasser an der schwarzen Steinküste südlich der Siedlung. Die Fischschwärme sind wie Schatten im Wasser, und die Männer jagen sie an der Küste entlang, ihre Bewegungen werden immer behutsamer, bis sie zum Fang bereit sind, den Speerschaft in der Linken balancierend, das Ende in der rechten Hand. Die Schnur hängt herab, die Harpunenspitze glitzert in der Sonne wie der Schnabel eines aufmerksam gespannten Reihers. Hyguya und seine Brüder hocken mit abgewinkelten Beinen, konzentriert, bis sie die richtige Balance finden und im Einklang mit ihrer Umgebung sind. Die Erde hängt in Schwebe, alle atmen sie wie ein einziger Mann und werfen im gleichen Augenblick ihre Speere. Später speert Ngwinye, der nun allein fischt, einen halbkiloschweren Fisch mindestens fünf Meter vom Ufer entfernt. Das Anschleichen, das Hocken, das Warten, das Hochschnellen und Werfen ist ein erregenderer Tanz als der Speertanz der jungen Krieger, der von einer fremden Kultur übernommen wurde. Hier war der Llo-molo-Jäger, der ursprüngliche Mensch Afrikas, dessen alte Lebensart neben der Vielfalt später gekommener Völker verblaßt. Ich konnte nur einen flüchtigen Eindruck erhaschen, denn ich war zu spät gekommen. Heute trugen die drei Fischer, die noch vor ein paar Jahren nur mit Fischhäuten bekleidet oder nackt waren, Shorts.

Hunderte Meter oberhalb des Sees gibt es einen merkwürdigen alten Felsen mit zwei Parallellinien von je dreizehn Löchern auf seiner glatten Oberfläche, die für das uralte Steinchenspiel Bao hineingehauen wurden. Die Erosion des Bodens unterhalb höhlt den Felsen allmählich bis zu einem tiefen Einschnitt aus. Verschiedene Arten von Bao werden noch in ganz Afrika von primitiven Stämmen gespielt, denn das Spiel stammt noch aus der Steinzeit. Jeder Stein stellt ein Tier dar und jedes Loch einen Viehpferch, eine Boma; Sinn des Spiels – wie der Sinn des Hirtenlebens – ist es, mehr Vieh zu erwerben als der Gegner.[20] Der Bao-Felsen lag vielleicht neben einem versickerten Fluß, wahrscheinlicher aber am alten Seeufer, das sogar zur Zeit des Grafen Teleki wesentlich höher lag. Der Spielfelsen, der vielleicht Tausende von Jahren alt ist, überdauerte die Zeit jener verschollenen Gestalten, von deren Durchzug die schweigenden Grabhügel künden.

Am alten Ufer gibt es keinerlei Anzeichen von Leben, nicht einmal einen Vogel, nur graue Muscheln und staubige Felsen und kleine Konglomerate mit Fossilien. Alles ist tot, bis auf einen einsamen Zahnbürstenstrauch, *Mswaki*, der magisches Grün aus dem verbrauchten Stein zieht. Da flüchtet ein Hase aus der Leere, verfolgt von einem hageren Schakal. Die Tiere flitzen hin und her, umkreisen Anhöhen, der Hase taucht im einsamen Busch unter, der Schakal hinterdrein. Die Stille wird von einem kurzen Quietschen unterbrochen. Bald taucht der Schakal wieder auf, den Hasen im Fang, verfällt er wieder in seinen verstohlenen Trott in der Deckung einer kleinen Erosionsrinne. Die Felsen sind still.

Weiter im Landesinneren erheben sich schwarze Felsbrocken zu fernen Klippen, die wieder zu den Kulal-Bergen im Gebiet der Rendille ansteigen. Die Kulal-Berge sind bewaldet, aber zwischen Wald und See liegt die Wüste. Der einzige sanfte Ton in dieser Landschaft ist der Gesang der Haubenlerche. Früh am Morgen kamen eines Tages Schaf- und Ziegenherden über die Wüstenhügel herab, wie ferne weiße Flecke, und zur Mittagsstunde führten Hirtinnen die Herden am Seeufer zur Tränke. Die vier zarten Mädchen waren nackt bis zur Taille, sie trugen rote Perlenketten und goldene Armbänder. Lederbeutel hingen von ihren schmalen Schultern, der Wind ließ ihre Röcke anmutig um ihre langen Beine wehen. Diese Rendille waren scheue Geschöpfe aus den Wüsten im Osten; wenn man ihnen zu nahe kam, flüchteten sie.

Die Männer der Rendille ähneln den Samburu in Kleidung und Haltung, aber sie mischen sich hier wenig mit anderen Stämmen, vielleicht weil sie Fischesser verachten. Sie sind ein Galla-Volk und wandern in der Wüstensteppe zwischen Mount Kulal und Marsabit, andere leben zwischem dem Lorian-Moor und der Grenze von Somalia. Sie kamen wahrscheinlich ursprünglich aus Somalia, von wo sie durch die Somali vertrieben wurden, die vor siebzig Jahren bis zum Mount Kenia im Westen vorstießen. Die Rendille sind Wüstennomaden und haben meist Kamelherden an Stelle von Rinderherden. Wenn ein Mann stirbt, sagen die Rendille, trauert sein Bruder mit einem Auge um ihn, und mit dem anderen zählt er seine Erbschaft an Kamelen.[21]

An harten Mswakizweigen kauend, standen die Rendille wie Reiher auf einem Bein und beobachteten uns. Einer tritt vor mich hin. „Kabala Rendille", erklärt er: „Ich bin von den Rendille." Damit ist sein Kisuaheli erschöpft. Er hat einen Dorn im böse angeschwollenen Fuß und blickt kalt lächelnd zu, während Eliot Porter vergeblich versucht, den Dorn mit einem Taschenmesser zu entfernen. „Er würde nicht mit der Wimper zucken, selbst wenn man seinen Fuß entzweischnitte", meinte Adrian kopfschüttelnd, mit jener Mischung aus Herablassung und Hochachtung, die weiße Ostafrikaner für den Stoizismus und die Durchhaltekraft der Nomaden hegen.

Die Tage an dieser Küste sind zwar sehr heiß, aber erträglich, weil die Hitze trocken ist und es nie länger als wenige Stunden windstill ist. Jeden Abend heult der Wind aus dem Kulal-Gebirge herunter und bricht sich in den Palmen. Bis nach Mitternacht erhebt sich immer wieder wildes Heulen, und die wie Ballons aufgeblasenen Zelte zerren an ihren doppelten Vertäuungen. An Schlaf ist nicht zu denken. Gegen Sonnenaufgang legt sich der Wind, und am Vormittag ist er nur noch eine leichte Brise oder erstirbt manchmal so plötzlich, wie er gekommen ist. Die Wüste wartet. Bald zucken die Palmwedel wieder, und am späten Nachmittag rüstet sich der Wind wieder für den nächtlichen Tumult. In anderen Jahreszeiten, die angeblich viel schlimmer sind, sucht der Mensch in seiner Hütte Zuflucht vor den Sandstürmen und wartet verdrossen, bis diese Monate vorüber sind.

Der Juni war vergangen, es war Juli geworden. Eines Morgens zogen wir nach Süden. Die Winde und die Tage waren wie immer, aber der früher klarblaue See war jetzt jadefarben. Wir wandten uns um, um ihn noch einmal von den südlichen Bergen aus zu sehen. Von oben wirkt dieses Binnenmeer am schönsten, wie es zwischen zwei dunklen Bergmauern in die verlorenen Jahrhunderte Abessiniens flutet: Am Wüstenhorizont, im Wüstenlicht, fällt der See aus der Welt in den Himmel. Angesichts dieser Großartigkeit, so wie auch er sie gesehen haben muß, bedauert man, daß Teleki einen so einzigartigen Ort nach einem Habsburger-Prinzen benannte.* Bevor der ungarische Graf ihn „taufte", war er ein sagenumwobener See namens „Samburu",[22] eine noch bessere Bezeichnung wäre Anam, Großes Wasser, wie er von den Turkana genannt wird.

Am Südufer gibt es keine Straße, nur die Fußwege der wenigen Turkana, die über die Lavahalden nach Loiyengalani ziehen. Ein schlechter Pfad führt aus dem Graben nach South Horr, über ein Gebiet mit schwarzen Felsblöcken, Grabhügeln und seltsamen Steinkreisen im Sand, der Route folgend, die die Nomaden der Vorzeit nach Baragoi nahmen, nach Maralal am Laikipia-Plateau und zu den Hochsavannen Ostafrikas.

* Anfang 1971 wurde der Name noch weiter verunstaltet, als 5200 km^2 dieses Gebietes als „East Rudolf National Park" unter Naturschutz gestellt wurden.

IV | Siringet

Die Dorobo kennen die Fährten aller Tiere, und sie
sehen die Tiere gerne. Die Tiere sind nicht böse, denn
wir und sie wohnen alle gemeinsam in den Wäldern.
Die Intelligenz der Tiere ist nicht wie die der Menschen,
aber sie ist nicht sehr verschieden, denn auch Tiere sind
intelligent. Alle Tiere des Waldes sind gleich, wenngleich wir auch die einen essen und die anderen nicht,
weil wir, die Dorobo, und sie, die Tiere, alle Seite an
Seite in den Wäldern leben.

Spruch eines unbekannten Dorobo[1]

Als ich eines Wintermorgens im Jahr 1961 vom Olbalbal-Grabenbruch nach Westen blickte, sah ich die ersten Strahlen der Morgensonne auf die Serengeti-Ebene fallen, in dem Land, das damals noch Tanganjika hieß. Als ich acht Jahre später auf demselben Platz, diesmal in Tansania, stand, hatte sich die imposante Landschaft nicht verändert. Keine Straße war zu sehen, keine Menschenseele, nur eine riesige Ebene, die sich nach Westen bis zum Viktoriasee erstreckte. Nach Norden zu erhoben sich die Gol-Berge im Land der Massai; unweit von meinem Standort drängten sich vereinzelte Bäume vor den dunklen Schatten der Olduvai-Schlucht. Hinter den Schatten, im Dunstschleier von Sand und goldenem Gras, von Sonnenstrahlen und Wolkenschatten, lag ockerfarbenes Flachland, das sich in den vergangenen Millionen Jahren kaum verändert hat.

Das Olduvai-Gebiet am Rand der großen Grassteppe ist wahrscheinlich ganz oder fast ununterbrochen von den Vorfahren der heutigen Menschen bewohnt worden, seit hominide Wesen zum erstenmal aus den Wäldern Zentralafrikas aufgetaucht sind. So wie der Pavian heute waren auch unsere Vorfahren hauptsächlich Vegetarier, die sich nur dann von Niederwild und Aas ernährten, wenn Beeren und Wurzeln knapp waren; nur langsam entwickelten sie sich zu Aasfressern und Jägern, als sie lernten, aus den zum Häuten der Tiere und zum Aufklopfen der Samen und Knochen verwendeten Steinen kleine Äxte und Wurfgeschosse herzustellen. Der früheste Hominide, der in Olduvai gefunden wurde, ist der Affen-Mensch *Australopithecus*, mit dicken Augenwülsten und kleinem Gehirn; man nimmt an, daß er leichtfüßig und flink war und Felsbrocken und Stöcke schleudern konnte.

Im frühen Pleistozän, vor vielleicht 3 Millionen Jahren, schwammen Krokodile im seichten See bei Olduvai, wo die Überreste des *Australopithecus* gefunden wurden, und seit damals, auf Grund von Veränderungen in der Sonnenbestrahlung oder der zyklischen Schwankungen der Erdachse, trocknete dieser See aus, füllte sich erneut und trocknete immer wieder aus in dem ewigen Wechsel von Regen und Dürre, der für die Eiszeit charakteristisch war. In Afrika, wo diese Klimaänderungen weniger heftig waren als auf anderen Kontinenten, leben noch immer viele große Tiere, aber die ersten Werkzeuge verwendenden Wesen, wie der Homo erectus und seine Zeitgenossen, die selbst sehr großwüchsig waren, jagten mammutartige Tiere, Paviane so groß wie Gorillas, flußpferdgroße Wildschweine mit riesigen Hauern und wilde Schafe so groß wie Büffel, sowie das weiße oder Breitmaulnashorn, das einst häufig in diesen Gebieten zu finden war, und ähnliche Tiere. Möglicherweise ist das weiße Nashorn, doppelt so schwer wie das Spitzmaulnashorn, eine Riesenform, die bis in die Gegenwart erhalten geblieben ist; obwohl es heute fast nur noch am Westufer des Nils im Südsudan und in den angrenzenden Gebieten von Uganda und dem Kongo zu finden ist, war es einmal viel weiter verbreitet als das Spitzmaulnashorn.

Im Pleistozän waren die Vulkane des Kraterhochlandes noch immer in Auffaltung begriffen, und unter den Schichten von Vulkangestein entdeckte man Lagerplätze der frühen Menschen, die in den raucherfüllten Himmel gestarrt haben mögen. Die westlichen Vorgebirge des Hochlandes, unterhalb des Lemagrut-Vulkans, sind eigentlich Stufen, die durch Auffalten der Erdoberfläche vor ungefähr 50.000 Jahren entstanden, zur selben Zeit wie der Grabenbruch. In dieser regenreichen Periode der Mittleren Steinzeit war die Verwendung von Feuer bereits am ganzen Kontinent bekannt; so beweisen auch kürzlich am Omofluß in Äthiopien durchgeführte Ausgrabungen sowie der schon früher aufgefundene Kanjera-Schädel mit einem gering ausgeprägten Stirnwulst (Fundort Kanjera in Westkenia), daß der moderne Mensch (Homo sapiens sapiens) schon zur Zeit dieser gewaltigen tektonischen Bewegungen existierte, und zwar neben primitiveren Menschen, deren Ende er ganz ohne Zweifel herbeiführen half.

Als Jäger hatte der Mensch schon vor langer Zeit seine Körperbehaarung verloren und Schweißdrüsen entwickelt, wodurch er sich der tropischen Hitze erwehren konnte, und ohne Zweifel produzierte er auch die Pigmente, um seine unbehaarte Haut vor der Tropensonne zu schützen. In den folgenden Jahrtausenden, während der mit stark ausgeprägtem Stirnwulst ausgestattete Homo sapiens Rhodesiensis langsam von der Bildfläche verschwand, veränderte sein Vetter mit dem geringeren Stirnwulst seine Werkzeuge und entwickelte eine Sprache, lernte sich mit eisenhaltigem rotem Ton zu schminken und erlebte die ersten Regungen religiösen Bewußtseins in der Form der Totenbestattung. Der Homo sapiens sapiens, der Schimpanse und der Gorilla sind die einzigen Überlebenden aus der Unzahl afrikanischer Affenarten, Menschenaffen und Menschen, die einst um ihr Überleben kämpften, und der Gorilla sowie das weiße Nashorn werden bald den Unterlegenen in die Vergessenheit folgen.

Über die Evolution des Menschen in der Zeit zwischen den Knochensplittern eines generalisierten

Homo, der vor einer halben Million Jahren Handäxte verwendete, und dem Kanjera-Schädel, der fünfzigtausend Jahre alt ist, ist nur wenig bekannt, und auch die Vorgeschichte von der Zeit des Kanjera-Menschen bis zu den Überresten der negriden Fischer von Khartum und ihren Zeitgenossen, den sogenannten Protohamiten, ist sehr lückenhaft. Diese Protohamiten waren vor mehr als siebentausend Jahren die ersten Invasoren Ostafrikas vom Norden her, und erst in jüngster Zeit wurden Überreste von ihnen in Olduvai gefunden. Auch wurde noch keine genaue Abstammungslinie von diesen Menschen zu den heutigen Afrikanern entwickelt, obwohl viele Wissenschaftler khoisanide Merkmale im Kanjera-Schädel zu erkennen glauben; zumindest einer ist der Ansicht,[2] daß der Irakw-Stamm aus dem südlichen Teil dieses Hochlandes, der eine fremdartige archaische Sprache spricht, tatsächlich eher von protohamitischen Jägern als von den späteren neolithischen Hirten und Ackerbauern abstammt. Jedenfalls sind Jäger und Sammler seit Beginn des Menschengeschlechts durch dieses Gebiet gezogen. Die Buschmänner haben sich in die unwirtlichen Teile Südafrikas zurückgezogen, und Stämme wie die Gumba sind völlig verschwunden, doch Dorobo-Jäger tauchen immer wieder in der Umgebung von Loliondo auf und handeln mit Honig und Elfenbein mit den Massais, deren Lebensart sie angenommen haben; und im trockenen Hügelland südlich des Eyasi-Sees, wo Spuren des rhodesoiden Menschen gefunden wurden, gibt es noch immer kleine Gruppen von Alten Stämmen (Old People), die ähnlich leben wie der Steinzeitmensch vor vierzigtausend Jahren.

Die riesige Ebene, welche die Massai „siringet" nennen, ist im Osten vom Kraterhochland begrenzt, im Westen von einer Hügelkette und einem Waldland, das dichter wird, je näher es an den Regengürtel des Viktoriasees herankommt. Nach Norden zu, hinter Loliondo im Land der Massai, reicht die Ebene bis an die Loita-Berge und an die Hochebene der Massai-Mara in Kenia heran; nach Süden zu geht sie in das trockene Dornbuschgebiet westlich des Eyasi-Sees über. Dieser östliche Teil der Ebene liegt im Regenschatten des Kraterhochlandes und ist überaus trocken. Im Winter herrschen in der Serengeti Südostwinde, die abgeschwächt werden, sobald sie an den Osthang der Hochgebirge prallen; sogar regionale Stürme, die über Oldeani und Endulen am Südabhang des Vulkanmassivs aufkommen, klingen auf der Olbalbal-Ebene ab – daher der Staub, der die Nähe der Wüste erkennen läßt,

das schwarze Gestein und die vielen Dornbüsche in der Olduvai-Schlucht, die fast das ganze Jahr hindurch trocken ist. Von Olduvai erstreckt sich die Ebene fünfzig Kilometer nach Westen über eine Kurzgrasprärie und eine Langgrassteppe bis zu den Galeriewäldern am Seronera-Fluß, wo der Viktoriasee zum wetterbestimmenden Faktor wird.

Die nach dem Äquinoktium nach Norden wandernde Sonne löst den Nordostmonsun aus, und das Zusammentreffen von Nordost- und Südostmonsun bringt Regen; die aufeinanderprallenden Winde werden in die Höhe getrieben und entladen in der kühleren Atmosphäre ihre Feuchtigkeit. Im Sommer bläst ein scharfer Südostmonsun von den kühleren Breiten des offenen Ozeans östlich von Madagaskar; da die Monsunwinde über dem Südsudan und Äthiopien zusammentreffen, regnet es im Kraterhochland nur sehr wenig. Aber entfernte Federwolken und Kumulo-Nimbuswolken zeigen die Wetterscheide im Seenbecken an, und schon im späten Frühjahr ziehen die Tiere der Ebene entlang der Wasserläufe hinunter, die nach Westen zu den Waldgebieten fließen. Im November, wenn der Monsunwind nach Süden abschwenkt und das Siebengestirn am Himmel erscheint, ziehen im Osten weiße Wolken auf. Dann folgt eine kurze Regenzeit, und die großen Herden, die vom ersten Sprießen des jungen Grases angezogen werden, kehren auf die Ebene zurück, in dem als „Wanderung" bekannten jährlichen Kreislauf.

Als ich im Winter 1961 zum erstenmal in die Serengeti kam, erlebte dieses Gebiet gerade die größte Trockenperiode seit Menschengedenken. Es hatte in diesem Jahr keine kurze Regenperiode gegeben, und die Muttertiere der Weißbartgnus, die infolge der Dürre keine Milch hatten, ließen viele ihrer Jungtiere im Stich. Im folgenden Jahr gab es überhaupt keine Gnukälber. Aber Herdentiere können sich Notständen anpassen, und als ich im Winter 1969 wieder nach Seronera kam, hatten sie ihre alte Stückzahl wieder erreicht.* In jenem Januar 1961 zogen die Weißbartgnus noch immer ostwärts. Die endlosen Züge von Tieren, die die düstere Atmosphäre mit dumpfem Gebrüll erfüllen, sind in zwei Gruppen geteilt: die eine Herde umfaßt die Muttertiere und die Kälber, die andere Herde besteht nur aus Bullen; vor allem die Gnubullen machen ihrem Namen Wildebeester alle Ehre. Sie springen, stoßen, hetzen herum, gehen mit gesenktem Kopf auf den

* Trockenperioden scheinen in Zehnjahreszyklen aufzutreten; eine neuerliche schwere Dürreperiode hatte das Jahr 1971 zu verzeichnen.

Gegner los und schlagen mit ihren Beinen wild nach allen Richtungen aus, als wären sie auf der Suche nach Steinen, an denen sie sich ihre hitzigen Köpfe einschlagen könnten.

Die Weißbartgnus tauchen sehr oft in Gesellschaft von Zebras auf. Diese gestreiften Pferde, die das ganze Jahr hindurch fohlen und nicht wie andere Tiere nur zu einer bestimmten Jahreszeit, haben meist weniger Jungtiere, um die sie sich kümmern müssen, und dafür auch mehr Intelligenz; nur sehr selten sieht man eine Zebrastute außerhalb ihrer Familiengemeinschaft ihr Fohlen zur Welt bringen. Aber bei den Gnus müssen sich die dünnbeinigen Jungtiere anstrengen, mit ihren dummen Muttertieren Schritt halten zu können, und verlieren sich oft unter den stampfenden Tieren. Eine Trennung von den Muttertieren verurteilt sie sofort zum Untergang, da sie meist sehr bald den Raubtieren zum Opfer fallen. Daß die Gnus innerhalb weniger Wochen sehr viele Jungen setzen, mag die Art zu bewahren helfen: Die Raubtiere sind zu gesättigt, um alle sich ihnen bietenden Vorteile auszunutzen, und viele Kälber überleben, um einen neuen Tag zu begrüßen.

Viele Weißbartgnus ziehen auf ihrem Weg zum Hochland am Südende des Lagarja-Sees vorbei, dem Quellgebiet des Flusses Olduvai, der durch die berühmte Schlucht bricht; wie fast alle Seen dieses Vulkangebiets ist der Lagarja-See ein *Magadi* oder Natronsee – flüssiges Natriumkarbonat. In den Niederwäldern entlang der Schlucht, die das Plateau nach Westen zu bewässert, lebte in jenem Winter eine Familie von fünf Geparden im luftigen Schatten der Schirmakazie, und Große und Kleine Flamingos, die vom reichen Algenschlamm des Natronsees angezogen wurden, erhoben sich in rosaroten Wellen aus den dunklen Reihen der wandernden Herden, die das Wasser überquerten. Da die Gnus meist in Massen losstürmen, ist die Überquerung für die Jungtiere immer gefährlich, und eines Morgens im frühen Winter ertranken mehr als sechstausend. Der Tod fegte wie ein Wirbelsturm über sie hinweg, und die Spur, die er hinterließ, war beängstigend, doch die entlang des Seeufers liegenden Kadaver machten nur ein drittel Prozent der jährlichen Regeneration der Antilopen in der Serengeti aus. Verendete Jungtiere waren von Löwen und Hyänen ans Ufer gezogen worden, andere wieder trieben im Wasser dahin und blieben schließlich an Schlammbänken in den schaumbedeckten Untiefen hängen. In der dumpfen Hitze Zentralafrikas läßt der unerträgliche Gestank den Menschen kaum richtig atmen, und der Geruch des Todes hängt wie eine faule Dunstglocke über der Landschaft. Zwischen den Kadavern stolzierten elegante Säbelschnäbler und Stelzenläufer herum, die den Schmutz im trüben Wasser nicht zur Kenntnis nahmen, und Tausende Geier und Marabus hatten sich eingefunden, um an dem Festessen teilzunehmen. Die Massen dieser großen Vögel mit ihren gierigen Schnäbeln könnten sehr leicht jeden Eindringling vertreiben, aber sie sind es zufrieden, sich gegenseitig die Beute streitig zu machen. Der Geier bohrt seinen langen, nackten Hals tief in die Fäulnis, dann taucht er triefend wieder auf, um seine Artgenossen mit häßlichen Zischlauten zu vertreiben. Etwas abseits stelzt düster der Marabustorch und wartet, bis die Reihe an ihn kommt, die tanzende Kurve seines langen schwarzen Rückens ein einziges Memento mori. Mit George Schaller vom Serengeti Research Institute zählte ich die toten Jungtiere, und die Geier machten nur unwillig und grollend Platz. Geier laufen wie ertappte Diebe, bewegen sich in ungelenken Galoppsprüngen vorwärts, halb zur Seite gewandt, als hätten sie etwas Schmachvolles an ihren mattschmutzigen steifen Brustfedern zu verbergen. Der Marabu, mit seinem glatten Kopf und bleichen Beinen, ist noch häßlicher: Mit dumpf klingendem Flügelschlag hebt er sich wie ein wehendes Leichentuch in die Lüfte, dazu das schreckliche hohlklingende Klappern des großen Schnabels, der die festesten Tierhäute durchbohren und Kadaver aufbrechen kann, die den Hakenschnäbeln der Geier widerstehen. Geier haben einen unruhigeren Flügelschlag, und die Kakophonie, wenn sie beide vom Aas aufsteigen, ist so alt wie Afrika selbst.

Dr. Schaller, ein schlanker, junger Mann, dessen Arbeit über den Berggorilla bereits Aufsehen erregt hatte, studierte damals gerade die Raubtiere in der Serengeti. Im Winter 1969 verbrachte er jede freie Minute draußen in der Natur, und oft lud er mich auf seine Beobachtungsgänge ein. Meist waren wir schon vor Tagesanbruch unterwegs, wenn noch die kleinen Tiere der Nacht zu sehen waren – die Springhasen, wie riesige Springmäuse, und die kleinen Katzen und Ginsterkatzen. Die Augen dieser Nachttiere besitzen eine Topetum-Membran, die das Licht reflektiert. In den Scheinwerfern des Landrovers glänzten die Augen der Topi-Antilope gespenstig silbrig und die Augen des Löwen rot oder grün oder weiß, je nach dem Winkel des Lichteinfalls. In der Nacht glänzen die Augen der meisten Tiere rot wie das Funkeln, das wir einmal hoch oben in den Zweigen eines Fieberbaumes über dem Seronera-Fluß aufblitzen sahen; was da über unglaubliche Entfernungen von einem Zweig zum anderen tanzte, war ein Buschbaby, ein primitiver kleiner Halbaffe, der vielleicht dem baumbewohnenden Geschöpf, aus dem sich der Mensch entwickelte, ähnlich sein mag.

An einem silberglänzenden Frühmorgen wiegten sich Giraffenhälse in den federförmigen Ästen großer Akazien, und eine Gruppe Warzenschweine trottete in den frühen Morgenschatten hinaus. An der Kreuzung eines Wasserarmes und der Straße standen ein Großer Riedbock und ein Wasserbock einander gegenüber. Mit seinem weißen Hinterteil und groben grauen Fell sieht der Wasserbock wie ein Hirsch aus, aber in Afrika gibt es keine Hirsche südlich der Sahara; ebenso wie das Weißbartgnu, die Gazellen und andere hirschähnliche Wiederkäuer, vom winzigen Dik-Dik bis zur Elenantilope, sind auch der Riedbock und der Wasserbock Antilopen, die kein Geweih, sondern hohle Hörner tragen; die Familienbezeichnung „Antilopinae" bedeutet „helläugig". Alle Antilopen haben lange Ohren, große Nüstern und hervortretende Augen, die sie ebenso wie ihre Geschwindigkeit vor Räubern schützen, aber Arten, die keine Wanderungen ausführen, wie zum Beispiel die Topi-Antilope, der Wasserbock und das Kongoni, scheinen wachsamer zu sein als die Herdenarten der Grassteppe.[3]

In Naabi Hill zogen die Weißbartgnus nach den Regenfällen ostwärts. Auf ihrer Suche nach jungem Pflanzenwuchs sieht man die Gnus häufig durch trockenes Land entfernten Gewittern entgegenziehen, die die ausgedörrte Landschaft plötzlich zum Grünen und Sprießen bringen. Rund zweihunderttausend Tiere waren auf einmal zu sehen, zusammen mit unzähligen Zebras und kleinen Thomson-Gazellen. Acht Hyänenhunde jagten nach jungen, von den Muttertieren im Gras zurückgelassenen Gazellen; einer schnappte nur wenige Meter von unserem Landrover entfernt ein Jungtier aus dem Grasversteck und riß es gemeinsam mit zwei Artgenossen. Der Tod junger Kälber geht sehr schnell vor sich, sie werden in Stücke gerissen und sind auch schon verzehrt. Nur ein einziges älteres Kalb sprang den Hyänenhunden davon und flüchtete mit steifbeinigen langen Sprüngen über die Ebene; diese Sprünge, bei denen alle vier Hufe gleichzeitig den Boden berühren, wirken genauso wie das Aufleuchten der weißen Flankenstreifen als Alarmzeichen. Das arme Jungtier hielt erstaunlich lange durch, weil die meisten Hyänenhunde sich an der bereits gerissenen Gazelle gütlich taten und nicht an der Jagd teilnahmen. Während der Leithund vergeblich nach den flüchtenden Tierbeinen schnappte, tollte der Rest planlos

herum und riß da und dort ein anderes Jungtier, das einer der Meute im Grasversteck aufgestöbert hatte.

Der Landrover rumpelte über Erdhügel und durch Erdlöcher und folgte der wilden Jagd über die ganze Ebene. Schaller stellte die Fluchtstrecke der jungen Gazelle nach dem Tachometer unseres Wagens fest, und tatsächlich waren es beinahe fünf Kilometer; sie lief nie in gerader Linie. (Der Zickzackkurs ist weniger eine Fluchttaktik als eine Möglichkeit, aus den Augenwinkeln heraus den Feind während des Laufes zu beobachten; innerhalb einer Herde laufen die verfolgten Tiere für gewöhnlich gradlinig.) Der Mut des Jungtieres verleitete uns beinahe dazu, einzugreifen, aber wir nahmen schließlich davon Abstand, weil das Tier in jedem Falle zum Untergang verurteilt war: Da es zu Beginn der Jagd vom Muttertier, der Milchspenderin, getrennt wurde, hätte es bald zu hungern begonnen, bis es schließlich einem der vielen Raubtiere oder Raubvögel zum Opfer gefallen wäre. Schließlich nahmen zwei weitere Hunde gemeinsam mit dem Leithund die Verfolgung auf, und Sekunden später war die Jagd zu Ende. Das noch immer wild herumhüpfende Tier änderte unablässig seine Laufrichtung, doch der links laufende Hund schnappte schließlich die junge Gazelle aus der Luft; die anderen beiden Hunde rissen die Beute, kaum daß sie den Boden berührt hatte.

Eines Tages fand ich bei einer in der Regenzeit mit Wasser gefüllten Senke ein behauenes Stück Obsidian, wie es von primitiven Stämmen häufig als eine Art Messer oder Waffe verwendet wird. In diesem Teil des Landes, in der Ebene, kommt Obsidian nicht vor; das Stück mußte vor langer Zeit hierher gelangt sein. Ich dachte an die Männer, die es mit sich gebracht haben mochten – wie mögen sie ausgesehen, wie groß mögen sie gewesen sein? Waren sie mit Fellen bekleidet oder ganz nackt? Welche Laute gaben sie von sich? Waren sie sich ihrer eigenen Existenz bewußt, wenn sie zur Sonne und auf den Himmel starrten, und, wenn ja, was dachten sie?

Zweifellos waren die primitiven Hominiden, deren Überreste in Olduvai gefunden wurden, den in der Savanne grasenden Tierherden an den Rand der großen Ebene gefolgt und waren gewiß glücklich über jedes Stück Kadaver, das sie fanden. Der Jäger Frederick Selous, der um 1870 in dieses Gebiet kam, war entsetzt, als er die Eingeborenen das Fleisch eines acht Tage alten Elefantenkadavers verzehren sah – „Wahrlich, einige Stämme der Kaffern und Buschmänner sind ärgere

Aasfresser als Geier oder Hyänen"[4] –, aber Berichte vom Leben Schiffbrüchiger auf Flößen oder in Gefangenenlagern, bei Pest und in Hungerszeiten, zeigen, daß selbst der zivilisierteste Mensch nicht nur Aas, sondern sogar seine Artgenossen verspeist, wenn es um sein eigenes Überleben geht, wie es wohl bei den Urmenschen an der Tagesordnung war, denen echte Waffen und vielleicht auch, trotz der physischen Fähigkeit zu sprechen, die Sprache fehlte. (Vielleicht kannte der früheste Homo sapiens der Altsteinzeit das Feuer noch nicht, und das Geschenk des Feuers durch den obersten Schöpfer, von dem in den Mythen fast aller afrikanischen Stämme berichtet wird, war ein Ereignis, an das es bis heute legendäre Erinnerungen gibt.)[5]

Die herkömmlichen Theorien über das soziale Leben des frühesten Menschen wurden vom Verhalten der nichtmenschlichen Primaten abgeleitet, obwohl die Menschenaffen im wesentlichen Vegetarier sind und seit mehr als einer Million Jahre ein völlig anderes Leben als der Mensch führen. Gesellschaftssysteme, die selbst bei nahe verwandten Geschöpfen oft weitgehend differieren, pflegen sich gemäß den ökologischen Bedingungen zu entwickeln; George Schaller war der Ansicht, daß weit eher Schlüsse über die Lebensart des frühen Menschen aus einer vergleichenden Studie der in Gemeinschaften lebenden Raubtiere gezogen werden können,[6] die ihre Beute in offenem Gelände jagen. Während der Mensch nicht fähig war, seine Beute so wie Hyänenhunde und Hyänen laufend zu hetzen oder sie anzuspringen wie der Löwe, so wird er dennoch die Taktik der Löwen, nämlich das Auflauern und Einkreisen, angewandt und sich auch im Windschatten an die Jagdbeute herangemacht haben, was die Löwen nicht erlernt haben. Und ebenso wie bei den Raubtieren würde der Erfolg des Raubzuges unbedingt von der Gruppe abhängen, die die Beute dann aufteilt.

Nach den Resten der Raubtiere zu schließen, die bei seinen Lagerstätten gefunden wurden, war der frühe Mensch ein überaus erfolgreiches Wesen, das die nichtaggressiven, nur bei Tageslicht jagenden Tiere wie den Gepard und den Hyänenhund von ihrer Beute vertrieb. In der Dunkelheit war der Mensch im Nachteil, er verkroch sich und überließ die Jagdgefilde dem Leoparden, dem Löwen und der Hyäne, aber bei Tageslicht zogen sich diese würdevolleren Kreaturen wahrscheinlich zurück, wenn sie mit Stöcken und Steinen, dem fremdartigen aufrechten Gang und mit dem Geschrei und Gebrüll des Drohverhaltens und der verrückten Gestik der Primaten konfrontiert wurden.

Um zu erforschen, wie Jäger und Aasfresser gelebt haben, wanderten wir manchmal zwei Stunden oder länger, ungefähr 50 Meter voneinander entfernt, über die Ebene. Bei den meisten Streifzügen gab es junge Gazellen in reichlicher Menge – mit dem Stock hätten wir vier oder fünf erlegen können, mit Bolussteinen (Funde in Olduvai) sogar noch mehr –, und es gelang fast immer, eine gerissene Beute auszumachen, indem wir die Geier in der Entfernung beobachteten. Eines Tages trafen wir auf eine an einer Krankheit verendete Thomson-Gazelle, die die Aasfresser noch nicht entdeckt hatten; wenig später scheuchten wir zwei Wollkopfgeier auf, die gerade eine junge Grant-Gazelle geschlagen hatten; die Beute war noch ganz frisch und keine Räuber in der Nähe zu entdecken. An einem anderen Tag, als Schaller nicht mit mir unterwegs war, sah ich in einiger Entfernung die weiße Brust einer soeben verendeten Thomson-Gazelle leuchten. Als ich näher kam, stürzte gerade der erste Wollkopfgeier aus der Luft herunter und hackte kräftig auf das tote Tier ein. Unmittelbar danach wurde der Geier von einem hinzukommenden Gazellenweibchen verjagt; der große Vogel versuchte zwar mit trägen Flügelschlägen den Angreifer zu vertreiben, unternahm jedoch keinen zweiten Versuch, sich auf das tote Tier zu stürzen.

Die Gazelle war noch warm, und ich schlitzte den Bauch auf, um nachzusehen, ob sie beim Werfen verendet war. Sie hatte zwar Milch, aber kein Junges; das noch nasse Neugeborene kauerte ungefähr zwanzig Meter entfernt im Gras. Eine halbe Stunde später wachte die zweite Gazelle noch immer aufmerksam bei der toten Kameradin, aber immer mehr Geier versammelten sich, und schließlich wurde das tote Tier einer buntgemischten Schar von Sperber-, Afrika- und Kappengeiern überlassen, die es in wenigen Minuten bis auf die Knochen abgenagt hatten. Schakale, Geier und Hyänen erkennen instinktiv den Augenblick der Wehrlosigkeit im Leben eines Muttertieres, wenn ein Junges geboren wird; häufig sehen die Hyänen sogar bei der Geburt zu. Aber eines Tages warf eine ganze Reihe von Weißbartgnus ihre Jungen in einer Talsenkung, die wie ein Amphitheater zwischen den vereinzelten Felsblöcken lag, und es mag bezeichnend sein – ich gebe hier nur einen sachlichen Bericht –, daß das Kalben um die Mittagsstunde stattfand, als die Sonne heiß vom Himmel herunterbrannte und das Land völlig ruhig und windstill dalag. Weit und breit war kein Räuber zu sehen, kein einziger Geier in der Luft. Überall lagen die Gnukühe, und zahlreiche wackelige Jungtiere, noch kaum eine Stunde alt, versuchten immer wieder, sich auf ihre noch ungelenken Beine zu erheben, und fielen immer wieder um. Am späten Nachmittag – wenn die Räuber unruhig werden und

Flughühner über dem Lagarjasee, Serengeti

Dik-Dik; Helmperlhühner, Serengeti

Giraffen, Serengeti

Grant-Gazellen und Strauße (umseitig)

Löwen, Serengeti

Gerenuk, Amboseli-Park

Thomson-Gazellen

Grant-Gazellen, Serengeti

Servalkatze, Ngorongoro

Wüstenfuchs, Serengeti

Geparde, Seronera

Massais in der Engaruka-Ebene

Gol Kopjes,
Serengeti

Junger Massaihirt

Dornenbäume in der Serengeti

ihre Köpfe aus dem Gras heben, um Witterung aufzunehmen – liefen die jungen Gnus schon viel sicherer auf ihren schlanken Beinen umher. Neugeborene Gnus können gewöhnlich bereits Minuten nach ihrer Geburt laufen, aber selbst das kann unter Umständen zu spät sein; ich habe einmal eine Löwin beobachtet, die, obwohl noch von einem anderen Raubzug blutig und sicher zu satt, um erneut zu fressen, ein neugeborenes Gnu zu Boden drückte und, ohne das Jungtier zu reißen, sich darauf niederließ.

Aus Angst, die Gnukühe zu vertreiben, unterdrückte ich den Wunsch, näher an die Tiere heranzugehen, denn die Kälber folgen allem, was sich bewegt, und können nicht zum Muttertier zurückgetrieben werden. Eines Tages folgte mir ein Jungtier, das aus der grasenden Herde ausgebrochen war, und meine Bemühungen, das Junge in die Sicherheit zurückzuführen, endeten damit, daß ich die gesamte Herde in die Flucht trieb. Das Junge folgte ihr nicht, und die Herde ließ es schließlich im Stich; und auch mir gelang es nicht, das Tier einzufangen. Schließlich mußte auch ich es seinem Schicksal überlassen. Als ich schon mehr als einen Kilometer entfernt war, konnte ich das Kälbchen noch immer sehen – ich sehe es heute noch vor mir –, ein schlankes, zartes Geschöpf, das völlig regungslos auf der stillen Steppe stand.

Die für die Jahreszeit ungewöhnlichen Regenfälle im späten Januar dauerten bis in den Februar hinein an; es regnete vor allem am späten Nachmittag und während der Nachtstunden. An vielen Tagen stand die Sonne hoch am Himmel, und es war sehr windig. In diesem harten, kalten Licht wanderte ich barfuß in der Steppe umher, um den warmen Boden Afrikas ganz nah auf meiner Haut zu spüren, und während ich jeden meiner Schritte mit vollem Bewußtsein tat, sah ich mit wachen Augen den roten Hafer und die roten Blüten der Indigopflanze, die herumliegenden Schädel mit ihren verkrusteten Hörnern (wie alles andere werden auch sie gefressen: eine Motte legt ihre Eier auf die Hörner, und die in einem Gespinst lebenden Larven ernähren sich vom Keratin), die Löcher der Wolfsspinnen und die weißen und gelben Weißlinge, wie blühende Blumenblätter, die Lerchen und Steinschmätzer, das elliptische Erdloch des Pandanus-Skorpions und das runde Erdloch der Maulwurfsgrille, deren mächtiger Gesang die Weibchen aus einem Kilometer Entfernung anlockt, die weiße Losung der knochenfressenden Hyäne und das birnenförmige Ei eines Kronenkiebitz mit seiner

aquarellfarbenen Tarnung, die Regen und Erde, Luft und Gras zu einem Farbton verschmelzen läßt.

Blühende farbenprächtige Blumen und kleine Häufchen Dung; zum Mist kriechen die glänzenden Skarabäen, die Lieblingstiere des Sonnengottes Ra. Die Mistkäfer, die sich ihren Weg durch das Gras bahnen, kriechen durch den Mist oder machen sich über die schlaffen Mägen von Huftieren her, die, von den Raubtieren zur Seite geworfen, noch voll halbverdautem Gras sind. Mit unwahrscheinlicher Geschwindigkeit rollen die Käfer Mistkugeln, die größer als sie selbst sind, vor sich her. Hier in Afrika erledigen die Mistkäfer die Arbeit der Regenwürmer: Die von den Käfern vergrabenen Exkremente von Hunderten und Tausenden von Tieren leisten Gewähr dafür, daß der Erdboden genügend gelüftet und gedüngt wird.

Am nächsten Morgen ist der Boden wieder vom Regen durchtränkt, und die Wege sind schlammig. Frösche springen aus den Tümpeln und Lachen, und der Gesang verschiedener Vögel klingt aus dem Binsengras, wo sich die Brutplätze befinden. Riesige Storchenschwärme, die am Tag zuvor noch nirgends zu sehen gewesen waren, kreisen in langsamen Spiralen vom Himmel herunter, um Frösche, Mäuse und anderes Kriechzeug zu fressen, das der Regen unter den schlammbespritzten Blumen herausgeschwemmt hat.

Der Steppenboden besteht aus Asche, die aus dem Osten von den Vulkanbergen des Hochgebirges herübergeweht wurde. Hinter der Aschensteppe, in der Nähe von Seronera, besteht der Boden aus verwittertem Granit, daher gibt es hier auch eine Waldvegetation. Dieses Gebiet besitzt das wohl älteste Granitgestein der Erde – manche Granitblöcke hier sind zwei bis drei Milliarden Jahre alt –, und im Flachland erhebt sich das Rückgrat Afrikas in prächtigen Felsbuckeln oder Kopjes, die die Geologen Inselberge nennen; diese Kopjes liegen wie Steingärten auf dem flachen Land und sind manchmal von riesigen aufgesetzten Blöcken gekrönt, die durch jahrtausendelange Erosion ihre heutige Form erhalten haben. Die Kopjes wirken als Wasserreservoir, und in den Felsspalten, wo sich äolische (durch Windwirkung entstandene) Erde mit erodiertem Felsgestein gemischt hat, fassen Baumsamen Wurzeln, die das abwechselnde Ausschwemmen und Austrocknen auf der Savanne nicht überdauern können. Aus der Ferne wirken diese baumbewachsenen Felsen wie Inseln in der unendlich weiten, leicht gewellten Ebene.

Wenn die Sonne aufgegangen ist und die frühmorgendliche Beutesuche langsam zu Ende geht, ziehen sich die großen Katzen in den Schutz der Inselberge zurück. Vielleicht suchen sie den Schatten auf oder auch den günstigeren Ausgangspunkt, den ein erhöhter Ruheplatz bietet – für den Leoparden sind die Kopjes Verstecke zwischen den einzelnen Raubzügen –, oder vielleicht sind sie, wie ich selbst, gerne im Rücken geschützt, denn vor allem im Sommer, wenn sich die Herden in das Waldgebiet im Westen zurückgezogen haben und ein trockener Wind über die Steppe bläst, sind die Granitblöcke ein Zufluchtsort vor der großen Leere der Ebene. Kopjes treten in isolierten Gruppen auf, wie Inselarchipele – eine Gruppe kann bis zu 15 Kilometer von der nächsten entfernt sein –, aber die meisten Gruppen sind irgendwie verbunden mit einem Gebirgsgrat, der mehr oder weniger allmählich aus der Aschensteppe aufsteigt, von den niedrigen Gol-Kopjes im Osten bis zum majestätischen Mount Morus am Rand des westlichen Waldlandes. Die höchste Erhebung ist der Soit Naado Murt (langhalsiger Stein, in der Sprache der Massai), der den Spitznamen Big Simba Kopje trägt; dieser Berg ragt in der Nähe des Gratmittelpunktes 30 bis 40 Meter senkrecht in die Höhe, gleich hinter der Hauptstraße von Olduvai nach Seronera.

Die einsamen Gol-Berge sind Kopjes der Kurzgrassteppe und liegen im Norden der Straße von Olduvai nach Seronera. Der scheue Gepard ist ein Geschöpf der Gol-Berge, sein geduckter Gang und das helle Fell passen gut zu diesen vom Wind verwitterten Steinen. Eines Tages sah ich einen Leoparden mit leuchtendem Fell im flackernden Sonnenschatten eines Feigenbaumes auf einer Felskante liegen; als er mich erblickte, schmiegte er sich, fast ohne eine Bewegung zu machen, noch enger an den Felsblock und entschwand so aus meiner Sicht. Es heißt, daß ein Leopard selbst dann in seinem Versteck regungslos liegenbleibt, wenn Steine auf ihn geschleudert werden – ein Löwe würde in einem solchen Fall sofort zum Angriff übergehen. Falls man aber seinem brennenden Blick begegnet und das Tier erkennt, daß es entdeckt wurde, wird es sofort angreifen. Selbst ein großer Leopard ist im Vergleich zu einem Löwen klein, auch verglichen mit den meisten Menschen, aber seine nach unten gebogenen Krallen können die Beute zerfleischen, während sich seine Zähne in der Gurgel des Opfers festgebissen haben, und er schlägt schnell zu. Der Leopard ist neben dem Menschen eines der wenigen Geschöpfe, die um des Tötens willen töten; wenn er sich in die Enge gedrängt fühlt, kann er so gefährlich wie kaum ein anderes Tier in Afrika werden. Die in der Savanne lebenden Stämme haben immer wieder Kummer mit den Leoparden, die sich des Nachts in ihre Hütten schleichen, kleine

Kinder an der Gurgel packen und sie davonschleppen – ein Zeugnis für den tiefen Schlaf des Afrikaners sowie für die große List dieser Wildkatze. Gewöhnlich ist der unverletzte Leopard keine Gefahr für die Erwachsenen; im vergangenen Winter jedoch tötete ein Leopard des Nachts einen afrikanischen Empfangschef, Ferangoni Kamunyere, vor seinem Hotel in Para bei den Murchison-Wasserfällen und zog die Leiche, die größer als das Tier selbst war, ungefähr einen Kilometer weit in den Busch hinein, wahrscheinlich um seine hungrigen Jungen zu füttern. Leoparden sind äußerst kräftig: Ich beobachtete einmal einen Leoparden, wie er, eine ausgewachsene Gazelle zwischen den Zähnen, den Stamm eines hohen Baumes hinaufkletterte.

Es gibt nur wenige Bäume auf den Gol-Bergen, sie sind niedrig und fast kahl; doch in ihrer Art sind sie genauso faszinierend wie die Morus-Berge, die wie Monumente in einer Parklandschaft von ungefähr 65 Quadratkilometern emporragen und eine üppige Vegetation haben. Impala, Büffel und Elefanten kommen zu den Morus-Bergen aus den westlichen Wäldern, und die Elefanten, ausgezeichnete Kletterer, besteigen auch die Gipfel der steilen Kopjes, nach der zahlreichen Losung auf den Felsen zu schließen. Eines Mittags konnte man von so einem Elefantengipfel aus einen Leoparden auf einem südlich gelegenen Inselberg sehen, wie er über die skelettartigen Schatten einer riesigen Kandelabereuphorbia sprang. In der unbewegten Stille war der einzige Laut das Rascheln der Termiten im Laubwerk unter meinen Füßen.

In der Nähe der Wälder meiden die Herden das hohe Gras. Vereinzelte Topi-Antilopen und Kongoni wandern zwischen den Steinblöcken umher, und um eine Akazie hat sich ein heller Kreis von aufmerksam witternden Zebras mit schlagenden Schweifen geschart. Die wilden Pferde fürchten den Menschen nicht, jedenfalls noch nicht; alle blicken in eine andere Richtung. Irgendwo im tauigen Gras wittern sie einen Löwen.

Ich verbrachte einen Tag im Februar auf einem kleinen Kopje und ließ meine Blicke über die Ebene wandern. Von dem Kopje aus kann man auf einen sumpfigen Korongo sehen – kein richtiger Fluß, sondern nur ein Wassergraben –, der um diese Jahreszeit Wasser führt und von einem dichten Buschwerk begrenzt ist. Vor wenigen Tagen hatte ich beobachtet, wie eine Löwin und ihre Jungen auf diesem kleinen Hügel den ausgedörrten Kadaver einer Gazelle herumzerrten, die wahrscheinlich von Leoparden gerissen worden war.

Ich ging um die Stelle herum und untersuchte sie, bevor ich mich eventuell in unnötige Gefahr begab; während ich auf den Felshügel stieg, klatschte ich in die Hände, um alles gefährliche Getier zu verscheuchen. Bei Tageslicht weichen Löwen gewöhnlich den Menschen, und Schlangen sind eine Gefahr, die meist weit übertrieben wird, aber trotzdem muß man vor allem auf seine Hände achten, denn hier hausen viele Vipern, Kobras und Mambas.

Mein Händeklatschen hallte in der Stille wider; mein Eindringen hatte die Aufmerksamkeit aller Steppentiere geweckt. Der Fäulnisgestank der Kadaver vermischte sich eigentümlich mit dem berauschenden Duft von wildem Jasmin auf den Felsen. Die Vögel hörten zu singen auf, und Eidechsen unterbrachen ihr munteres Umhereilen. Dann schoben sich Wolken vor die Morgensonne. Als ich so im grauen Wind auf dem kahlen Felsen stand, lehnte ich für einen Augenblick dieses Afrika ab – das Wesen Afrikas, das ich in der Einsamkeit suchte, schien romantisch. Zu meinen Füßen aber lag die Wirklichkeit, der Abfall von Losungen großer Löwen und ein zu einer Kugel geformtes ausgespieenes Büschel Haare.

Ich schaute und horchte. Vom Feigenbaum surrte das Summen der Fliegen herüber. Die Sonne kam wieder hinter den Wolken hervor, und der weiche Flügelschlag der Zimtbaumlerche klang im Sonnenlicht; das Leben in der Steppe ging weiter, es hatte mich miteinbezogen und aufgenommen.

Das Granitgestein erwärmte sich allmählich, und Blätter einer wilden Gurkenart raschelten über seine Oberfläche. Ich kauerte mich an den Rand einer Regenlache, die die Paviane noch nicht entdeckt und verschmutzt hatten, und betrachtete meine unmittelbare Umgebung. Am Korongo nickten Frankoline im hohen Gras, das mit blauen Tradeskantien, roten Eibischblüten und den bambusfarbenen Blüten einer Winde verwebt war. Bald sprang ein Riedbock, der an der Flußbiegung kauernd auf das Verschwinden des Eindringlings gewartet hatte, wie ein Pfeil davon, und seine Hufe verspritzten das Wasser in silbrig glänzenden Fontänen. Wo das Tier gelegen war, schaukelten Goldrückenweber und hingen in den langen Zweigen des purpurroten Amaranth. Irgendwo klang ein Chor von Fröschen auf und verebbte wieder, und ein Buschwürger mit kastanienfarbenen Flügeln kletterte im niedrigen Buschwerk umher.

In eineinhalb Kilometer Entfernung nach Nordwesten zu befand sich das große Kopje, das die Massai Soit Naado Murt nennen. Am südlichen Horizont zogen Zebras und Weißbartgnus den Morus-Bergen zu, und

eine schwarze Wolke – unzählige Geier – am Himmel zeigte an, wo – für mich nicht sichtbar – Raubtiere ihre Beute verschlangen. Nach Osten zu, unter der gleißenden Sonne, liefen Strauße am Horizont der Grassteppe entlang, 1500 Meter über dem Meeresspiegel. Als ich all diese Bilder in mir aufnahm, durchströmte mich wieder große Heiterkeit, es schien mir, als sei alles an seinen Platz zurechtgerückt.

Nun war es der Mensch, der regungslos dasaß. Im Schatten eines großen Feigenbaumes, das leise Gurren einer Taube – ku-ku-ku, kuu. Auch die Taube hatte auf mein Gehen gewartet, mit den glitzernden Augen blinzelnd und auf der kühlen Rinde von einem Bein auf das andere hüpfend. Jetzt hatte sie sich beruhigt und gab leise Gurrlaute von sich. Das Buschwerk am Fuß der Kopjes war voller Leben, die Mausvögel und Bienenfresser schwirrten wieder herum und gingen ihren Geschäften nach. Agamen mit ihren Echsenaugen tauchten wieder auf den Felsen auf. Die männlichen Eidechsen waren von leuchtendem Blau und Orange, ihre Köpfe ein gedunsenes pompöses Orange-Rosa (Kopje-Agamen haben so lange Zeit isoliert auf ihren Felseninseln gelebt, daß sich Farbvarianten entwickelt haben; die Echsen im trockenen Gebiet der Lemuta-Kopjes sind hauptsächlich von blasser Aprikosenfarbe); sie hoben mit heftig zuckenden Bewegungen ihre Köpfe, was man für territoriales Drohverhalten hält. Vielleicht versperrte ihnen der Mensch den Weg zu ihren Weibchen, denn es schien, als seien ihre Pläne vereitelt, erregt sprangen sie auf und ab, während die gesteinsfarbenen Weibchen so taten, als ginge sie das alles nichts an.

Als ob es der Stille mißtraute, kletterte ein Kongoni auf einen roten Termitenhügel, um sich umzusehen; als ich es mit dem Fernglas beobachtete, mußte ich feststellen, daß es mich eräugt hatte. Die langgesichtige Antilope wandte ihren Blick als erste ab. „Das Kongoni hat ein dummes Gesicht", hat ein Eingeborenenkind einmal gesagt, „aber es ist sehr höflich."[7] Nicht weit entfernt zog eine Thomson-Gazelle langsam vorbei und hob alle Augenblicke den Kopf, als ob sie ein Surren aus dem Ohr schütteln müsse: Die Gazelle grenzt ihr Territorium ab, indem sie ihr Auge gegen einen steifen, herausragenden Grashalm drückt, dessen Spitze in eine Drüse eindringt, die als schwarzer Punkt unter dem Auge zu sehen ist; die Drüse sondert einen schwarzen, wachsartigen Tropfen ab, der auf dem Grashalm kleben bleibt; dann zieht die Gazelle weiter, bis sie diesen Vorgang in einiger Entfernung wiederholt. Sobald man sie einmal erkannt hat, ist diese Zeremonie relativ einfach zu beobachten; auch das

Dik-Dik grenzt auf diese Weise sein Territorium ab. Aber es ist leicht verständlich, daß diese Verhaltensweise der Antilopenarten bis vor wenigen Jahren unbemerkt geblieben war.

In der regungslosen Hitze, die einem Gewitter vorangeht, hob ein braungestreifter Skink seinen Kopf aus einer Felsenspalte heraus, um den Geruch der Blumen und der Fäulnis aufzunehmen. Ein Gelbbauchnektarvogel nippte von einem feuerfarbenen Löwenschwanz, und seine durchsichtigen Flügel warfen zarte Schatten gegen den Himmel; dann verschwand er, und das Land lag wieder völlig still da.

Heftige Schlechtwetterwinde erhoben sich am späten Vormittag aus dem Südosten, drehten gegen Mittag nach Osten ab und schoben die dunkle Wolkenbank auf das Kraterhochland zu. Und wieder einmal zogen die Herden über die Ebene. Ich wollte die Tiere während des Gewitters beobachten, daher verließ ich meinen Felsenplatz und ging nach Soit Naado Murt hinüber, wo ich mich abseits der Hauptstraße auf einen der breiten Felsblöcke niederließ.

Aufkommende schwarze Gewitterwolken, gespenstisches Licht: auf dem Gipfel des Felsens wirbelte der Wind schwarze Feigenbaumblätter gegen den Himmel, und dazwischen schossen schwarze Raben aufgeregt hin und her. Ich holte tief Atem. Aus seinem Schlupfloch beschimpfte mich ein Pavian ängstlich und wütend. Ein kalter Wind erhob sich, und weit entfernt begannen Blitze zu zucken; Donner grollte über den Himmel. Nach Westen zu flohen riesige Zebraherden quer über die Steppe. Es wurde immer dunkler und düsterer, und ich verließ eilig meinen erhöhten Aussichtsplatz. Als ich am Fuß des Felsens angelangt war, entlud sich die Spannung in der gewitterschwangeren Luft durch ein Krachen im Gebüsch hinter mir, und ich wirbelte herum und starrte auf zwei lohfarbene Geschöpfe, die im sinkenden Licht hervorstürmten; ich war fest überzeugt, daß meine letzte Minute geschlagen hatte. Aber die beiden löwenfarbenen Tiere, die mich so in Angst versetzt hatten, waren zwei Riedböcke, genauso erschrocken wie ich selbst, die nun im Dickicht verschwanden. Ich blieb eine ganze Weile reglos stehen und starrte ihnen nach, während mich die Dunkelheit umfing und eigenartige, seltsame Schreie in meinen Ohren klangen. Dann faßte ich mich wieder und wandte mich von den Schatten der Felsen ab. Ein schmaler blasser Streifen im Westen, unter schwarzen Regenwänden, war das letzte Licht, und gegen diesen blassen Lichthorizont hoben sich furchterregend mit Pavianen besetzte Felsenkuppen ab. Im dunklen Abendlicht wirkten ihre Silhouetten wie frühe Hominide, die mir wilde, irre Schreie entgegenschleuderten.

V | Im Land der Massai

Der Stammvater der Massai war ein gewisser Kidenoi, der in Donyo Egere (Mount Kenia) lebte; er war behaart und hatte einen Schwanz. Vom Drang nach Entdeckungen erfüllt, verließ er seine Heimat und wanderte nach Süden. Die Bewohner des Landes, die ihn eine Kalebasse schütteln sahen, waren vor Bewunderung so hingerissen über die prächtige Vorstellung, daß sie ihm Frauen als Geschenke darbrachten. Diese Frauen gebaren ihm Kinder, die eigenartigerweise nicht behaart waren und keinen Schwanz hatten – und diese waren die Vorfahren der Massai.

Joseph Thompson, *Through Massai Land*

Wie so viele Weiße, die man in Afrika trifft, ist Myles Turner ein Einzelgänger, dessen Arbeit als Chefwildhüter des Serengeti-Naturparks ihn mehr mit den Menschen in Berührung bringt, als ihm lieb ist; eines Tages nahm er sich jedoch für eine kurze Safari Zeit und war so freundlich, mich mitzunehmen. Wir hatten vor, zu den Gol-Bergen ins Land der Massai zu gehen und zu versuchen, von dort mit einem Landrover jenen Teil des Grabenbruches zu erreichen, der gegenüber einem abgelegenen Vulkan liegt, den die Massai „ol doinyo le eng ai", den Berg des Gottes, oder kurz Lengai nennen.

An jenem 8. Februar hingen die Wolken tief und waren wächsern, grau und regenschwer. In der Savanne hasteten die Herden unruhig hin und her, die Gnus mit ihren komischen Schwänzen stoben ziellos und erregt in alle Richtungen. In Naabi Hill, am Osteingang zum Serengeti-Park, lagen drei Löwinnen apathisch auf einem gerissenen Zebra. Geier hockten in den niedrigen Akazien, und die Hyänen, das nasse schmutzige Fell an ihren schlaffen Bäuchen klebend, erhoben sich faul aus den Regenlachen der Straße, ihre Ruten zwischen den Hinterläufen eingeklemmt.

Wir bogen nach Norden gegen Loliondo ab, dann nach Osten am Lemuta-Berg vorbei. Zwischen Lemuta und den Gol-Bergen liegt im Regenschatten des Kraterhochlandes ein trockenes Tal; die regungslose Luft ist erfüllt von den hohlen Rufen des Flughuhnes und vom Echo des Sturzfluges eines Gauklers. Entlang unserer Route ließ ein helles Grün das Kurzsteppengras weicher erscheinen, aber im Regenschatten schleuderte der schnelle Huf einer davoneilenden Gazelle feinen Sand in die Luft.

Am anderen Ende des Wüstentales liegt der Gol – das „Harte Land" der Massai –, ein schlechter Boden mit ausgedörrten, dornenreichen Hügeln und kalten Winden. Quer durch das Gol-Land zieht eine drei Kilometer breite Schlucht, Ngata Kiti, die allmählich bogenförmig ansteigt und dann wieder zur Salei-Ebene abfällt. Ngata Kiti ist die östliche Grenze der Steppenherden und verbindet theoretisch die Stämme der Serengeti mit denen des Kraterhochlandes, aber im Jahr 1959 wurde diese „Östliche Serengeti", die den Ngorongoro-Krater umschloß, wieder an die Massai zurückgegeben. Außerdem versuchte die Regierung, das Gebiet des Ngata Kiti einzuzäunen, wo einige Massai-Nomaden Rinder hielten. Ein schwerer Zaun aus Pfosten und starkem Draht wurde vor dem Taleingang aufgestellt. Die Weißbartgnus ließen sich durch diesen Zaun keineswegs abschrecken; wohl hielt das Drahtgeflecht, aber der Zaun als Ganzes wurde niedergetrampelt. „Hier hat man sinnlos versucht,

etwas zu verhindern, was Tausende Tiere seit Tausenden von Jahren getan hatten", sagte Myles, ein schlanker, drahtiger Mann mit wachen Augen in einem verwitterten Gesicht und mit wirrem, sandigrotem Haar. Er starrte mit funkelndem Blick und sichtlich befriedigt auf den alten Zaun. „Es ist erstaunlich, wie diese Tiere den Zaun niedergetreten haben. Ich verwende die Pfosten jetzt als Brennholz, wenn ich draußen auf Safari bin."

Am Ausgang des Ngata Kiti liegt Ol Doinyo Rabi – der Kalte Berg –, der seinen Namen von den eisigen Winden erhalten hat, die im Sommer über die Gol-Berge wehen, wenn die Herden nach Westen in die Wälder gezogen sind und das Land verlassen ist. An diesem Tag sahen wir kleine Gruppen von Weißbartgnus und Zebras, und einen Sekretär, diesen langbeinigen Adler, der auf der Ebene einherstolziert; die wahren Bewohner des Gol-Landes sind jedoch die Gazellen, die als erste in den Ngata Kiti kommen und ihn als letzte verlassen. Vielleicht ist das spärliche Gras nicht sauer, weil der Erdboden durch die Vulkane angereichert ist, hier im Regenschatten jedoch ist es verkümmert. Der Landrover schien klein und unscheinbar zwischen den hohen Mauern des Ngata Kiti, als er sich langsam das Tal hinauf bis nach Naisera seinen Weg bahnte, nach Naisera, dem Gestreiften Berg, der seinen Namen von den schwarzen Streifen blaugrüner Algen erhalten hat, die die Granitoberfläche überziehen. Auf halbem Weg ragten große Feigenbäume aus Felsspalten und von Riffen empor, mit ihren kahlen Wurzeln aus dreißig bis vierzig Meter Tiefe Nahrung und Feuchtigkeit heraufsaugend. Hinter Naisera übernachteten wir unter Schirmakazien und zwischen wilden Blumen; ich entsinne mich noch eines zarten aprikosenfarbenen Hibiskus. In Naisera gibt es Hochgebirgsvögel: den Termitenschmätzer und den Bronze-Nektarvogel, Kleibergrasmücken, Meisen . . .

Myles' Landrover war mit den verschiedensten Geräten ausgerüstet, und ein Lastwagen führte Zelte für jeden von uns und zwei Zelte für die Mitarbeiter sowie Kochgelegenheiten, Vorräte und Trinkwasser mit. Wie die meisten Bewohner Britisch-Ostafrikas ist Myles äußerst genau und gründlich bei seinen Safari-Vorbereitungen und fand gar nichts Ungewöhnliches daran, sieben Hilfskräfte für unsere drei Tage dauernde Safari mitzunehmen – was ihn eigenartig berührte, war mein Unbehagen. Nicht, daß ich lange beunruhigt war. Während die Zelte aufgestellt wurden, beobachtete ich weiße Wolken vor den aufquellenden Gewitterwolken hinter Naisera vorüberziehen; es begann zu blitzen, und aus der Ferne hörte man das Niederprasseln des

Regens auf dem harten Boden am anderen Talende. Auf dem gespannten Trommelfell Afrikas hört man Regen selbst noch aus drei Kilometer Entfernung fallen. Der Ruf der Vögel hallte von den Felswänden Naiseras wider, die im Norden durch die hochgelegenen Nester der Raubvögel und Raben wie weiß bemalt aussehen. Im wechselnden Licht sausten Segler und Turmfalken um den Gipfel, und in den weißen Schwingen eines Schmutzgeiers fing sich das Licht. Dann grollte der Himmel, und der weiße Vogel segelte auf einem Sonnenstrahl dem Donner entgegen.

Am frühen Nachmittag hatte uns das Gewitter erreicht. Ich lag zufrieden unter meinem Regendach, an mein Gepäck gelehnt, und blickte durch das Zeltfenster über Naisera hinweg in das trockene Tal unterhalb von Lemuta, wo es nicht regnete. Im Donnergrollen rannten Weißbartgnus herum. Als der Regen nachließ, ging ich durch den Hain zu einer Höhle in der Naisera-Felswand, vor deren Eingang sich ein kleiner Dornbusch als Wächter und eine trockene Feuerstelle befanden. In einer ähnlichen Höhle in den Moru-Kopjes sind Schilde, Elefanten und abstrakte Malereien an die Felswand gezeichnet, in den Farben, die auf den Schilden der Massaikrieger zu sehen sind; die weiße und gelbe Farbe wird aus Ton hergestellt, die schwarze aus der Asche des wilden Kapernstrauches, und das rote Ocker ist ein Gemisch aus Tonerde und dem Saft eines wilden Nachtschattengewächses. Die Künstler waren wahrscheinlich eine Bande junger Krieger, *il-moran*, die mehrere Jahre hindurch als Liebhaber, Viehdiebe und Fleischesser durch das Land ziehen, bevor sie schließlich mit einer Frau, mit Verantwortung, Aufgaben und einer auf Milch und Stierblut basierenden Diät seßhaft werden. Leite, ein junger Massai-Ranger, berichtete, diese Höhle in den Gol-Bergen sei ein Platz, wo Fleisch gegessen werde, was in den Dörfern verboten ist und wobei keine Frau zusehen darf. Frauen, die den Männern beim Fleischessen zusehen, werden ausgepeitscht, erzählte er, wozu Myles zustimmend nickte. Leite ist groß und dunkelhäutig, eines seiner Ohrläppchen gedehnt und geknotet; er schaute mit offenem Blick um sich, und man sah ihm an, daß er glücklich war, im Land der Massai zu sein.

Leites Stamm gehörte zu jenem Volk schlanker Hirten, das vom Norden nach Ostafrika gezogen ist. Vor vielleicht fünfhundert Jahren wanderten die heutigen Nandi-Stämme in Westkenia ein und vertrieben die früheren Hirtenstämme der Tatog aus dem Gebiet des Mount Elgon nach Süden; die Massai-Stämme lebten weiter im Osten, in den Savannen und den umgebenden Hochflächen des Rift-Tales, und auch sie scheinen einen früheren Volksstamm, der den Dorobo unter dem Namen Mokwan[1] bekannt ist, verdrängt zu haben. Diese Mokwan hatten langes Haar und riesige Herden von Langhornrindern und können dieselben Hirten wie die Mwoko gewesen sein, von denen die Meru-Bantu vom Mount Kenia berichten.

Was das Auftauchen der Massai betrifft, erzählen die Dorobo,[2] daß ein Dorobo-Jäger am Narok-Fluß große Gruppen von Eingeborenen vom Norden herunterziehen sah und sich versteckte; er wurde von den Massai gefangen und führte sie zu Wasserplätzen für ihr Vieh. Man glaubt, daß die Massai im siebenten Jahrhundert nach Nakuru und zu den Ngong-Bergen nahe Nairobi gekommen sind. Ihren vom Himmel geborenen ersten „laibon" oder Medizinmann fanden sie angeblich als Jugendlichen im Ngong ungefähr um das Jahr 1640. Später zogen sie weiter nach Süden entlang des Grabenbruches, und in der Nähe des Krater-Hochlandes trugen sie schwere Kämpfe mit einem Volk aus, das sie in ihrer Überlieferung „il Adoru"[3] nennen – wahrscheinlich die Barabaig, ein Stamm der Tatog, die so kriegerisch waren, daß sie den heutigen Massai als „il Ma-nati" oder „Mangati", bekannt sind, ein Name, der ihrer Ansicht nach einen würdigen Feind bezeichnet.

Sonst trafen die Massai nur auf geringen Widerstand. Im 19. Jahrhundert hatten sie die Galla-Stämme quer über die Tana nach Nordosten getrieben; das Land der Massai erstreckte sich nun 250 km von Westen nach Osten und 800 km von Süden nach Norden von Maralal am Laikipia-Plateau bis zum Südende der Massai-Steppe in Tansania. Ihre Raubzüge, die sie vom Ikuria-Land am Viktoriasee bis zur Küste des Indischen Ozeans unternahmen, machten sie bei den Bantu und den Arabern wie auch den Europäern so sehr gefürchtet, daß das Massai-Land bis vor knapp einem Jahrhundert unerforscht blieb. Von den großen Sklavenkarawanen und den Forschungsreisenden in das Landesinnere gemieden, war das Massai-Land die letzte Terra incognita in Ostafrika.

Sprachlich gesehen sind die Massai am engsten mit den Bari aus dem Sudan verwandt,[4] und zu den vielen Bräuchen, die sie mit den anderen Stämmen nilotischen Ursprungs gemeinsam haben, zählen die Nacktheit der Männer, das Entfernen der Körperhaare der Frauen, das Ausschlagen der zwei mittleren Zähne des Unterkiefers, die typische Ruhestellung auf einem Bein, der Glaube, daß die Seelen der bedeutenden Männer sich in Schlangen verwandeln, und die reichliche Anwendung von Speichel bei den Dankzeremonien. Ebenso wie die

111

Nuer glauben auch die Massai, daß das ganze Vieh auf Erden ihnen gehört und daß es ihr Recht ist, sich das Vieh von anderen Stämmen zu holen. Ursprünglich war es Gottes Absicht, alle Rinder den Dorobo zu schenken, aber der große Vorfahr der Massai, Le-eyo, überlistete nicht nur die Dorobo, sondern auch Gott, und erhielt alle Rinder, auch die der Dorobo. Deshalb müssen die Dorobo von der Jagd und vom Beerensammeln leben, was den Massai verhaßt ist. Elenantilope und Büffel werden eventuell von den Massai gegessen, da sie diese Tiere für wilde Haustiere halten, aber kein anderes Tier – auch keine Fische oder Geflügel – wird je gejagt, außer zum Schmücken oder für Zeremonien – Straußenfedern, Affenhaut-Fußringe, elfenbeinerne Ohrpflöcke und die großen Helme aus Löwenmähnen, die einst einen tapferen Krieger auszeichneten. Eine Ausnahme bildet lediglich das Nashorn, das wegen seines Horns gejagt wird, das asiatische Händler von den Massai kaufen und im Osten als Aphrodisiakum verkaufen; dieser Handel ist zumindest so alt wie der Periplus, der Bericht über eine Reise durch das Eriträische Meer zur Ostküste Afrikas, aus dem ersten nachchristlichen Jahrhundert. Im Jahr 1961 fanden die Leakeys innerhalb von sechs Monaten mehr als fünfzig mit dem Speer erlegte Nashörner allein im Gebiet von Olduvai; allen Tieren fehlte das Horn, für das der Massai kaum mehr als ein paar Schilling pro Pfund bekommt, dem Händler jedoch viel mehr einbringt. Als sich in letzter Zeit die Nachfrage nach dieser Ware erhöhte, begann das Spitzmaulnashorn von Ausrottung bedroht zu werden, und das alles eigentlich ohne echten Zweck, denn trotz seiner Form und dynamischen Biegung kann das Horn – das nicht einmal echtes Horn ist, sondern nur verfilzte Haare – den liebeshungrigen Orientalen keineswegs den erhofften Dienst erweisen. Dabei wird bis zweihundert Dollar pro Pfund für das pulverisierte Horn bezahlt.

Wie die Dinka kennen auch die Massai eine Mondlegende vom Ursprung des Todes, der früher unter den Menschen nicht bekannt war und auch heute noch als unnatürlich gilt: Naiteru, eine auf dem Mount Kenia residierende Gottheit, wies den Patriarchen Le-eyo an, falls ein Kind des Stammes sterben sollte, müsse er den Leichnam mit den Worten von sich werfen: „Der Mensch stirbt und kommt wieder; der Mond stirbt und bleibt weg." Da jedoch das erste Kind, welches starb, nicht sein eigenes war, machte sich Le-eyo nicht die Mühe, das Gebot zu befolgen, und seit damals stirbt der Mensch, und der Mond wird wiedergeboren. Als es ans Sterben ging, rief Le-eyo seine Söhne an sein Lager und fragte sie, welches Erbe sie sich wünschten. Der habgierige ältere Sohn, der Urahne der Bantu, wollte seinen Anteil von allem auf Erden; der jüngere sagte, er wäre mit einem kleinen Andenken an seinen Vater zufrieden. Diese Bescheidenheit wurde mit einem großen Reichtum an Viehbestand belohnt, während der Bantu-Sohn von allem nur einen kleinen Anteil erhielt. Seit damals fristet er sein kümmerliches Leben mit seiner armseligen Landwirtschaft.

Innerhalb der Stämme wurden bestimmte Massai Schmiede und erzeugten die Speerklingen und das kurze Schwert, das als „simi" bekannt ist; ebenso wie bei den Hamitenstämmen galten die Schmiede als minderwertig. Als im späten 19. Jahrhundert die ersten Weißen ins Massai-Land kamen, nannten die Eingeborenen sie l'Ojuju, die Behaarten, und da sie keine Rinder besaßen, verachtete man sie wie alle anderen.

„Ich habe versucht, den Massai mit Waldbränden, feurigen Raketen und sogar mit einer totalen Sonnenfinsternis Eindruck zu machen ..., aber ich habe schließlich doch herausgefunden, daß das einzige, was Eindruck auf diese wilden Kinder der Steppe machen kann, eine Gewehrkugel ist ... und auch dann nur, wenn sie diese an ihren eigenen Körpern zu spüren bekommen ..."[5]

Zu dem Zeitpunkt, als Karl Peters diese Worte niederschrieb, dessen schlaue Verträge mit gutgläubigen Häuptlingen den Grundstein für Deutschlands Inbesitznahme von Tanganjika legten, war die Macht der Massai bereits im Schwinden begriffen, da Dürre und Krankheit herrschten und die Nandi und die Kamba den Massai immer stärkeren Widerstand entgegensetzten; auch gab es unaufhörlich Krieg zwischen ihren eigenen plündernden Stämmen; von ihren Frauen angefeuert, trugen die Massai blutige Stammesfehden auf freiem Feld aus, wobei die Laikipiak-Massai völlig aufgerieben und ihr Land von den Samburu in Besitz genommen wurde. Im Jahr 1869 hatten die Samburu die Massai mit Cholera angesteckt, und die Seuche wütete im ganzen Stamm; knapp bevor die Europäer in den achtziger Jahren des vorigen Jahrhunderts mit Brand und Krieg auf der Bildfläche erschienen, wurden die Massai von Pocken heimgesucht und ihr Viehbestand durch Rinderpest oder eine andere aus Asien eingeschleppte Rinderkrankheit dezimiert, die auch gewisse Antilopenarten befallen kann (die Rinderpest hat angeblich den Großen Kudu in weiten Gebieten seines früheren Lebensraumes ausgerottet). Auch die Herden der Kikuyu und Kamba in Kenia wurden von der Seuche heimgesucht, wodurch eine alte Kikuyu-Prophezeiung Wahrheit wurde, wonach große Hungersnot und Unheil dem Kommen der hellhäutigen Fremden vorangehen werde. Ebenso wie die Kamba glauben auch die Massai, daß das Erscheinen eines Kometen Unheil prophezeit, und sie erzählen, daß ein Komet über den Himmel gezogen sei, knapp vor dem Auftauchen von l'Ojulu: Auch der große Medizinmann Mbatien hatte die Ankunft des weißen Mannes in einer durch Honigwein herbeigeführten Vision prophezeit. Auf seinem Sterbelager vermachte Mbatien seinen Anteil und seine Fähigkeiten und Künste seinem jüngeren Sohn Lenana, sehr zum Ärger seines älteren Sohnes Sendeyo, der Grund zu glauben hatte, daß Lenana ihn hinterlistig um sein Erbe geprellt hatte. Wieder einmal spalteten sich die Massai in zwei feindliche Gruppen, die Grenze zwischen den beiden entsprach mehr oder weniger der Grenze, die 1895 zwischen Britisch- und Deutsch-Ostafrika gezogen wurde. Aber nach zwölf Jahren Rinderpest, Pocken, Hungersnot und Belästigung durch die Deutschen in der Gegend des Kilimandscharo vergab Sendeyo seinem Bruder Lenana, und die Massai wurden wieder vereint. Lenana hatte bereits Frieden mit den Engländern geschlossen; die Massai waren tatsächlich so geschwächt, daß sie den Schutz der Europäer in Anspruch nehmen mußten, um sich gegen ihre Feinde zu verteidigen. Wegen der zahlreichen Heimsuchungen, die noch dadurch verschlimmert wurden, daß sie einander mit großer Begeisterung bekriegten, waren sie nicht in der Lage, gegen die „Behaarten" zu kämpfen – im Gegensatz zu den weiter im Westen lebenden Nandi, die erst im Jahr 1905 befriedet werden konnten, und den Turkana im Norden, die noch weitere 20 Jahre Widerstand leisteten. Im Ersten Weltkrieg, der Tanganjika unter britische Verwaltung brachte, wollten die Massai gegen die Deutschen kämpfen, aber die Engländer hielten es für unklug, sie mit Waffen auszurüsten.

Die meisten Massai lebten in der Serengeti in der Nähe des Lagarja-Sees und im südlichen Teil der Steppe, aber bis 1959, als ihre Herden vertrieben wurden, lebten sie zwischendurch auch am Fuß der Moru-Kopjes und an anderen Stellen im Serengeti-Park; als Beweis ihres langen Aufenthaltes in diesem Gebiet gelten Minzen und Erbsen, die auf einem Boden gedeihen, der von domestizierten Herdentieren abgegrast ist. Einige Kopjes haben keinen Baumbestand, und auf anderen scheint die Vegetation vom Menschen herbeigeführt worden zu sein – bestimmte Arten von Acanthus und Trichterwinden, die auf schlechtem Boden wachsen, und dornige Nachtschattengewächse

sowie eine eingeführte Hülsenfrucht, deren stachelige Früchte angeblich an den alten Armeemänteln hängenblieben, die man nach dem letzten Krieg in den asiatischen Dukas kaufen konnte. Heutzutage werden diese Armeemäntel, ganz gleich, wie hoch die Tagestemperatur auch klettert, sehr gerne getragen, und zwar in ganz Ostafrika, obwohl die meisten Massai die Shuka oder Toga aus feinem rotem Wollstoff tragen, die auf der rechten Schulter geknotet ist.

Hin und wieder sieht man Massai-Herden an den Ostgrenzen des Parks, und manchmal tauchen auch einige Morani in der Nähe von Seronera auf. Auf einem Bein stehend, die Fußsohle des anderen gegen das Knie des Standbeins gestemmt, auf den Speer gestützt, blicken sie mit unbewegtem Gesicht auf die weniger aristokratischen Afrikaner, die im Dienst der Weißen stehen. Scheinbar haben sie ihre kriegerische Lebensart abgelegt, aber vor nicht allzu langer Zeit wurde ein toter Morani in der Steppe gefunden – anscheinend mit dem Speer getötet, da keine Raubtiere in der Nähe zu sehen waren. Bis jetzt hatten sich nur Geier bei dem Toten eingefunden. Ein vorbeikommender Massai pflegt ein paar Grashalme auszureißen, die als Viehfutter das Symbol des Friedens und Verstehens sind, segnet sie, indem er sie anspuckt, und legt die Halme auf den Kopf des Toten, um sich vor Bösem zu schützen; der Körper aber bleibt unberührt auf der großen „siringit" unter der Sonne Afrikas liegen.

Als der Regen aufhörte, stieg ich zum Naisera hinauf. Leite begleitete mich mit seiner Vorderladermuskete, die er einem Wilderer abgenommen hatte. Diese Waffe funktionierte schon seit langer Zeit nicht mehr, sie hatte auch dem Wilderer ihre Dienste versagt. Selbst zu Lebzeiten Livingstones waren solche Musketen im Landesinneren sehr gebräuchlich und allgemein bekannt; es waren diese Feuerwaffen, die die arabischen Händler veranlaßten, sich ins Landesinnere vorzuwagen, und mit dem Aufkommen des Hinterladergewehrs und des Repetiergewehrs im späten 19. Jahrhundert wurden große Mengen Musketen an die Afrikaner verkauft. Heute noch gibt es in Tansania Tausende von Vorderladern. Gewehre aus der Mitte des 19. Jahrhunderts werden von den Eingeborenen aus Prestigegründen noch immer getragen.

Drei Klippspringer standen auf der Felsspitze, ihre Silhouetten hoben sich gegen den Himmel ab; als wir den Gipfel erreichten, waren sie verschwunden. Wir kauerten uns im Wind nieder und suchten das Tal mit unseren Blicken ab. Am anderen Ende des Tales gegen Osten zu gaben die dahintreibenden Wolken für Sekunden den Blick auf den „Berg Gottes" frei, dann war er wieder verschwunden. Die Massai sagen, daß Lengai oder Ngai sich auf diesen Platz im Himmel zurückgezogen habe, nachdem ein Dorobo-Jäger einen Pfeil auf ihn abgeschossen hatte, und fast den ganzen Tag und fast das ganze Jahr hindurch bleibt sein Reich verborgen; nun ist Ngai ferne, außer ihrer Reichweite, und Tod und Hunger suchen sie heim. Leite freute sich über meine Begeisterung angesichts des heiligen Berges. Später rief er Myles zu: „Lengai muß der Berg Gottes sein – er ist so hoch." Im Jahr 1967 brach dieser letzte tätige Vulkan des Kraterhochlandes aus und bedeckte seine Abhänge und das umliegende Land mit feiner grauer Asche.

Ich konnte die Sprache der Massai nicht, und Leite sprach kein Englisch; wir verständigten uns mit Handzeichen und viel gutem Willen. Leite warnte mich vor der Berührung einer bestimmten Euphorbie, deren Milch für die Augen schädlich ist, und zeigte mir eine kleine Pflanze, „ol-umigumi", von den Eingeborenen vor einer Löwenjagd zusammen mit Fleisch gegessen, die ihnen Mut verleiht. Die il-Moran kreisen einen großen Löwen ein, dann stürmen sie mit gezückten Speeren auf ihn zu. „Phantastisch!" sagte Myles, der das schon zweimal gesehen hatte, „Nicht einer bleibt zurück, jeder will der erste sein. Und wenn der verwundete Löwe aus diesem Kreis auszubrechen versucht, zum Sprung ansetzt und einen der Krieger zu Boden reißt, dann rollt sich dieser einfach unter seinem Schild aus Büffelhaut zusammen. Die anderen Krieger eilen blitzartig zu seiner Hilfe, so daß er eine Sekunde später schon wieder auf den Beinen ist. Ich sah, wie zwei Löwen getötet wurden, und keiner dieser Kerle hat auch nur einen einzigen Kratzer abgekriegt."

Es heißt, daß viele der besten Massai-Krieger in den Jahren nach der großen Rinderpest an einer Infektion gestorben sind, als die sich rasch vermehrenden Löwen, die keine toten Rinder mehr fanden, nun die gesunden Rinder rissen; selbst ein leichter Schlag mit der Pranke eines Löwen oder Leoparden kann tödlich sein, da die Aasreste an den Klauen und Zähnen Wunden in Sepsis übergehen lassen. Heute ist es den Massai untersagt, Löwen zu töten oder Rinder zu stehlen und vor allem ihre eigenen Landsleute zu speeren. In dem Bemühen, ihre Kriegslust einzudämmen, hat man ihnen die schwarzen, roten und weißen Schilde aus Büffelhaut weggenommen; Speere dürfen sie zur Verteidigung gegen wilde Tiere weiterhin tragen, und hin und wieder

gebrauchen sie ihre Speere auch noch gegen Menschen; vor wenigen Jahren wurde ein Weißer in der Region Narok getötet. Die Massai sind häufig mit Raubtieren wie zum Beispiel den Hyänenhunden verglichen worden, die in ihrer Anpassungsfähigkeit an die Umwelt besonders sensibel sind und unter jeder Veränderung leiden. Als die Massai reihenweise von den Kolonialbehörden eingesperrt wurden, starben sie wie die Fliegen dahin, so daß statt der Haft ein eigenes System von Bußen eingeführt werden mußte.

Turner hat eine sehr hohe Meinung von den Massai, von ihrem Drang nach Unabhängigkeit und ihrem physischen Mut, von ihrer Wildheit und Grausamkeit als Krieger. Er vertritt die populäre Theorie, nach der die Massai den furchterregenden Ngoni-Zulu des Südens den nördlichen Durchgang durch Ostafrika versperrten. „Die Zulu waren gut organisiert, wissen Sie, keiner dieser anderen Bantu-Stämme konnte irgendwie ihrer Herr werden; erst den Massai gelang es, sie konnten die Zulu aufhalten, die niemals weiter nördlich als bis zur Massai-Steppe kamen." Myles zeigt nicht sehr oft eine solche Begeisterung. „Oh, sie waren wunderbare Menschen!" Er verglich sie mit den Somalinegern an Kenias Nordwestgrenze und erinnert sich mit großer Freude an jene britischen Beamten, die schon nach wenigen Monaten Aufenthalt in Afrika zu „weißen Massai" oder „weißen Somali" wurden. – „Nein, nein! Vor denen durfte kein böses Wort gegen die Massai gesagt werden!" Sogar Lord Delamere war ein Fürsprecher der Massai gewesen, die vom Adel ihrer eigenen Rasse durchdrungen waren und die Bewunderung vieler Weißer errangen, weil sie auf sie herabblickten.

Myles trauert den vergangenen Tagen nach, als stattliche Scharen von Massai-Kriegern, geschmückt mit schwarzen Straußenfedern und Löwenmähnen, mit blitzenden Speeren über die Steppe zogen, weder links noch rechts blickend. Er ist stolz auf seine reiche Bibliothek afrikanischer Bücher und hat praktisch alle frühen Berichte gelesen – die Forscher-Missionare wie Krapf und Rebmann, die als erste Weiße die schneebedeckten Gipfel des Kilimandscharo sahen, und Livingstone, Speke und Burton, die Erkundungsfahrten zu den Seen unternahmen, Joseph Thomson, der als erster Weißer 1883 quer durch das ganze Land der Massai reiste, sowie Graf Teleki, der den Rudolfsee entdeckte; auch die Elfenbeinjäger wie Frederick Selous und Arthur Neumann und Karamoja Bell, die auch neue Gebiete erschlossen. Aber die Zeit der Jäger und Entdecker ging 1909 langsam zu Ende, als die beiden Vettern Hill, die sich auf der Kapiti-Ebene südöstlich von Nairobi angesiedelt hatten, Theodore Roosevelt gestatteten, auf ihrer Ranch Löwen zu jagen und damit die ersten „weißen Jäger" wurden. Selous, der Roosevelt begleitete (er starb wenige Jahre später im Krieg gegen die Deutschen in Tanganjika), war der letzte der großen Jäger des 19. Jahrhunderts, und jene, die nach ihm kamen, wie zum Beispiel John A. Hunter, begannen ihre Karriere als Fleischjäger für die Mombasa-Eisenbahn oder als Wildhüter. Um 1920 waren Hunter und Philip Percival, dessen Bruder Blayney der erste Wildhüter in der Kolonie Kenia wurde, die berühmtesten „weißen Jäger". Zu dieser kleinen Gruppe zählte auch Percivals Partner, Baron Bror von Blixen, sowie der Geliebte seiner ihm entfremdeten Frau, Denys Finch-Hatton, der der Held des Buches „Out of Africa" werden sollte.

Die Jäger in Ostafrika sind seit jeher große Lügner gewesen, und, abgesehen von der deutlich durchklingenden Sehnsucht nach dem Gestern, sind ihre Geschichten nur monotoner Lesestoff, vollgestopft mit langweiligen Aufzählungen zurückgelassener Kadaver und den häufigen Konfrontationen mit dem Tod, die schon ermüden. Trotzdem waren viele dieser Abenteurer außergewöhnliche Männer, und manches scheinbar Übertriebene ist keineswegs Ausgeburt überhitzter Phantasie, sondern entstand durch das Zusammendrängen der vielen Erlebnisse auf wenige Seiten, ohne durch Berichte über weniger aufregende Tage dazwischen aufgelockert zu sein.

Die Ranger hatten ein riesiges Feuer angezündet, das die ganze Nordseite von Naisera beleuchtete. Wir standen um das Feuer und tranken scharfe Sachen. Myles war im Hochland von Kenia aufgewachsen und hatte viele Jahre im Auftrag der Farmer am Mount Kenia Wild erlegt; er glaubt, daß er ungefähr siebenhundert Büffel geschossen hat. Nach drei Jahren dieser Tätigkeit wurde ihm ein Posten bei Ker und Downey als weißer Jäger angeboten, und er reiste daraufhin durch ganz Afrika. So erinnert er sich an ein morgendliches Zusammentreffen mit Ernest Hemingway, dessen Werke er sehr bewunderte, vor dem Hotel Norfolk. „Hemingway war ein Freund meiner Auftraggeber, und so lud er mich auf einen Drink in die Hotelbar ein. Ich bedankte mich herzlich, erklärte ihm jedoch, daß ich noch nicht mit meiner Arbeit fertig sei – wir waren gerade dabei, auf Safari zu gehen, wissen Sie!" Hemingway war sehr gekränkt: „Jeder Mensch, der nicht mit mir trinkt, ist mein Feind", antwortete ihm der große Mann.

Schließlich heiratete Myles ein Mädchen, das bei Ker und Downey angestellt war, und wie viele Jäger vor

ihm wandte auch er sich nach seiner Eheschließung von der Jagd ab und wurde Wildhüter. „Ich hatte einfach genug davon, immer Tiere zu töten", erzählte er mir. „Da dachte ich mir, ich könnte einmal die andere Seite probieren." Myles war damals fünfunddreißig, und John Owen, der ehemalige Direktor der Tansania-Nationalparks, ist der Ansicht, daß in diesem Alter die meisten Männer über das Jagen großer Tiere hinausgewachsen sind. Als Bezirkskommissar im Südsudan erlegte Owen eine große Zahl Elefanten, und trotzdem hat er deshalb nicht das geringste schlechte Gewissen; er ist noch immer davon überzeugt, daß der gegenwärtige Trend, die Tiere zu photographieren, anstatt sie zu schießen, ähnlich ist wie flirten, statt wirklich zu lieben – es sollte sehr wohl ein gewisses Risiko damit verbunden sein.

Die meisten Professionals stimmen darin überein, daß ein Jäger, der kein Risiko eingeht, überhaupt kein echter Jäger ist; da er von der Gewalt lebt, sollte er darauf gefaßt sein, selbst auf diese Weise zu sterben. Sie geben jedoch auch zu, daß bei einer modernen Jagdsafari praktisch nur für den Berufsjäger ein Risiko besteht, der allerdings weniger von den wilden Tieren als von seinen Schützlingen zu fürchten hat. So wird eine Geschichte über einen großen griechischen Reeder erzählt, der auf eine Safari drei Jäger als Leibwächter mitnahm und dann sein teures Gewehr ruinierte, weil er es fallen ließ, als ein Elefant trompetete; das Gewehr ging los, der Rückstoß ließ es über die Felsen springen, und die Kugel verfehlte nur knapp einen der Leibwächter. Vor allem die Lateinamerikaner halten sich für unmännlich, wenn sie das von ihnen angeschossene Tier nicht weiterverfolgen; dabei begeben sie sich häufig in große Gefahr. Ein anderer Jäger erzählt von einem Brasilianer, der wild in die Luft feuerte, während er einem verwundeten Leoparden in den dunklen Busch nachkroch. Nachdem der Jäger das Tier schließlich mit einem geglückten Schuß auf die weiß leuchtenden Zähne erlegt hatte, lehnte er die Trophäe zunächst hochmütig ab, bis ihm gesagt wurde, daß sie wertvoll sei, worauf er sie in Anspruch nahm. Ein anderer, der einen Löwen angeschossen hatte, reichte dem Jäger eine Filmkamera mit den Worten, den unvermeidlichen Angriff und den Tod des Löwen zu filmen. „Schießen Sie nicht", bat er, „außer, wenn er mich zu Boden geworfen hat." Der Jäger lehnte mit der Begründung ab, daß der Verlust seines Kunden automatisch auch den Verlust seiner Lizenz bedeuten würde. (In der guten alten Zeit, als die Jäger noch nicht auf eine derartig drastische Weise bestraft wurden, befolgte ein Jäger einen solchen unüberlegten Auftrag, und der Filmbericht vom Ableben seines Klienten wurde zusammen mit dessen Habseligkeiten pflichtgemäß an die Verwandten des Toten heimgesandt.)

Myles hatte kein Verständnis für seine lateinamerikanischen Klienten, die dafür bekannt waren, jedes Tier zu töten, zu dem sie gesetzlich berechtigt waren, ob sie die Trophäe nun mitnehmen wollten oder auch nicht. Einmal ließ er eine solche Safari im Stich und bat das Büro in Nairobi, einen anderen Jäger hinzuschicken. Was auch immer man von der Jagd halten mag, es gibt einen großen Unterschied zwischen dem echten Jäger und dem Schlächter, und Myles hatte diesen Unterschied erkannt: Die Liebe des Jägers zum Gejagten ist zwar nicht so intensiv und persönlich wie die des Buschmannes oder des Dorobo, aber deswegen nicht weniger real und aufrichtig, obgleich man sie verkitscht und künstlich aufgebauscht hat. Aber töten ohne zu jagen, nur um der Trophäe willen, ist typisch für die meisten Unternehmen, ob im Auto oder im Flugzeug, die heute als Jagd-Safari gelten. Auch sind die berufsmäßigen Jäger nicht länger eine kleine Gruppe von interessanten Abenteurern, wie sie es in früherer Zeit waren, als Fritz Schindelar, auf einem Schimmel reitend, den Angriff eines Löwen herausforderte und auch prompt getötet wurde. Zur Zeit Turners, nach dem Zweiten Weltkrieg, gab es bereits achtzehn Jäger, heute sind ungefähr sechzig oder siebzig zugelassen, und ihre Zahl steigt im gleichen Maße, wie die der Tiere sinkt.

Als Myles noch als Jäger arbeitete, war er sehr von seinen Dorobo-Waffenträgern und Fährtensuchern abhängig, die sich ruhig und leise fortbewegten und nichts übersahen: „Sie haben ein unglaublich gutes Gehör. Nicht nur wußten sie, daß ein Tier in der Nähe lag, sondern sie konnten auch genau die Entfernung angeben und sagen, ob es ein Büffel oder ein Nashorn war. Sie konnten das Tier atmen hören." Von Myles erfuhr ich auch zum erstenmal von den primitiven Tindiga-Jägern ungefähr 90 Kilometer südöstlich des Eyasi-Sees, wohin wir einmal eine Safari unternahmen. „Eines Tages gingen wir an einem kleinen Mann mit einem Bogen vorüber, der an einem Teich auf einem Felsen saß. Als wir zwei Wochen später an derselben Stelle vorbeikamen, war er noch immer da; er hatte sich nicht bewegt. In der Zwischenzeit hatte er ein Zebra erlegt."

Myles erzählte, daß die Tindiga noch immer unabhängig von den Nachbarstämmen leben, im Gegensatz zu den Pygmäen, den Llo-molo und den Dorobo, und sogar noch ihre uralte Sprache beibehalten haben, eine Schnalzlautsprache ähnlich der der Buschmänner. Sie vermeiden es, mit anderen Stämmen zusammenzutreffen, und ziehen in kleinen Gruppen über die Hügel rund um das heiße und trockene Yaida-Tal. Ich fragte Myles, ob man sie besuchen könnte, doch er zuckte die Achseln und meinte, daß vielleicht einige bei der Wildhüterstation in Yaida zu finden, die meisten aber sehr schwer aufzuspüren seien.

Ein eisiger, von den Gol-Bergen wehender Nachtwind peitschte gegen die steilen Felswände von Ngata Kiti, doch am Morgen hatte der Wind nach Nordosten abgedreht. „Trockenwetterwind", murmelte Myles, während er, vor dem Feuer sitzend, seinen Tee trank. „Bläst die Dhaus von Arabien nach Süden." Mit geringen Abweichungen bläst der Nordostmonsun vom späten Oktober oder November bis Ende Februar; während der anderen Monate weht der Südostmonsun. Im Sommer ist das Land völlig ausgedörrt, und die trockenen Winde sorgen bei allen für schlechte Laune; aber beim ersten Anzeichen von Regen beginnen Schwarze wie Weiße zu grinsen, sagte Myles.

Das Lager und den Lastwagen zurücklassend, zogen wir ostwärts das Tal hinunter und nahmen nur einen Fahrer und zwei Ranger mit. Je weiter wir vorstießen, desto weniger Tiere waren zu sehen. Eine einsame Hyäne hatte die ganze Gegend für sich allein, nach der Anzahl von unbenagten Knochen entlang des ganzen Weges zu schließen. Das Tal war viel schroffer und unkultivierter als erwartet, und es vergingen zwei harte Stunden, bis wir endlich auf eine Anhöhe kamen, die zur Salai-Ebene abfiel. Nach Süden zu, im Reich des schwarzen Regens, erhob sich das Kraterhochland vor dem Ngorongoro, fünfzig Kilometer weit entfernt; abseits der Ngorongoro-Straße liegend, ist das Kraterhochland wenig bekannt, umringt von erloschenen Vulkanen, die bis zu 3000 Meter und mehr in die Wolken ragen. Nach Nordosten zu liegt der Rand des Grabenbruches und dahinter, weit unterhalb, der große einsame Natronsee, der sich bis zur Grenze nach Kenia erstreckt. Geradeaus vor uns erhob sich aus den Wolken der Ol Doinyo Lengai, fast dreieinhalbtausend Meter vom Boden des Rift-Tales aufsteigend.

Die Salai-Ebene, die eine breite Stufe zwischen den Gol-Bergen und dem Rand des Grabenbruches bildet, ist ein unwirtliches Land mit vereinzelten Grasbüscheln und trockenen Dornbüschen, die auf der grauen, schlackehältigen Asche der Vulkane wachsen. Eine Zeitlang hatte es den Anschein, als würden alle hier lebenden Tiere Einzelgänger sein – eine Giraffe, ein Nashorn, eine Hyäne –, als ob nur hier in diesem öden Landstrich, der zu arm war, um Raubtiere zu ernähren, solche ausgestoßene Tiere existieren könnten. Das hohe, grobe Gras – zu hoch, um ungehindert durchzugehen – verbarg Steine, die ein Auto schwer beschädigen konnten, und wir kamen noch langsamer als am frühen Morgen voran. In elf Stunden harter Plage mit einer halbstündigen Rast schafften wir weniger als 310 Kilometer.

Einmal überquerten wir einen alten Pfad der Somalihändler, der zu den Sonjo-Ansiedlungen oberhalb des Natronsees führt; ihre beliebteste Handelsware ist „Sloans Liniment“, ein Einreibemittel, das sowohl als Getränk wie auch als Spezialheilmittel eingenommen wird. Die Sonjos sind ein fremdenfeindlicher Stamm, der die Sprache der Bantu spricht und eine Enklave in dieser abgelegenen Ecke des Massai-Landes verteidigt. Wie viele östliche Bantugruppen aus dem Hügelland, haben sie wahrscheinlich auch einen starken kaukasoiden Einschlag, der von den ackerbautreibenden Hamiten, die sie vertrieben haben, herstammt, denn der durchschnittliche Sonjo ist hellhäutiger als die Massai. Sie betreiben Landwirtschaft (ihr einziges Werkzeug ist ein Grabestock) mit künstlicher Bewässerung und fristen ihr Leben mit Ziegenzucht und mit Wildern. Die Massai überfallen noch immer von Zeit zu Zeit ihre entlegeneren Lager. Die Sonjo errichten daher befestigte Dörfer und wehren Angriffe mit vergifteten Pfeilen ab. Heute befinden sich die sechs noch existierenden Dörfer auf den Abhängen des Grabenbruches an der Westseite des Natronsees; alle sechs Dörfer sind mit Blickrichtung auf den Ol Doinyo Lengai gebaut, den sie ebenso wie die Massai für den heiligen Berg Gottes halten. Es war Ngai, der den Sonjo und den ihnen sprachlich verwandten Kikuyus den Grabestock gab. Die Sonjo behaupten allerdings, gleichen Ursprungs wie die Ikoma vom Viktoriasee zu sein, mit denen sie solche eigenartige Bräuche gemeinsam haben wie zum Beispiel Kleinkinder über dem linken Schulterblatt und unter der linken Brust mit Narben zu zeichnen.[7] Die Ikoma und die Sonjo sind räumlich 130 Kilometer und zeitlich mindestens 200 Jahre voneinander entfernt, denn die Stämme wurden wahrscheinlich durch das Auftreten der Massai getrennt.

Die Sonjo sind schlechte Menschen, sagte Leite; er hänselte den Ikoma-Fahrer mit der Furcht der Bantu vor den Massai und den wilden Tieren: Wie ist das möglich, daß Menschen, die sich vor wilden Tieren so sehr fürchten, so gute und berüchtigte Wilderer sind wie die Ikoma und die Sonjo? Der Stamm unseres Fahrers wird von den Massai sehr geringgeschätzt, ebenso auch von den Weißen, wenngleich man sagen

muß, daß die Massai alle Bantustämme verachten, die sie kollektiv als „il-meek“ bezeichnen. Die nachsichtigste Beurteilung der Ikoma, die man zu hören bekommt, ist, daß jahrhundertelange Belästigung durch die Tsetsefliege ihre Charakterqualitäten untergraben habe. „Morden alles“, sagte Myles. Der Ikoma-Fahrer, der als einer der wenigen den Biß einer Schwarzen Mamba überlebt hatte, wehrte sich mit der Feststellung, daß alle Massai Rinderdiebe wären – was natürlich nicht stimmt.

Der zweite Ranger war Corporal Nyamahanga, ein Ikuria aus der Provinz Mara an der Grenze von Kenia. Vergangenes Jahr schoß ein Wilderer zwei vergiftete Pfeile auf Myles und den Corporal ab, und Myles sagte: „Knall ihn ab“, was Corporal Nyamahanga auch tat. „Hatte drei riesige Schrotlöcher in seiner Stirne. Verbanden ihn, aber ich hielt seinen Fall für hoffnungslos. Konnten ihn an dem Abend nicht ins Spital bringen, da wir 30 Kilometer von unserem Fahrzeug entfernt waren, und am nächsten Morgen fragte ich Corporal Nyamahanga: ‚Ist er tot?‘ ‚Nein, Herr, er verzehrt gerade ein gutes Frühstück.‘“ Myles blickte mich angewidert an. „Der überlebte tatsächlich eine Ladung Schrot in den Kopf, brachten ihn in Musoma ins Spital.“ Er betrachtete prüfend den Corporal, einen sehr großen, stattlichen ernsten Mann, dessen schwarze Schnürstiefel an den Zehen stark nach oben gebogen waren. „Gute Leute, die Ikuria, und Corporal Nyamahanga ist ein guter Mann und ein großartiger Läufer obendrein, ich werde ihn zum Sergeanten befördern, sobald ein Posten frei wird.“

Der Landrover rumpelte durch die immer drückendere Hitze, aber der Rand des Grabenbruches schien von Kilometer zu Kilometer weiter wegzurücken; nach jeder Gratüberwindung sahen wir neue Rinnen und rissigen Boden. Eine Wasserrinne, die wir nach Norden zu umfahren mußten, wanderte ein einsamer Massai entlang, der einige Rinder vor sich her trieb; er hielt es unter seiner Würde, Überraschung zu zeigen, daß er in diesem verlassenen Land, wo sicher noch nie vorher ein Auto gesichtet worden war, einem Fahrzeug begegnete. In seiner roten, ausgeblichenen Toga, das Gesicht eine Maske, drehte sich das einzige menschliche Wesen, dem wir auf unserer Safari zu den Gol-Bergen begegneten, nicht einmal um, als wir vorbeifuhren. Wenn man, so sagen die Massai, einen einsam wandernden Menschen trifft, dann wird die Reise nicht erfolgreich sein. Das bewahrheitete sich auch an diesem Tag, denn wir erreichten den Rand des Grabenbruches nicht.

Der Ol Doinyo Lengai war, obwohl umwölkt, am Horizont in seiner gewaltigen Größe zu erkennen.

Versprengte Kongoni und Gazellen wanderten aus dem Gewölk des Hochlands auf uns zu und blieben abwartend am Rande der Aschenebene stehen. Auf einem Hügel sah ich einen Spießbock mit nur einem Horn. Das Horn war lang, gerade und gedreht; hier war das Einhorn. Der ostafrikanische Spießbock – oder Oryx – ist eine kräftige Antilope, wachsam, schnell und munter; die Böcke töten, so heißt es, sogar angreifende Löwen. Dieser Bock hier, plötzlich zum Leben erwacht, entfernte sich mit schnellen Sprüngen. Ganz unten am Abhang hatten sich die Tierherden schon bei unserem Näherkommen in Bewegung gesetzt. Myles sagte, daß in diesem Gebiet, wo die Tiere selten und besonders wild sind, der Jäger, der einen Spießbock erlegt, sich diesen meist auch ehrlich verdient hat.

Am Fuß des Berges, auf der Ebene, verliefen die Wildpfade sternförmig von den ausgetrockneten Wasserlöchern. In der Nähe eines Wasserloches hatte ein totes, aber noch unberührtes Zebra Sperbergeier angelockt. Das Zebra schien nicht an einer Krankheit verendet zu sein, und wir suchten nach Spuren von Sonjo-Pfeilen, aber es war nichts zu sehen; das Tier hatte sich zum Sterben neben dieses Wasserloch gelegt. Schwarze und Weiße standen wie gelähmt unter einem bleiernen Himmel und warteten auf irgendeine Regung; kein Laut war zu hören außer unseren eigenen Schritten auf dem Aschenboden. Um die Mittagsstunde tauchte der Ol Doinyo Lengai verschwommen zwischen den Wolken auf und verschwand wieder. Hitze und Stille wurden eins. In der Regungslosigkeit der Landschaft warteten regungslos die Geier.

Der Landrover fuhr nach Westen weiter, gegen die Ostseite der Gol-Berge. Ein Streifen Grün zog sich am Fuß dieser Felsen entlang, wo die seltenen Regenfälle von den Bergen herunterkommen. Die Tiere der Savanne standen abwartend im stillen, niederen Wald. Unterhalb der Felsen verlief ein Somalipfad südwärts zum Eingang des Ngata Kiti-Tales, wo wir am späten Nachmittag eintrafen. Die Luft war kühl; wir hielten kurze Rast und blickten zurück auf den Lengai, der wieder hinter den Wolken hervorgekommen war, um uns abziehen zu sehen. Der großartige, kegelförmige „Berg Gottes" ist ein mythischer Vulkan, dem der fahle Schleier seiner Asche, wie Nebel zum Dach der Wolken aufsteigend, etwas Unwirkliches verleiht und ihn zu einer Illusion werden läßt.

Nun brach die Sonne wieder durch die Wolken, und die Luft wurde trocken; die blassen Farbtöne des Ngata Kiti erhielten wieder Leben. Mit wehenden Schweifen und runden Kruppen standen Zebras auf einer Anhöhe, und ihre Silhouetten zeichneten sich gegen den Himmel

ab. Ein Gepard tauchte auf, dann noch zwei, sie zogen das Tal gegen Westen hinauf; in diesem trockenen Gebiet überleben die Tiere, indem sie Blut aus dem Körper ihrer Beutetiere auflecken. Der Gang der Löwen ist geschmeidig und leicht; die Leoparden bewegen sich wie Schlangen, vorschnellend und dann wieder sich dahinwindend. Der Gang des Geparden wirkt steif und unheildrohend, als ob er ständig auf Rache aus wäre. Die drei Wildkatzen zogen, ohne zu jagen, über die Ebene und nahmen keine Notiz von uns.

Fünf Kilometer von Naisera entfernt stiegen wir vom Landrover und gingen zu Fuß zum Lager zurück. Die Afrikaner starrten uns nach, als ob wir verrückt geworden wären. Dann verflüchtigte sich der Gestank der Abgase, und der Lärm des Motors verebbte; das Tal war in Dämmerlicht gehüllt.

Auf dem Boden vor uns lag ein toter Brachpieper, von einem Raubvogel geschlagen. Einige Schakale heulten, und das Gebrüll eines ruhelosen Löwen klang vom anderen Ende des Tales zu mir herüber. Eulen flogen auf, und in der einbrechenden Dunkelheit leuchteten die weißen Bäuche der Gazellen, flackernd wie Geistertanz. Vom Eingang einer Höhle blicken vier Löffelhunde neugierig heraus, und von Naisera kam eine Gruppe Ichneumons und zog in einer Linie eine Kurve in der Savanne; die Zeit der Nachtjäger war angebrochen.

Heute hatten wir nichts erreicht, aber wir wollten wiederkommen. Als wir am Abend um das flackernde Feuer saßen, schmiedeten wir neue Pläne für eine Wander-Safari, die uns nach Süden zu den wilden Loita-Bergen Kenias, zu den Sonjo-Dörfern und zur Westküste des Natronsees führen sollte; wir wollten den Ol Doinyo Lengai besteigen und dann in südlicher Richtung durch das Kraterhochland zum Ngorongoro wandern.

Bei Tagesanbruch verließen wir unser Lager in den Gol-Bergen und wanderten in nördlicher Richtung nach Loliondo. Der aus Nordosten wehende Wind war kühl und heftig, wie geschaffen für die Falken und Adler. Hinter Lemuta sahen wir zarte weiß-braune Falken niederstoßen und wieder aufsteigen und Mistkäfer vom harten Erdboden aufpicken. Auch vier Steppenadler sahen wir, die, im Halbkreis um ein Loch geschart, mit unglaublicher Behendigkeit eine Termitenbrut verzehrten. Afrika ist ein Land der Widersprüche, so als ob seine vielen Arten noch in Entwicklung begriffen wären – Eisvögel, die in Steppenwäldern leben, Eulen, die Fische fangen, Adler, die Insekten verspeisen. Und sicherlich läßt sich auch die große Vielfalt der Raubtiere durch ihre Wandlungs- und Anpassungsfähigkeit im Verhalten erklären: nichts wird übersehen, nicht vergeudet.

Über die Savanne näherte sich eine eigenartige Hyäne, die sich ganz anders verhielt als alle Hyänen, die wir bis jetzt gesehen hatten. Obwohl sie nicht verfolgt wurde und auch selbst kein anderes Tier jagte, lief sie sehr rasch, und obwohl sie ihren Kopf in der für Hyänen typischen Art halb abgewandt hatte, hielt sie ihre Rute hoch erhoben und nicht wie üblich zwischen ihre Läufe eingezogen; sie sprang geradewegs auf unser Auto zu und drehte erst auf den letzten paar Metern ab, noch immer furchtlos, noch immer auf der Suche nach irgend etwas.

Myles starrte dem Tier höchst verwundert nach und meinte, er werde eine wissenschaftliche Erklärung für dieses Verhalten von seinem Freund Hans Kruuk verlangen. (Dr. Kruuk ist der Fachmann für Hyänen in der Serengeti und betont immer wieder den Charme, die Verspieltheit und das reinliche Verhalten dieser Tiere in Gefangenschaft. Kruuk hält selbst eine Hyäne als Haustier.) Jäger und Wildhüter sind die traditionellen Autoritäten in bezug auf Tierverhalten, aber heutzutage werden ihre Ansichten immer wieder von Biologen und Ökologen angezweifelt, und Myles, der mit diesen Leuten im Serengeti Research Institute eng zusammenarbeitet, fühlt sich beinahe überflüssig: „Heutzutage sind die Wissenschaftler für diese Tiere zuständig", sagte er grollend, „wir halten eigentlich nur den ganzen Apparat für sie in Schwung. Aber hin und wieder ertappen wir sie bei einem Fehler – es gibt doch noch einige Dinge, die sie einfach nicht wissen."

Das Fahrzeug bahnte sich seinen Weg über die einsamen Hügel, eine dünne Staubwolke hinter sich zurücklassend. Myles wollte mir einen riesigen Feigenbaum zeigen, der einsam hinter den Barafu-Kopjes stand. Dieser Teil der Savanne ist wellig und beinahe kahl, nur schütter mit Gras bewachsen, dennoch halten sich die Tiere bei den Felsen auf, wo das Gras am kürzesten ist. Von diesem Hügelgrat aus betrachtet, schien die Welt schräg zu stehen, eine Herde Weißbart-gnus mit ihren im Winde wehenden schwarzen Schwänzen zog vom Horizont herunter, nur ein einsamer Bulle, ausgemergelt und mit zerschlissenem Schwanzhaar, stand regungslos und windumweht da. Vielleicht fühlte er seinen eigenen Tod nahen, denn er nahm überhaupt keine Notiz von uns. Bald hatte er die ganze Weite des Horizonts für sich allein.

Der Riesenfeigenbaum, der aus der Entfernung wie ein kleiner Hain aussieht, ist zumindest so alt wie die Geschichte des Menschen hier in der Savanne. Die Astspanne beträgt mehr als 50 Meter, das ist sechsmal so groß wie ein normaler Feigenbaum. Kapkrähen, Turmfalken, Eulen und der scheue Einsiedlerkuckuck hausten darin, und keiner dieser Vögel würde den Baum freiwillig verlassen, denn im Umkreis von mehreren Kilometern gibt es keine anderen Bäume. Eine Eule, die sich auf einem nahen Felsen niedergelassen hatte, wurde von den Falken angegriffen; bei jedem Stoß von oben wechselte sie das Standbein und plusterte ihr Gefieder auf.

In den untersten Teil des dicken Stammes haben die Massai eine Feuerstelle gebaut, und ein in der Nähe liegender flacher Stein dient zum Schärfen der Speer-blätter. Eines Tages möchte ich gerne unter diesem Baum sitzen, der trotz dem wüstenähnlichen Boden so viel Gutes gebracht hat, und eine Woche oder sogar noch länger in die unendliche Weite, die sich vor einem ausbreitet, starren. Jetzt verstehe ich, warum diese monumentalen Feigenbäume eine religiöse Bedeutung für die Afrikaner besitzen; man glaubt, sie seien Symbol der heiligen Berge und der althergebrachten engen Zusammengehörigkeit mit der Erde und dem Regen, mit der Natur und mit Gott. Der Mau-Mau-Führer Kimathi verrichtete unter solchen Feigenbäumen sein Gebet und verwendete sie auch als Nachrichtendepots; sein Volk war davon überzeugt, daß einer dieser großen Feigenbäume von selbst umstürzen würde, sollte Kimathi gefangengenommen werden. Nach dem glaub-haften Bericht des Polizeiinspektors[8] über die Jagd nach Kimathi stürzte dieser Baum tatsächlich in jener Stunde, in der Kimathi aufgegriffen wurde.

Sogar die nüchternsten Erzählungen über das Leben in Afrika müssen sich mit dem Phänomen befassen, das H. M. Stanley so gerne als „meine dunkelhäutigen Kameraden und ihre faszinierenden Geschichten" umschrieb – mit der immer gegenwärtigen Hexerei und Zauberei, die „weiß", also legitim sein mag, durchaus zu gutem Zweck, oder „schwarz", das heißt miß-bräuchlich angewendet, um Böses zu bewirken. Die Kikuyus kennen neun Arten von Zauber, abgesehen von Fetischen (Schutzzauber) und Hexerei (böser Zauber), und die übernatürlichen Kräfte sind keines-wegs auf den Zauberdoktor allein beschränkt, sondern werden von allen Eingeborenen wahllos angewendet. So waren auch Kimathis Häscher von dessen unheimlicher Vorahnung nahender Gefahr höchst beeindruckt, ja erschrocken, wie auch Karen Blixen von den Instinkten ihrer Diener mit Ehrfurcht erfüllt war, die immer von ihrer Ankunft zu wissen schienen und sie unangemeldet am Bahnhof erwarteten. C. P. J. Jonides, der berühmte Reptilienforscher aus Südosttansania, war verblüfft über die vorbeugende Kur, die ihm ein Afrikaner verordnete, womit sich dieser selbst anscheinend gegen gefährliche Schlangenbisse[9] immun gemacht hatte. Ein Arzt, der seit dreißig Jahren unter den Eingeborenen gearbeitet hat, erzählte mir in allen Einzelheiten von den Zaubersprüchen und Beschwörungsformeln – vor allem bei Frauen mit ungeliebten Ehegatten beliebt –, womit eine gesunde Person innerhalb von wenigen Tagen von einer geheimnisvollen Krankheit hinweggerafft werden kann: Er überläßt sich dem Tod, weil eine Hexe seine „Lebens-Seele" gegessen hat. Oder ein Mann, dessen Frau untreu ist, läuft Gefahr, auf der Jagd plötzlich zu sterben oder zumindest durch wilde Tiere schwer verletzt zu werden[10]. Auch Fetische sind häufig in Gebrauch: Gewisse Karomojong-Clans werden von Dürre heimgesucht, wenn ein in Zaubersprüchen Erfahrener auf einen Berggipfel einen Straußenkopf legt, dessen Schnabel auf das betreffende Dorf zeigt.

Ein Hexer verfügt über mystische Kräfte, die ein gewöhnlicher Zauberer nicht besitzt; während seine „Schatten-Seele" in Gestalt eines nächtlichen Tieres umherstreift, bleibt er körperlich zu Hause. Ein Missionar berichtet[11] von einem alten Hexendoktor in einem von Löwen heimgesuchten Stamm, der sich jahrelang seiner Bekehrung widersetzte; schließlich sandte das Game Department einen Jäger zu diesem Stamm, und kurze Zeit später trat der alte Mann zum christlichen Glauben über. Als er nach dem Grund gefragt wurde, antwortete er: „Warum nicht? Ihr habt meine Löwen erschossen." Kulte der Leopardenmenschen[12] und Löwenmenschen, die mit Klauen töten, sind gut bekannt. Es mag sein, daß Löwen-Männer ihr Unwesen durch die Existenz eines menschenfressenden Löwen tarnen, wie dies angeblich bei den zahlreichen Toten im Jahr 1920 und nochmals im Jahr 1946 bei den Turu im Gebiet von Singida im Süden Tansanias der Fall war; als Untersuchungen eingeleitet wurden, kam das Morden abrupt zum Stillstand: „Zu viele Augen beobachten nun", meinte ein Turu-Häuptling.[13] Ein anderer Häuptling im selben Gebiet sagte einem britischen Distriktsbeamten voraus, daß Elefanten sich eines Eingeborenen „annehmen" würden, der die Dorfbewohner verärgert hatte, indem er die Anlage eines Bewässerungssystems behinderte; kurze Zeit später stürmte eine Elefantenherde durch den nahen Bananenhain und zerstörte, ohne einen einzigen Baum zu beschädigen, die Hütte des Übeltäters.[14]

Die meisten ländlichen Afrikaner kennen Legenden von Tieren, die von begabten Individuen – nicht immer

Zauberdoktoren – beherrscht werden und deren Geist in den Tieren wohnt: Die menschenfressenden Raubtiere von Tsavo wurden besonders gefürchtet, weil angeblich menschliche Seelen in ihnen wohnten. So werden in vielen Teilen Afrikas zahllose Geschichten über Hyänengeister in menschlicher Gestalt erzählt, die man an gewissen Zeichen, wie zum Beispiel einem Mund auf der Hinterseite des Kopfes oder ähnlichem, erkennen kann.[15] Eine Werwolf-Hyäne ist häufig eine alte Hexe, „die nun den Fluß entlang wandert und in der Nacht ihre Zähne zeigt",[16] und die Bantu von Tansania erzählen von Wesen, die des Nachts auf Hyänen reiten. Bauern werden häufiger von Hexen heimgesucht als Jäger und Nomaden, und bei den Mbugwe, die Sorghum und Hirse anbauen und sich zum Schutz vor den Massai-Überfällen auf den kahlen Schlammniederungen südlich des Manyara-Sees ansiedelten, sollen angeblich mehr als die Hälfte der erwachsenen Bevölkerung Zauberer sein, die alle Hyänen oder „nächtlichen Tiere" in dem gesamten Gebiet unter Kontrolle halten, manchmal sogar Löwen; die Angst vor der Schwarzen Magie ist so stark und lebensbestimmend, daß die Eingeborenen ihre Nahrung häufig in der Dunkelheit der Hütte verzehren, um sie nicht dem bösen Blick anderer auszusetzen; während sie im Busch sind, verstecken sie ihre Nahrung unter ihrer Kleidung, oder sie essen ganz allein und heimlich hinter einem Baum.[17] Daß in den vergangenen Jahren mehrere Menschen in der Umgebung des Manyara-Sees von Löwen gerissen wurden, bestärkt die Mbugwe sogar noch in diesem ihren Glauben.

Der Glaube an die Fähigkeit, sich in einen Wolf zu verwandeln – die sogenannte Lykanthrophie – oder wilde Tiere um Hilfe anzurufen, bestimmte Taten stellvertretend auszuführen, ist nicht nur weitverbreitet, sondern in vielen Fällen auch sehr schwer als bloßer Aberglaube abzutun; diese Ereignisse sind eine Realität in der ererbten Intuition der Menschheit, die man nicht einfach abtun kann, weil man keine Erklärung findet. Die Geschichte, die mir am besten gefiel – weil sie mystisch ist und echt klingt, egal, ob sie sich nun tatsächlich zugetragen hat oder auch nicht –, wurde mir von einer alten Dame erzählt, deren Gatte sie von dem weißen Jäger Bror van Blixen erfahren hatte, einem praktischen, mit beiden Beinen im Leben stehenden Menschen, der absolut nicht in Phantastereien schwelgte. Eines Tages, so hieß es, wurde Blixen während einer Safari von Eingeborenen gebeten, eine gefährliche Hyäne zu jagen, die jede Nacht aus dem Viehbestand des Dorfes ihre Beute holte; keiner der Eingeborenen wagte das Tier selbst zu töten, aus Angst vor der Rache ihres Hexers. Blixen erklärte sich bereit, aber seine Leute wollten unter keinen Umständen mit ihm Wache halten – die Hyäne Fisi zu töten, würde Unglück bringen. Schließlich konnte Blixen seinen Gewehrträger überreden, ihn zu begleiten, und dieser Mann bezeugte später, was in jener Nacht geschehen war.

Im Mondlicht zeichnete sich die Silhouette einer Hyäne ab, und als Blixen einen Schuß abgab und das Tier verwundete, schleppte es sich ins Dickicht. Die beiden Männer folgten der Blutspur bis zu einem Busch; unmittelbar darauf tauchte die Hyäne auf der anderen Seite des Busches auf. Blixens zweiter Schuß tötete das Tier, und die beiden Männer gingen näher heran. Genau an der Stelle, wo die Hyäne zusammengebrochen war, lag die Leiche eines toten Afrikaners.

Von dem großen Feigenbaum westlich der Gol-Berge sieht man auf ein ausgetrocknetes Flußbett, und in der Nähe befindet sich eine Wasserstelle für das Vieh der Massai. In dem Wasserloch lag eine ertrunkene Hyäne, so blau und aufgeschwemmt, daß die bereits in Verwesung begriffene Haut durch das Fell schimmerte. Obwohl das Tier schon viele Tage hier gelegen sein mußte, hatte es noch kein Aasfresser berührt. Selbst die Augen steckten noch in den Höhlen und starrten böse zum Himmel.

Wir wandten uns nach Süden. Viele Kilometer von dem Ort entfernt, wo sie zum erstenmal aufgetaucht war, erhob sich eine einsame Hyäne vom Boden, und diesmal kam sie sogar noch näher und sprang neben unserem Landrover einher, mit hocherhobener Rute und suchendem Blick. Wir hätten gerne gewußt, ob dieses Tier nach seinem Kameraden suchte und ob es vielleicht jenes Tier beim Wasserloch war. Aber wir wußten es nicht und würden es niemals erfahren – und dieses Geheimnis machte uns glücklich.

VI | Leben und Sterben

„. . . wir müssen unser Land mit wilden und gefährlichen Tieren teilen. Wir müssen
lernen, dem Elefanten, dem Nashorn, dem Löwen etc. Platz zu machen, und das ist
nicht unsere Art zu leben gewesen. Viele von uns hatten Kinder, andere wiederum
Verwandte und Viehbestand, die diesen Tieren, die der Regierung gehören, zum Opfer
gefallen sind. Für die Regierung sind diese Tiere von Wert, für uns haben sie ihren
Wert verloren. Der einzige Wert dieser Tiere besteht unseres Wissens darin, daß sie
uns die für uns einst so wichtigen Trophäen geliefert haben wie Kuduhörner, die für
Kampfsignale verwendet wurden, Löwenmähnen, die von den jungen Massai-Kriegern als Zeichen der Tapferkeit und des Mutes getragen wurden, Büffelhäute für
Schilde, Stoßzähne von Elefanten zur Schmückung der jungen Krieger etc. Der
alltägliche Gebrauch dieser Dinge gehört allmählich immer mehr der Vergangenheit
an. Da diese Bedeutung und der Wert des Lebens in freier Wildbahn beinahe
verschwunden ist, kennen wir keinen anderen Wert, und trotzdem wird unser Vieh
getötet und unsere Kameraden werden von diesen Tieren entweder getötet oder
verletzt. Wir werden bestraft oder sogar eingesperrt, wenn wir diese Tiere in Zeiten
ärgster Hungersnot töten, um uns davon zu nähren, und das, obwohl wir unser Land
mit ihnen teilen. Die Gegenwart dieser Tiere in unserem Lebensraum bedeutet Jahr für
Jahr Verlust von Menschenleben und Vieh und nichts anderes."

D. M. Sindiyo *(ein Massai-Wildhüter,
die Ansichten der Samburu erläuternd)*[1]

In Lemai am Mara-Fluß, 130 km nördlich von Seronera, unweit der Grenze nach Kenia, waren die Ikuria Bantu aufsässig, weil ihnen Teile ihres Landes nördlich des Mara für den Serengeti-Nationalpark weggenommen worden waren; Nacht für Nacht beunruhigten sie die Wachtposten in Lemai durch Steinwürfe und wilde Drohungen. Myles Turner brachte noch einen Ranger per Flugzeug nach Lemai, um die Besatzung zu verstärken, und ich flog mit. Unweit des Banagiflusses umkreisten wir eine Herde von ungefähr 600 Büffeln, dann flogen wir weiter, vorbei an dem alten Ikoma-Fort, das 1905 von den Deutschen zur Verteidigung gegen die rebellierenden Ikoma errichtet worden war. Hinter Ikoma, in diesem von der Tsetsefliege geplagten Land, sichteten wir noch eine große Büffelherde. In der Morgensonne schimmerten Zebras durch die Bäume des Waldes, aber ein Nashorn stand grau wie ein Fels unbeweglich im frühen Licht.

Im Westen und im Norden, über dem Viktoriasee, waren die Wolkenmassen intensiv grauschwarz; zeitweise flog unser Flugzeug durch dichtesten Regen. Die Gewitter in diesem Seenbecken sind die schlimmsten in Ostafrika, sie brauen sich den ganzen Tag über zusammen und entladen sich dann endlich am späten Nachmittag. Hin und wieder brach ein Sonnenstrahl durch die Wolkendecke, und das Flugzeug warf einen harten Schatten auf die strohgedeckten Hütten, die Gehege und die kleinen, schachbrettartigen Gärten, die entlang der Grenze des Nationalparks verstreut lagen. Halbnackte Eingeborene standen unbeweglich vor ihren Hütten; sie winkten uns nicht zu. „Wa-Ikoma", sagte Myles, „Wilderer." Das Wildern ist seit jeher ein Problem an den Grenzen der Nationalparks gewesen, um so mehr, als kein einziger Park in Ostafrika eine natürliche ökologische Einheit darstellt, die ihren gesamten Tierbestand das ganze Jahr hindurch beherbergt. Um für die Wanderungen seiner Herden genügend Raum zu haben, müßten die 130.000 Quadratkilometer des Serengeti-Parks verdoppelt, das heißt, nach Osten bis zum Kraterhochland und nach Norden durch die Massai Mara bis zum Mau-Gebirge in Kenia ausgedehnt werden. Bevölkerungszunahme und das Fehlen von eiweißhaltigen Nahrungsmitteln in Ländern, in denen die arme Bevölkerung an fortschreitendem Eiweißmangel leidet, haben das Wildern zu einer weitverbreiteten Industrie werden lassen; an die zwanzigtausend Tiere werden Jahr für Jahr allein in der Serengeti getötet. Den völlig geräuschlosen Pfeilen wird der Vorzug vor Gewehren gegeben, aber Fallen und Stahldrahtschlingen haben die traditionellen, aus Bajonettaloe oder aus Bogensehnen

– Sansevieria gedrehten Schlingen ersetzt, die der Olduvai-Schlucht ihren Massai-Namen gaben.

Die Nationalparks sind die letzten Zufluchtstätten großer Tiere, die in ganz Ostafrika langsam im Aussterben sind. Die für den Wildschutz zuständigen Behörden leiden an chronischem Geldmangel, es fehlt an Personal und an ordentlicher technischer Ausbildung, um das Wild wirksam zu schützen. Der größte Teil der finanziellen Mittel wird dazu verwendet, Tiere zu vernichten, die an Fleisch, Stoßzähnen und Häuten viel mehr wert sind als die Shambas, die Anbauflächen der Eingeborenen, die im Namen der Wildkontrolle geschützt werden. Wenn Tiere nicht den Wilderern oder dem offiziellen Abschuß zum Opfer fallen, dann gehen sie zu Grunde, weil sich die Menschen an den im Umkreis von Meilen oft einzigen Wasserplätzen ansiedeln oder ihr Territorium durch Feuer zerstören, um neues Gras für die Rinder hervorzubringen. Daher hängt das Überleben der Tiere vom Überleben der Parks ab, unter denen die Serengeti der schönste ist.

Um energischere Maßnahmen und härtere Urteile der afrikanischen Gerichte gegen die Wilderer zu erreichen, werden alle Wilderer als rohe, rücksichtslose Söldlinge skrupelloser asiatischer Interessen in Nairobi oder Daressalaam bezeichnet; Fallen, Schlingen und vergiftete Pfeile verstümmeln und quälen tatsächlich sehr viel mehr Tiere als die Eingeborenen erlegen. In jüngster Zeit treten Wildererbanden motorisiert auf und überschreiten die Grenzen der Nationalparks nach Belieben. In dieser offiziellen Darstellung der Situation liegt ein gutes Stück Wahrheit, anderseits ist es aber auch richtig, daß die Mehrheit der „Wilderer" Eingeborene aus der näheren Umgebung sind, die sich gerade soviel holen wollen, als sie zum Fristen ihres kümmerlichen Lebens brauchen (und wie sie es seit altersher gewohnt sind). Die Parks, für die sie Grund und Boden abtreten mußten – und die sie auch nicht besuchen dürfen, selbst wenn sie daran interessiert wären –, bieten umherstreifenden Tieren, die nicht nur für die Ernte und den Viehbestand der Eingeborenen, sondern selbst für das Leben der Menschen eine Gefahr darstellen, eine Zufluchtstätte; die Abneigung der Eingeborenen ist daher verständlich und auch irgendwie gerechtfertigt. Es hat keinen Sinn, einem Bewohner einer armseligen Strohhütte zu erklären, daß die Einkünfte aus dem Fremdenverkehr für den Staat von großer Bedeutung sind, wenn seine eigene armselige Existenz bedroht ist. „Der Staat", der Begriff des nationalen Bewußtseins, ist noch nicht sehr tief in das Landesinnere, in den Busch eingedrungen; so gibt es im Sudan Eingeborene, die keine Ahnung haben, ob sie zu

Kenia oder zu Tansania gehören, und denen das auch völlig gleichgültig wäre. Sogar der in den Städten lebende Afrikaner hat nur wenig Vorteile von der Fremdenverkehrswirtschaft, ganz zu schweigen von den Einkünften aus den Nationalparks, die als privates Reservat der weißen Ausländer und der wenigen Schwarzen an der Spitze abgelehnt werden. Vor nicht allzu langer Zeit schätzte man, daß nur einer von zwölf Ostafrikanern je in seinem Leben einen Löwen zu Gesicht bekommen hat, obwohl in dem am Stadtrand von Nairobi liegenden Park Löwen ein alltägliches Bild sind; man darf jedoch ohne Auto nicht in den Park hinein, und nur wenige Afrikaner haben je Gelegenheit, in einem Auto mitgenommen zu werden, geschweige denn ein solches Fahrzeug zu besitzen. Beim Durchschnittsbürger ist die Angst vor den wilden Tieren größer als das Interesse an ihnen. Für die meisten Afrikaner sind diese Tiere ein Zeichen von Rückständigkeit, eine Ansicht, in der sie sehr lange von europäischen Farmern und Verwaltungsbeamten bestärkt wurden. Weit davon entfernt, auf das den Naturschützern so wertvolle „unschätzbare Erbe" stolz zu sein, schämen sie sich sogar dessen.

Auch ist das Wildern nicht einfach eine Sache der kostenlosen Deckung des Fleischbedarfs. In der Nähe von Wildreservaten und Parks lebende Eingeborene glauben natürlich, daß die Zahl der wilden Tiere unerschöpflich ist, und sehen daher keinen Grund, warum sie nicht wie seit eh und je gejagt werden sollten. Das Jagen mit seinem Prestigewert für den guten Jäger ist eine Zeremonie und ein Sport für den Schwarzen ebenso wie für den Weißen; und es ist ihnen auch unverständlich, warum das Töten von Tieren den Fremden auf der Jagd nach Trophäen gestattet ist, nicht aber den Bürgern des Landes auf der Jagd nach Nahrung. Planloses Wildern durch ortsansässige Jäger zu gestatten, würde jedoch die professionellen Wilderer zu immer kühneren Operationen hinreißen; schließlich würden sie nicht zögern, ihre vergifteten Pfeile auch auf die afrikanischen Wildhüter abzuschießen. Pfeilgifte werden aus verschiedenen Pflanzen gewonnen (zwei Apocynaceaen, eine Amaryllis, zwei Lilienarten), aber das in diesem Gebiet am häufigsten verwendete Gift stammt vom Strauchartigen Hundstod (Acocanthera), für das es kein Gegengift gibt und bei dem der Tod in wenigen Minuten eintreten kann. Trotzdem sind die Pfeile dem Gewehr weit unterlegen, und in den meisten Fällen stirbt bei Konflikten der Wilderer.

Im letzten Jahr kamen in der Serengeti vier Wilderer ums Leben. Einer wurde von den Wildhütern getötet, als er seinen vierten vergifteten Pfeil auf sie abschoß.

Zwei Leichen fand man unter einem Baum; die beiden Männer waren im Feuer umgekommen, das sie höchstwahrscheinlich selbst entzündet hatten, denn das Grasland in der Nähe eines Wasserlaufes wird oft abgebrannt, um den Jägern bessere Sichtverhältnisse zu schaffen und um sicher zu gehen, daß ihre vergifteten Pfeile auch treffen. Der Genuß von Bangi (Marihuana-Hanf, Cannabis), der schon durch die frühesten Handelsbeziehungen mit Asien an die Ostküste gebracht worden ist, und von selbstgebrannten Spirituosen ist in den Lagern der Wilderer sehr beliebt; vielleicht waren die beiden Männer auch betrunken gewesen und vom Feuer überrascht worden. Der vierte war bis zur Unkenntlichkeit verstümmelt und enthauptet durch einen verletzten Büffel, den er in seiner Drahtschlinge gefangen hatte. Myles wollte unter allen Umständen den Kopf des toten Wilderers in dem kleinen Museum in Seronera als Warnung ausstellen, aber John Owen riet davon ab, weil er glaubte, die öffentliche Zurschaustellung des Kopfes eines Afrikaners könnte falsch aufgefaßt werden. Der Kopf ist heute in Turners Büro zu besichtigen, mit der Legende (die von einem italienischen Friedhof stammt):

Ich bin gewesen, wo du jetzt bist,
und du wirst sein, wohin ich gegangen bin.

Myles Turner hat viel übrig für die Ikuria. Sie sind einer jener Stämme, die er bewundert, „Das Land ist alles, was sie haben", sagt er. Aber im Umgang mit den Afrikanern ist er ein echter Traditionalist, und obwohl er im Flugzeug mit dem Wildhüter scherzte, waren die Scherze eher distanziert. Als das Flugzeug bei Lemai zur Landung ansetzte, eilten ein halbes Dutzend seiner „Feldstreitkräfte" zum Landestreifen, wo ihr Korporal sie mehr oder weniger stramm Aufstellung nehmen ließ. In grünen Drillichhosen, Hemden, Kappen und schwarzen Wickelgamaschen sahen sie recht ordentlich aus, und als Turner aus dem Flugzeug kletterte, nahmen sie Haltung an und präsentierten das Gewehr. „Jambo – Guten Tag, Korporal", sagte Turner zur Begrüßung und ließ dann die Rangers rühren. Es war offensichtlich, daß die Männer diese Formalitäten genausosehr schätzten wie Myles, gleichzeitig aber amüsierte es sie. Myles übergab ihnen Briefe und Nachrichten von ihren Familien, und sie überreichten ihm wiederum Briefe zur Beförderung. Dann marschierten wir in militärischer Formation zum Mara hinunter, um die Flußpferde zu inspizieren.

Flußpferde können zweimal so schwer werden wie Büffel, bis zu eineinhalb Tonnen. Ebenso wie die Wale werden sie im Wasser geboren, jedoch leben sie und ernähren sich hauptsächlich an Land; ihr Mist, der ein reiches Wachstum an Blau- und Grünalgen fördert, ernährt wiederum die Fische. Die Hippos hatten sich hier bei den Flußschnellen zusammengerottet, wo der Lateritschlamm genauso rot war wie die breitrückigen Felsen. An Land scheidet das Flußpferd ein rotes Sekret aus, vielleicht um damit seine Haut gegen die Sonneneinwirkung zu schützen; die Afrikaner sagen, daß das Tier sein eigenes Blut ausschwitzt. Mit ihren riesigen Mäulern, der sich schälenden Haut und den hervorquellenden Augen waren sie besonders häßlich; ihre Kontrabaßstimmen, die sogar das Rauschen des Wassers des Mara zu übertönen vermochten, klangen wie der Aufschrei der Verdammten, als ob gerade in diesem Augenblick im kalten Regen und dem Lärm des Fegefeuers die großen Wasserschweine auf ewig verdammt würden und ihr Untergang durch das Kreischen des Schreiseeadlers verkündet würde, der über dieser Szene kreiste.

Östlich von Soit Naado Murt auf der Girtasho-Ebene war ein Erdloch von Hyänenhunden besetzt und vergrößert worden; sie unterscheiden sich von echten Hunden durch den Besitz von vier Zehen. Dieses Girtasho-Rudel umfaßte elf Rüden und drei Hündinnen, schwarz mit schmutzigweißen Schecken und der typischen weißen Schwanzspitze auf der zerzausten Rute. Hyänenhunde sind räudig und übelriechend, mit Fledermausohren und hageren Körpern, und dennoch sind sie ansprechende Kreaturen, die, umhertanzend, unaufhörlich Pirouetten drehen und herumtollen. Vielleicht hält die Staupe ihre Zahl niedrig,[2] denn sie sind pflichtbewußt in der Aufzucht ihrer Jungen und die tüchtigsten Raubtiere in der ganzen Ebene.

Die Hyänenhunde sind fast das ganze Jahr hindurch Nomaden und ziehen mit den Herdentieren mit, aber wenn eine Hündin wirft, bleiben sie bei ihr und bringen ihr Nahrung. Gewöhnlich bleibt ein Hund, der nicht unbedingt das Muttertier sein muß, bei den Jungen, während die Meute auf die Jagd geht, und ich hörte, daß einmal fünf Rüden nach dem Tod der Hündin, der einzigen im ganzen Park, neun Junge aufgezogen haben. Eines Nachmittags spielten vier junge Hunde vor ihrer Höhle mit den großen Hunden, und einer der Hunde spie, wie sie es immer tun, noch nicht verdautes Fleisch als Nahrung aus, aber die jungen Welpen waren durch das Wetterleuchten so verängstigt, daß sie nicht fraßen, sondern immer wieder zu dem entfernten, noch lautlosen Gewitter hinwinselten. Im Westen zogen

Zebraherden am Horizont entlang. Als der Regen stärker wurde, kollerten die Welpen in ihre Höhle hinunter, und die großen Hunde drängten sich eng aneinander, ein Knäuel schwarzen und gefleckten Fells, und suchten Schutz vor dem gewaltigen tropischen Regenguß. Bei Einbruch der Dämmerung ließ der Regen nach, und der Haufen Hunde löste sich wieder auf, weiße Schwanzspitzen wirbelnd; die Tiere sprangen wie wild auf der feuchten Erde herum und begrüßten einander, indem einer seine Schnauze in den Mundwinkel eines anderen Tieres drückte, so wie es die Welpen tun, wenn sie um Futter betteln. Wenn sie alt genug sind, um mitzujagen, haben die Jungen vor den ausgewachsenen Tieren bei dem Fressen einer frisch gerissenen Beute Vorrang.

Vier von einem gescheckten Rüden angeführte Hunde zogen etwas weiter nach Westen; da standen sie nun steifbeinig und nahmen Witterung auf, die runden schwarzen Ohren aufgestellt, den Blick auf die Zebraherde gerichtet, die, durch das Gewitter in Erregung versetzt, in gleichmäßigem Galopp vorbeizog. Nun sprangen die vier Hunde der Herde nach, und die anderen unterbrachen ihr Spiel, um ihren Abzug zu beobachten. Drei weitere Hunde rannten den ersten nach, wenn auch nicht so rasch, und George Schaller folgte den sieben Hyänenhunden in einem kleinen Abstand. Nach kurzer Zeit kam auch der Rest des Hundepacks, nur ein einziger blieb zur Bewachung der Höhle zurück. Der Leithund und seine drei Kameraden waren aufmerksam; die anderen Hunde hielten immer wieder an, tollten herum oder begrüßten die Nachzügler. Dann jagten auch diese neun Hunde den ersten vieren nach, sprangen zu beiden Seiten unseres Fahrzeuges vorbei und warfen uns einen kurzen Blick zu, als sie uns überholten. Vor uns trotteten die Leithunde dahin, die neun Nachzügler holten sie ein, dann fielen sie wieder zurück, um miteinander zu spielen und herumzutollen.

Als die vier Leithunde der Herde näher kamen, begannen sie schneller zu laufen; die Zebras galoppierten davon. Vielleicht hatten die Hunde bereits ein Opfer ausgewählt – ein altersschwaches oder krankes Tier, ein trächtiges Zebra oder ein Junges –, jedenfalls begannen sie nun über die regennasse Savanne dahinzurasen. Heftiger Regen überflutete die Ebene, und graue Regenschwaden verwischten die dahinwirbelnden Streifen, die nun in alle Richtungen auseinanderstoben. Auch die Hunde legten ein schnelleres Tempo vor, sie wollten nun unter allen Umständen Jagdbeute machen; als die Zebras jedoch ihre Fluchtrichtung änderten, schlossen sich die Hunde zu einer festen Phalanx zusammen. Ein Hengst griff die Hunde an, die Ohren zurückgelegt, worauf sich diese zurückzogen.

Mehr als einen Kilometer lang ging die wilde Jagd dahin, aber bis jetzt hatten die Hunde noch nicht angegriffen. Plötzlich waren alle dreizehn Hunde angespannt und aufmerksam, und wenige Sekunden später jagten sie in westlicher Richtung hinter dem wartenden Fahrzeug davon. Die Leithunde rasten, Höllenhunden gleich, durch die einbrechende Dunkelheit, und die anderen, knapp dahinter laufenden Hunde gaben feine Laute, dem Winseln von Welpen ähnlich, von sich, die eigenartigerweise sogar das Motorengeräusch unseres Fahrzeuges übertönten, das heftig hin und her rumpelte, als es den halbversteckten Erdlöchern auszuweichen versuchte. Alle dreizehn Hunde jagten in langgezogenen, leichten Sprüngen über die Ebene. Dahinjagende Hunde sind ein prächtiger Anblick; nach knapp einem Kilometer hatten sie die Herde eingeholt. Dann sahen wir die dunklen Schatten zwischen den Zebras hin und her springen, und ein Füllen, noch mit der braunen Schutzfarbe des Neugeborenen, verließ die Seite des Muttertieres, als es ein Hund ansprang, und wurde sofort umzingelt.

Ein ungefähr einhundertfünfzig Kilogramm schweres, sechs Monate altes Zebrafüllen ist nicht sehr leicht von kleinen Tieren, die nur zwanzig Kilogramm wiegen, zu bezwingen. Die Hunde jagten das Jungtier wild herum. Ein Hund hatte sich in die schwarze Schnauze des Fohlens verbissen und zerrte heftig, um den Kopf des Opfers herunterzuziehen – das ist eine Gewohnheit der Hunde, um ihr eigenes leichtes Körpergewicht auszugleichen –, und der Hund wurde in der Luft herumgeschleudert, als das Zebrafüllen sich aufbäumte, dann verlor es seine Balance und fiel auf die Erde. Nun griff das Muttertier wütend an und trieb das Rudel auseinander; als das Fohlen, das unverletzt schien, aufsprang, flohen die beiden Zebras der Herde nach. Aber die Hyänenhunde überholten das Füllen erneut, schnappten nach seinen Hinterschenkeln, und leise aufschreiend blieb das Jungtier nun von selbst stehen. Und wieder schnappte ein Hund, die Beine abgespreizt, nach seiner Schnauze und riß den Kopf des Fohlens hinunter. Nun griffen alle Hunde gleichzeitig von allen Seiten an. Als sie sich alle festgebissen hatten, fiel der Unterkiefer des Füllens herunter, und das Tier gab einen letzten kläglichen Laut von sich. Und noch einmal griff die Zebramutter die Hunde an, aber schon hatte es den Anschein, als würde sie die kommenden Geschehnisse resigniert hinnehmen – sie erneuerte ihre Angriffe nicht mehr. Das Füllen stürzte auf die Knie, den Hals noch immer gestreckt, da die Hunde weiterhin an seinem Kopf zerrten. Dann ließ der an den Nüstern festgebissene Hund los und gesellte sich zu seinen Kameraden, und das Füllen hob seinen Kopf, Ohren aufgestellt, und blickte stumm auf das Muttertier, das bewegungslos dem Treiben der Hunde zusah. Beinahe zwischen den Läufen der Zebramutter wurde das Fohlen bei lebendigem Leib gerissen, und barmherzigerweise unternahm sie nichts. Dann sank das Füllen ganz zu Boden, und die Hunde verbissen sich in den Bauch des Jungtieres und zerrten die Eingeweide heraus; einer der Hunde schnappte nach einem Auge, als der Kopf des jungen Zebras auf das Gras sank.

Von den Hunden unbeachtet, drehte sich das Muttertier um und zog fort. Die Hunde, deren ganze Aufmerksamkeit dem Füllen galt, hatten die Mutter nicht ein einziges Mal angegriffen. Als sie unser Fahrzeug in zwanzig Meter Entfernung stehen sah, gab sie einen Laut von sich und sprang zur Seite, dann trabte sie weiter. Gespannt lauschend und mit zusammengepreßten Flanken wartete die Herde auf sie; in der Nähe grasten andere Zebraherden. Kurze Zeit später zog unsere Zebraherde mit der Mutter des gerissenen Fohlens gemächlich nach Westen weiter, hin und wieder Gras rupfend.

Die gespreizten Läufe des Fohlens ragten wie Stöcke aus dem Knäuel schwarzer und gefleckter Hunde; die Hunde gruben sich in die Eingeweide des toten Fohlens. Sie rissen große Bissen aus dem Leib des Füllens, schluckten und tauchten erneut hinein, kletterten mit aufgerichteten Schwänzen wachsam auf den Kadaver, als ob jeder Löwe und jede Hyäne der Steppe herbeigeeilt kommen könnte, um sie von ihrer Beute zu vertreiben. Alle dreizehn Hundeschnauzen schnappten sich ihren Teil vom Fleisch, die Körper klebten förmlich aneinander, so daß unweigerlich der eine oder andere hin und wieder aufjaulte, aber selbst wenn zwei an demselben Stück Fleisch zerrten, hörte man nie ein wütendes Knurren, nur das gleichmäßige nasse Kaugeräusch. Als sich der erste Hund, die Schnauze abschleckend, davonmachte, lagen die Rippen des Fohlens bereits bloß; keine zehn Minuten waren vergangen, seit es verendet war. Dann kamen die Hyänen. Zuerst waren es nur zwei, die sich wie zum Leben erweckte Klumpen Schlamm aus dem regennassen Gras erhoben. Sie trotteten ohne Eile dahin, weder in großer Zahl noch genügend hungrig, um die Hunde abzuschrecken und in die Flucht zu schlagen. Dann waren es fünf, die einen Halbkreis um das tote Tier bildeten und einen Angriff vortäuschten. Einer der Hunde sprang vor, um die frechste Hyäne zu vertreiben, dann verjagten zwei der fünf um den

127

Kadaver versammelten Hyänen mit der für sie typischen Geschwindigkeit, die sie selbst zu den gefährlichsten Jägern macht, eine sechste Hyäne – anscheinend kein Mitglied ihres Clans –, die vom Norden her durch den Abendregen herangekommen war.

Sechs der Hunde, die ihre Mahlzeit beendet hatten, sprangen schwanzwedelnd herum und begrüßten einander; das Tageslicht war gerde noch hell genug, um die weißen Flecken auf ihrem Fell zu beleuchten. Die restlichen Hunde fraßen noch immer, ihre Augen waren dabei auf die Hyänen gerichtet, und als ein Hund nach dem anderen sattgefressen sich vom Kadaver abwandte, schlossen die Hyänen den Kreis immer enger. Der letzte Hund machte den Hyänen schließlich ohne Knurren Platz. Von dem toten Zebrafüllen waren nur noch die Vorderläufe, Kopf, Hals und die Knochen übrig. Für die kräftigen Kiefer der Hyänen stellen die Knochen von Savannentieren kein Problem dar. Hufe, Knochen und Haut – zehn Minuten vorher noch die festen Hinterläufe eines lebhaften, ungebärdigen jungen Füllens – lagen wir in einem zerrissenen schlammigen Beutel; die Zähne und die weißen Augenhöhlen leuchteten aus dem kahlen, abgenagten Schädel. In der Dunkelheit, als die Schwanzspitzen der Hunde in östlicher Richtung davontanzten, ballten sich die Schatten der Hyänen um den übriggebliebenen Kadaver zusammen, ein riesiges nächtliches Ungeheuer, das allmählich immer tiefer in der Finsternis versank.

Einmal beobachtete ich, wie eine Hyäne ein Gnu angriff, das sich nur dadurch retten konnte, daß es sich mitten in eine von Panik ergriffene Herde buchstäblich hineinwarf; die Hyäne verlor die Spur ihrer Beute, als die Herde wie wild davonstob; das schleichende Dahineilen – dem eines Bären ähnlich – dieser eigentümlichen Raubtierart täuscht sehr oft: eine Hyäne kann sechzig Kilometer pro Stunde laufen, das entspricht der Höchstgeschwindigkeit des sehr schnellen Hyänenhundes. Auch die Geparde erreichen angeblich eine derart hohe Geschwindigkeit, doch können sie dieses Tempo nicht lange durchhalten; ich habe einmal einen Geparden eine Thomson-Gazelle anspringen sehen, doch nach den ersten einhundert Metern hatte er aufgegeben. Hyänen jedoch hetzen ihre Beute buchstäblich zu Tode; es gibt kein Entrinnen. Und vor allem in der Dunkelheit sind sie sehr mutig – ein Mann des Nachts allein auf einer Straße in Afrika hat weniger die Löwen als die Hyänen zu fürchten. Im Gebiet des Ngorongoro-Kraters haben Löwen und Hyänen die Rollen getauscht: Hier jagen die Hyänen bei Nacht die meisten Beutetiere, während die Löwen bei Tageslicht das Aas verzehren. Hans Kruuk hat herausgefunden, daß die beim Ngorongoro-Krater lebenden Hyänen in große Clans eingeteilt sind und daß diese einzelnen Hyänenheere manchmal des Nachts einander arge Kämpfe liefern, den Krater mit infernalischem Lärm erfüllend.

Die Naturgeschichte selbst der bekanntesten Säugetiere Afrikas ist unvollständig, und Höhlenbewohner wie das Erdferkel, der Erdwolf und das Schuppentier sind fast noch überhaupt nicht erforscht. Es ist nicht einmal bekannt, welche Spezies die Löcher gräbt, die auch von Hyänen, Schakalen, Ichneumons, Löffelhunden, Erdwölfen, Stachelschweinen, Honigdachsen und – während der Wurfzeit – Hyänenhunden bewohnt werden. Häufig werden die Erdlöcher in den untersten Teil eines alten Termitenhügels gegraben, die, seltsamen roten Statuen einer verschwundenen Kultur gleich, mitten in der Savanne stehen. Die Termiten sind altertümliche Verwandte der Kakerlaken (Küchenschaben), und unmittelbar nach einem Regen verlassen sie die Termitenhügel zum Hochzeitsflug; bald darauf brechen ihre Flügel ab, und neue Kolonien werden dort gegründet, wo sie zu Boden fallen. Zerstörte der Mensch die vielen Lebewesen, die sich von den Termiten ernähren, würden ganze Landstriche mit Termitenhügeln übersät sein. Die Vergangenheit Afrikas liegt im Bauch der Termiten, die alle Spuren tropischer Kulturen aufgefressen haben, und das wird auch zum großen Teil für die Zukunft gelten. In der Nähe von Termitenhügeln kann man in der Abenddämmerung nach nächtlichen Tieren wie der Streifenhyäne mit ihrem langhaarigen Fell und dem schlanken Körper Ausschau halten, aber während meiner Aufenthalte in der Serengeti habe ich dieses Tier, das so groß wie ein Wolf ist, niemals zu sehen bekommen.

Eines Tages entdeckte ich einen Honigdachs in einiger Entfernung von seiner Höhle und folgte ihm eine Zeitlang. Dieses dunkle, gedrungene Tier hat langes Haar und eine dicke Haut, die es vor Bienenstichen schützt, und wie die meisten Vertreter der Marderfamilie ist auch der Honigdachs lebhaft und grausam und gibt Knurrlaute von sich, die scheußlicher sind als alle tierischen Laute, die ich je in Afrika gehört habe.

Als ich einmal gemeinsam mit Hans Kruuk Hyänen beobachtete, hatte ich das Glück, einen Pangolin, das Schuppentier, zu sehen, das auf seinem Rücken, den Beinen und dem Schwanz einander überlappende Panzerplatten trägt. Der Pangolin ist sehr stark von den Massai dezimiert worden, die glauben, daß die eigentümlich geformten Reptilienplatten den Trägern

Muttertier mit
neugeborenem Kalb,
Tsavo Park Ost

Leopardenfamilie mit Beute, Serengeti

Ngorongoro:
Marabu mit Geiern
Hyänen

Serengeti:
Wolfsschakal
Wildhund mit Jungen vor ihrem Bau

133

Gepard mit Jungen
und Beute,
Amboseli-Park

134

Überreste
einer Netzgiraffe
in der Nähe
von South Horr

Glück in der Liebe bringen. Als wir näher kamen, hörte das Tier auf, im Gras herumzuwühlen, und rollte sich mit einem hörbaren Klicken zu einem Ball zusammen, um seinen verwundbaren, pelzigen Bauch zu schützen. Wir betrachteten es eine Weile, dann wandten wir uns von dem Platz ab, wo es lag, eine fremdartige stumme Kugel auf der kahlen Ebene.

Im März bringt der Südostmonsun die lange Regenperiode. Die Regenfälle variieren den Winden entsprechend von Gebiet zu Gebiet, und da die Winde nicht mit genauer Regelmäßigkeit eintreten, laufen die Jahreszeiten in Ostafrika zwar nach einem allgemeinen Gesetz ab, können aber nur selten zeitlich genau bestimmt werden. Der Zyklus der Regenjahre und der Trockenzeiten spiegelt entfernt die Regenzeiten und Zwischenregenzeiten des Pleistozäns wider. Im Jahr 1961 hatte die anhaltende Dürre Tausende Tiere vernichtet; im darauffolgenden Jahr kamen wiederum Tausende während der Überschwemmungen um. Im Winter 1969 regnete es in der Serengeti fast jeden Tag, und niemand wußte, ob die kurze Regenzeit des späten Herbstes noch nicht aufgehört hatte oder die langen Regenfälle des Frühjahrs zu früh begonnen hatten. Ein düsteres, vom Wasser reflektiertes Licht schimmerte matt über den Niederungen; die Silhouetten der Tiere am baumlosen Horizont und die leuchtende Farbenpracht der Blumen zu unseren Füßen ließen mich an die Tundren des Nordens denken, zu denen die Regenpfeifer der Savanne bald wieder zurückkehren würden.

Die Tiere zogen immer langsamer weiter, einige standen sogar regungslos in der Landschaft. In diesem eigenartigen Licht wirkten sie riesengroß, wie das in Stein gemeißelte Urbild des Tieres. Auch der Strauß am Horizont wirkt übergroß; die Riesentrappe ist der schwerste flugfähige Vogel der Welt. Überall kreisen riesige Vögel, sie strichen unter den Wolken dahin, wie geflügelte Reptilien in einem vorsintflutlichen Himmel.

Eines Morgens löste sich der Hundeknäuel vor Tagesanbruch auf, und die Tiere hetzten in Richtung auf die grasenden Herden am Fuße der Naabi-Berge davon. Im Gegensatz zu den Löwen, die oft hungrig weiterziehen, machen die Hyänenhunde fast immer Beute, und diesmal folgten ihnen von Anfang an drei Hyänen, die unweit des Baus gewartet hatte. Die drei zogen hinter dem Rudel her, und einer der Hunde blieb stehen, um eine Hyäne zur Begrüßung zu beschnüffeln. In der Entfernung erklang das hundeähnliche Bellen eines Zebras, während die Wildhunde leise jaulend dahinsprangen. Als die Sonne über den Gol-Bergen

aufging, täuschten sie einen Angriff auf eine Gruppe Weißbartgnus vor, dann zogen sie weiter.

Nach zwei Kilometern hatte das Rudel eine Zebraherde eingeholt und trieb sie auf einen engen Kreis zusammen. Mit der Herde zogen auch einige Fohlen mit, aber die Hunde hatten bereits eine trächtige Zebrastute als Beute ausgewählt. Als sich die Herde zerstreute, kamen die Hunde näher heran und schlossen den Kreis um die Stute enger; sofort fiel diese zurück und gab schließlich auf; sie stand regungslos, als ein Hund sich in ihren Nüstern festbiß und andere ihren trächtigen Bauch aufrissen und wieder andere sich unter ihrem Schwanz aufeinandertürmten, um vom Anus her zu ihren Eingeweiden zu gelangen. Die Hunde fielen die Stute mit solcher Kraft an, daß das Fleisch ihrer emporgehobenen Hinterläufe unter der gestreiften Haut zitterte. Wahrscheinlich unter Schockwirkung handelt das Opfer so, als wäre es am Plan der Räuber beteiligt, die ihren Angriff friedlich, mit nach vorn gerichteten Ohren, ohne das geringste Schnappen oder Knurren ausführen. Die Stute schien völlig gefügig zu sein, unerschrocken, als ob sie, während die Hunde sie jagten, nur aus purem Instinkt – ohne Erregung – weitergelaufen wäre: Nur selten wird ein Herdentier versuchen, sich selbst mit den Hufen und Zähnen zu verteidigen, die es sonst so wirkungsvoll in Kämpfen mit den Artgenossen einsetzt, obwohl ein derartiger Widerstand dem Tier sehr wohl das Leben retten würde.[3] Die Zebrastute blieb noch ungefähr eine halbe Minute auf den Beinen, nachdem ihr die Eingeweide herausgerissen worden waren, dann fiel sie tot zu Boden. Ihr ungeborenes Fohlen wurde herausgerissen und auf die Seite gezerrt.

Der Morgen war ruhig, man hörte nur das schmatzende Geräusch des Fressens; ein Wermut-Regenpfeifer und ein Schwarm Flughühner suchten nach Nahrung auf der völlig stillen Prärie. Die drei Hyänen standen abwartend da, zwei weitere erschienen bei dem gerissenen Zebra. Eine schnappte ein Stück und hastete damit davon; das vor Blut und Dreck starrende Stück Fleisch glitschte am Boden nach. Von den anderen Hyänen gejagt, gab sie schrille Laute, dem Quietschen eines Schweines ähnlich, von sich. Manchmal greifen Hyänen sogar Löwen an und könnten auch einen Hyänenhund in Stücke reißen, aber bei Tageslicht fühlen sie sich unbehaglich und unsicher; schließlich wurden sie von einem einzelnen Raubadler verscheucht, der das erstbeste Stück Fleisch, das die Hunde zurückgelassen hatten, aufschnappte. Der letzte Hund, der die blutige Stätte verließ, nachdem er auch den Fötus aufgefressen hatte, verjagte die Hyänen vom

Kadaver der Stute, als er daran vorbeilief, dann sprang er davon. Nach einem Tag und einer Nacht, nachdem Löwen und Hyänen, Geier und Marabus, Schakale, Adler, Ameisen und Käfer alles fein säuberlich aufgefressen haben, wird nur noch das blutgefleckte zusammengedrückte Gras Zeugnis davon ablegen, daß hier der Tod gewütet hatte.

Den ganzen Winter hindurch sieht man in der Serengeti überall magere, knochige Jungtiere und Nachgeburten herumliegen, und alte, kranke Tiere werden in den Nachtstunden gerissen. Fette Hyänen, die ihren Durst gelöscht haben, suhlen sich in den Regenpfützen, und gähnende Löwen räkeln sich, Bauch nach oben, in der Sonne. Auf den Naabi-Bergen hocken aasverdauende Requiemvögel auf den Zweigen der niederwüchsigen Akazien. Ein junges Zebra wandert alleine und lustlos durch die Landschaft. Im Gegensatz zu den Topis und Kongonis, die häufig allein umherziehen, halten sich die Zebras und Weißbartgnus lieber in der Herde auf; ein einzelnes Tier könnte krank oder verwundet sein und dadurch die Raubtiere des ganzen Territoriums anlocken. Diese junge Zebrastute hatte eine tiefe klaffende Wunde quer über ihre rechte Flanke und die Male eines Prankenhiebes auf ihren Hinterläufen; nacktes Fleisch glänzte auf dem rechten Vorderlauf und dem linken Fesselgelenk. Es wunderte uns, daß ein angreifender Löwe, der nahe genug an das Zebra herangekommen sein mußte, um es so übel zuzurichten, seine Sache so sehr verpfuscht haben konnte, aber die Streifen der Zebras sind in der Nacht schlecht zu sehen, und Zebras sind sehr kräftige Tiere; eine Löwin, die ich einmal beim Ngorongoro-Krater sah, hatte einen gebrochenen Schneidezahn aus ihrem Kiefer hängen, was wohl das Werk des Hufs eines fliehenden Zebras gewesen sein mußte.

Verhungern ist die größte Gefahr für Löwen, die schlechte Jäger sind und häufig keine Beute erjagen können. Im Gegensatz zu den Hyänenhunden, greifen Löwen sogar einen Artgenossen an und fressen ihn, wenn er in ihr Territorium eingedrungen ist. Sie schnappen und knurren in der gleichen feindseligen Weise, mit der sie sich zu ihren Kameraden bei einem Beutetier gesellen, während sie ruhig und teilnahmslos sind, wenn sie selbst jagen. Wenn im Winter die Ebene von jungen Gazellen- und Gnukälbern wimmelt, sind die Löwen gut genährt, aber zu anderen Jahreszeiten können sie so hungrig sein, daß sie sogar ihre eigenen Jungen von der Jagdbeute vertreiben; gewöhnlich jedoch läßt der Löwe seinen Jungen den Vortritt bei der

Beute, aber es kommt vor, daß er die Löwin, auch wenn sie selbst es war, die die Beute erlegte, nicht an das tote Tier heranläßt.[4] Bis zu seinem zweiten Lebensjahr ist das Junge von seiner Mutter abhängig, und weniger als die Hälfte aller in der Serengeti geborenen Löwenbabys überleben die ersten zwei Monate. In Notzeiten werden die Löwenjungen von Hyänen gefressen oder von Leoparden, die gerne andere Raubtiere vertilgen, einschließlich Hauskatzen und Haushunde.

Einem ehemaligen Wildhüter in der Serengeti, der meint, es sollte, um diese hungernden Jungtiere zu nähren, für sie Savannenwild erlegt werden, hält George Schaller entgegen, daß ein solches künstliches Füttern das zahlenmäßige Gleichgewicht des Löwenbestandes sowie die natürliche Auslese, die die Leistungsfähigkeit aller Wildarten aufrechterhält, durcheinanderbringen würde. Ich glaube, daß Dr. Schaller recht hat, und dennoch gelten meine Sympathien dem Raubtier und nicht dem Beutetier, vielleicht weil man den Löwen als Individuum betrachtet, dagegen ein Mitglied einer Herde von Tausenden Tieren nur ein Teil eines zusammengesetzten Organismus zu sein scheint, mit nur wenig mehr Eigenpersönlichkeit als eine Termite in einem Schwarm. Erst wenn das Tier von der Herde getrennt ist, gewinnt es an Persönlichkeit, beginnt es ein Eigenleben – so wie das Zebra, das von den Hyänenhunden gerissen wurde –, aber selbst dann noch fühle ich mehr Mitleid mit einem verwundeten Löwen, den ich unweit des Seronera-Flusses in den für ihn kargen Sommermonaten sah, nichts als Haut, Knochen und Mähne, so schwach, daß der in dieser Trockenzeit wehende Wind ihn beinahe zu Boden warf.

Der Tod jedes Raubtieres ist verwirrend. Einmal war ich sehr bestürzt, als ich einen Habicht in den Klauen eines Blaßuhus sah; vielleicht war er getötet worden, als er selbst gerade töten wollte. An einem anderen Tag fanden Schaller und ich in einem ausgetrockneten Bachbett eine sterbende Löwin. Ihre Hinterläufe waren völlig abgemagert und sie litt an der Drehkrankheit, und als wir näher kamen, versuchte sie aufzustehen, doch taumelte sie wieder zu Boden. Nicht nur aus Mitleid, sondern auch im Interesse der Wissenschaft – denn er wollte eine Autopsie durchführen –, schoß George auf die Löwin eine Überdosis Tranquilizer ab. Obwohl sie zuckte, als die Nadel in ihr Fleisch fuhr, blieb sie zunächst liegen, erst nach einigen Minuten richtete sie sich auf und schwankte ein paar Schritte dahin; dann fiel sie wieder zu Boden, so als ob das Korongo, das Bachbett, in dem Frösche im Gedenken an „unfröschliche" Dinge vor sich hin quakten, ein unüberwindliches Hindernis sei. Ich hatte den starken Eindruck, daß die Löwin, die den Tod fühlte, sich erhoben hatte, um ihm zu entkommen, wie Geier, die, wie ich irgendwo gehört habe, sich von für Löwen ausgelegtem, vergiftetem Fleisch erheben und sich immer höher in den Himmel hinaufschrauben, nur um wie Steine herabzufallen, wenn das Leben sie verläßt. Einen Augenblick später hob sich das Haupt der Löwin, dann schlug sie das letztemal um sich, aber sie konnte nicht sterben. Mit springenden Löwenfliegen übersät und mit jenen fetten Zecken, deren Anwesenheit stets ein Zeichen ist, daß der Löwe sich in schlechtem Zustand befindet, lag sie wie gelähmt da im leichten Regen mit abgezehrten, heftig zuckenden Flanken.

Diese Episode lehrte mich eine neue Seite an George Schaller kennen, dem Einzelgänger, der nur schwer zu verstehen ist. George ist ein strikter Pragmatiker und unfähig, einer unwissenschaftlichen Haltung irgendein Verständnis entgegenzubringen; er betrachtet fast alles mit nüchternem Blick. Doch in diesem Augenblick zeigte sein Jungengesicht unverhohlene Bestürzung, mehr aus der Fassung gebracht, als ich je vermutet hätte. Der Tod der Löwin war schmerzlos, viel gnädiger, als wenn sie von Hyänen gefunden worden wäre, aber er dauerte zu lang; zweimal kam George zum Landrover zurück, um die Spritze erneut zu füllen und die Dosierung zu erhöhen. Wir standen da, hielten eine Art Wache und fühlten uns immer bedrückter, und das Ende, als es schließlich kam, war entsetzlich. Als das arme Tier das Leben aushauchte, begann es sich zu krümmen und am ganzen Körper zu zittern. Mit einem schwachen Schmerzenslaut fiel es auf den Rücken und reckte die Hinterläufe in die Luft. Noch immer stöhnend, leckte die Löwin heftig das Gras um sich herum, und ihre Lenden wurden von langanhaltenden Krämpfen geschüttelt. Und es war dieses letzte Aufbäumen, dieses Sichgehenlassen, das mich aus meiner bis dahin gefühlten Gleichgültigkeit aufrüttelte. Eine Welle des Mitleids durchflutete mich, dann ein so heftiger Schmerz, daß ich für einen Augenblick Übelkeit in mir aufsteigen fühlte, so als ob alles Vergeudete und Verlorene im Leben, jeder Schmerz, den man sich und anderen zufügt, in diesem einsamen Übergang vom Licht zur Dunkelheit, vom Leben zum Tod gipfelte.

Mitte März, als die große Regenzeit einsetzen sollte, waren die Tage in der Serengeti trocken und windig; im harten Licht des Sonnenuntergangs warfen die Bäume scharfe Silhouetten gegen den Horizont, und riesige Vögel kreisten unermüdlich in einem silbrig leuchtenden Himmel. Der Vollmond ging vor einem Nachtregenbogen auf, aber am nächsten Tag stand die Sonne wieder klar am Himmel und tauchte die Landschaft in ein sanftes, weiches Licht.

Zwei Nashörner und eine Büffelherde bildeten die Nachhut der Tierwanderung nach Osten. Im Gegensatz zu den Antilopen, die mit den Winden und dem Graswuchs ziehen, standen die dunklen Tiere wie erdverwachsen auf der Savanne. Die Antilopen waren mit nur wenigen Ausnahmen nach Osten zum Kraterhochland gezogen, während die Zebras, in Erwartung der Regenfälle, sich wieder nach Westen den Wäldern zuwandten. Am Seronera-Fluß hatten sich riesige Herden angesammelt, und das ansässige Löwenrudel war wohlgenährt. Manchmal konnte man im sonnendurchfluteten Gras eine Gruppe von zwanzig dösenden Löwen am Wedeln eines schwarzen Schweifes oder an den schwarzen Spitzen der Ohren eines erhobenen Hauptes erkennen, das durch das blühende Gras schimmerte. Andere wieder fraßen sich in der Nähe der Flußfurt voll und zerrissen die gestreiften, fetten Flanken eines toten Zebras auf dem frischen, grünen Gras – um diese Jahreszeit wurde auch am hellichten Tage Beute gemacht. Doch trotz ihres offensichtlichen Wohlbefindens lag ein Hauch des Untergangs über den Löwen. Vor allem die männlichen schienen zu groß, und sie bewegten sich zu schwerfällig zwischen Überfluß und Hungersnot, als ob sie ahnten, daß die Zeit der großen Räuber zu Ende geht.

Männliche Löwen jagen und leben, ohne zu irgendeinem Rudel zu gehören, paarweise einträchtig zusammen und zeigen dabei sogar etwas wie demonstrative Zuneigung. Aber wenn zwei fremde Löwen aufeinandertreffen, gibt es zunächst eine Art Warteperiode, bis sich allmählich die Angst legt. Sie lassen sich in einiger Entfernung voneinander im Gras nieder und beobachten einander lange Zeit, ohne ihre traurigen Augen auch nur ein einzigesmal abzuwenden. Dieser starre Blick ist eine Warnung, und es ist derselbe aufmerksame, aber unbewegte Blick, mit dem sie auch den Menschen ansehen. Versteckte Lichter glimmen in den goldenen Katzenaugen, die alles sehen und nichts verraten. Wenn der Löwe überzeugt ist, daß keine Gefahr besteht, wendet er sein Haupt ab, als ob er damit das Verschwinden einer unwillkommenen und übelriechenden Störung beschleunigen könnte. In seiner Trägheit und Gleichgültigkeit scheint der Löwe das langweiligste Tier Afrikas zu sein, aber wer ihn einmal bei der abendlichen Jagd beobachtet hat, wird unweigerlich von der Kraft und Geschicklichkeit dieses mächtigen Tieres beeindruckt sein.

An einem Spätnachmittag im März lagen jenseits der Massai-Kopjes elf Löwinnen um eine Beute, und die emporgereckten Häupter leuchteten rot in der untergehenden Sonne. Mit ihrem grimmigen Aussehen und dem schrägen, glasigen Blick wirkten diese Geschöpfe der Dämmerung bedrohlich und unheilvoll. Dann wendeten sich die blutbefleckten Köpfe, die Ohren aufgestellt, alle gleichzeitig. Kein anderes Tier war in Sicht, und ihre Bäuche waren voll, dennoch starrten sie über die Weite der Savanne, als ob eine Gefahr drohte, die nur der Mensch noch nicht erahnen konnte.

Unweit davon lag ein Leopard; vielleicht hatten sie seine Witterung aufgenommen. Der Leopard lagerte viel eleganter als die Löwen auf einer Anhöhe, im Schatten eines vom Wind zerzausten Busches. Selbst wenn der Leopard lässig in den Ästen eines Baumes ruht, hat er die Anmut völliger Wachsamkeit, äußerste Anspannung in den scharfen Augen. Der Blick des Löwen ist bloß traurig, der des Leoparden aber bösartig, die Quintessenz der aufgestauten Angst, die echte Wildheit ist.

Unter einem Dornbusch lag der Leopard, sein goldenes Fell leuchtete feurig im sinkenden Sonnenlicht; er glaubte ungesehen zu sein, solange er unbeweglich dalag. Dahinter stand ein einzelner Dornbaum, schwarz und kahl in der Abenddämmerung, und von einer Astgabelung hoch oben im Baumgipfel hing das zerfetzte Fell einer Gazelle, mit gestocktem Blut befleckt, leise hin und her schwingend. Als der Wind durch die Äste fuhr, erzeugten die zierlichen schwarzen Hufe ein klickendes Geräusch in der ewigen Stille der Savanne.

VII | Königreiche der Elefanten

An Wildwart

Mein Herr,

Ich bin gezwungen, Eurer Exzellenz die außergewöhnliche und kritische Situation meines Volkes in Tuso bekanntzugeben. Viele Male wandten sie sich an mich und baten mich, Eurer Exzellenz einen Brief zu schreiben, um Besserung zu erhalten und dadurch die Weidegründe vor völliger Vernichtung zu retten. Ich lehnte ab, weil ich glaubte, das ist eine vorübergehende Krankheit, aber im Gegenteil, die Invasion nahm schrecklich mehr zu, so daß die Eingeborenen nun beunruhigt und in Gefahr in ihren Hütten leben, denn in der Nacht wagen sich die Elefanten mitten in die Ansiedlungen hinein. Alle Männer sind verzweifelt und sagten mir: „Was sollen wir dieses Jahr essen? Wir werden gezwungen sein, alle auszuwandern . . .“*

Mit meinen besten dankbaren und
respektvollen Grüßen

Ihr sehr ergebener Missionsjunge[1]

Wir sind das Feuer, das das Land verbrennt.
Das Kalb des Elefanten ist auf der Ebene ausgesetzt.

aus dem Bantu[2]

* Dieser Brief wurde von dem Eingeborenenjungen in sehr schlechtem Englisch, das er in der Mission notdürftig erlernte, verfaßt. (Anmerkung des Übersetzers.)

Eines Morgens kam eine große Herde Elefanten aus den Wäldern und zog zur Togoro-Ebene. „Das ist wie das alte Afrika", sagte Myles Turner, als er mich abholte, „die Elefantenwanderung ist eines der großartigsten Dinge, die der Mensch je in seinem Leben zu sehen bekommt."

Wir flogen nach Norden über den Orangi-Fluß. Hinter den Elefantenherden lagen Stinkrindakazien wie Stöcke in der Gegend verstreut, der Schimmer gelber Blüten leuchtete hell in den entwurzelten Stämmen. In der Mitte der Vernichtungszone, von Westen nach Osten, verlief eine breite schlammige Piste in der Art, wie sie von Selous im 19. Jahrhundert beschrieben wurde. Hier war der Hauptteil der Herde durchgezogen. Das Flugzeug wendete sich nun nach Osten und flog von hinten an die Elefantenherde heran. Mehr als vierhundert Tiere hatten sich wie eine Phalanx zusammengedrängt; eine kleinere Gruppe von einhundert Tieren und eine weitere von ungefähr sechzig hielten sich in der Nähe auf. Die vierhundert Elefanten bewegten sich in einer geschlossenen, langsamen, schwankenden Masse vorwärts, mit den größten Elefantenkühen in den äußeren Reihen und den schweren Bullen an beiden Seiten. „Siebzig bis achtzig Pfund, einige dieser Bullen", sagte Myles (Trophäen-Elefanten werden nach dem Gewicht eines einzigen Stoßzahnes beschrieben; ein Achtzig-Pfund-Elefant trägt zum Beispiel schon allein das doppelte Gewicht an Elfenbein mit sich herum).

Myles sagte, daß Elefanten sich nach heftigen Regenfällen meist zu Herden zusammenschließen, aber daß diese Herde selbst für die Serengeti enorm groß sei. Als im Jahr 1913 die erste Safari hierherkam,[3] schoß man die in Überfluß vorhandenen Löwen und Hyänenhunde wie Ungeziefer ab, Elefanten wurden jedoch keine gesichtet. Selbst nach 1925, als Männer wie Philip Percival und der Amerikaner Martin Johnson regelmäßig in der Savanne jagten, gab es noch sehr wenige Elefanten. Es heißt, daß erst nach 1937, als die Serengeti zum Wildreservat erklärt wurde (erst im Jahre 1951 wurde dieses Gebiet Nationalpark), verfolgte Elefanten aus dem sich landwirtschaftlich entwickelnden Westkenia nach Süden in dieses Gebiet zogen; wahrscheinlich ist, daß Elefanten in kleiner Zahl immer vorhanden waren, ihre Zahl aber zunahm, als sich der Druck der Menschen auf für Elefanten geeignete Lebensräume außerhalb des Parks verstärkte.

Elefanten trampeln auf ihren Wanderungen breite Straßen und entwurzeln Bäume, dadurch können sie den Charakter des dichtesten Buschwaldes in kürzester Zeit völlig verändern; gemeinsam mit dem Menschen und dem Feuer zählen sie wahrscheinlich zu den bedeutendsten Kräften bei der Veränderung des Lebensraumes in Afrika.[4] In der Serengeti zerstören die Herden viele der hohen Bäume, die angeblich am Beginn dieses Jahrhunderts gewachsen waren, als es lange Zeit hindurch keine Steppenbrände gab, in einer Periode, die der Pest, Hungersnot und der Abwesenheit der Massai folgte. Trockenzeitbrände, die oft absichtlich von Wilderern und Hirten gelegt werden, fördern die Ausbreitung des Weidelandes, indem sie neuen Baumwuchs verhindern; wenn gleichzeitig auch Trockenheit herrscht und das Feuer durch das leichte Unterholz der von Elefanten entwurzelten Bäume genährt wird, dann wird dem Boden und der ganzen Umwelt nachhaltiger Schaden zugefügt. Brände verwüsten das dürre Gras, das die Nahrung bestimmter Tiere bildet, und der Nachwuchs erschöpft die Kraft der Graswurzeln, die für ein gutes Wachstum in der Regenzeit benötigt wird. In der Serengeti haben in den vergangenen Jahren Brände und Elefanten zusammen Kilometer um Kilometer von Akazienwäldern in Savanne verwandelt und den Bestand an Gelbrindenakazien oder Fieberbäumen entlang der Wasserläufe vernichtet. Die Vielfalt der Savannentiere hat zugenommen, aber die weit weniger zahlreich vertretenen Waldtierarten, wie zum Beispiel die Pferdeantilope und das Oribi, das Bleichböckchen, sieht man immer seltener.

Unterhalb unserer Maschine schob sich die Elefantenmasse wie graue Lava weiter, hinter sich einen breiten Pfad von Schlamm und entwurzelten Bäumen zurücklassend. Ein Elefant kann bis zu dreihundert Kilogramm Gras und junge Schößlinge pro Tag fressen; er ist ein zerstörerischer Fresser, da er viele Bäume und Büsche auf seiner Wanderung niederreißt. Die Serengeti ist riesengroß und kann diesen enormen Schaden wohl verkraften, aber man kann sich vorstellen, wie eine Elefanteninvasion empfindlichere Gebiete zurichten kann. Für gewöhnlich sind die Elefantenherden über große Flächen verstreut und wandern umher, aber die Nachstellungen der Eingeborenen, der Wildkontrolle und auch der Wilderer drängen manchmal riesige Herden auf begrenzte Territorien zusammen, die sie dann unter Umständen zerstören. Schon drei der neuen Nationalparks Tansanias – Serengeti, Manyara und Ruaha – haben mehr Elefanten, als für sie gut ist. Das Elefantenproblem über das Wo, Wann und das Wie der Verwaltung und Beaufsichtigung beschwor in Ostafrika große Auseinandersetzungen herauf, und seine Lösung muß Auswirkungen auf das Gleichgewicht von Tier und Mensch auf dem gesamten Kontinent zeitigen.

Da ich die große Herde vom Boden aus sehen wollte, holte ich George in Seronera ab und fuhr mit ihm zuerst nördlich nach Banagi, dann westlich auf der Ikoma-Musoma-Straße zur alten Nordwestgrenze des Parks und den Rest des Weges querfeldein. Ich hatte mich schon vom Flugzeug aus genau orientiert, aber in einer Stunde können Elefanten große Entfernungen zurücklegen, und selbst für ein Auto mit Vierradantrieb ist diese Hochgrassteppe mit den vielen Schlaglöchern, den Felsbrocken, gestrüppbewachsenen Ufern der Flüsse und dem sumpfigen Untergrund problematischer als der harte Steppenboden der Ebene. Die niedrigen Dschungelwälder besitzen keine Erhebungen und weithin sichtbaren Markierungen, und eine Zeitlang schien es, als ob ich tatsächlich vierhundert Elefanten verloren hätte.

Dann plötzlich erschienen sechs Elefantenbullen, Ohren aufgestellt, zwischen den Bäumen und peitschten die Luft mit ihren Rüsseln. Sie wateten durch eine tiefe Wasserrinne, während die Hauptherde auf einer baumbewachsenen Anhöhe auftauchte. Unter großen Schwierigkeiten entdeckten wir endlich die Stelle, an der wir die Rinne überqueren konnten, dann setzten wir unsere Fahrt in der Hoffnung fort, einen Platz im Windschatten der Herde zu finden, wo die Elefanten vorbeiziehen würden. Aber ihr Tempo hatte sich, als die Sonne höherstieg, verringert; wir mußten wieder zurück, um uns im Gegenwind an sie heranzupirschen. Die Elefanten zerstörten gerade einen Niederwald – das ist keine Übertreibung! – mit einem schrecklichen Krachen und Brechen von Bäumen, doch nach einer Weile zogen sie in die offene Savanne hinaus. In einem sumpfigen Fluß bespritzten sie einander, rollten sich im Wasser und nahmen Schlammbäder; die Luft war erfüllt von heftigen Klatschlauten ähnlich dem Schmatzen von Raubtieren beim Verzehren der Beute. Selbst beim Ruhen wogte die Elefantenherde wie ein graues Meer, die Ohren wie große zarte Blütenblätter, das Heben und Senken der schlammbedeckten Flanken, die eingerollten Rüssel – ein traumhafter Rhythmus, ein Rhythmus von Wind und Bäumen. „Die haben ein schönes Leben", sagte Schaller, „lang und ohne Ängste." Zwar kann ein Elefantenkalb von einem Löwen getötet werden, aber nur ein verzweifelter Löwe würde sich nahe an eine Elefantenherde heranwagen; die Elefanten zählen zu den wenigen Lebewesen, die in freier Wildbahn ein hohes Alter erreichen.

Über das geräuschlose Verhalten der Elefanten ist schon sehr viel berichtet worden, und alles stimmt. So hörte ich einmal im Wald nur einen ganz schwachen Brechlaut, und wenn ich nicht auf der Hut vor den umherstreifenden Elefanten gewesen wäre, hätte ich wahrscheinlich den mächtigen Bullen nicht gesehen, der sich von hinten an uns heranmachte. In hundert Meter Entfernung brach er wie ein Wolkenschatten aus dem Unterholz hervor und ließ die niedrigen Bäume um ihn herum winzig klein erscheinen. Ich hob den Feldstecher, um den Elefanten abdrehen zu sehen, sobald er unsere Witterung aufnahm, aber die leichte Brise hatte umgeschlagen, und der Bulle kam vielmehr rasch auf uns zu, wurde immer größer und größer, füllte das Blickfeld meines Feldstechers ganz aus, Stirne, Ohren und Rücken von feuchtem Schlamm glänzend. Es blieb keine Zeit mehr, das rettende Auto zu erreichen; nichts anderes mehr war zu tun, als wie angewurzelt stehenzubleiben. Mit zitternder Stimme fragte ich: „Was sollen wir tun, George?" Aber ich erhielt keine Antwort.

Dann plötzlich witterte uns der Bulle – der heiße Wind wechselte unaufhörlich –, und die dunklen Flügel bauschten sich auf, erfüllten den Himmel, die Luft zerbarst förmlich von jenem elementaren Schrei, den der Elefant bei Gefahr oder in äußerster Erregung ausstößt, diesem urzeitlichen, schrillen Trompetenstoß aus dem tiefsten, ältesten Afrika. Das Tier änderte ohne Hast seinen Kurs – es war nicht auf der Flucht, sondern zog aufmerksam, mit aufgestellten Ohren, am Menschen vorbei. Die Stelle, an der es uns zum erstenmal gewahr wurde, war nicht einmal 30 Meter von uns entfernt – ich habe es nachher in Schritten ausgemessen –, und als es an uns vorbeizog, war es uns sogar noch etwas näher gekommen. „Er war verdammt nah", sagte ich schließlich zu Schaller. George räusperte sich. „Noch näher hätte er nicht kommen dürfen", meinte er, „jedenfalls nicht, wenn man zu Fuß unterwegs ist." Schaller, dem jede Übertreibung fremd ist, hatte einen ehrfürchtigen Ausdruck in seinem Gesicht.

Wir pirschten den Elefanten nach und waren bald mehr als einen halben Kilometer von meinem Landrover entfernt. Der leichte Wind drehte sich unaufhörlich, und eine alte Elefantenkuh, die unsere Witterung aufnahm, stellte ihre Ohren auf und hob ihren Rüssel und hielt ihn lange Zeit wie ein Fragezeichen in die Luft. Da einige junge Elefantenkälber bei der Herde waren, wagten wir uns nicht näher heran. Dann verlor die Kuh unsere Witterung, und das mit dem Rüssel erzeugte klatschende Geräusch wurde fortgesetzt, ein Laut, den diese Tiere schon seit vierhunderttausend Jahren von sich geben. Von Zeit zu Zeit hörte man einen kurzen erregten Schrei oder das Krachen eines fallenden Baumes im Wald und immer wieder das Klatschen von Schlamm und Wasser und das Knurren der Elefanteneingeweide, der tiefste Laut, den man außer vom Elefanten nur vom Wal zu hören bekommt.

Afrika. Mittagsstunde. Heiße, reglose Stille, schwüle, drückende Luft. Ein Nashornvogel, Mücken, grüne Hügel in der Ferne vor dem Viktoriasee.

Bis vor wenigen Jahren, als die Elefantenherden noch nicht in Wildreservaten und Nationalparks zusammengefaßt waren, war es schwierig, das Verhalten der Elefanten zu studieren, da man nicht nahe genug an sie herankommen konnte. Selbst heute noch sind die Elefantenforscher zufrieden, wenn sie mit Statistiken, Beobachtungen aus der Luft, verendeten Elefanten und ähnlichem arbeiten können; denn Verhaltensstudien werden am besten zu Fuß durchgeführt, eine Arbeit, für die nur wenige Menschen den Mut aufbringen. Eine Ausnahme ist der Schotte Iain Douglas-Hamilton, ein junger Biologe, der seine Doktorarbeit über die Elefanten vom Manyara-See schrieb.

Ebenso wie der Natronsee ist auch der Manyara-See ein Salzsee oder Magadi, der am Fuß des ostafrikanischen Grabenbruchs liegt. Die Ostseite des Sees reicht in eine trockene Ebene hinein, aber an der Westküste, wo die dem porösen Vulkangestein des Kraterhochlandes entspringenden Flüsse münden, wächst ein hoher, dichter Grundwasserwald. Die mächtigen Bäume vermitteln eine Dschungelatmosphäre, doch gibt es hier keine Epiphyten oder Moose, denn die Luft ist trocken. Auf der Straße nach Süden zum Manyarasee-Park geht dieser Wald in eine nur spärlich mit den zartesten aller Akazienbäume, den Schirmakazien, bestandene Waldung über, und hinter dem Mdala-Fluß befinden sich dichtester Buschwald und feuchte Savanne. Dieser Waldstreifen zwischen See und Grabenbruch ist so schmal und die Abwehrmaßnahmen der Bevölkerung gegen Elefanten in dem umliegenden bebauten Gebiet sind so intensiv, daß im Manyara-Park die größte Konzentration an Elefanten von ganz Ostafrika lebt, ungefähr drei Stück auf einem Quadratkilometer. Aus diesem Grund – und weil die Tiere im Manyara-Park an Fahrzeuge gewöhnt sind und man, so man sich richtig verhält, nahe an sie herankommen kann – ist hier der beste Ort der Welt für Elefantenbeobachtung.

In den Akazienwäldern entlang des Seeufers halten sich überall zwischen den hohen Bäumen ebenso wie im Dickicht Elefanten auf. Elefanten leben in matriarchalischen Gruppen, geführt von Elefantenkühen, deren Töchter ihnen nachfolgen – weibliche Elefanten bleiben an der Seite ihrer Mütter, solange diese leben –, und in dieser Gruppe können auch noch junge Bullen

dabeisein. Bei noch nicht ausgewachsenen Elefanten ist das Geschlecht sehr schwer zu bestimmen – ihre Geschlechtsmerkmale sind gut getarnt hinter der Kaskade von lose herunterhängenden Hautstücken und Falten –, und wenn man ihr Verhalten nicht schon einige Zeit studiert hat, ist die genaue Zusammensetzung einer Kuh-Kalb-Gruppe sehr schwer zu bestimmen. Gewöhnlich ist das Leittier die älteste Elefantenkuh, die mit jedem anderen Tier der Gruppe verwandt ist; sie kann bis zu fünfzig Jahre alt und selbst nicht mehr fortpflanzungsfähig sein, aber ihr großartiges Erinnerungsvermögen und ihre Erfahrung schützen die Herde vor Dürre, vor Überschwemmung und vor dem Menschen. Sie weiß nicht nur, wo zu den verschiedenen Jahreszeiten die besten jungen Schößlinge gefunden werden können, sondern auch, wann der Augenblick für den Angriff und für die Flucht gekommen ist, und in Not- und Gefahrenzeiten schart sich die Herde vertrauensvoll um sie. Wenn eine Kuh brünstig ist, gesellen sich Bullen zur Kuh-Kalb-Gruppe; die übrige Zeit leben die Bullen allein oder in Junggesellengruppen. Als ich näher heranfuhr, zogen sich die Bullen nach flüchtigem Drohverhalten zurück: aufgestellte Ohren, erhobene Stoßzähne, ein wie ein Pendel ausschlagender Vorderfuß, ein Entwurzeln des nächsten Baumes und vielleicht ein leiser Schrei; manchmal reagieren sie ihre Erregung ab, indem sie einen Schakal oder einen Vogel jagen. Auch bei den Kühen ist das aggressive Verhalten meist nur Imponiergehaben, obwohl es klüger ist, sich nicht darauf zu verlassen.

Der mit den Elefanten am meisten vertraute Mensch ist Iain Douglas-Hamilton, der am Ndala- oder Büffelfluß, zwölf Kilometer in den Manyarasee-Park hinein, ein kleines Lager errichtet hatte. Das Lager befand sich oberhalb einer geröllerfüllten Windung des Ndala-Flusses, eines Stromes, der über altes kristallines Felsgestein in mehreren lieblichen Wasserfällen herunterrauscht und eineinhalb Kilometer weiter in den See mündet. Obwohl das Wasser in den kleinen Flußbecken kühl und zum Baden tief genug ist, muß man sich vor der Bilharzia hüten, einer äußerst unangenehmen Darmerkrankung durch Würmerlarven, die durch menschliche Exkremente in stehendes Wasser gelangen: Die Larven haben eine kleine Frischwasserschnecke als Zwischenwirt, verbringen ein bestimmtes Larvenstadium im Wasser und dringen von dort in die Poren von Pavianen und Menschen ein. Viele Leute sind in diesen Teichen schon von der Bilharzia befallen worden, auch Douglas-Hamilton, der sich aber dadurch nicht beeindrucken läßt und sicherlich eine neue Ansteckung mit dieser Krankheit riskieren wird, die ohne langwierige Behandlung zu Debilität führen und sogar letal ausgehen kann.

Als ich zum Lager kam, stand Douglas-Hamilton vor seinem bescheidenen Versuchslabor, neben ihm seine hübsche Mutter, Prunella Power, die auf Besuch bei ihm weilte. Iain ist ein stattlicher junger Mann mit blondem Haar und Augengläsern; meist trägt er ausgebleichte grüne Drillichhosen und alte schwarze Straßenschuhe ohne Schnürriemen und Socken (er besitzt auch ein ausgezeichnetes Paar Armeestiefel, die er trägt, wenn er sie zufällig findet). Er nahm mein Empfehlungsschreiben und stopfte es in seine Hosentasche, und ich zweifle, ob er es je gelesen hat. „Sie bleiben bei uns, nicht wahr?" fragte er geradeheraus. „Haben Sie schon Tee getrunken? Gut, dann kommen sie doch gleich mit uns, wir wollten eben aufbrechen, um Elefanten zu beobachten." Ich kletterte aus meinem Landrover und stieg in sein Auto um, und dann ging es hinunter zum See, wo Douglas-Hamilton direkt auf eine Elefantenherde zufuhr und Notizen zu machen begann. Er war so abrupt näher gekommen, daß die gesamte Herde in heftigste Drohgebärden ausbrach und schrille Laute von sich gab. „Dumme alte Dinger", meinte Iain und blickte kaum auf. „Eigentlich schreckliche Feiglinge. Dumme alte Elefanten." Er betrachtete sie dennoch wohlwollend und mit Sympathie. „Oh, verdammt", rief er, als eine riesige Kuh mit lautem Getöse durch die Büsche brach. „Das ist die Große Boadicia – sie wird uns angreifen, nehme ich an." Aber Boadicia, die Leitkuh, blieb stehen, als eine jüngere Kuh zum Angriff überging. Ich erwartete, daß Iain sein Notizbuch fallen lassen und nach dem Lenkrad greifen würde, aber er meinte bloß: „Die gibt nur an, die macht nichts." Einige Meter vor der Kühlerhaube machte die Kuh tatsächlich halt. Nachdem sie ihrer Angeberei Genüge getan hatte, bewegte sie sich langsam mit pendelndem Vorderfuß rückwärts und begann, was die Verhaltensforscher Übersprungsfressen nennen, wobei sie ihrem Ärger laut Luft machte. Noch immer den Vorderfuß seitwärts schwingend, riß sie ein Büschel Gras aus, und wir waren nahe genug, um einen Trick zu beobachten, von dem ich noch nie gehört hatte – während der Elefant mit dem Rüssel an den Grasbüscheln zieht, schneidet er sie mit den scharfen Zehennägeln seines schweren Fußes ab, der im Rhythmus einer Sense hin und her schwingt.

Iain und seine Mutter hatten für den Abend von Jane und Hillary Hook, die damals gerade mit einer Gruppe Safaritouristen im Galeriewald in der Nähe des Parkeinganges kampierten, eine Einladung erhalten. Da auch ich mit den Hooks bekannt war, nahm man mich mit. Obwohl es noch nicht spät war, fuhr Iain wie der Teufel und verlangsamte das Tempo nur einmal, um eine Puffotter die Straße überqueren zu lassen; im Licht der Scheinwerfer bewegte die Otter sich, zu fett zum Dahinschlängeln, mühselig wie ein Tausendfüßler über den Boden. Als wir einen Augenblick später um eine Kurve bogen, wurde unser Weg von einem riesigen Akazienbaum versperrt, der zum Wegheben zu schwer war; der Wind hatte ihn auf den Fahrweg geschleudert, und zwar genau an einer Stelle, an der links sich eine steile Wand auftürmte und rechts ein ebenso steiler Abhang abfiel. „Ich werde das Abendessen nicht versäumen", rief Iain und jagte sein Auto seitlich der Straße in den Dschungelwald hinein, wohl in dem Versuch, das Baumhindernis zu umfahren. Die Bodenplatte des Autos schlug auf einem der zahlreichen versteckten Baumstrünke mit solcher Kraft auf, daß Iains Mutter mit dem Kopf gegen das Autodach knallte; innerhalb von Sekunden saß das Auto auf, während beide Vorderräder sich in der Luft weiterdrehten. Iain nahm einen riesigen Wagenheber und kurbelte das Auto in die Höhe. „Nun werde ich vom Wagenheber herunterfahren", rief er mir zu. „Schnappen Sie den Heber, bitte?" Ich brachte mich durch einen Sprung vor dem sich wild drehenden Wagenheber in Sicherheit, als Iain herunterfuhr, und starrte diesem mutigen jungen Mann höchst verwundert nach, als er das hin und her schaukelnde Auto wieder auf die Straße zurücklenkte.

Auf der Rückfahrt ging Mrs. Power im Licht von Hillarys Taschenlampe zu Fuß um den quer über der Straße liegenden Baum herum. Auch ich war ausgestiegen und lotste Iain sicher zwischen den Baumstrünken durch, dann sprang ich in den Wagen, als das Auto auf die steile Böschung hinauffuhr. Im letzten Augenblick kam es ins Schleudern und fuhr mitten in einen Dornbusch hinein, aber schließlich gelangte es auf wunderbare Weise doch wieder auf die Fahrbahn zurück.

„Phantastisch!" sagte Hillary Hook. „Das hätte ich nie für möglich gehalten."

Als ich auf dem Heimweg Dornen aus meinem Gesicht zog, war ich eigentlich recht wütend und verärgert, und Mrs. Power, die sich liebevoll mit Iain abfand und wohl auch, weil ihr nichts anderes übrigblieb, meinte zu mir: „Ich habe eigentlich damit gerechnet, daß Sie eingreifen würden."

„Ich wiederum habe gehofft, daß Sie etwas sagen würden", teilte ich ihr wütend mit. „Ich habe zuwenig Erfahrung mit ihm, und außerdem sind Sie ja auch seine Mutter."

Zeitig am nächsten Morgen fuhren wir südwärts zum Endobash-Fluß. Am seichten Ufer des Sees lag in der Nähe eines großen Affenbrotbaumes ein toter Büffel und in den verzweigten Ästen einer nahen Schirmakazie ein Löwe. Die Gewohnheit, auf Bäume zu klettern, soll bei den Löwen vom Manyara-See entstanden sein, um sich vor der Wadenstecherfliege zu schützen, die an den See- und Flußufern heimisch ist; zu Zeiten, wenn die Wadenstecherfliege ganze Landstriche überfällt, leben auch die Ngorongoro-Löwen auf Bäumen, und im Sommer 1970 sah ich in den von der Tsetsefliege heimgesuchten Wäldern in der Serengeti einen Löwen auf einen Baum klettern. Aber im Gebiet des Manyara-Sees, wo sich die Löwen vor den Angriffen der zahlreichen Büffel und Elefanten nur unzureichend schützen können, mag der Schutz vor diesen Tieren auch ein bestimmender Faktor sein.

Impala-Gazellen, im frühen Morgenlicht hell rostrot leuchtend, sprangen elegant und anmutig umher, und eine Büffelherde von mehreren Hundert Tieren wechselte über den Fahrweg. Unweit des Endobash-Flusses sahen wir große Elefanten, die Iain nicht kannte, und so näherte er sich ihnen äußerst vorsichtig. Sie waren in den Park gekommen, vielleicht weil sie draußen von Menschen gejagt und sogar angeschossen worden waren; solche Elefanten greifen dann sehr schnell an. Sie weideten und grasten soeben im dichten Busch und Unterholz, so daß ihre genaue Zahl und ihr Territorium noch nicht einwandfrei festgestellt werden konnten. Und außerdem sahen sie entschieden größer aus als die am Manyara-See heimischen Elefanten, die eher klein, weil wahrscheinlich noch jung sind. „Das hier sind die Bösen", sagte Iain. Er saß mutlos hinter dem Lenkrad seines Landrovers, die Hände in den Hosentaschen. „Gräßliche, wilde, schwerfällige Elefanten!" rief er plötzlich aus, als ob er ihnen mit der Faust drohen wollte. „Dreht euch um, ihr Bastarde, laßt mich einen Blick auf euch werfen!" Hier am Endobash-Fluß hatte letztes Jahr eine Gruppe fremder Elefanten seinen Landrover buchstäblich auseinandergenommen, während er und seine Begleiterin am Boden des Autos hockten; das Fahrzeug, in dem wir heute unterwegs waren, hatte er sich als Ersatz angeschafft.

Iains neuer Landrover ist hinten offen wie ein kleiner Lastwagen und beherbergte außer dem Ersatzrad und dem Wagenheber auch einen Wildhüter namens Mhoja, den Iain angelernt hatte und der ihn auf seinen Beobachtungsfahrten begleitete. Mhoja, ein Nyamwezi aus dem großen Bantustamm Zentraltansanias, zeigte anfangs große Angst, wie Iain sagte, aber in jüngster Zeit schien er sich aus unerfindlichen Gründen mit

seinem Schicksal abgefunden zu haben und zeigte in allen Situationen eine fast schon gleichgültige Haltung. Trotzdem klopfte Mhoja jetzt erregt gegen das Autodach, denn von beiden Seiten kamen Elefanten auf uns zu – wir waren buchstäblich eingekreist. „Sie werden uns angreifen, nehme ich an", meinte Iain, und so war es auch. Er jagte den Motor auf Hochtouren, und wir retteten uns mitten durch zwei Büsche in Sicherheit.

Wir fuhren zum Endobash-Tal hinauf, an den Steilstufen des Grabenbruchs entlang. An der gleichen Stelle hatten im Vorjahr Iain und seine Mutter im dichten Buschwerk ein Nashorn entdeckt. Iain war von dem Tier angegriffen worden und mußte drei Wochen in einem Krankenhaus in Arusha mit einem Wirbelbruch verbringen. Kurze Zeit später war er in einem kleinen Flugzeug mitgeflogen und abgestürzt. Daraufhin hatte er sich entschlossen, selbst fliegen zu lernen. Da Iains Vater im Zweiten Weltkrieg bei einem Flugzeugabsturz ums Leben gekommen war, zeigte sich seine Mutter verständlicherweise über diese neue Leidenschaft ihres Sohnes nicht begeistert, aber sie wußte anderseits auch, daß sie ihn davon nicht abbringen konnte.

Eines Nachmittags bot ich mich an, Mhojas Platz im hinteren Teil des Wagens einzunehmen. In kürzester Zeit hatte es Iain geschafft, daß ich von wütenden Elefantenkühen umringt war, die das Auto von allen Seiten aus bedrohten, und bei dem Versuch, meine Augen überall gleichzeitig zu haben, drückte ich mich immer enger an die Wand des Fahrzeuges. Durch das Rückfenster ließ mich Iain wissen: „Sie werden sich schon noch daran gewöhnen, keine Angst." Dann tauchte ein riesiger Bulle neben dem Wagen auf und zerstörte mit seinen Stoßzähnen einen kleinen Baum, keine fünf Meter von dem Platz entfernt, an dem ich kauerte und mir einfach nicht vorstellen konnte, warum Douglas-Hamilton anscheinend nicht gewillt war, mein Leben zu retten. Als ich mich mit einer flehenden Gebärde Iain zuwandte, blickte ich direkt in seine Kamera; es machte ihm Freude, mein zu Tode erschrockenes Gesicht zu fotografieren, mit einem riesigen Elefantenbullen im Hintergrund. „Sie werden dieses Foto haben wollen", meinte er nur.

Verärgert über meinen Zorn, meinte er, daß ich kein Vertrauen zu ihm hätte: „Ich *kenne* diese Elefanten", betonte er später. „Wirklich." Iain konnte sich nicht entscheiden, ob er sich über seinen Ruf, leichtsinnig zu sein, freuen oder ärgern sollte. „Die Leute glauben, ich bin ein verrückter Idiot, aber ich mußte wirklich für meine Forschungen ganz eng mit Elefanten zusammenarbeiten." Da er nicht nur das Verhalten der Elefanten studierte, sondern auch die Auswirkung der großen Zahl von Elefanten auf die Ökologie von Manyara, mußte er eine genaue Aufzeichnung ihrer Wanderungen machen, die Identität jedes einzelnen Tieres und seine Stellung innerhalb der Herde genau kennen, ebenso wie die Frage, welche Herden nun Manyara-Elefanten waren und welche sich nur vorübergehend im Park aufhielten, beantworten können. Er löste das Problem, indem er jedes einzelne Tier von vorne und mit aufgestellten Ohren fotografierte; so konnte er an Hand der Stoßzähne und der Einkerbungen am Ohr die Tiere identifizieren; diese Methode setzte jedoch voraus, daß er sich einer Konfrontation mit vierhundertzwanzig aufgeregten Elefanten stellen mußte. Iain lernte auf die harte Tour, welche Elefanten bösartig sind, und seine Überzeugung, daß er Drohverhalten vom echten Angriffsverhalten unterscheiden könne – was Profijäger, die mit ihm des öfteren auf Jagd gingen, nicht können –, ermutigte ihn, den Besuchern „denselben Spaß mit Elefanten zu gewähren, den ich hatte, als auch ich noch nichts darüber wußte". Aber die Verbreitung dieser Abenteuer hat die wertvolle Forschungsarbeit, die Douglas-Hamilton leistete, leider diskreditiert, jene Arbeit, die er in mühevollen Tagen in engerer Verbindung mit wilden Elefanten durchgeführt hat, als irgend jemand vor ihm.

Gegenwärtig zerstören die Manyara-Elefanten die Schirmakazien in einem solchen Ausmaß, daß die Regenerierung nicht mit der Vernichtung Schritt halten kann, und nach Ansicht Iains werden diese prachtvollen Bäume in den nächsten zehn Jahren aus dem Park verschwunden sein. Bäume, die nicht entwurzelt werden, werden so stark abgerindet, daß sie sich nicht mehr erholen können; entweder ist ihr Gefäßsystem zerstört oder sie fallen einem Bohrwurm zum Opfer, der in das freigelegte Holz eindringen kann. Anderseits haben Elefanten seit Tausenden von Jahren riesige Wälder vernichtet, und vielleicht ist eben diese Vernichtung Teil des natürlichen Kreislaufes dieser Akazie, die das Wachsen ihrer eigenen Sämlinge durch ihren Schatten behindert. In der Reifezeit verzehren die Elefanten riesige Mengen Samenschoten, und da sie ununterbrochen auf der Suche nach jungen Schößlingen sind, werden die Samen an einen anderen Ort getragen und – welch äußerst günstiger Lebensstart – in einem sehr warmen, an Nährstoffen reichen Haufen Dung abgelegt.

Die ausgewachsenen Schirmakazien im Gebiet von Ndala zeichnete Iain in einem Kartendiagramm ein, und da es für seine Studien wichtig war zu wissen, was im Ablauf eines Jahres mit diesen Bäumen geschehen war, machte sich Iain eines Morgens auf den Weg, um zwei auf seiner Karte eingetragene Gebiete im Wald zwischen seinem Lager und dem See zu untersuchen. Da ihn der Weg durch dichtes, dschungelähnliches Buschwerk führte, das von Nashörnern und alten, einsamen Büffeln häufig aufgesucht wird, nahm er zu seinem Schutz ein Gewehr mit. Mhoja trug ein .470er-Rigby-Elefanten-Gewehr, und ich hatte eine einläufige .12-Kaliber-Greeners bei mir, mit der man sich angeblich gegen ein angreifendes Nashorn verteidigen kann. „Ich würde es an Ihrer Stelle erst laden, wenn etwas geschieht", sagte Iain, „es neigt nämlich dazu, von selbst loszugehen." Den ganzen Vormittag trug ich das Gewehr ungeladen, die Patronen in meiner Hand; wenn irgend etwas bei Gefahr klappen würde, konnte ich wirklich von Glück reden.

Die Morgendämmerung hatte etwas Unheimliches an sich – zumindest erschien es mir so –, einen Hauch von Düsterkeit, von Schwermut, die den afrikanischen Morgen überschattete. Die in den Tropen rasch aufgehende Sonne spiegelte sich auf dem weißen Elfenbein eines Elefanten, der hoch oben am Grat des Steilabbruches stand; vor mir zogen mehrere Elefanten durch die noch im Schatten liegenden Wälder; wo sich die Tiere buchstäblich Tunnels durch das Dickicht geschlagen hatten, war die Luft des braunen Waldlandes erfüllt mit glitzernden Spinnweben der Smaragdspinne, und in einem Sonnenstrahl, der zwischen zwei Bäumen durchbrach, stand eine schwarz-beige, tauglänzende Leopardenschildkröte. Die aufgehende Sonne ließ den Kopf einer Eidechse hellrot aufleuchten, die aus dem düsteren Schatten eines abgestorbenen Baumes hervorgekrochen war, und warf ihre Strahlen auf einen Zug Wanderameisen, die sich soeben einem Termitennest näherten, um es auszuplündern. Sonne und Schatten, Licht und Dunkelheit. Über eine helle, lichtdurchflutete Schneise zum See hinunter tanzten Impala-Gazellen in der Sonne.

Wenn man zu Fuß wandert, spürt man den Pulsschlag Afrikas durch seine Schuhsohlen. Hier ist man nur ein Lebewesen unter vielen anderen, vorsichtig nähert man sich schattigen Plätzen, wird ängstlich bei plötzlicher Stille in der Luft. Ein erfrischender Spaziergang in den morgenfrischen Wäldern wurde Stunden später zu einen ermüdenden Marsch durch mannshohes Dickicht und Salvadorasträucher, und als die Sonne höherstieg, breitete sich brütende Hitze über den Wäldern aus, die Farben verblaßten, und der Tau trocknete auf, mein Gewehr wurde immer schwerer, der Schritt langsamer und schwerfälliger. Ein feuchter

Dunstschleier schob sich vor die Sonne, kein einziger Vogel sang. Man mußte sich wirklich anstrengen, aufmerksam zu sein, und sich ständig daran erinnern, daß man in dieser mittäglichen Ruhe und Regungslosigkeit nicht sorglos durch das Dickicht wandern darf, weil man die dösenden Tiere aufschrecken könnte. Aber es kommt auch ein Zeitpunkt, wo die Aufmerksamkeit nachläßt und man sich verschwitzt und schwerfällig in der Sonnenglut dahinschleppt, allen Geräuschen und Alarmzeichen gegenüber abgestumpft, so wie ein saumseliger Büffel hinter seiner Herde. Diese Zeit ist für Mensch wie Tier eine Zeit der Gefahr.

„Wie die Endobash-Ebene, das da", meinte Iain, sich durchkämpfend; sogar er schien der Erschöpfung nahe. „Hier müssen wir uns vielleicht mit dem Gewehr weiterhelfen." Und als wir schließlich aus dem Dickicht in die offene Ebene hinaustraten und langsam durch den Hochwald heimwanderten, meinte er: „Sich so durch den Busch durchzuarbeiten . . . ein wenig ungut, wissen Sie. Es hat keinen Sinn, viel darüber nachzudenken; die Leute reden immer darüber, daß ich mich zu nahe an die Elefanten heranwage, aber mich jeden Monat durch diesen Dschungel durchzuarbeiten, ist verteufelt gefährlicher." Ich war glücklich, als dieser Marsch vorüber war, und blickte mit frischem Mut und wachen Augen auf den Rest dieses kostbaren Tages. Am Nachmittag horchte ich auf einer ruhigen Lichtung drei Streifeneisvögeln bei ihrem Trio zu. Diese Waldvögel zwitscherten erregt, hoben ihre hellen Schwingen wie Schmetterlinge der Sonne zu und zitterten.

Mitte Februar begab ich mich nach Südtansania, um den Schaden zu begutachten, den Elefanten in dem riesigen neuen Park am Ruaha-Fluß angerichtet hatten, und Douglas-Hamilton entschloß sich, mit mir zu kommen. Er wollte uns sogar unbedingt in seinem Flugzeug hinunterfliegen, einer alten Piper mit einem Treibstofftank, der für die große Entfernung kaum genügend Fassungsraum hatte. „Ich habe soeben meinen Pilotenschein gemacht", sagte Iain stolz. „Das wird ein tolles Abenteuer." Aber John Owen, der uns in Arusha von John Savidge, dem Wildwart von Ruaha, abholen ließ, konnte ihm diese Idee ausreden.

Wir flogen nach Süden über die Massai-Steppe, das breite weglose Zentralplateau Tansanias. Am westlichen Rand der Steppe flog Savidge die Great North Road entlang (vom Kap nach Kairo; dieser Weg wurde zum erstenmal in dem berühmten 8000-Kilometer-Marsch von Edward Grogan in den Jahren 1898/1899 begangen). Hier und an anderen Stellen nördlich des Sambesi ist die Great North Road größtenteils nur ein schlechter, unbefestigter Pfad. Das Flugzeug überflog eine Streusiedlung in den Kondoa-Irangi-Hügeln, wo die primitiven Ackerbaumethoden einer rasch wachsenden Bevölkerungszahl dazu geführt haben, daß die kostbare oberste Humusschicht abgewaschen wurde und große Erosionsfächer in der nackten Ebene entstanden. In Tansania wird intensiver Ackerbau als die Lösung für Unterernährung und Arbeitslosigkeit angesehen und Bevölkerungszuwachs von amtlicher Seite gefördert. Aber außer im Hochland ist die rote Erde Ostafrikas zu schlecht und dünn, um ständige Landwirtschaft zu betreiben, und wo der Boden fruchtbar ist, wird er sehr bald durch den Pflug erschöpft, der den Humus dem ständigen Wechsel von brennendheißer Sonnenbestrahlung und auslaugenden Regenfällen aussetzt. In der Regenperiode ist der Boden sumpfig und in der Trockenzeit hart, staubig und steinig. Wind und Regen erodieren einen Boden, der Jahrhunderte gebraucht hat, um sich zu bilden; und so entsteht Wüste. In Äthiopien, Madagaskar und in ganz Ostafrika sieht man diese vernichtende Erosion des dünnen, schlechten Lateritbodens; die rostrote Lateriterde tritt an die Oberfläche der afrikanischen Landschaft wie Blut, das aus einer Kratzwunde hervorquillt.

Nach Westen zu lag Dodoma, an der alten Handelsstraße von Sansibar und Bagamoyo an der Küste nach Tabora und dem Tanganjika-See; durch Dodoma zogen die Handelskarawanen der Araber und Suahelis, die wieder Monate später mit Elfenbein und langen Sklavenzügen aus dem Landesinneren auftauchten. Im Jahre 1857 waren Speke und Burton hier durchgekommen, und einige Jahre später Speke und Grant, als sie das Quellgebiet des Nils suchten. Händler, Missionare und Forscher bemühten sich stets, das Land im Norden zu umgehen, denn Dodoma liegt am Südende der Massai-Steppe, dem 350 Kilometer langen südlichen Teil des Massai-Landes. Hier sollen die Massai angeblich den Vorstoß der kämpferischen Ngoni-Zulu aus Südafrika nach Norden aufgehalten haben, und manchmal heißt es auch, daß die Zulu die Wanderung der Massai nach Süden verhindert haben, aber es ist auch möglich, daß diese beiden Stämme einander nie begegnet sind. Um 1840 hatten sich die Ngoni bereits in der Umgebung des Rukwa-Sees im südlichen Hochland angesiedelt, ziemlich weit entfernt vom nördlichen Rand des von der Tsetsefliege verseuchten Waldes, der sicherlich den Zug der Massai-Herden aufgehalten hätte. Viel eher wurden die Massai von den Stämmen der kriegerischen Gogo und Hehe in diesem Gebiet zurückgedrängt. Zwischen 1890 und 1894 wehrten sich die Hehe – die heute genauso demoralisiert sind wie die Massai – gegen die Enteignung ihrer Ländereien durch die Deutschen, die sich weigerten, die Stammeshäuptlinge anzuerkennen oder mit ihnen zusammenzuarbeiten, die Stämme mit einer schweren Steuer belasteten und sie zu Arbeiten zwangen, die andauernde Aufstände zur Folge hatten. Der Maji-Maji-Aufstand zwischen 1905 und 1907 verwüstete große Teile des Landes, und ebenso wie beim Mau-Mau-Aufstand ein halbes Jahrhundert später waren es die Eingeborenen, die zu leiden hatten: Es starben schätzungsweise einhunderttausend Menschen.

Der große Bahi-Sumpf lag südlich und westlich unter uns, als wir die Nordgrenze des Parks überflogen. Dieser westliche Teil des Parks ist durchlaufender Miombo oder Trockenwald, der allmählich in Akazienbüsche und Galeriewälder übergeht, wo der Große Ruaha nach Osten zur Küste hin fließt. Der Miombo, der sich größtenteils aus buschartigen Spezies der Brachystegia zusammensetzt, erstreckt sich nach Osten und Westen über 2500 km in einer riesigen unfruchtbaren Wildnis. Dort ist es drückend heiß und eintönig; die großen Anstrengungen in Südtansania, den Buschwald zu roden und das Abschlachten des Wildbestandes, bei den fruchtlosen Versuchen, die Tsetsefliege auszurotten, haben große Teile des Gebietes noch öder und trostloser als früher werden lassen.

Wir hatten einen angenehmen Aufenthalt in Ruaha und ein erfrischendes Bad am Rande der Stromschnellen hinter uns. Auch hier kam Iain wieder auf die tollsten Ideen, er wollte wissen, wer von uns am weitesten hinausschwimmen konnte, ohne von den Stromschnellen erfaßt zu werden, und ich rettete eines seiner neun Leben, indem ich diesen Vorschlag ablehnte. Am selben Abend kamen wir bei einer lebhaften Diskussion über das Elefantenproblem zu keinem brauchbaren Resultat. Die Zahl der Elefanten am Ruaha hat bedeutend zugenommen, seit die letzten Eingeborenensiedlungen aus diesem Gebiet evakuiert worden waren, und Savidge und seine Frau waren entsetzt über den Schaden, den die Elefanten an den herrlichen Winterdornbüschen und den Affenbrotbäumen in der Nähe des Verwaltungsgebäudes des Parks angerichtet hatten; sie forderten die umgehende Ausarbeitung eines Programms zur Elefantenkontrolle. Obwohl ihre Entrüstung verständlich war, konnten weder Douglas-Hamilton noch ich beipflichten, daß das Töten der Tiere die einzige Lösung sei – zumindest

so lange nicht, bis alle anderen Möglichkeiten versucht worden waren.

Die Lage in Ruaha wurde am 1. März bei dem in Voi im Tsavo-Park abgehaltenen Kenia-Tansania-Treffen über Elefantenprobleme besprochen. John Owen war so liebenswürdig und hatte mich zu dieser Konferenz eingeladen, und am 1. März 1969 flog ich mit ihm nach Tsavo. Wir verließen Arusha am späten Vormittag, flogen vorbei am dunklen Mount Meru, an den breiten Abhängen des Kilimandscharo und dem unheimlichen Ostgipfel, dem Mawensi, der ebenso wie der Mount Kenia der schwarze harte Kern eines Vulkanes ist, dessen Seiten abgesprengt wurden. Vor uns lag die Serengeti Kenias, eine öde Steppe mit vereinzelten Inselbergen. Dahinter lag Nyika, die Wildnis, Tausende Quadratkilometer Dornbusch zwischen den Hochplateaus und dem Meer. Bald warf das Flugzeug seine Schatten über den Tsavo-Park. Dieser größte Nationalpark Afrikas entstand, wie viele andere, weil man dieses Gebiet wegen der Tsetsefliege und anderer Seuchen für eine andere Verwendung ungeeignet hielt; die Mombasa-Eisenbahnlinie teilt den Park in einen Ost- und einen Westteil. Entlang der Eisenbahnlinie zieht sich eine kleine Hügelkette, die Teita-Berge, und am Fuß der Hügel liegt Voi.

Unser Gastgeber in Voi war David Sheldrick, Wildhüter im Tsavo-Park Ost und eine zentrale Figur in der großen Elefanten-Diskussion, die Mitte der sechziger Jahre erstmals entbrannte. Sein Gegner war Dr. Richard Laws, der damalige Leiter des Tsavo-Forschungs-Projektes und Hauptverfechter der Sterilisation der männlichen Elefanten als Mittel zur Stabilisierung, um dieses Großwild im Gleichgewicht mit seinem immer kleiner werdenden Lebensraum zu halten.

In einer mit Hilfe von Iain Parker – dessen Wildlife Services Ltd., Nairobi, den gesamten Abschuß durchführte – verfaßten Abhandlung[5] beschrieb Laws die Eliminierung von vierhundert Elefanten, die 1965 bei den Murchison-Wasserfällen am Südufer des Nils getötet wurden, und von dreihundert weiteren in Tsavo. Laws führte aus, die Annahme stimme nicht, daß die Zahl der Elefanten allgemein ansteige. Wirklich gestiegen sei die Dichte der Elefantenbevölkerung in bestimmten Schutzgebieten, vor allem in den Parks; dies beruhe, zumindest teilweise, auf einer Einwanderung von Elefanten in die Parks aus ungeschützten Gebieten und auf dem Fehlen entsprechender anderer Plätze, zu denen die Elefanten ziehen konnten; dies werde durch Zunahme der menschlichen Siedlungen an den Parkgrenzen verursacht. Die Unterbrechung der

149

natürlichen Wanderungen enge besonders in der Trockenzeit häufig den Lebensraum unnatürlich ein, der sich infolgedessen verschlechtere; ein zweites Symptom dieser Verschlechterung sei die rasche Umwandlung von Waldland in Weideland, ein Prozeß, der durch immer wieder auftretende Brände beschleunigt werde; ferner biete – ganz abgesehen von der fortschreitenden Eliminierung geeigneter Lebensräume für andere Waldtiere – das Grasland keine geeignete Ernährung für die Elefanten, die derart deutliche Beweise von Ernährungsschäden wie geringere Fruchtbarkeit, steigende Sterblichkeit der Jungtiere, verzögertes Wachstum und sogar pathologische Symptome von Streß wie deformierende Kieferabszesse aufweisen (am Südufer des Viktoria-Nils fanden sich diese Abszesse bei dreißig Prozent der getöteten Tiere), daß viele Elefantenbevölkerungen statt eines Anstieges vielmehr im Prozeß eines „Zusammenbruchs" stünden, der wegen der Langlebigkeit der Elefanten sich über mehr als ein halbes Jahrhundert hinziehen könne, und daß schließlich dieser „Zusammenbruch", der im Gebiet der Murchison-Wasserfälle sehr weit fortgeschritten sei, in Tsavo schon begonnen habe und wegen der steigenden Vernichtung der Lebensräume sehr wohl die völlige Ausrottung der Elefantenbevölkerung in beiden Plätzen zur Folge haben könne. Laws schloß daraus, daß diese bedrohten Populationen von einer Beschleunigung des durch den Menschen herbeigeführten „Zusammenbruchs" am meisten profitieren würden, um die restlichen Territorien für die überlebenden Tiere zu erhalten.

Die Laws-Parker-Schlußfolgerungen schienen vor allem für den Tsavo-Park ihre Gültigkeit zu haben, wo die ausgedehnte Dürreperiode in den Jahren 1960–1961, der unmittelbar darauf verheerende Überschwemmungen folgten, den Lebensraum der Elefanten verwüstet und zum Tod einer großen Zahl von Elefanten und Nashörnern geführt hatte. 1964 war Tsavo noch immer in schlechtem Zustand, als Laws von den Nationalparks von Kenia eingeladen wurde, vorläufig dreihundert Elefanten zu töten. Jedoch wurde ein weiteres Abschlachten von Elefanten in der empfohlenen Art und Größenordnung von Wildhüter Sheldrick abgelehnt, der glaubte – da umfassendere Studien fehlten –, daß es der natürlichen Auslese überlassen werden sollte, der Überzahl der Elefanten Herr zu werden. Schließlich errang Sheldrick die Unterstützung der Verwaltungsbehörden des Parks. In der Zwischenzeit war er aber angegriffen worden, weil er seine eigenen Ansichten höher bewertete als die Meinung geschulter Wissenschaftler. Laws äußerte sich

verbittert über die „Konservierer"; da der Mensch für das Entstehen des Elefantenproblems verantwortlich sei, werde er auch eine Lösung finden, ganz gleichgültig, wie erschreckend auch das Abschlachten dieser Tiere sein mochte. Laws wiederum wurde von Sheldricks Anhängern vorgeworfen, daß er eine ehrliche wissenschaftliche Auseinandersetzung vor die Öffentlichkeit gezerrt habe, und jedenfalls machte nach Ansicht dieser Leute Iain Parkers finanzielles Interesse an den gegenwärtigen und zukünftigen Eingriffen in die Bestandsdichte die Objektivität des Berichtes anfechtbar, der in jedem Fall durch die ungenügende Beachtung von Vegetationsgegebenheiten und klimatischen Zyklen ohnedies schon entkräftet war. (Die Ad-hominem-Aspekte des Streites waren auf beiden Seiten schlecht fundiert. Sowohl Sheldrick wie Laws fanden Unterstützung bei den Ökologen und Biologen, die damals in Ostafrika arbeiteten; und wenn auch Parkers Interesse an der kommerziell auswertbaren Bestandsregelung von Wild seinen Ansichten Nachdruck verliehen haben mag, so hatte er doch schon seit langem ein ehrliches Interesse an dem Wohlergehen des afrikanischen Tierbestandes gezeigt. Als Mitglied des Game Department hatte Parker in Tsavo an Anti-Wilderer-Feldzügen mitgearbeitet und war in der Folge zum Leiter des Galama River Game Management Scheme ernannt worden, einer bahnbrechenden Anstrengung, den Bestand von wilden Tierherden zu regulieren, um kommerzielle Vorteile ebenso wie Gewinnung von Eiweiß zu erzielen.)

Die Schlacht wurde in Zeitschriften und Magazinen in ganz Afrika und auch außerhalb des Kontinents weitergeführt und hat sich bis heute eigentlich noch nicht ganz beruhigt. „Das Problem der Elefanten im Tsavo-Park ist ein klassisches Beispiel für Unentschlossenheit, Wankelmut und schlechtes Management", schrieb Laws kürzlich in einer Abhandlung. Dennoch sind seine trüben Voraussagen bis jetzt noch nicht eingetroffen, vielleicht weil eine Reihe von klimatisch günstigen Jahren die Lebensräume im Tsavo-Park grundlegend wiederhergestellt hat. Die meisten Konferenzteilnehmer von Voi sympathisierten mit den Antiregulierungsansichten von David Sheldrick, obwohl auch hier die Meinungen weit auseinandergingen. Der Tsavo-Ökologe Dr. Philip Glover zum Beispiel war einer Ansicht mit Dr. Hugh Lamprey, dem Leiter des Serengeti-Forschungs-Institutes, daß die Zahl der Elefanten in der Serengeti künstlich reguliert werden müßte, falls nicht die immer wieder auftretenden Brände eingedämmt und unter Kontrolle gebracht werden könnten. Abschließend wurde festgestellt, daß jeder Park sein eigenes Problem darstelle und daß in allen Fällen gründlichere Untersuchungen nötig seien, bevor ein Regulierungsprogramm ausgearbeitet werde. Der Wildhüter von Ruaha forderte, daß die in diesem Park lebenden Elefanten ohne viel Federlesens getötet werden sollten, doch wurde dieses Ansinnen übereinstimmend abgelehnt; ebenso aber auch die Ansichten des wissenschaftlichen Beamten des Tansania-Nationalparks, der tatsächlich verlangte, daß kein einziger Park-Elefant getötet werden sollte, unter welchen Umständen auch immer. Dieser Ökologe der alten Schule, Mr. Vesey-Fitzgerald, war fest davon überzeugt, daß die Bestandsschwankungen von Populationen, die auf natürlicher Anpassung an unvermeidliche ökologische Veränderungen in einem Reservat basieren, Teil eines langfristigen Vorgangsmusters seien, das wir noch nicht verstehen. Wohl gab er zu, daß manche Elefantenpopulationen nicht im Gleichgewicht mit ihrer Umwelt wären, aber er glaubte, daß Regulierungsmechanismen wie Verlust der Fruchtbarkeit ganz von selbst eingreifen würden. Er könne sich an keine Gelegenheit erinnern, sagte er, wo Elefanten ihre Umgebung für sich selbst unbewohnbar gemacht hätten (obwohl Laws' Beobachtungen bei den Murchison-Wasserfällen dies zu widerlegen scheinen). Während die Brände selbstverständlich kontrolliert werden sollten, um den Druck der Tiere auf den Lebensraum zu verringern, würde seiner Meinung nach jegliche künstliche Verringerung der Tierzahl den natürlichen Rhythmus der afrikanischen Landschaft beeinträchtigen. Solange keine gründliche Untersuchung aller ökologischen Faktoren durchgeführt worden und vor allem über die Regeneration der betroffenen Vegetation nichts bekannt sei, wäre das Töten von Tieren in einem Nationalpark ein arger Fehler und ein noch schlechterer Präzedenzfall und darüber hinaus wahrscheinlich sogar eine Ungeheuerlichkeit.

Ganz gewiß ist der Elefant von allen Tieren Afrikas dasjenige, mit welchem der Mensch am wenigsten zusammenleben kann, doch sein Aussterben – wenn es kommen muß – scheint besonders tragisch zu sein. Ich kann Elefanten (und zwar ausschließlich Elefanten) stundenlang beobachten, denn früher oder später wird der Elefant irgend etwas Seltsames tun, wie zum Beispiel Gras mit seinen Zehennägeln mähen oder aus dem Kadaver eines verendeten Elefanten die Stoßzähne ziehen und sie in ein Versteck im Busch tragen. Hinter dem maskenartigen grauen Gesicht verbirgt sich ein Geheimnis, eine uralte Lebenskraft, zart und mächtig,

ehrfurchtgebietend und verzaubert, die Stille verkörpernd, die gewöhnlich den Berggipfeln, großen Bränden und dem Meer vorbehalten ist. Ich erinnere mich einer Bemerkung, die ein junges Mädchen über ihren Vater gemacht hat, einen Geschäftmann mit wenig Feingefühl, der sich entspannen wollte und zu diesem Zweck nach Afrika reiste und einen Elefanten erlegte. Als er so in seiner neuen Jagdkleidung in einer unendlichen, feindseligen Stille dastand und auf das riesige, tote blutende Ding, das noch vor wenigen Augenblicken so viel Leben ausgestrahlt hatte, starrte, war er zum erstenmal in seinem Leben von seiner eigenen Bedeutungslosigkeit betroffen. „Selbst er wußte, daß er etwas Sinnloses getan hatte", sagte seine Tochter.

Das noch immer ungelöste Elefantenproblem wird die Naturschutzpolitik in ganz Ostafrika beeinflussen, wo selbst sehr gewissenhafte Regierungen vielleicht nicht in der Lage sein werden, dem politischen Druck, Fleisch für die Bevölkerung zu beschaffen, genügend Widerstand entgegenzusetzen. Es finden bereits erste Gespräche über einen systematischen Abschuß in den Nationalparks auf der Basis einer anhaltenden Wildkontrolle statt, vor allem, da die Einkünfte der Parks aus dem Verkauf von Fleisch, Häuten und Stoßzähnen beachtlich sein könnten; dieser Versuchung werden unter Umständen die jungen Regierungen nicht widerstehen können. Auch könnten politische Unruhen die Tourismusindustrie vernichten, die die Existenz der Parks überhaupt erst rechtfertigt, und damit die letzte Schranke zwischen den Tieren und einer hungernden Bevölkerung entfernen. Den afrikanischen Schulkindern wird heute gelehrt, ihr Land und ihre Tiere zu schätzen und zu lieben, aber es kann durchaus sein, daß sich die öffentliche Meinung nicht rechtzeitig ändert, um die Tiere in freier Wildbahn für die nächsten Jahrzehnte zu retten, während die Welt sich mit den ärgsten Folgen der Überbevölkerung und Umweltverschmutzung auseinandersetzen muß. Und ein sturer Kampf um die Tiererhaltung unter Mißachtung der Menschen und ihrer von Hungersnot bedrohten Zukunft würde nur zum endgültigen Zusammenbruch der westlichen Zivilisation führen, die durch ihre sture Anwendung der Impfstoffe und des Chinins die Ökologie eines ganzen Kontinents durcheinandergebracht hat. Deshalb muß auch der Tierbestand in diesem neuen Afrika als ein wertvoller Schatz behandelt werden, der – außer Gazellen – auch eine ständig anwachsende Horde zerlumpter menschlicher Lebewesen umfaßt, die Tage und Wochen, Monate und Jahre wie in Trance dahocken und auf eine bessere Zukunft warten. In den grotesken Verkleidungen und Kostümen – Fetzen auf den Köpfen, wollene Militärmäntel und Stahlhelme aus den alten Kriegen der Weißen werden hier selbst bei 40 Grad Hitze getragen – sehen diese Figuren wie Überlebende einer erdgeschichtlichen Katastrophe aus. Einmal sah ich in Nanyuki einen Mann ohne Beine, dem jegliches Mittel der Fortbewegung fehlte und den man in einen alten Autoreifen am Rand der Straße gesetzt hatte. Mit wildem Blick in den hervorquellenden Augen, für den Lärm, den Staub und den Gestank der Abgase rund um ihn unempfindlich, starrte er auf eine alte Zeitung, als ob er die Nachrichten des Jüngsten Gerichtes entzifferte.

Das Elefantenproblem ist dem Problem des Viehbestandes diametral entgegengesetzt, das ebenso mit der Umwelt nicht mehr im Gleichgewicht ist. Als die Zahl der Rinder noch klein war, bedeutete dies keine Gefahr für die afrikanische Landschaft; erst als im vergangenen Jahrhundert die Weißen nach Afrika kamen, war ein Problem daraus entstanden. Die Europäer glaubten, daß der Besitz von Vieh zukunftsweisend für diese Heiden sei; was gut für die Weißen in Europa war, mußte auch gut für die Schwarzen in Afrika sein. Außerdem schürte der Weiße die Verachtung, die der Schwarze für die wilden Tiere hegte, der sie nicht nur als geeignete Nahrung für den Menschen, sondern als Konkurrent der Rinder und als Überträger der Tsetsefliege betrachtete. In Uganda, Zambia, Rhodesien und Tansania löste man das Problem, indem man den Busch niederbrannte und in großen Gebieten die hier heimischen Tiere tötete, in dem vergeblichen Bemühen, diese Regionen für Mensch und Tier bewohnbar zu machen. Heute weiß man, daß die Tsetsefliege das Warzenschwein, die Giraffen und den Kaffernbüffel bevorzugt und kaum auf Antilopen geht, so daß der Großteil dieser Tiere vergeblich sterben mußte.

Der Europäer und sein Streben nach persönlichem Besitz genügte, um das Gleichgewicht zwischen dem Menschen und dem afrikanischen Land zu stören. Es war selbst dem einfachsten Afrikaner klar, daß die wilden Tiere Geschöpfe der Vergangenheit waren, die seine Hütten zerstörten und seinem Vieh das Gras wegfraßen; sie standen einem „Fortschritt" im Weg, der herbeigesehnt wurde. Tierkontrolle, Tsetsekontrolle, eingezäunte Wasserstellen, Wildern – überall mußten die wilden Tiere Geschöpfen weichen, die selbst vom Standpunkt der Wirtschaftlichkeit aus weit weniger tüchtig zu sein scheinen als sie selbst. Die

Vorfahren der wilden Tiere haben sich seit 70 Millionen Jahren entwickelt; die eine dreiviertel Million Jahre alten heutigen Arten sind die letzte große Population wilder Tiere, die es noch auf der Welt gibt. Im Verlauf ihrer langen Evolution haben sie sich der Hitze und dem Regen angepaßt, schlechtem Boden und kümmerlicher Vegetation, und weil sie genügend Zeit hatten, sich besonders zu entwickeln, können sich auch rund ein Dutzend verschiedener Arten auf demselben Gebiet ernähren, ohne einander Konkurrenz zu machen. Das Nashorn, die Giraffe und die Giraffengazelle ernähren sich von Blättern und jungen Schößlingen, während das Zebra, die Topi-Antilope und das Weißbartgnu Weidetiere sind. Büffel, Elefant, Elenantilope, Impala und die meisten anderen Antilopen können sich sowohl von Blättern und Zweigen als auch von Gras ernähren. Zebras fressen mit Vorliebe Heu, Weißbartgnus und Kongonis junges Gras, wobei sie die jüngsten Graspflanzen den Gazellen überlassen; die Topi-Antilope schätzt besonders das üppige Weidegras, das die anderen Antilopen ablehnen. Nur wenige Pflanzenfresser brauchen Schatten, und alle verfügen über Mechanismen, Wasser zu speichern, die es ihnen gestatten, tagelang ohne Trinken auszukommen; die Grant-Gazelle, die Giraffenantilope und der Spießbock brauchen monatelang kein Wasser. Im Vergleich dazu müssen zum Beispiel die Rinder jeden zweiten Tag zur Tränke geführt werden und können rauhe Gräser, die die wilden Tiere gerne fressen, nicht verwerten. Außerdem werden wilde Tiere früher geschlechtsreif als Haustiere und brauchen weder Einzäunung noch Unterstand, Tsetsekontrolle oder tierärztliche Betreuung. Bis heute sind Wildzüchtungsexperimente in Kenia und Tansania noch immer im Anfangstadium, weil man verabsäumt hat, an die Schwierigkeiten zu denken, die von lokaler Politik und Vorurteilen bis zu den Erntemaschinen in einer heißen Wildnis ohne Straßen reichen: Die Tiere werden bald so aufmerksam und vorsichtig, daß systematisches Abschießen unmöglich ist, zumindest in Gebieten, die für Laster und Kühlwagen zugänglich sind. Aus diesem Grund scheint der Plan der Bestandskontrollen weniger vielversprechend zu sein als die Entwicklung halbdomestizierter Herden, die überall reduziert werden können. Für welche Lösung man sich auch immer entscheiden wird, die Wildzüchtung stellt einen vielversprechenden Versuch dar, um so mehr als die Touristen, nach denen die ostafrikanische Wirtschaft in großem Maßstab ausgerichtet ist, nicht hierher kommen, um Vieh zu sehen.

Die Elenantilope, die sich gerne unter Rinder mischt und sogar gelegentlich den Herden ins Gebiet der

Sycamoren-
Feigenbaum
(Ficus sycamorus),
Talekfluß

Elefant im Tsavo Park Ost (vorhergehende Seite)

Lehmverkrustete
Elefanten,
Tsavo Park Ost

157

Akazienwald wird zu Weideland, Amboseli-Park

Elefanten beim Staubbad, Amboseli-Park

Luftaufnahme einer Elefantenherde, Serengeti (umseitig)

Massai folgt, ist in Südrhodesien, Südafrika und in der Sowjetunion bereits heimisch und auch gezüchtet worden, und jüngste Erfolge mit Büffel und Spießbock am Galana-Fluß lassen vermuten, daß auch andere Tiere gezähmt werden können, die mehr Eiweißertrag bieten und dem Land weniger Schaden zufügen als die Rinder. Bis hier ein eindeutiger Beweis vorliegt, muß jedoch darauf geachtet werden, daß die Hirtenstämme nicht für Zustände bestraft werden, die durch Regenzyklen und Klimaeinflüsse hervorgerufen werden. Der Amboseli-Park, wo die in freier Wildbahn lebenden Tiere und die Viehherden der Massai sich ein Wildreservat teilen, das allmählich zu einer Staubwüste wird, wird häufig als ein Lebensraum angeführt, der durch zu viele Viehherden schwer geschädigt wurde, aber jüngste Untersuchungen[6] haben gezeigt, daß die langsam verfallende Vegetation weit mehr eine Folge des gestiegenen Wasserspiegels mit dem daraus sich ergebenden hohen Salzgehalt ist und nicht des Überweidens.

Auch die Behauptung, daß ein Großteil seiner Herde wertlos sei, ist dem Massai unverständlich, der nur weiß, daß selbst die schäbigste seiner Kühe im nächsten Jahr ein Kalb haben wird. Aber die Haut eines einzigen Zebras ist viermal soviel wert als die einer Kuh, und schließlich könnte der Stamm dazu gezwungen werden, sein zahlloses Vieh zu einem ertragreichen Wirtschaftsfaktor zu machen, indem sie qualitativ bessere Tiere aufziehen und mehr Vieh verkaufen und schlachten lassen. Die Bevölkerungszahl der Hirtenstämme steigt pro Jahr um zwei bis drei Prozent, und ein Landstrich nach dem anderen, der genügend Raum für Ansiedlung und für die primitive Landwirtschaft der Erstankömmlinge bietet, wird durch Brände, schlechte Bebauung, Überweidung und Erosion vernichtet. Die dünne Humusschichte verwandelt sich bald in Schlamm und Staub, weil die ausgemergelten Kühe Tag für Tag dieselben Pfade zu den Wasserstellen ziehen und Schafe die letzten Nährstoffe aus dem ausgelaugten Boden kratzen. Viele Jahrhunderte lang waren gewisse Turkanastämme Hirten, nun sind sie wieder Jäger und Sammler. Da ihnen keine andere Wahl bleibt, haben sie ihre alten Tabus aufgegeben und essen nun praktisch alles, was sie auftreiben können, von Schlangen bis zu Doumpalmenwurzeln; in den vergangenen Jahren konnte man viele von ihnen beobachten, wie sie aus den dichten Dornenbüschen die Eier und die Jungen von Webervögeln holten. Ein ähnliches Schicksal droht auch den Massai, denn wenn einmal die oberste Erdschicht weggeblasen ist, sind Seuchen und Hungersnot unausbleiblich.

Der Tsavo-Park Ost ist so immens groß, daß man ihn aus der Luft sehen muß, um eine Vorstellung von seinen Dimensionen zu bekommen. Wir flogen mit zwei Flugzeugen nach Norden über das Wasserloch bei Mudanda Rock bis zum Galana-Fluß, dem Zusammenfluß des Tsavo und des Athi, unter dem Yatta-Plateau; diese außergewöhnliche Formation, die 290 Kilometer in südlicher Richtung aus der Thika-Region bis zu einem Punkt östlich von Mtito Andei verläuft, ist mit einer großen Lavazunge bedeckt; das gesamte umliegende Gebiet ist erodiert. Das Yatta erhebt sich wie ein Festungswall an den Flüssen und entlang der trockenen Ebenen, doch seine steilen Flanken stellen für die Elefanten, die an diesem Tag in großer Zahl vorhanden waren, kein Problem dar. Die Tsavo-Elefanten sind die berühmtesten in ganz Ostafrika, da sie besonders groß und intensiv in den Farben sind, infolge ihrer Gewohnheit, ständig im roten Wüstensand Staubbäder zu nehmen. Diese Elefanten waren jedoch nicht immer hier heimisch: Der bekannte Elfenbeinjäger Arthur Neumann, der in den letzten Jahren des 19. Jahrhunderts auf seinem Fußmarsch von Mombasa zum Rudolfsee auch durch das Tsavo-Gebiet kam, sah damals überhaupt keine Elefanten.[7]

Die beiden Flugzeuge überfliegen das Hochland zwischen den Flüssen. Irgendwo in dieser Gegend befindet sich ein mit Kieselsteinen bedeckter Felsen; die Massai-Krieger werfen die kleinen Steine als Glücksbringer darauf, bevor sie die Giriama an der Küste überfallen. Am anderen Ende des Yatta fließt der Tiva, und hinter diesem erstreckt sich der trockene Dornbusch über zweihundertzwanzig Kilometer bis zum Tana-Fluß. Der einzige Baum in dieser Nyika, weitab von den Flüssen, ist der riesige, eigentümliche Affenbrotbaum, der Kalzium in seiner Rinde speichert und deshalb von den Elefanten arg hergenommen wird; nur wenige junge Bäume wachsen im Tsavo-Park weiter. Viele Eingeborenenstämme glauben, daß der Affenbrotbaum, der nächtliche Geschöpfe wie Eulen, Fledermäuse, Buschbabys und Gespenster beherbergt, eine Heimstatt der Geister ist; die Kamba sagen, daß seine sonderbare „verkehrte" Erscheinung die Strafe war, daß er nicht dort wuchs, wo Gott es wollte.

Die Kamba-Jäger und einige wenige nomadische Orma Boran und Ariangulo oder „Waliangulu" haben fast das ganze unwirtliche Land für sich allein. Ebenso wie die Kamba sind auch die Ariangulo, ein wenig bekannter Stamm der Nyika, der Wildnis, die eine dem Galla ähnliche osthamitische Sprache sprechen, ausgezeichnete Fährtensucher und Bogenschützen und haben lange Zeit in diesem Gebiet Elefanten gejagt, wobei sie Pfeile mit Acocanthera-Gift verwendeten, das sie von den Giriama einhandelten; das Elfenbein verkauften sie an die Händler an der Küste. Als nach 1948 das Tsavo-Buschland – für alle anderen Zwecke unbrauchbar – in einen Nationalpark umgewidmet wurde, gingen die Kamba- und Ariangulo-Jäger – oder Wilderer, wie sie heute genannt werden, was ihnen jedoch völlig egal ist – noch jahrelang ihrer ihnen eigenen Lebensweise nach. Im Winter 1950 entdeckte in diesem verbrannten Land östlich des Tsiva eine Gruppe von 38 Kamba eine Reihe von Wasserlöchern bei den Dekadima-Hügeln, aber alle waren trocken. Die Hälfte der Gruppe zog zum Tsiva weiter, in der Hoffnung, daß dieser periodische Fluß vielleicht noch Wasser führte, und die restlichen Stammesangehörigen wandten sich nach Süden zum Galana-Fluß, der zwar sicher noch Wasser hatte, aber viel weiter weg war. Die erste Gruppe verschwand, ohne irgendeine Spur zu hinterlassen; aus der zweiten gab es einen einzigen Überlebenden.[8]

Während des Mau-Mau-Aufstandes, als die meisten Wildhüter im Keniaregiment dienten, kamen die Elefantenjäger auch nach Tsavo; Sheldrick und Bill Woodley, der derzeitige Wildhüter des Aberdaren-Nationalparks, versuchten dieser Jäger habhaft zu werden, wodurch sie das Elefantenproblem noch mehr verschärften, weil sie die meisten Elefantenjäger ins Gefängnis brachten. Nachdem sie die Strafen abgesessen hatten, die sie eigentlich nicht begriffen, wurden einige der Jäger Gewehrträger auf Safaris und Fährtensucher oder Scouts des Game Department von Kenia; hier gebührt Bill Woodley größte Anerkennung, daß er ihnen Arbeitsplätze fand, was er Jahre später auch für die ehemaligen Mau-Mau in den Aberdaren erreichte. Einige wenige fielen wieder auf das Wildern zurück, aber die meisten haben sich der Unzahl Afrikaner angeschlossen, deren alte Lebensform und Lebensweise verschwunden ist.

Ich flog mit Douglas-Hamilton nach Tansania zurück, der in seinem neuerworbenen Flugzeug zur Elefantenkonferenz gekommen war. Iains Maschine ist 20 Jahre alt und sieht auch so aus, aber er brachte alle möglichen Ersatzteile mit – Querruder und Tragflächen und anderes Zeug. „Ich werde sie allerdings kaum verwenden können, glaube ich." Wir hoben in einem besonders steilen Winkel von Voi ab – ein überzogener Winkel, wie mir später von Hugh Lamprey, einem alten Experten, erklärt wurde, der einmal sein Flugzeug auf einem steinigen Gebirgssattel in 5000 Meter Höhe

zwischen den Gipfeln des Kilimandscharo landete. Obwohl Gewitterwolken am Himmel aufzogen und es heftig regnete, wählte Iain eine ausgefallene Route über die Teita-Berge, und ich saß düster vor mich hinstarrend da, während dichter Regen gegen die Windschutzscheibe prasselte. In den Teita-Bergen gibt es ungute Luftströmungen; hier in Voi war auch Karen Blixens Freund, Denys Finch-Hatton, abgestürzt.

Ich konnte Iain jedoch bald überreden, mir den Steuerknüppel zu überlassen, und der Rest des Fluges verlief ohne Zwischenfälle. Wir überquerten die Ardai-Ebene hinter Arusha und die sanften Losiminguri-Hügel und flogen weiter in westlicher Richtung auf die dunklen Grate des Grabenbruches zu. Aber Iain wollte den Flug einfach nicht so ereignislos beenden, und knapp bevor wir die Grate erreichten, sagte er: „Ich übernehme jetzt wieder das Steuer." Mit den Tragflächen winkte er den Safaritouristen, die gerade vor dem Manyara Lodge Tee tranken, und löste zweifellos ein Klappern der Teetassen aus, als er in einem wilden Bogen über das Land kurvte und im Vollgassturzflug auf den Wald zuraste, der 300 Meter unter ihm lag. Dann riß er die Maschine wieder auf Grathöhe hinauf und setzte schließlich zu einer perfekten Landung an.

Als ich ein Jahr später nach Ndala zurückkehrte, traf ich Iain äußerst verärgert an. Einen Monat nach meiner Abreise im vergangenen Frühjahr hatte er sein Flugzeug beschädigt und konnte es trotz all seiner Ersatzteile nicht mehr in Gang bringen. Und kaum hatte er es aus der Reparatur geholt, überschlug es sich bei einem der ersten Ausflüge im weichen Sand, als er an der Küste von Kenia in Kilifi landen wollte. Zur Zeit war er in Ungnade gefallen, wie ihm seine Gönner und Vorgesetzten mitgeteilt hatten, und deshalb konnte er mich auch nicht auf der geplanten Klettertour auf den Ol Doinyo Lengai begleiten. Ebenso konnte er nicht an einer anderen Safari ins Yaida-Tal südlich des Kraterhochlandes teilnehmen, wo Iains Freund, ein junger Zoologe namens Peter Enderlein, mit den kleinwüchsigen, mit Schnalzlauten sprechenden Titiga-Jägern in Kontakt gekommen war. Bei einem Glas Whisky konnte ich ihn schließlich davon überzeugen, daß er sehr viel und ausgezeichnete Forschungsarbeit geleistet hatte, die vorsichtigere Elefantenforscher niemals gewagt hätten, und daß seine Arbeit oder das, was er eben angeblich nicht getan hatte, nach ihrem wahren Verdienst beurteilt werden würde. (Und so geschah es auch. Im Jahr 1972 erhielt Douglas-Hamilton in

Oxford den Doktortitel verliehen, und zwar für eine Dissertation, die seine Professoren und Prüfer, unter anderen Niko Tinbergen und Richard Laws, als überragend bezeichneten.) Es hatte oft den Anschein, als hätte die offizielle Mißbilligung weniger mit den Mängeln an seiner Forschungsarbeit zu tun als mit seinen verschiedenen Pannen und Unglücksfällen oder vielleicht sogar mit seinem Privatleben in Ndala, zu dem unter anderem auch eine Freundin gehörte, die er ein Jahr später heiraten sollte. Oria Rocco, deren Familie eine Farm in Naivasha in Kenia besitzt, ist ein bezauberndes, lebhaftes Mädchen mit einer rauchigen Stimme, sehr viel Temperament und natürlichem Einfühlungsvermögen in das Wesen der Elefanten, da sie mit dem Schöpfer von „Babar", dem großartigen Elefanten der Babar-Kinderbücher, verwandt ist. Im selben Maße weltlich eingestellt wie Iain konservativ, teilt sie sein lebhaftes Interesse an der Gegenwart und seine Fatalität gegenüber der Zukunft; seit sie im Camp war, ging es dort viel zivilisierter zu.

Ich war noch keine halbe Stunde in Ndala, als uns Iain schon in eine Klemme gebracht hatte. Eine Kuh-Kälber-Herde, die von einer uns als Ophelia bekannten Kuh geführt wurde, kam das Flußbett herauf, um an einem kleinen Teich am Fuß der Wasserfälle zu trinken. Der Teich liegt an der Flanke des Grabenbruches, unmittelbar darunter fließt der Fluß zum Manyara-See, und in einiger Entfernung flußabwärts hatte Iain ein behelfsmäßiges Versteck eingerichtet. Von dort aus hoffte er mit einer komplizierten Kameraausrüstung eigener Erfindung von der Herde Aufnahmen zu machen; mit dieser Kamera kann man Doppelbilder des fotografierten Gegenstandes auf ein und demselben Negativ machen; durch die Verwendung von parallaktischen Verschiebungen können Tiermessungen mit relativ großer Genauigkeit ausgeführt werden. (Von der Schulterhöhe des Tieres kann man auf sein Alter schließen, und die Altersstruktur der Population – das Verhältnis der alten Tiere zu den jungen – ist ein wichtiges Zeichen für die Gesundheit der Tierpopulation: Trotz der hohen Dichte hat das Manyara-Gebiet zur Zeit eine gesunde „pyramidenförmige" Population mit vielen Jungtieren im unteren Teil der Pyramide.) Obwohl seine Behelfsausrüstung funktionierte, war sie so schwerfällig, daß er noch eine zweite Person mit einem Notizblock dabeihaben mußte, um die Daten einzutragen, und diese andere Person war ich.

Wir stiegen das Steilufer unter unserem Lager hinunter und gingen flußabwärts zu dem Versteck. Die Herde trieb sich geschäftig am Teich umher, aber mir

war unsere Position ganz und gar nicht geheuer. Die Tiere waren abgeschnitten; ihr einziger Fluchtweg führte flußabwärts an dem Versteck vorbei, das notdürftig, klapprig und daher wertlos war. Und hier waren wir auf freiem Feld, hundert Meter flußabwärts vom Steilufer entfernt, das zu unserem Lager führte . . . „Sie werden nie im Leben unsere Witterung aufnehmen", meinte Iain hoffnungsfroh und stellte sein Meßgerät auf, ein komisches Ding mit langen Armen, losen Einzelteilen und Prismen. Aber natürlich witterten sie uns, noch bevor Iain ein einziges Foto schießen konnte. Mit aufgestellten Ohren wirbelte Ophelia herum, und in tödlicher Stille jagte sie ihre Nachkommen das Flußbett hinunter, in jenem steifbeinigen Elefantenlauf, der eigentlich mehr ein Trott ist, und blieb die ganze Zeit zwischen ihrer Herde und den Menschen. Wir rührten uns nicht. „Ich glaube nicht, daß sie angreifen wird", flüsterte Iain. Aber in dem Augenblick, als die Herde an uns vorbei und in Sicherheit war, drehte Ophelia zum Ufer um und hörte auf zu drohen. Es gab keine aufgestellten Ohren, kein Brüllen, nur eine auf uns zukommende Elefantenkuh, mit hocherhobenem Rüssel, weniger als zwanzig Meter entfernt.

Ich erinnere mich, daß ich, als ich zu rennen begann, fluchte, der erste gewesen zu sein; meine einzige Chance war jetzt, daß der Elefant meinen Freund statt meiner angreifen würde; aus Hoffnungslosigkeit oder vielleicht auch aus purem Instinkt heraus, meinen Rücken nicht einem angreifenden Tier entgegenzuhalten, drehte ich mich noch einmal um, kaum daß ich zu laufen begonnen hatte, und wurde mit einem jener großartigen, so seltenen Augenblicke im Leben belohnt: Douglas-Hamilton, der nicht gewillt war, seinen Apparat fallen zu lassen, und wohl wissend, daß eine Flucht ohnehin sinnlos war, und zweifellos auch wütend, daß Ophelia nicht so gehandelt hatte, wie er es vorausgesagt hatte, blieb zum Trotz wie angewurzelt stehen. Als der Elefant vor uns stand, die heiße Mittagsluft mit seinem staubigen Körper ausfüllend, warf Iain seine Arme weit auseinander und schwenkte seinen komischen glitzernden Apparat vor dem Kopf der Elefantenkuh hin und her und schrie dabei wie verruckt: „Hau ab!" Äußerst überrascht, stellte Ophelia ihre Ohren auf, trompetete, machte aber dennoch einen Schritt zur Seite, verlor die Initiative, und nun, aus dem Rhythmus geworfen, wandte sie sich von uns ab und dem Fluß zu, wütend über ihre Schulter trompetend.

Vom Steilufer tönte herzliches Lachen an unser Ohr, es war Oria. Iain und ich schleppten uns zum

Mittagessen hinauf; wir hatten verdammt wenig zu sagen.

An einem anderen Tag nahmen wir unser Picknick zum Endobash-Fluß mit, der in einer Reihe von Wasserfällen zu Tal stürzt, die weißen Schaum in seinen Teichen aufwirbeln. Um dorthin zu gelangen, muß man sich ein kurzes Stück durch den Busch durcharbeiten, und Iain, der in diesem Gebiet schon zweimal in die Klemme geraten war, trug seine schwere Büchse. Beim Fluß angekommen, kletterten wir zu einem hohen Flußteich, wo wir uns auszogen und im kühlen Wasser schwammen. Dann saßen wir auf einem heißen Felsenriff, um uns trocknen zu lassen, und tranken Wein zu Orias ausgezeichnetem Essen. Später wanderten wir wie drei Sonntagsspaziergänger das Flußbett zum See hinunter. In der Sonne und Windstille wirkte diese mit Laubbäumen umschlossene Landschaft vertraut und friedlich, ohne diese enorme Anonymität, die einen in der Weite Ostafrikas so oft überwältigt. Wir hatten uns jedoch kaum auf den Heimweg gemacht, als nach einem halben Kilometer die Straße von einer Elefantenherde überquert wurde. „Das sind böse Endobash-Elefanten", sagte Iain und griff nach seinem Notizblock. „Ich muß mir diese Tiere näher ansehen! Laden Sie das Gewehr!" Da wir uns den seltsamen Tieren zu Fuß nähern wollten, benötigte er mich mit dem geladenen Gewehr; Oria sollte Aufnahmen machen. Wir gingen rasch und ruhig die Flußstraße hinunter.

Die Elefanten befanden sich in unserem Gegenwind, und bevor wir es noch merkten, waren wir mitten unter ihnen, und zwar so nahe, daß der hohe Busch, unter dem wir Schutz suchten, von den Bewegungen des Elefanten dahinter erzitterte. Einen Augenblick später trat ein zweites Tier ein paar Meter von uns entfernt aus dem Dickicht heraus. Es war eine riesige Kuh mit seltsam gebogenen Stoßzähnen. „Zum Teufel", sagte Iain, „es ist doch nur Jane Eyre." Munter trat er wieder auf den Weg hinaus, begrüßte seine alte Freundin, und es gab einen kurzen Augenblick der Spannung, als die Kuh sich ihm zudrehte. Dann zog sie seitwärts ab, mit den schlagenden Ohren eine halbherzige Drohgebärde andeutend, und ihre Herde kam aus dem dichten Busch heraus und zog mit ihr ab.

Iains Enttäuschung entsprach meiner eigenen Erleichterung, und Oria, die schwanger war, empfand genauso wie ich: Wir waren gut davongekommen. Es war ein prachtvoller Spätnachmittag, und im offenen Auto am Uferweg herumfahrend, durch Wind und Wein in vergnügter Stimmung, ergötzte ich mich an den Büffeln und den Stelzenvögeln am Seeufer und an dem

großen purpurglänzenden Affenbrotbaum, der am Ufer zwischen Ndala und Endobash steht. Aber knapp hinter der Ndala-Kreuzung sahen wir zwei Löwinnen in einem Akazienbaum. Eine von ihnen lag auf einem niedrigen Ast kaum drei Meter über dem Erdboden hingestreckt. Oria meinte: „Ich werde eine Aufnahme machen, wenn wir unter dem Baum durchfahren", und Iain verlangsamte das Tempo des Landrovers auf der Brücke, während Oria ihre Kamera schußbereit machte. In Manyara sind die baumkletternden Löwen an Fahrzeuge gewöhnt, und es ist daher auch nicht gefährlich, unter einen solchen Baum zu fahren. Aber dieses Tier war viel näher zur Straße als gewöhnlich, und unser Auto war ganz offen: Iain hatte das Dach abgenommen, um sich mit seinen Elefanten enger verbunden zu fühlen, und sogar die Windschutzscheibe lag flach auf der Motorhaube. Löwen, die an Kameras und Gesichter hinter Autofenstern gewöhnt sind, empfinden Menschen im Freien als eine Gefahr; als der Wagen unter ihr durchfuhr, blickten die Löwin und ich einander finster und nervös an, und ich fühlte, wie ich meinen Kopf ganz tief zwischen meine Schultern zog.

Oria erklärte, daß die Aufnahme danebengegangen sei, und so fuhren wir nochmals und dann noch ein letztes Mal unter dem Baum vorbei, als sie geradewegs in das Maul des Tieres knipste, das nun weit offen stand. „Noch einmal", sagte sie; sowohl Oria wie auch Iain fieberten nun vor Erregung. „O Gott", sagte ich und konnte kaum sprechen. „Ihr zwei –." Aber schon wurde das Steuer herumgerissen, und als ich in Iains entschlossenes eigensinniges Gesicht blickte, wußte ich, daß jede Einmischung ihn zu einer nur noch größeren Dummheit verleiten würde. Ich überlegte kurz, ob ich nicht aus dem Auto springen sollte, aber nicht für lange. Die äußerst erregte Löwin hatte sich erhoben, und ein Mensch auf dem Erdboden kann in einem solchen Moment ziemlich sicher mit einem Angriff rechnen. So irrsinnig es auch scheinen mochte, ich war im Auto, das nun weiterfuhr, sicherer.

Die Löwin duckte sich, Hinterkörper hoch, zog ihre Vorderpranken unter ihren Brustkorb und schlug mit der schwarzen Schwanzquaste heftig auf die Baumrinde. Sie erwartete uns und zeigte ihre Zähne, und diesmal sah ich das Spiel ihrer Muskeln, als sie zum Sprung ansetzte; mit zurückgelegten Ohren, die Augen flach im angespannt starrenden Kopf, der tief auf ihren Pfoten lag, bewegte sie ihre knochigen Schultern und ihre Hinterläufe. Anscheinend hatte auch Iain diese Bewegung bemerkt, denn als Oria flüsterte: „ Sie wird nicht springen", fuhr er sie an: „Sei nicht so verdammt sicher." Trotzdem fuhr er unbeirrt weiter – ich glaube nicht, daß ihm der Gedanke kam, vielleicht stehenzubleiben –, und eine Sekunde später befanden wir uns in tödlichster Gefahr.

Die Löwin hob wieder ihren Hinterkörper und fauchte so laut, daß Iain, statt der Gefahr in rasantem Tempo davonzufahren, auf die Bremse sprang und abrupt stehenblieb. Der Vorderteil des Autos kam direkt unter dem Ast zu stehen, auf dem die Löwin zum Sprung bereitlag, die aufgestellten Barthaare des Tieres und mein käseweißes Gesicht weniger als eine Löwenlänge voneinander entfernt; ich war zu gelähmt, um mich zu bewegen. Landrover-Motoren sind im Leerlauf recht leise, und während wir darauf warteten, daß die Löwin vor unseren Augen und Ohren explodieren, das heißt zum Angriff übergehen würde, hörten wir das Kratzen der Pranken auf der Rinde und das Zischen und Fauchen sowie das heftige Klopfen des harten Schwanzes auf dem Holz und beobachteten das Zucken der Beinmuskeln unter der Haut. Die Spannung, die Sonne, das Licht waren schrecklich aufregend – ich haßte es, aber es war trotzdem schrecklich aufregend. Alles war mir unerträglich deutlich bewußt. Ich glaube, ich roch die Löwin sogar, aber ich kann mich nicht mehr erinnern; ich habe nur noch eine heftige Erinnerung an Raubkatze in allen meinen Sinnen. Dann brachte Iain mit starrem Blick das Auto aus der Gefahrenzone, fuhr ein Stück im Rückwärtsgang, bevor er drehte und durch die Wälder heimwärtsfuhr.

Niemand sprach ein Wort. Als Oria auf ein paar auf Bäumen lagernde Löwen hinwies, ignorierten wir sie. Ich war wütend und bedrückt – wütend, weil wir unser Leben unvernünftig aufs Spiel gesetzt hatten, und bedrückt, weil ich es hatte geschehen lassen, als ob mir der Mut gefehlt hätte, meine Angst zuzugeben. Im Lager angelangt, meinte ich ziemlich sauer: „Nun, Sie haben wenigstens ein paar phantastische Aufnahmen, das kann man wohl sagen." Und Iain, der auch verärgert war, sagte kurz angebunden: „Ich werde sie nie verwenden – die waren für Ihr Album. Ich kann Bilder von erschrockenen Tieren nicht ausstehen." Zwei Jahre vorher hatte ein Freund von Iain ihm eines meiner Reisebücher über unwegsame Gebiete Südamerikas geschenkt, und nun bemerkte er dazu, daß auch ich mich des öfteren in Gefahr begeben hatte. Aber genau vorausberechnete Risiken, um ein bestimmtes Ziel zu erreichen, sind etwas ganz anderes als jene Risiken, die man grundlos eingeht; ich dachte dabei an George Schallers Bericht über sein einsames Lager in der grauen Tundra Alaskas und die Vorsichtsmaßnahmen, die er getroffen hatte, die genaue Berechnung jedes Schrittes auf den Flußsteinen, jedes Ausschwin-

gen seiner Axt – das war disziplinierter Mut, und diese Art Mut brauchte man, wenn man allein in der Wildnis lebte, wo jeder kleine Fehler zum letzten werden kann. Was wir eben getan hatten, war – verglichen damit – einfach nur dumm.

Zum erstenmal führte Iain keine großen Reden über unser Abenteuer. Er war eine Weile ganz still, dann erklärte er plötzlich, daß er erwarte, genau wie sein Vater eines unnatürlichen Todes zu sterben, und zweifelte sehr daran, seinen vierzigsten Geburtstag zu erleben. Falls er seine augenblicklichen Lebensgewohnheiten beibehält, wird sich diese romantische Voraussage zweifellos erfüllen. „Ich möchte absolut nicht gerne sterben", sagte er bei einer anderen Gelegenheit, „aber ich würde lieber zu sterben riskieren, als ein Leben von ,neun bis fünf' zu führen." Doch Leute wie Iain, die sich mit solcher Begeisterung ins Leben stürzen, scheinen unbeschadet von einer Gefahr in die nächste zu schlittern, als ob die ständige Nähe des Todes als Teil ihres Lebens sie unsterblich werden ließe.

Monate später, als seine Arbeit in Manyara abgeschlossen war, kamen Iain und Oria nach Amerika. Wir sprachen über Elefanten und über die herrlichen Tage in Ndala, und unser Gespräch wandte sich schließlich auch dem Abenteuer mit der Löwin zu. „Diese Zeit mit den Elefanten war nicht wirklich gefährlich", meinte er; er blickte Oria durchdringend an, als sie zu lachen begann. „Ehrlich. Ich wußte, was ich tat. Aber diese Sache mit dem Löwen war verrückt." Er zuckte mit den Achseln und meinte nach einer Weile ganz ruhig: „Wir haben es halt einfach aus Lust am Leben gemacht."

In Ndala lebte ich glücklich in einer strohgedeckten Banda, ähnlich der afrikanischen Bienenkorbhütte, mit Fenstern und einem Betonboden. Die Hütte stand am hohen Flußufer in der Nähe der Wasserfälle, die allen Lärm fortschwemmten außer dem hellen Singen der Waldvögel. Manchmal kletterte ich zum Strom oberhalb der Wasserfälle hinauf, mit seinen versteckten Felsteichen und den kleinen, von Feigenbäumen und Tamarinden beschatteten Sandstränden, zu den gewaltigen Felsblöcken aus uraltem afrikanischen Gestein, das von den Wolkenbrüchen der Regenzeit ausgewaschen worden war. Im Winter flogen Tag für Tag zwei Nilgänse in die Schluchten über den Fällen; ich beobachtete sie, wie sie aus der Sonne über Manyara auftauchten und in den Riftwänden verschwanden.

Im Grundwasserwald quert ein 1,20 Meter langer grüner Waran einen kleinen Bach, und gefleckte

Charaxas-Falter flattern durch die Baumschatten. Bei Tagesanbruch holt sich ein Pavian, der auf einem Termitenhügel ruhte, sein Frühstück von einem Zweig voll roter Beeren; als er sich beobachtet fühlt, hebt er ruckartig seinen Kopf, dann entläßt er seinen menschlichen Kollegen mit einem Kopfnicken. Am Abend erhebt ein Tiputip mit aufgestellten Nackenfedern und zitterndem Körper einen eigenartigen Gesang, der die Stille um uns nur noch verstärkt.

Während der Winterdürre des Jahres 1961 waren die Ufer des Manyara-Sees voll Schlackenschaum und rissigem Natron; 1969 und 1970 stand der Wasserspiegel so hoch, daß viele der Pfade, die vom Ufer wegführten, unter Wasser standen, ein Großteil der Schirmakazien war eingegangen. In der Dämmerung eines Spätnachmittags, in der Nähe des ertrunkenen Waldes, fraß eine Elefantenherde totes Kolbenrohr, das der Wind vom anderen Ende des Sees herübergeweht hatte. Bis zu ihrem Brustkorb wateten die Tiere in dem schmierigen Wasser, die Rüssel ein- und ausrollend, die Ohren aufgestellt. Die Nacht brach über dem Rift herein, das sich wie eine schwarze Mauer hinter den Elefanten erhob, und aus den dämmrigen Wäldern tönte das Trompeten eines einzelnen Elefanten herüber. Als die Sonne hinter dem Grabenbruch unterging, nahm der Himmel im Westen eine grünliche Färbung an, und das letzte Licht fing sich in den Barthaaren auf den gespitzten Lippen, in den Einkerbungen der zerrissenen Ohren und auf der schäbigen Rute eines nassen Schwanzes auf alter Haut. Der tote Wald, die verdammten Riesen, das wilde Licht waren aus einem anderen Zeitalter und ließen mich rastlos werden, als ob sie ererbte Erinnerungen an die Sintflut erweckten.

VIII | Das große Caldrongebirge

Es ist eine Leere im Leben des Afrikaners, eine geistige Leere, da er von beiden Welten ausgeschlossen ist, dazwischenstehend, in beide Richtungen gezerrt. Vorwärtsgehen bedeutet, die Vergangenheit aufzugeben, in der die Wurzeln seines Wesens ihre Nahrung finden; Rückwärtsgehen bedeutet, sich von der Zukunft abzuschneiden, denn es besteht kein Zweifel, wo die Zukunft liegt. Man hat den Afrikaner gelehrt, seine alte Lebensweise aufzugeben, in der neuen Welt jedoch wird er nicht akzeptiert, selbst wenn er ihre Gesetze befolgen gelernt hat. Es scheint keine Brücke zu geben, und darin liegt die Quelle seiner schrecklichen Einsamkeit.

Colin Turnbull, *The Lonely African*

. . . aus dem Morgennebel unter einem kupferfarbenen Himmel kam eine Büffelherde, einhundertneunundzwanzig Tiere, eines nach dem anderen, und zwar nicht, als näherten sich die dunklen, wuchtigen, wie aus Eisen gegossenen Tiere mit den mächtigen horizontalen geschwungenen Hörnern, sondern als würden sie vor meinen Augen erschaffen und ausgesandt, sobald sie fertig waren.

Isak Dinesen, *Out of Africa*

Zwischen dem Kilimandscharo und dem Mount Meru, abseits der Straße, die sich am Ngurdoto-Krater entlangwindet, liegen liebliche Teiche, wo sich Nashörner prustend suhlen; riesige schwimmende Inseln von Vegetation, Papyrus und die blaßblauen Blütenblätter der Seerosen, die im Wind hin und her getrieben werden, lassen einen Teich entstehen oder wieder vergehen, noch bevor man denselben Weg zurückgekehrt ist; mir fiel dies eines Nachmittags auf, als ich mich am Heimweg nach Momela befand. Zu meiner Linken stiegen die Wolken von den zerklüfteten Hängen des schwarzen Mount Meru hoch und enthüllten die zackigen Wände und den riesigen Schlackenkegel seines Kraters. Bald hörte ich das dumpfe Krachen brechender Äste, und als ich um eine Biegung kam, fand ich meinen Weg von Elefanten versperrt. Sie ästen zu beiden Seiten, einer stand breitbeinig mitten auf der Straße, mit Beinen wie Steinsäulen. Mir war äußerst unbehaglich zumute, denn die Dämmerung fiel schon ein, und ich wußte in dieser Gegend von einem Elefanten, der John Owens Freund, Baron von Blumenthal, getötet hatte, als er sich dem Tier unvorsichtig näherte. Aber Desmond Vesey-Fitzgerald, der die Elefanten bereits erblickt und eine Konfrontation erwartet hatte, kam mich holen. Ich freute mich, seinen Landrover zu sehen, denn es war schon Nacht, als wir sein Lager erreichten.

Vesey, der für die Nationalparks Tansanias verantwortliche Ökologe, hatte mich freundlicherweise nach Momela am Fuß des Mount Meru eingeladen, um von ihm und seiner lieben Freundin Mary Richards „Buschbotanik" zu lernen. Diese noch immer bildschöne dreiundachtzigjährige Dame aus Wales hatte ebenso wie Vesey ihre botanische Feldarbeit nach Tansania verlegt, als die politische Situation in Nordrhodesien, dem heutigen Zambia, unerträglich wurde. („Kann Ihnen nicht mehr sagen, was sie einen jetzt an der Grenze fragen – vermutlich wissen sie es selbst nicht. Früher fragten sie einen nach dem Geschlecht der Ehefrau – tun sie vermutlich immer noch.") Aber Vesey und Mary waren viel zu beschäftigt, um den großartigen alten Zeiten nachzutrauern, denn er stellte seine Arbeit über Ostafrikanische Gräser fertig, während sie über den Ankauf eines neuen Landrovers für eine botanische Safari in den fernen Ebenen hinter dem Kilimandscharo verhandelte. Sie hatte ihren Koch Samuel aus Zambia mitgebracht, und da Vesey bereits zwei Samuels in seinem Hause hatte und er und Mary einander häufig in alter Freundschaft anschreien, geht es in ihrem Haushalt immer ungeheuer lebhaft zu. Wenn man einen rief, erschienen entweder drei Samuels

oder gar keiner, während Veseys Koch Chilufia meist da war, ob man ihn wollte oder nicht, und in beredtem Schweigen auf seine Chance lauerte, ein Unheil aufzudecken. Chilufias Trübsal ist so ewig wie Feuer oder Wasser und wird zweifellos vom Vater auf den Sohn vererbt.

„Bananenauflauf, Chilufia! Wir wollen den wirklich nie wieder sehen."

Und Chilufia rollt resigniert ein gelbes Auge; man vermutet fast, daß Chilufia im Dunkeln lacht.

Vesey und Mary haben Afrikanern gegenüber das Wohlwollen früherer Generationen, sie schätzen die Würde, die Loyalität und den Mut, mit denen Afrikaner auf respektvolle Behandlung reagieren. Ihre Haltung ist getragen von einer Mischung aus Liebe und Entrüstung, und ebenso wie der Afrikaner seine Nerven durch Gelächter über den Mzungu, den Europäer, entspannt, beruhigt auch Vesey, wenn er es fertigbringt, seine Nerven, indem er über die Schwarzen lacht. Weil in diesem Haushalt unbedingte Loyalität herrscht, dürfen Schwarze und Weiße einander auf eine Art unterhalten, die auf beiden Seiten verziehen wird.

„... schrecklich smart! Wie er auf den Steinen daherstolpert und mit seinem Gewehrkolben um sich schlägt – hat sich selbst fast umgeworfen!" Veseys Wangen sind, wenn er vergnügt ist, fröhlich und rot und rund unter runden Brillengläsern. „Haben Sie ihn gesehen? Er hat nämlich schon wieder seinen Gewehrriemen verloren und sein Gewehr an einem jämmerlichen Spagat umgehängt."

Vesey und Mary sind Pioniere unter den Botanikern Afrikas, Amateure und scharfe Konkurrenten, jeder von ihnen mißbilligt die botanischen Methoden des anderen, beide beklagen sich, daß sie nichts von „Kew", dem britischen botanischen Museum in Kew Gardens gehört haben, beide sind rührend um die Bedürfnisse des anderen besorgt, wie zum Beispiel die richtigen Schildchen und genügend Nylonbeutel für die Aufbewahrung ihrer Exemplare zu erhalten. Abends sitzen sie bei einem Drink und tauschen Erfahrungen aus, erinnern sich an alte Zeiten in Abercorn und an alte Freunde wie Ionides, „Iodine" genannt, und J. A. Hunter, den Jäger und Wildhüter, an Wilfred Thesiger, den Wüstenfahrer, und an Peter Greenway, den hervorragenden Botaniker am Coryndon (für ihre Generation wird das Nationalmuseum von Nairobi, das seit der Unabhängigkeit einen neuen Namen trägt, immer das Coryndon bleiben, so wie dieses Land für sie immer Tanganjika bleiben wird). In den Nebengebäuden des Coryndon traf ich einmal Dr. Greenway, einen halsstarrigen Junggesellen in ausgebeulten Knickerbocker und mit einer Fliege, der so liebenswürdig war, eine höchst laienhafte Sammlung, die ich auf den Dahlak-Inseln im Roten Meer zusammengetragen hatte, zu sortieren. Er ist ungefähr so alt wie Mary Richards und war sehr über den jungen Vesey verärgert, weil dieser nicht mit ihm in Kontakt geblieben war. „Ich weiß nicht, was Vesey sich einbildet, daß er dort unten treibt", sagte Dr. Greenway, „aber eines können Sie sicher sein: Botanik ist es jedenfalls nicht."

Ich wohnte in einem Zelt westlich vom Haus, das auf einem Sattel zwischen grünen Hügeln unter dem Mount Meru mit Blick auf die Momela-Seen liegt. Im Nordwesten gegen den Kilimandscharo zu bietet sich ein weiterer Ausblick auf die N'gare-N'erobi-Region, wo Joseph Thomson von der Royal Geographic Society zum erstenmal Massai begegnete. Thomson war 1883 der erste Europäer, der das Gebiet der Massai bis zum Viktoriasee durchquerte und wieder zurückkam. „Bald erblickten wir die gefürchteten Krieger, die so lange durch meine Tagträume gegangen waren, und unwillkürlich entfuhr mir: ‚Was für prachtvolle Kerle!' als ich eine Gruppe dieser einzigartigen Menschenrasse Afrikas betrachtete." Bald jedoch zeigten die Massai ihre wohlbekannte aggressive Arroganz, und Thomson, dem man hinterbracht hatte, daß die Massai in dem vor ihm liegenden Gebiet bereits zu den Waffen gegriffen hätten, sah sich zwei Tage später genötigt, sich an die Südseite des Kilimandscharo zurückzuziehen. Ursprünglich hatte er geplant, über das Gebiet von Nguruman in westlicher Richtung zum See vorzustoßen, aber nun wurde er abgelenkt und wandte sich, von Loitokitok und Amboseli kommend, nordwestlich nach Naivasha, zum Baringo-See und nach Kusumu, wobei seine Route weitgehend der heutigen Hauptstraße von Namanga in diese Richtung entsprach. Unterwegs benannte er die Aberdaren-Berge zu Ehren des Präsidenten der Gesellschaft, die ihn unterstützt hatte, und gab einem Wasserfall seinen Namen.

Es wurde behauptet, daß die Gefahr durch die in den Vorbergen des Kilimandscharo lebenden Chagga von Thomson überbewertet wurde. Die Chagga hatten gehofft, ihm die für die Massai bestimmten Tauschgüter abnehmen zu können. Sie waren und sind heute noch ein intelligenter, ehrgeiziger Stamm bantusprechender Ackerbauern, die im fruchtbaren Bergland künstliche Bewässerung praktizieren. Sie wurden wie die Kikuyu von Eindringlingen aus dem Norden von der Küste ins Landesinnere vertrieben, und auch sie sollen angeblich eine kleinwüchsige Rasse mit großen Bogen und unverständlicher Sprache vertrieben haben, die sich immer höher auf den Kilimandscharo zurückziehen mußte und schließlich verschwand. In der Folge wurden die Chagga von den Massai bedrängt und mußten dann den Europäern weichen; trotzdem wurden sie später der mächtigste Stamm im Land. Ob die Chagga und die Kikuyu das fruchtbarste Land unter ihre Kontrolle bringen konnten, weil sie intelligent und ehrgeizig sind, oder ob ihre Intelligenz und ihr Ehrgeiz eine Folge günstiger Umweltbedingungen und guter Nahrung sind, wäre sicher eine Studie wert.

Bei Tagesanbruch konnte ich durch die Zeltöffnung Giraffenköpfe über den Anhöhen rund um das Lager schwanken sehen, wie riesige, über Nacht aufgeschossene Blumen; der Glockenton eines Flötenwürgers rieselt durch den windstillen Morgen. Giraffen äsen versunken, ein Ohr zuckt, bevor sie in dem eleganten langsamen Rhythmus weiterschreiten, der auf die uralte Musik der Elefanten eingestimmt ist. Auch die Elefanten kommen bei Nacht hier zusammen, und manchmal auch Büffel, die wiederkäuend die Behausungen der Menschen beäugen. Unterhalb des Lagers brechen die von balzenden Kammbläßhühnern aufgepeitschten Wellen die glatte Seeoberfläche, hinter den Seen, im Reich der Schatten, bilden die unteren Hänge des Kilimandscharo ein Podest für die hohen Kumuluswolken. Vögel fliegen aus dieser dunklen Welt ins Sonnenlicht von Momela – ein Quartett Kronenkraniche, deren wildes Hornsignal über das Wasser schallt, und Enten flitzen aus den Wolken herab – Spießenten, Rosenschnabelenten, Hottentotten-Enten. Im Regen wirken die Seen monoton wie Bergseen in allen Gebirgen der Welt, aber hier wird die Monotonie von wilden afrikanischen Farbflecken durchbrochen – ein Regenbogen im Purpurhimmel, eine Emiliablüte, tropisches Orange oder eine karminfarbene Feder, die von einem Vogelzug herabflattert, der den Himmel im letzten Glanz des Sonnenuntergangs quert.

Es gibt eine Legende von einem jungen Buschmann, der einen Felsteich in der Wüste fand. Er kniete nieder, um zu trinken, und sah im Teich gespiegelt einen roten Vogel, strahlender als alles, was er je auf Erden gesehen hatte. Fest entschlossen, ihn in die Hand zu bekommen, sprang er auf und packte seinen Bogen, aber im sengenden Wüstenhimmel war keine Spur von dem roten Vogel zu sehen. Der junge Mann wanderte von Ort zu Ort und fragte nach dem verschwundenen

Vogel, dabei entfernte er sich weiter und weiter von seiner Heimat. Aus Tagen wurden Monate und Jahre, und so wurde er alt, ohne je gefunden zu haben, was er suchte. Er hatte im ganzen Lande gejagt und mit den wenigen gesprochen, die den Vogel vielleicht erblickt haben mochten, und auch mit den vielen, die ihn nie gesehen hatten, und immer noch brachte er es nicht über sich, die Suche aufzugeben. Schließlich, als er schon heimkehren wollte, hörte er, daß der rote Vogel auf der Spitze des nördlichen Berges gesehen worden sei, und er nahm seinen Bogen und ging noch einmal auf die Reise. „Der Berg stand weit entfernt und jenseits einer Wüste, und als der alte Jäger die Vorberge erreichte, war er zu Tode ermattet. Mit letzter Kraft kletterte er höher und höher dem Himmel zu, und am Gipfel legte er sich auf den Rücken, denn er war im Sterben. Ein letztes Mal blickte er in die Ferne, in der Hoffnung, das köstliche Wesen am Berghimmel zu sehen. Aber der Himmel war leer, und er seufzte und schloß die Augen und fragte sich, ob sein Leben vergebens gewesen war, und starb mit der Sonne auf den Lidern und einer Vision des Vogels, wie er ihn vor langer Zeit gesehen hatte, gespiegelt im hellen Teich seiner Kindheit. Und als er starb, schwebte eine brennrote Feder herab aus dem großen Himmel und senkte sich in seine stille Hand."[1]

Der dunkle Mount Meru wirkt streng im perlenblassen Sonnenlicht, und die Wattewolken unter dem Gipfel, lichterfüllt, drängen und schmiegen sich wie Ballons in die Ecken des erloschenen Vulkans. Der Meru ist der fünfthöchste Berg in ganz Afrika und war vielleicht einst der höchste überhaupt. Der Vulkan ist untätig, nicht erloschen, 1879 hat wahrscheinlich ein Ausbruch stattgefunden. Eine frühere Explosion zerstörte diesen Osthang, und der Gletscher- oder Kratersee strömte als Wasserfall den Berg hinab; die Kraterwände bröckeln immer noch ab und lassen an windstillen Tagen Staubwolken aufwirbeln.

An der Nordostflanke des Mount Meru liegt eine noch relativ unerforschte Bergwildnis, Chaperro genannt. Ich kam mit Vesey und John Beasley hierher, dem Wildhüter von Ngurdoto, und zwei Askaris aus dem Merustamm, Serekieli und Frank. Auf dem Kilimandscharo gibt es eine bestimmte Podocarpus-Art mit zarterer Rindenstruktur als die häufigeren Arten, und Vesey wollte unbedingt herausfinden, ob diese Art auch am Mount Meru heimisch war. Podocarpus gehört zu einer den Eiben verwandten primitiven Koniferengruppe und bildet zusammen mit

der ostafrikanischen Zeder über 30 Meter hohe immergrüne Wälder. Diese großen Bäume gibt es heute in Ostafrika nur noch auf dem Mount Meru, dem Mount Kenia und dem Kilimandscharo.

Zum Kraterrand führt ein Pfad hinauf, der die eingestürzte Kraterwand überquert, und man kann mit Vierradantrieb bis auf eine Höhe von 2600 Metern hinauffahren, wo der Wald schließlich einer schwarzen Lavahalde weicht, mit echter Bergflora von palaearktischen Arten wie Heidekraut, Berberitze, Crotalaria, Farnkraut und Bartflechte. Unter dem Gipfel, der Kleiner-Meru genannt wird, wo die Elefanten bis auf Höhen von fast 3400 Meter hinaufklettern, führt ein Pfad am Kraterrand entlang zum Nordhang. Hier beginnt der Abstieg durch den Hochwald. In der silbrigen Sonne, die durch die Kraternebel schien, war ein Dunkler Fliegenschnäpper, silbergrau und graubraun, auf einem von Schwertorchideen und Flechten versilberten Schutthaufen ganz und gar am richtigen Ort. Dies war ein Feuchtwald, mit Veilchen und Butterblumen, Klee und Storchenschnabel, und auf den moosbewachsenen Baumstämmen gab es Farnkraut und die gelben Sternblumen des Steinbruchs. Wilde Kaffeepflanzen und wilde Orangen erfüllten die Landschaft mit ihrem Duft, und da und dort standen, wie Riesen im Nebel, baumartige Liliengewächse und Lobelien. Obwohl die Tiere hoch hinauf wandern – Elenantilope, Klippspringer und Berg-Riedbock sieht man häufig noch in 4000 Meter Höhe –, war die einzige Antilope, die wir beim Abstieg sahen, ein einsamer Buschbock. Es gab auch nur wenige Vögel: ein Bergzügeltrogon, rot und blau, saß einen Augenblick lang auf einem großen Ast, und John Beasley entdeckte eine Waldgrasmücke und einen Breitring-Brillenvogel am Rand einer sonnigen Lichtung. Aber wir suchten vergeblich nach dem seltenen Nadelbaum.

Der Wald öffnete sich zu Lichtungen, wo das kurz abgefressene Gras mit frischem Büffelkot übersät war. „Sie können nicht weit vor uns sein", sagte John Beasley. Im Vorjahr hatte ein Büffel ihn erwischt, als er auf einen Baum kletterte, und ihm zwei Rippen gebrochen; er entkam zwar der Hornspitze, wurde aber vom mächtigen Hornbuckel getroffen. Der Büffel soll angeblich das aggressivste Tier in Afrika sein, viel gefährlicher als das Nashorn, das oft an seinem Ziel vorbeidonnert und weiterrennt, bis es irgendwann einmal, wenn es kein Hindernis angetroffen hat und inzwischen vergessen hat, was es eigentlich erregte, schwerfällig zum Stehen kommt. Der Büffel hingegen ist sehr wendig und verfolgt sein Opfer zielstrebig. Er hat scharfe Augen und Ohren und einen guten

Geruchssinn, und es ist genauso schwierig wie beim Löwen, ihm Einhalt zu gebieten, wenn er einmal angreift. Oft führt er sein Zerstörungswerk noch weiter, wenn der Gegenstand seines Zorns oder seiner Furcht längst tot ist. Er pirscht sogar hinter einem Menschen her, besonders wenn er verwundet ist, und greift seinen Verfolger von hinten an; im Vorjahr wurde in der Nähe von Momela ein Mann in seinem eigenen Garten von einem ihm auflauernden Büffel getötet.

„Mbogo!"

Serekieli, der die Vorhut machte, rief zu uns zurück, und im Gras lag wie zum Zeichen ein Büffelschädel, von frischer Losung umgeben. Wir standen still und lauschten. Bevor sie zum Angriff übergehen, liegen Büffel oft auf der Lauer und lassen Tier oder Mensch an sich vorbeigehen. Dies wird meist als Bösartigkeit und Tücke ausgelegt, vielleicht ist mangelnde Intelligenz und langsame Reaktionszeit auch eine Erklärung dafür. „Wenn sie gutmütig sind, sieht man sie nicht", sagte Vesey ärgerlich. „Wenn nicht, stürmen sie auf einen zu. Schreckliche Nervenbelastung, muß ich schon sagen." Vesey ist mit seinen 62 Jahren kräftig und energiegeladen, fühlt sich aber im Nachteil, wenn es darum geht, rasch auf einen Baum zu klettern.

Dann übertrug sich die Spannung auf die Büffel, und die versteckte Herde stürmte mit lautem Krachen und langanhaltendem Donnern wie ein Sturzbach an großen Felsblöcken vorbei den Berg hinunter. Gleich darauf rief eine andere Merustimme: „Kifaru!", und Vesey wischte sich über die Stirn. Die Meru zeigten auf eine Nashornspur, frisch wie ein schwarzes Blütenblatt, und Sekunden später stürmte ein Nashorn östlich von uns ins Unterholz. Das Krachen brachte einen Büffel hoch, der hinter wilden Nachtschattengewächsen zu unserer Linken in Deckung lag. Dieses einsame Tier war es, das wir fürchteten, und es war viel näher als die anderen. Als es wie eine Explosion durch die Zweige fegte, stoben die Wazungu in alle Richtungen davon. Beasley rannte an mir vorbei und auf denselben Baum zu wie ich, als der mutig stehenbleibende Askari Serekieli sein Gewehr hob und einen Schuß abgab, um das Tier zu einer Richtungsänderung zu bewegen. Der schwarze Schatten wirbelte davon, und das Echo erstarb.

Bei Fußwanderungen in Afrika hat jeder früher oder später ein derartiges Erlebnis, und Thomsons Begegnung mit einem Büffel in diesem Gebiet könnte unsere eigene gewesen sein:

„Männer rannten in alle Richtungen, als hätte der Boden gegähnt, um sie zu verschlingen. Einige kletterten auf Bäume, andere versteckten sich wie gelähmt hinter Büschen oder anderen Dingen. Angst schien wie Elektrizität die Luft zu durchdringen, und die kurzen, raschen Schreie erregter, panisch erschreckter Männer erklangen von allen Seiten. Selbst fast gelähmt von dieser außergewöhnlichen, aber noch unsichtbaren Gefahr stand ich hilflos, bis ich von einem meiner Männer aufgeklärt wurde, der mir warnend zuschrie: ‚Bwana, bwana, mboga!' (Herr, ein Büffel.) ‚Himmel! Wo?' sagte ich, während ich flink hinter einen Baum sprang und vorsichtig in die angedeutete Richtung spähte – denn man muß wissen, daß es in ganz Afrika kein gefährlicheres oder gefürchteteres Tier gibt."[2]

Die relative Gefährlichkeit der „Großen Fünf", wie die Jäger sie nennen – Elefant, Nashorn, Büffel, Löwe und Leopard –, ist ein beliebtes Gesprächsthema in Ostafrika. J. A. Hunter zum Beispiel reihte den Leoparden als ersten, dann der Gefährlichkeit nach Löwen, Büffel, Elefanten und Nashörner. C. P. J. Ionides hielt ebenfalls den Leoparden für gefährlicher als den Löwen. Dieses Vorurteil zugunsten der Raubtiere ist das Vorurteil der Jäger, die verwundete Tiere erlegen mußten, und wird zum Beispiel von Farmern oder Feldzoologen nicht geteilt, die eher von großen Grasfressern attackiert werden. Nach Ansicht von Ionides ist für einen unbewaffneten Menschen im Busch ein Elefant ohne Stoßzähne das gefährlichste Tier. Angriffe von Löwen sind jetzt ziemlich selten, aber in der Zeit des weitverbreiteten Tierschlachtens zur Tsetsekontrolle wandte sich eine Anzahl von Löwen in diesem verseuchten Gebiet in ihrer Verzweiflung gegen den Menschen; es wurde von Löwen berichtet, die fünfzig, sechzig und in einem Fall neunzig Menschen gerissen hatten.[3] Für Leute wie mich ohne Erfahrung ist das Ganze eine rein subjektive Angelegenheit. Ich fürchte die Großen Fünf alle von ganzem Herzen, aber vor dem Nashorn habe ich am wenigsten Angst, vielleicht weil man hoffen darf, daß das Nashorn weiterrennt, wenn man zur Seite springt. Im Gegensatz zu den anderen aus der Gruppe der Großen Fünf will das Nashorn mit seinem schlechten Sehvermögen und seiner sehr geringen Intelligenz wohl nur einer unerträglichen Spannung ein Ende machen und hat höchstwahrscheinlich ebenso große Angst wie sein Feind.

Während der nächsten dreihundert Meter unseres Abstieges waren auf allen Seiten Nashornkuhlen und Büffelspuren zu sehen; man hielt hier ein Auge nach gastlichen Bäumen offen, noch bevor der Notstand ausgerufen wurde. In einem Mahagonibaum hatten Meru-Männer einen Bienenstock aufgestellt, im Grunde genommen war es nichts anderes als ein ausgehöhlter Zedernstamm mit abnehmbarem Boden, der an einem Holzhaken von einem Ast hing. (Die Dorobo hoffen die Leistungsfähigkeit des Bienenstocks zu steigern, indem sie die Bienen in merkwürdigen hohen Tönen anlocken: „Bienen, Bienen, ihr alle, die ihr in diesem Lande seid, kommt jetzt und macht hier Honig!"[4] Zur Honigernte werden die Bienen durch Räuchern betäubt; wenn der Bienenstock heruntergelassen wird, fliegen die verwirrten Bienen hinauf zu der Stelle, wo der Stock früher hing. Um seine erregten Nerven zu beruhigen, stellte Vesey Mutmaßungen über die Gespräche der Bienen auf:

„Wo zum Teufel ist der Bienenstock?"

„Hier, du Idiot – er ist immer hier."

„Also verdammt noch einmal, er ist nicht da!"

Wenn sie endlich fertiggestritten haben, ist der Bienenstock wieder an seinem Platz:

„Siehst du? Direkt unter deiner Nase! Verdammter Dummkopf!"

Die riesigen Bäume haben mit ihrem Fall Lichtungen in einer wilden Parklandschaft geschaffen, und silbernes totes Holz ist von einem kletternden Acanthus mit hellen lavendelfarbenen Blüten überwachsen. In der Stille, wo Sonnenstrahlen und Schatten im Wind schwanken, tanzt ein tiefblauer Papilioschmetterling mit einem schwarz-weißen Meru-Schwalbenschwanz, der vom schwarz-weißen Kadaver eines Guerezas-Affen aufsteigt, den ein Leopard oder ein Adler von seinem Baum gerissen hat . . .

„Kifaru!"

In zweitausend Meter Höhe in einem Mahagonihain ist eine Nashornkuhle so frisch, daß sie zu atmen scheint; wir eilen vorbei. „Ich muß sagen", keucht Vesey, „es ist schön, auf Urlaub in England spazierenzugehen, ohne daß irgendein verdammtes undankbares Biest einen anfällt." Vesey wurde einmal von einem wütenden Flußpferd verfolgt, das ein riesiges Stück aus seinem Landrover herausbiß.

Eine scheue Weißmaskentaube in einem Pfefferbaum . . . wieder Losung.

„Kifaru!"

Krachendes Unterholz, wir rennen. Mit hocherhobenem Horn und hocherhobenem Schwanz stampft ein Nashorn dreißig Meter vor uns aus dem Unterholz. Angeblich hebt das Nashorn den Schwanz, wenn es davonlaufen will, aber anscheinend ist sich dessen niemand sicher. Hinter meinem Baum, der zum Klettern zu groß ist, sehe ich Beasley auf einem Ast eines wilden Kaffeebaumes sitzen. Vesey kauert

darunter, das Nashorn stößt drei schreckliche hustende Schnaufer aus, während es schwerfällig über die Lichtung trottet. Der Askari Frank ist nirgends zu sehen, der mutige Serekieli aber steht breitbeinig da, sein Gewehr im Anschlag. Aber es ist nicht nötig zu schießen – das Nashorn trollt sich.

Die Afrikaner beginnen aus Erleichterung wie wild zu lachen, während sie zusehen, wie die Weißen wieder aus den Bäumen herunterklettern. Vesey, der innerhalb einer halben Stunde zweimal auf einem Baum landete, ist nicht amüsiert, noch nicht; später wird er es sein.

„Weiter! Weiter!" sagt er. Er möchte weg von diesem verdammten Berg.

Ich hoffte, das Weißmähnige Kilimandscharo-Buschschwein zu sehen, und stieg deshalb eines Nachmittags mit Serekieli in den Ngurdoto-Krater, von einem schweigenden Knaben begleitet, den wir unterwegs getroffen hatten. Wie viele andere Menschen, die man in Afrika trifft, ging der Junge keiner Beschäftigung nach und lebte in den Tag hinein.

Ngurdoto ist ebenso wie der berühmte Ngorongoro erloschen, beide haben jene ringförmige, als Caldera bezeichnete Schüsselform, die sich bildet, wenn der geschmolzene Kern eines Vulkans absinkt und die steilen Kraterwände nach innen einstürzen. Ngorongoro war bis 1892 unbekannt; erst zu Anfang dieses Jahrhunderts fanden Weiße diese kleinere Caldera östlich von Meru. Ngurdoto ist größer, als er scheint – vom Westrand aus gesehen sind die Tiere am Kraterboden mehr als drei Kilometer weit entfernt –, aber die Distanz scheint eher eine zeitliche denn eine räumliche zu sein. Im Gegensatz zum Ngorongoro gibt es in diesem Krater keine Wege oder Steige, und wenn man vom Rand auf die fernen Geschöpfe hinunterblickt, die, ohne den Menschen zu beachten, friedlich grasen, steigt aus dieser versteckten Welt die Stille jenes frühen Morgens, bevor der Mensch geboren wurde.

Ein Elefantensteig von festgetretenem Humus und runden, wie mit Leder polierten Steinen wand sich zwischen den Stämmen des Galeriewaldes hinab. Die Sonne stand hoch, die Vögel schwiegen, der Wald war dunkel und kühl. Unter dem Steilrand, außerhalb der Reichweite von Äxten, erhoben sich die großen afrikanischen Mahagonibäume und der elegante tropische Olivenstrauch Loliondo. Wir stiegen im Gänsemarsch durch den Wald ab. Der steile Pfad führte dann auf grasbewachsene flachere Lichtungen, die während der Regenzeit zu Teichen werden. Wir wanderten gegen Osten zu den Kraterrand entlang und arbeiteten uns zwischen den Bäumen durch. Serekieli, waldgrün gekleidet, trug ein Gewehr. Wie viele Menschen, die erst seit kurzem Stiefel tragen, geht Serekieli eher schwerfällig, aber leise und sehr sicher. Er ist ein hagerer, schöner Mann mit traurigen Augen und einem verzauberten Lächeln. In kurzen Abständen blieb er stehen, lauschte und ließ den Tieren Zeit, davonzulaufen. Paviane und Warzenschweine starrten zuerst, dann rannten sie, die Affen bellend und kreischend, die Wildschweine in steifem Trott. Augenblicke später standen wir frei in einer sonnendurchfluteten Mulde.

Büffel und ein einsames Nashorn beobachteten uns stumm, die Welt stand still. Von nassen Dungfladen stiegen Wolken von Fliegen auf. Wir wandten uns über wildes Weideland nach Westen – niederes Gras, Kohlweißlinge und mit klarem Regenwasser gefüllte Hufabdrücke. Ein Falke ließ sich von warmen Aufwinden aus dem Krater emportragen, und weiße Reiher flogen vor den dunklen Wänden; im Marschland verströmte goldenes Schilfgras im Nachmittagslicht seine Samen. Am westlichen Waldrand lagen weitere Büffel und neben ihnen Nashörner und ein Elefant. Die Nashörner lagen still, aber der Elefant trompetete in eineinhalb Kilometer Entfernung eine Warnung, und andere antworteten aus dem Galeriewald. Die Schreie hallten ringsum um den Krater wider; der Elefant breitete die Ohren weit aus, schloß sie und stapfte fromm in den Wald. Buschbock und Wasserbock reckten die gemeißelten Häupter, um den Menschen zu beobachten, ihre Schwänze zuckten, ihre Hinterbeine stampften, aber sie rannten nicht davon. Vielleicht sah uns auch das Weißmähnige Buschschwein – rote Augen aus dem aufgewühlten Schlamm hebend und mit scharfem Huf seine Reibeisenhaut kratzend. Ein anderes Mal erblickte ich es im Zwielicht vom Rand aus, ein weißer Ring zwischen den verschwimmenden Bäumen, und eines Abends, ein Jahr später, beleuchteten meine Scheinwerfer beim Abwärtsfahren zwischen den hohen Böschungen ein ganzes Rudel mit mehreren gestreiften Frischlingen, an diesem Tag aber blieb es versteckt.

Die Büffel erhoben sich und trennten sich in zwei Herden, zwölfhundert Hufe donnerten gleichzeitig unter den Felswänden. Der Donner ließ die Paviane in wildes Kreischen ausbrechen, das sich im ganzen Ngurdoto ausbreitete, und eine Diadem-Meerkatze fiel aus einem einsamen Baum in der Savanne und machte sich schleunigst davon in den Wald. Einige Büffel stürmten in den Wald, andere kehrten um und kamen direkt auf uns zu. Die Sonnenstrahlen umspielten ihre Hörner. Büffel haben gute Augen, und wir erwarteten,

sie würden abdrehen, aber sie kamen in schwerem Trott über die Wiese bis auf hundert Meter an uns heran. Wir rannten davon; durch unsere Flucht verwirrt, warfen sie sich herum und flüchteten hinter den anderen ins Dickicht. Ein schreckliches Krachen und Getöse ertönte, als wären ihre Gefährten umgekehrt und die beiden Gruppen zusammengestoßen. Dann plötzlich Stille. Wir wandten uns wieder der Westwand zu, aber kaum waren wir im freien Feld, als das Grollen wieder anschwoll; der Waldrand bebte, schwankte und öffnete sich weit, als die Büffel wie eine Flutwelle in die Ebene strömten und in alle Himmelsrichtungen davonrannten.

Der Falke über dem Kraterrand stand wie schwarz verbrannt vor der Sonne im Westen. Das hohle Lachen der Diadem-Meerkatze aus dem Wald wurde vom froschartigen Lärmen eines Turako beantwortet. Serekieli teilte mit langen, behutsamen Fingern die Blätter und suchte nach Spuren eines Wildpfades zum Westrand. Wir schoben uns durch dicht wuchernden Salbei und Psidia, hielten alle Augenblicke angestrengt lauschend inne und klatschten immer wieder in die Hände. Wir brauchten mehr als eine Stunde, um aus der Hitze und dem Dickicht zum Galeriewald unter dem Kraterrand hinaufzuklettern, und die ganze Zeit waren Elefanten in der Nähe, in ungeheurer Stille.

Die Blätter hingen reglos. Eine Federfrucht lag leuchtend auf der dunklen Erde, weißer Vogelkot, die blutrote Feder eines Turako. Als ein Elefant ganz in der Nähe trompetete, hallte die Drohung von den Felsen wider, und als Kontrapunkt dazu ertönte das unheimliche Echo der Paviane. Serekieli schenkte mir ein unschuldiges Lächeln und bewegte sich leise vorwärts. Eine Stunde später hatten wir den Rand erreicht und rasteten auf den kühlen Polstern eines rosaroten Balsamkrauts. Der Waldgeruch war gemischt mit dem Duft wilder Orangen und wilder Pfeffersträuche und der Tabernae montana, einer weißblühenden Verwandten des roten Jasmin. Wo die Abendsonne die hohen Blätter beleuchtete, sprangen ein Rudel Guerezas und Diadem-Meerkatzen silhouettenhaft gegen den Himmel, purzelten hinunter auf den Vorsprung der Kraterwand. Irgendwo zogen Elefanten vorbei. Der Abend war angebrochen, und der Wald knarrte ringsum vor Leben.

An manchen Morgen ragt der Kilimandscharo, von Momela aus gesehen, hoch und klar aus den Wolken, die sich rings um den Berg auflösen. Von Kenia im Norden aus sieht er himmlisch und einladend aus, von

Momela aus aber dunkel und unheimlich. Die Ruwenzori-Berge an der Grenze zwischen dem Kongo und Uganda und das Semiengebirge in Äthiopien haben nicht die Großartigkeit des Kilimandscharo oder des Mount Kenia, die völlig frei in der Landschaft stehen: Mit 5896 Meter Höhe ist der Kilimandscharo der höchste freistehende Berg der Welt, Mount Kenia ist eine aus der Erde aufragende Felsklippe, aber Kilima Njaro, der Weiße Berg, ist ein Ort mit religiöser Bedeutung für alle Stämme Zentralafrikas.

Der Gletscher funkelt. Der Anblick ferner Schneegipfel reinigt förmlich die Seele, der Anblick eines Schneegipfels in den Tropen aber überfällt einen wie eine Woge schmerzlicher Freude.

Der Kilimandscharo ist der östlichste der Großen Caldron-Berge, die vor 15 bis 20 Millionen Jahren im frühen Pleistozän entstanden, als weitläufige Eruptionen und tektonische Bewegungen die Urfelsen Afrikas unter Vulkanen, Vulkanhochland und den Lavaebenen begruben, die heute das Massai-Land sind. Die Kuppen erstrecken sich östlich und westlich des Kilimandscharo bis zum Kraterhochland und von Shombole, knapp nördlich der Grenze von Kenia, bis zum Mount Hanang im Süden. Der letzte tätige Vulkan in den Großen Caldron-Bergen ist Ol Doinyo Lengai, der als einzelner Berg zwischen dem Kraterhochland und dem Natronsee steht. Man gelangt dorthin über Mto Wa Mbu (Mosquitofluß), eine armselige Siedlung auf der staubigen Straße zum Manyara-See und zum Ngorongoro. Bei Mto Wa Mbu zweigt eine Schotterstraße entlang der vom Kraterhochland gebildeten Wand des Grabenbruchs ab und führt schließlich zu dem 56 Kilometer nördlich gelegenen Dorf Engaruka; von dort führt, so heißt es, ein Viehpfad der Massai um die Zinnen des Hochlands nach Lengai.

Der zur Regenzeit unpassierbare Pfad nach Engaruka durchquert das hohe Gras der Ebene, verzweigt sich immer wieder je nach Laune der seltenen Benützer und rückt immer weit gegen Osten ab, um die Bäche zu umgehen, die sich aus den Schluchten der Riftwand herabschlängeln. Dann dreht der Pfad wieder nach Westen zum Gebirge hin ab und erreicht den Rand von Ol Kerii, wo das Land die letzten hundert Meter zum Boden des Grabenbruchs abfällt. In Ostafrika ist man nie sehr weit vom Großen Ostafrikanischen Grabenbruch entfernt, der die Kruste der Erde vom Toten Meer bis zum Sambesi-Fluß in südlicher Richtung und in Ostwestrichtung vom Golf von Aden bis zum Kongotal spaltet. Stellenweise ist der Graben 64

Kilometer breit, ein von Plateaus umschlossener Graben voll Sonne und fahler Hitze. Der Boden mit den langen schmalen nord-südlich ausgerichteten Seen entstand vor langer Zeit, als die Erde zwischen Parallelbrüchen einsank, und ist von unterschiedlichem Niveau: der Manyara-See liegt 370 Meter höher als der Natronsee im Norden.

Ol Kerii, die letzte große Stufe beim Abstieg ins Grabental, wirkt wie ein verlorener Berg: Kerimasi, im Nordostwinkel des Kraterhochlands, Kitumbeine, ein Schatten im Urnebel dahinter, und Gelai direkt im Norden, der einen einsamen Natronsee bewacht. Überall sieht man fremdartige, umwölkte Landschaften von Vergangenheit und Zukunft. Die Gegenwart ist wildes, gepeitschtes Licht, die Sonne, ein Vogel, ein Affenbrotbaum in heraldischer Isolation wie der Baum, wo der Mensch geboren wurde.

Der Pfad fällt zu den Galeriewäldern und den Sümpfen des Engaruka-Beckens ab – keine Spur von Menschen, kein Rauch, keine Ansiedlung, nur zwei Giraffen reglos wie tote Bäume weit draußen in der Savanne –, neue Vögel bestärken das Gefühl, eine neue Welt zu betreten. Zum erstenmal erblicke ich die bunten, wundervollen Geschöpfe, die wir als den Rosenwürger, den Weißkehl-Bienenfresser und Fischers Witwe kennen. Letzterer wurde zu Ehren von Thomsons Rivalen, dem deutschen Naturforscher Gustav Fischer, benannt, der 1882 beim Versuch, das Massai-Land zu durchqueren, merkwürdige Ruinen in Engaruka entdeckte. Aber sein guter Name wirkt eher zu schwerfällig für dieses luftige Wesen, das mit seinen geschwungenen Schwanzfedern eine ganze Landschaft beleben kann.

Eine laute Gesellschaft von Safaritouristen kommt den Pfad herab und glotzt neugierig aus den Fenstern ihres Safariwagens – das war einer der Gründe, warum so wenige Tiere zu sehen gewesen waren. Und als ich diese Touristen sah, die hierhergekommen waren, um auf die allerletzten auf dieser Erde übriggebliebenen großen Tiere zu schießen, als ich mir den Lärm, den Rauch, das Blut und das verstörte Schweigen der Ebene vorstellte, in ihrem Kielwasser die verwesenden Kadaver, starrte ich die Touristen wütend und unhöflich an. Dieser Sport erschwert uns so sehr die Aufgabe, die Afrikaner von ihrer Verachtung für wilde Tiere abzubringen, die eine Angelegenheit der Erziehung und nicht der Kultur ist: Die britischen und südafrikanischen Soldaten, die während des Zweiten Weltkrieges in Marsabit stationiert waren, hinterließen Tausende verwesende Tiere, die von Lastwagen aus mit automatischen Waffen abgeschossen worden waren.[5]

174

Die Schluchten in dem westlichen Grabenrand sind Schatten toter Flüsse, die im Pluvial aus dem Hochland herabstürzten und im heutigen Engaruka-Becken einen See bildeten. Jahrhundertelang hat der noch vorhandene Fluß, von dem man annahm, daß er aus dem Embagai-Krater hoch oben in den Wolken komme, den Menschen nach Engaruka gezogen, einer Siedlung ackerbauender Massai (heute als Arusa bekannt), auch die Sakuma Bantu aus dem Süden. In früheren Zeiten wurde das Dorf von einem der Bewässerung kundigen Volk bewohnt, das ausgedehnte Ruinen von Steinkreisen, Steinhügeln und mit Mauern umgebenen Ackerbau-Terrassen hinterließ, dazu einen 30 Meter langen Damm; vom Pfad aus kann man die Terrassen oben auf den Hügeln sehen. Die Überreste eines weiteren Dammes liegen an der Straße von Ngorongoro nach Olbalbal und einige Terrassen am Nordufer des Eyasi-Sees, es gibt jedoch keine zweite Ruinenstadt.

Engaruka wurde noch kaum von Archäologen erforscht, und sein Ursprung ist derzeit noch unbekannt. Der Ort liegt weitab von den traditionellen Handelsstraßen, eine isolierte, steinbearbeitende Gemeinschaft von schätzungsweise 30.000 bis 40.000 Einwohnern, die größte derartige Ruine in Zentral- und Südafrika mit Ausnahme von Zimbawe in Rhodesien. Zimbawe wurde im Laufe von Jahrhunderten erbaut, spätestens seit dem 12. Jahrhundert bis 1834, als es von Zulustämmen überrannt wurde, Engaruka hingegen dürfte vorläufigen Untersuchungen zufolge[6] nicht mehr als 300 Jahre alt sein. Wenn das stimmt, wer waren die Menschen, die es erbauten, und was wurde aus ihnen?

Die Massai sagen, Engaruka sei von einem Irakw-Volk bewohnt gewesen, als sie im 18. Jahrhundert in dieses Gebiet eindrangen. Die Irakw-Stämme, zu denen die höhlenbewohnenden Mbulubauern aus dem Hochland hinter dem Manyara-See gehören, sind ein obskurer Volksstamm mit einer merkwürdigen archaischen Sprache, die zu den protohamitischen Jägern in Beziehung gebracht wurde,[7] die als erste von Norden her nach Ostafrika eindrangen. Vielleicht stammen die Steinmetzen von Engaruka, ob sie nun Irakw waren oder nicht, von den neolithischen Hamiten ab, die domestizierte Pflanzen und Tiere ins Land brachten und bis vor wenigen Jahrhunderten im Hochland von Ostafrika verstreut waren, bis sie anscheinend von den nachkommenden Wellen negrider Stämme, Niloten wie Bantu, umringt und absorbiert wurden. Im Kerio-Tal in Kenia zum Beispiel arbeiten die Maraket von den Nadistämmen immer noch mit komplizierten Bewässerungssystemen, darunter Wasserleitungen, die

über schroffe Klippen führen und angeblich von einem nördlichen Volk mit seltsamer Sprache, den Sirikwa, gebaut wurden, die später einer Seuche zum Opfer fielen: „Sie bauten die Kanäle, aber sie lehrten uns nicht, wie man sie baut: wir können nur versuchen, sie nur bewahren, wie sie sind!"[8] (Die Klangähnlichkeit zwischen „Sirikwa" und „Irakw" ist angesichts der obskuren Geschichte beider Gruppen besonders interessant.)

In den bantusprechenden Sonjo findet man mehr als eine Spur einer verschwundenen Rasse. Nur 100 Kilometer weiter nordwestlich, oberhalb des Natronsees, haben sie immer noch Steinterrassen und künstliche Bewässerung und bauen befestigte Palisaden rund um ihre Dörfer, die man sonst nirgends südlich von Westäthiopien findet, dem vermutlichen Ursprung der neolithischen Hamiten. Man erinnert sich daran, daß Völker wie die Hima und Tusi-Hirten aus Uganda und Ruanda-Urundi, die nicht mit den Bantu verwandt sind, deren Sprache übernommen haben, und der Name Sonjo erinnert an „Enjoe", wie die Kikuyu das verschwundene nördliche Volk nennen, das die Dorobo als Mokwan kannten und das „Hüttenkreise" aus Stein auf dem Uasin-Gishu-Plateau baute und angeblich von den Massai versprengt wurde. Diese „Hüttenkreise", oft bloße Eindellungen, haben vielleicht auch als Art Unterstand für die Langhornrinder[9] gedient und werden als „Sirikwa-Löcher" bezeichnet; vielleicht sind die Mokwan, die Enjoe und die Sirikwa alle identisch.[10] Heutige Steinbauten der Sonjo sind nicht zu vergleichen mit der sauberen Bauweise – ohne Mörtel – in Engaruka, aber dieses Volk erzählt eine Sage von einer Belwa genannten verlorenen Stadt, und man überlegt unwillkürlich, ob die hellhäutigen Sonjo – sie sind noch heller als die nilohamitischen Massai – sich nach dem Fall von Engaruka in ihre ferne Festung zurückgezogen haben.

Da Stammestraditionen unverläßlich sind, kann man sich weder auf die Erinnerung der Massai verlassen noch mit den Belwa rechnen, aber es macht großen – unwissenschaftlichen – Spaß, den Versuch zu unternehmen, die verschiedenen Traditionen in diesem Gebiet archaischer Völker zu einem Puzzle zu ordnen, besonders, da sie generell von den Somali bestätigt werden, die glauben, daß die Steinarbeiten im Kraterhochland die Arbeit jener frühen Ingenieure sind, die in der Northern Frontier Province von Kenia die tiefen Brunnen von Wajir und Marsabit gruben – einer Riesenrasse, so behaupten sie, die vor zweitausend Jahren aus Arabien kam und die Vorfahren der großen Tusi wurden. Wenn Engaruka mehr als einige Jahrhunderte alt ist, mag es vielleicht eine Binnenlandsiedlung gewesen sein, die wie Zimbawe mit der Küste Handel trieb. Und wenn, was führte zu ihrem Ende? Waren die Engaruka-Baumeister die wilden il-Adoru, von denen die Massai-Sagen aus der Ansiedlung in dieser Region erzählen? Oder kam das Ende vor dem Auftauchen der Massai? Nach portugiesischen Chroniken wurde die Küstenstadt Kilwa 1589 zerstört, und 3000 von den 4000 Einwohnern wurden von plündernden Kannibalenhorden, den Zimba, aufgefressen. Die Zimba, die auch Mombasa einnahmen und schließlich in Malindi überwältigt wurden, sind ebenfalls rätselhaft, da die modernen Zimba ein Bantustamm aus den Savannen am unteren Sambesi sind, bei denen der Kannibalismus unbekannt ist (obgleich sie mit kannibalischen Bantu aus den Zentralwäldern verwandt sind).[11] Niemand kann sagen, woher die Zimba kamen, noch was ihren heuschreckenartigen Vorstoß auslöste, noch wo sie sich niederließen, als ihre Wut verraucht war, aber vielleicht waren sie es, die Engaruka zerstörten.

Heute ist Engaruka ein schattiges Dorf mit Bewässerungsgräben, Bananenfeldern, Hunden und Hühnern, und hier hörten die letzten Spuren einer halbwegs befahrbaren Straße auf. Die Wagen fuhren am Fluß entlang, dann durch dichtes Gestrüpp. Der Viehpfad verschwand in Sonne und Staub, meilenweit kämpften sich die Wagen durch hartes Akaziengesträuch durch, und die Dornen zerkratzten die Karosserie. Dann verbreitete sich der Fußpfad wieder zu einem Viehweg, der schließlich zu einer steinigen Ebene am Fuße des Kitumbeine hinunterführte. Im Westen ragte der regengrüne Kerimasi auf, dann kam der graue Kegel des Lengai in Sicht, hinter dem Kraterhochland wie ein Mond hervortretend.

In der Ferne sah man die harten weißen Flecken, die in afrikanischen Landschaften weit entfernte Viehherden bedeuten, hier aber waren Vieh und Wildbestände noch im Gleichgewicht, so wie sie es einst im ganzen Massai-Land waren. Zebras, Gazellen und Weißbartgnus zogen überall neben dem Pfad her, auch einige Elenantilopen; seit ich vor neun Jahren den Sudan verlassen hatte, hatte ich nie so viel Wild auf einem Fleck außerhalb der Naturschutzgebiete und deren unmittelbarer Umgebung gesehen. Die Ebene war mit Teichen übersät, und ein mit Hufabdrücken gespickter Pfad führte von Wasserstelle zu Wasserstelle. In diesem harten und flachen Gebiet waren die Teiche nicht tiefer als Spiegel, die die wechselnden Himmelsstimmungen zurückwarfen, und hätte es nicht Bäume und zertrampelte Ränder gegeben, so hätte man das Wasser für eine Lichttäuschung gehalten, die vergehen würde, sobald

die Sonne wieder schien. Krickente und Zwergtaucher brachen den Spiegel mit ihren Wellenspuren, und die langbeinigen Silhouetten von Stelzvögeln standen reglos im vergehenden Sonnenlicht. Am Ufer suchten Strandläufer dicht gedrängt eifrig nach Nahrung, bevor die Dämmerung einbrach. Im Dunkel bei Mondenschein würden diese palaearktischen Zugvögel den Äquator überqueren, und morgen würde man sie vielleicht am Rudolfsee oder am Nil finden. Träge Marabus verdauten irgendeine unaussprechliche Mahlzeit, und ringsum im frischen Gras hatten die wohlgenährten Insekten zahlreiche Europäische Störche angelockt; überall standen die großen weißen Vögel – ernsthaft und würdevoll. Störche sind Vögel der großen Katastrophen – sie tanzen in der Hitze der Brände, suchen zwischen den Funken fliehende Eidechsen, Grasmäuse, Schlangen – und fanden sich einstmals bei Heuschreckenplagen ein. Jetzt können die Heuschrecken unter Kontrolle gehalten werden, außer in jenen Gebieten, wo der Mensch die Kontrolle über sich selbst verloren hat.[12]

Zwei Tage später ließen sich die Störche fast bewegungslos von den Aufwinden in die Höhe tragen, wie Rauch in dichten Zügen zu vielen Hunderten zusammengedrängt, immer höher über Kerimasi und dem Kraterhochland, bis die Schwärme nur noch Pünktchen vor den Wolken waren. An der Spitze einer kilometerhohen Säule weißer Vögel setzten sie ihren Kurs, quer über den Himmel flogen sie auf das harte Blau des nördlichen Horizontes zu. Die Strandvögel waren bereits verschwunden, und von den hier heimischen Wasservögeln blieb nur ein einsamer Lappentaucher zurück. Am schwarzen Ufer tummelten sich Tausende kleine Zebu-Rinder, dazwischen einige riesenhörnige Ankolen und hagere Kühe mit verdrehten Hörnern aus archaischen Königreichen, alle umdrängt von Schaf- und Ziegenherden, die im Kot steckenblieben und um sich stießen. Am Rand der Staubebene lehnten die Hirten in erdfarbenen Umhängen an ihren Speeren, die Gesichter im Schatten. Schwalben umkreisten die staubigen Herden, fingen im Flug Insekten, und die Mittagsluft war erfüllt vom Trommeln der Hufe, mit Schreien, Pfeifen, Jaulen, mit Glockengeläute, Blöken und kreischendem Lachen.

Am Wasserrand hockte ein Mann, die aus Fetzen bestehende Kopfbedeckung zum Schutz vor der Sonne tief in die Stirn gezogen. Düngergeruch, Fliegen, das Stampfen und Muhen der Herden, die Hitze. Im seichten Wasser hüpfte und spritzte ein nackter, tanzender Junge. Dann trübte ein Wolkenschatten das Wasserleuchten auf seinem runden Kopf, es wurde

Mount Meru

Wald im Nebel,
Mount Meru

Der Geisterwald auf dem Mount Meru

Ngurdoto Krater,
Arusha

Wildbachbett am Weg nach Engaruka

Löwin, Ngorongoro

Zebras, Ngorongoro

Spitzmaulnashorn, Ngorongoro

Weißschwanzgnus, Ngorongoro

Stelzenläufer, Manyarasee

Manyarasee,
Natronsee am Rande
des Riftabfalles

Flamingos am Natronsee

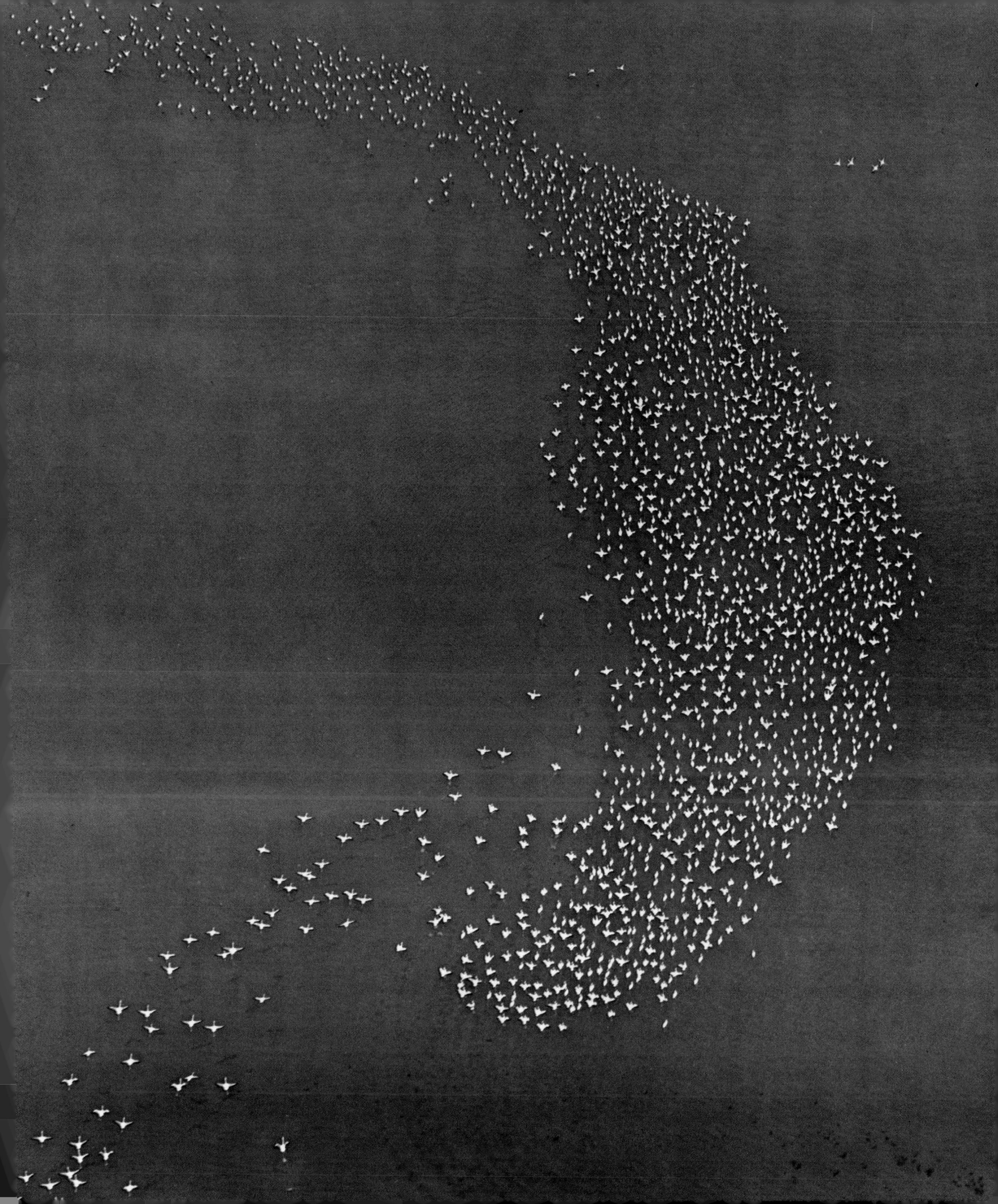

Die Gipfel des Ol Doinyo Lengai

Schirmakazien vor dem Kerimasi nahe Lengai

dunkel. Er hielt inne; das Wasser beruhigte sich. Wolken spiegelten sich darin. Er kratzte an seinem dünnen Körper, auf einem Bein in diesem periodischen Teich stehend, der im Sommer verschwinden wird wie der Hauch von Grün über diesem verbrannten Grasland. Elenantilope, Schwalben, Wolken und Wind. Ein einsamer Massai schreitet wie ein Prophet über die Vorberge des Kerimasi, mit erhobenem Stab und wehendem rotem Umhang.

Die Wagen verlassen den Pfad und fahren in westlicher Richtung über die Hügel auf Lengai zu. Diese Vorberge sind meist Nebenkegel; die Kegel sind grasbewachsen, mit regelrechten Kratern. Andere Krater sind in den ebenen Boden eingefügt, als wäre die Erde eingefallen, und Schwalben umkreisen die Ränder unter den wehenden Gräsern.

Zwei große Massai erheben sich aus dem Gras, werfen uns wildes Lächeln und ihre paar Brocken Kisuaheli zu: „Jambo! Habari gani?" „Was gibt es Neues?" Sie zeigen auf den Vulkan, ihre Keulen oder Rungus wirken wie Verlängerungen ihrer langen, knochigen Arme. „Kilima cha Mungu!" rufen sie. Berg Gottes! Ich schüttle den Kopf und nenne den Massai-Namen des Berges „Ol Doinyo Lengai!" Und sie lächeln und winken: „Ngai! Ngai!" In Tansania wurde den wilden Hirten 1968 befohlen, ihre luftigen Shukas aufzugeben und Hosen zu tragen, aber die Massai kümmern sich wenig um derlei Gesetze. Fern von den Straßen stehen sie, wie die wilden Völker des Sudans. Ihre Umhänge sind sauber und ihre Perlen bunt, ihr Schmuck aus Kupfer und Blech von einer Qualität, die man in den Kuriositätenläden von Arusha und Nairobi nicht findet. Die Löcher in ihren Ohrläppchen, die mit den harten Dornen der Wüstendattel gestochen werden, sind mit hölzernen Ohrpflöcken gedehnt – in der Nähe von Touristenstraßen werden diese Pflöcke durch weggeworfene Filmrollen ersetzt. In Mto Wa Mbu, Ngorongoro, Mamanga und Narok betteln und stänkern umherlungernde Massai gern vor den asiatischen Dukas, wo sie wie Geierversammlungen auf den Fersen hocken und halbherzig versuchen, den Touristen alte Perlen, Speere, Kalebassen und Rungus und die kurzen, zweischneidigen Simis in roten Scheiden zu verkaufen. Solche Eingeborene haben wenig gemeinsam mit den Menschen, die Thomson bewunderte. Die Unterdrückung ihrer eigenen Lebensart führte sehr rasch zum Niedergang der Massai, deren Schicksal dem der Indianer aus den nordamerikanischen Ebenen sehr ähnlich ist. Ein Regierungsbericht aus dem Jahr 1939, ein knappes halbes Jahrhundert, nachdem Thomson die Massai zum

erstenmal erblickte, stellt eine rückläufige Geburtenrate und die Häufigkeit von Sterilität und Geschlechtskrankheiten fest, außerdem weitverbreiteten Alkoholismus, Zügellosigkeit und allgemeine Apathie. Bemühungen, die Massai in die Polizei oder die King's African Rifles aufzunehmen, schlugen meist fehl, und die wenigen, die eine Ausbildung erhielten, kehrten oft genug zum Leben in der Steppe zurück, unfähig, den wilden Stolz und die Unabhängigkeit abzulegen, die sie weiße Siedler und Missionare gleichermaßen ablehnen ließ. In ihren Versuchen, nach Seuchen- und Hungerjahren und Zersplitterung wieder Halt zu finden, klammerten sie sich nur noch fester an ihre alte Lebensweise. „Neuen Ideen unzugänglich und unfähig, sich neuen Gegebenheiten anzupassen", galten sie nun in jeder Hinsicht als den früher von ihnen beherrschten Völkern unterlegen. Aber wieder wurden sie, wie die Indianer Nordamerikas, nach westlichen Maßstäben gemessen – der Niedergang der Massai war auf ihren Stolz zurückzuführen, nicht auf Überlegenheit, womit die Verachtung eines wilden Volkes für westliche Werte in bürokratischer Weise abgetan wurde. Gleichzeitig wurde die Abgeschlossenheit der Massai romantisiert und bewundert, da der Stamm im Gegensatz zu den verabscheuungswürdigen Bantu und besonders den Kikuyu, die es wagten, sich gegen die Inbesitznahme ihrer Länder aufzulehnen, dem Fortschritt aus dem Weg ging. „Es wurde oftmals in anderen Teilen der Welt bewiesen, daß der Eingeborene bei Ankunft des weißen Mannes entweder seine Gewohnheiten ändert oder zu existieren aufhört, und es ist zu hoffen, daß die Massai die erstere Alternative wählen werden", schrieb ein Beobachter schon im Jahr 1904.[13] Da er keine Wahl hatte, änderte der Massai seine Gewohnheiten, im geistigen Sinne aber hat er aufgehört zu existieren.

Das Plateau neigt sich dem blassen, nebeligen Kessel des Natronsees zu. Rund um dieses Gewässer, dessen Längsausdehnung 56 Kilometer beträgt, erheben sich einsame Berge: der Vulkan Gelai an der Ostküste, der dunkle Grabenbruch im Westen, einem halb aus Bergen, halb aus Wolken bestehenden Horizont – und über allem der Berg Gottes.

Es ist fast Sonnenuntergang, und Lengai ist noch weit. Flußläufe und Schluchten, die während der Regenzeit das Wasser vom Kerimasi herabführen, durchqueren die Vorberge, wir verlieren bei jeder Rinne Zeit, weil wir eine Stelle suchen müssen, wo ein Übergang möglich ist. Die Motoren sind bereits heißgelaufen, und es ist auch schon dunkel geworden. Wir schlagen unter den Felswänden des Hochlands unser Lager auf, nicht zu weit – wie wir hoffen – entfernt von dem riesigen schwarzen Kegel, der in den Sternenhimmel ragt. Zwei Zelte werden an dem grasbewachsenen Hang aufgeschlagen und ein Feuer entfacht. Sobald dies geschehen ist, trinken wir ein Glas Rum. Wir sind sechs: Vesey-Fitzgerald und sein Freund George Reed, ein Tierfotograf und Bergsteiger namens Brian Hawkes, der Koch Chilufia und der Meru Frank, ein Ranger, der im Vorjahr mit uns am Chaperro war. Vesey ist wütend über Chilufia und Frank, die, wie ihnen befohlen wurde, zwar Wasserflaschen mitgebracht – sie halten sie zum Beweis hoch –, aber kein Wasser eingefüllt haben. „Ihr seid zwei Idioten, versteht ihr das? Ich habe es euch bei der letzten Safari gesagt, und jetzt sage ich es auch wieder, und nächstesmal werde ich es wohl wieder sagen müssen – ihr seid zwei Idioten!" Vesey bringt es fertig, zu lachen, bevor er zu Ende gesprochen hat, und die Afrikaner lachen mit, aber alle wissen, daß das Ganze absolut kein Spaß ist, denn zwischen hier und Engaruka, vierzig mühsame Kilometer zurück, gibt es kein gutes Wasser. Zwei Tage später aber, als das Wasser zur Neige geht, füllt Frank seine Flasche aus dem Kanister in meinem Rover und schraubt den Verschluß so schlampig zu, daß die Hälfte unseres restlichen Trinkwassers ausrinnt.

Man sagt oft, die Afrikaner könnten weder gerade Wege anlegen noch gerade Furchen pflügen, Flaschenverschlüsse zuschrauben, Gewehrvisiere benutzen – kurz, sie hätten kein Gefühl für geometrische Ordnung und noch weniger Zeitgefühl, da sie in der Natur nichts dergleichen lernen. „Man muß jeden Augenblick auf diese Kerle aufpassen", erklären weiße Ostafrikaner. „Können nicht die kleinste Kleinigkeit selbst tun." Vielleicht sollte es nicht „können", sondern „wollen" heißen. Die meisten Afrikaner sind so daran gewöhnt, Weiße für sie Entscheidungen treffen zu lassen und deren Befehle wortwörtlich auszuführen, um Beschimpfungen zu vermeiden, daß sie nur selten darüber nachdenken, was sie tun, noch weniger aber selbst eine Initiative ergreifen. Sie führen statt dessen mit Unlust stumpfsinnige Aufgaben durch – automatisch zu arbeiten, ohne zu denken, ist vielleicht die einzige Möglichkeit, ihre Arbeit erträglich zu machen – und lassen sich lieber für dumm halten als Schwierigkeiten zu meistern, sind aber gleichzeitig vergnügt, wenn Weiße Schwierigkeiten haben. Starrköpfig und apathisch führen sie die Anordnungen dem Buchstaben und nicht dem Geist nach durch. (Bringt eure

Wasserflaschen!) Sie sind nicht dafür verantwortlich, die Flaschen zu füllen, wenn man es ihnen nicht eigens aufträgt; wenn die Weißen sie wie Kinder behandeln, werden sie sich auch so benehmen.

Chilufias Herz ist noch in Zambia, zweifellos sein Hirn ebenfalls, aus Frank aber kann ich nicht klug werden, der jung, ehrgeizig und hellwach ist. Chilufia scheint es völlig gleichgültig zu sein, wenn er Idiot genannt wird, solche Worte muß man abschütteln wie Regentropfen. Shauri ya Mungu könnte er sagen – das ist Gottes Sache. Aber Frank haßt es; ein merkwürdiges böses Lächeln umspielt seine Züge, als sollte ich mich hüten, es zu verstehen. Ein Unterschied zwischen Frank und Chilufia ist der Name Frank – sein wirklicher Name ist Kessi.

Frank ist begierig sich mitzuteilen, obgleich er meine Sprache nur schlecht spricht und ich die seine fast gar nicht. Wenn Vesey nicht zuhört, ruft er mich bei meinem Vornamen. Die Freundlichkeit ist echt, aber trotzdem ist ein Schatten Aggression spürbar, er sucht prüfend in meinen Augen nach Ablehnung. Da ich das weiß und es mich schmerzt, antworte ich begeistert, aber bald überfällt uns wieder Schweigen. Wir können doch nicht miteinander sprechen. Selbst wenn wir es könnten, hätten wir kaum mehr anzubieten als guten Willen und unsere Menschlichkeit. Auch unter weißen Ostafrikanern und Schwarzen, die sich leicht auf englisch oder kisuaheli unterhalten können, scheint beiderseitige Langeweile das Problem zu sein, da die Interessen des einen für den anderen trivial sind und die Ideen des anderen daher wenig Bedeutung haben.

Der Vulkan erfüllte wie eine Riesenglocke die Nacht. Über Shombole und den Loita-Bergen blitzte es, riesige lautlose Illuminationen, die die schweren Wolken aushöhlten, bis sie wie Feuer hinter einem Rauchvorhang glühten. In dieser und der nächsten Nacht folgten die Blitze in Abständen weniger Minuten, aber der Donner war zu entfernt, um bis zu uns zu dringen. Ich lauschte einem einsamen Ziegenmelker, gebannt von der Starre seines schrillen Gesanges, die unter dem Lengai zu einem Teil der Mondstille wurde.

Sobald es Tag wurde, brach ich mit Hawkes zum Berg auf. Jeder trug einen kleinen Rucksack mit Tee und Wasser, Nüssen und Rosinen, Notizbuch und Fernglas. Hawkes hatte eine Kamera bei sich. Lengai war frei von Wolken, und die Entfernung zum Lavafächer mochte etwa 10 Kilometer betragen. Aber wir hatten im schlechten Licht am Abend vorher auf der falschen Seite einer schroffen, steilen Hügelkette unser

Lager aufgeschlagen, und zwischen den Hügeln lagen steile Schluchten mit unwegsamem Dickicht. Während der ersten zwei Stunden schlitterten und kletterten wir auf und ab, von versteckten Felsen und mannshohem Gras behindert. Ich erwartete keine Schwierigkeiten mit Tieren, und wir hatten auch keine, aber Leopardenspuren im einer Donga, einer Klamm, waren eine Mahnung, daß wir sie nicht vergessen sollten: Im hohen Gras, das uns so zu schaffen machte, konnte ein Nashorn versteckt sein.

Um acht Uhr hielten wir auf einem Grat an, schon jetzt verschwitzt und müde, und starrten trübselig in die Gegend. Unter diesen Umständen würden noch zwei Stunden vergehen, bevor wir den Berg erreichten, und der Aufstieg würde mindestens weitere fünf Stunden in Anspruch nehmen. Wenn man drei Stunden für den Abstieg einkalkulierte, ohne eine Rastpause einzurechnen, würden wir nach Einbruch der Dunkelheit immer noch einen vierstündigen Rückweg durch dieses schwierige Gelände zu bewältigen haben. Außerdem hüllte sich der Lengai in seine Wolken, was den Aufstieg erschweren würde. Aber wir hatten uns bis jetzt zu sehr geplagt, um an diesem Punkt schon aufzugeben; der Aufstieg konnte jeden Augenblick leichter werden, und vom Berg aus würden wir vielleicht einen besseren Weg zurück zum Lager sehen. So überredeten wir einander und trotteten wie Pilger auf einen Zauberberg zu. Und unmittelbar darauf trafen wir auf einen Viehpfad der Massai, der über Hügelkämme zu dem schwarzsandigen Fluß am Fuß des Vulkans führte. Vom schwarzen Fluß aus stieg der Lavahang rasch zum Lengai auf.

Vor uns spaltete eine dunkle Schlucht den Vulkanhang. Der Grat, der die Westwand der Schlucht bildet, ist ein dem Hochland zugewandter Südhang, und der unter den Wolken am Gipfel sichtbare untere Teil dieses Hangs sah weniger schroff aus als die anderen. Wir stiegen durch das schwarze Flußbett bergauf, dann erkletterten wir die jenseitige Böschung und querten den Aschenhang. Hier war einst ein Zebra gewandert, in einen gespenstischen Fußabdruck hatte der Wind den kupfernen Panzer eines großen Käfers geblasen. Höher oben waren überall Käferpanzer, sie schimmerten in den Windwellen auf dem Hang. Das Feuer und die Asche der letzten Eruption im Jahr 1967 hatten Lengai unter einem grauen Mondschnee begraben, alles außer verwelkten Spitzen von windzerzaustem Gras. Am Rand der Schlucht stand der Stumpf eines Dornbusches, dessen Galläpfel verholzt waren, und dennoch lebten Ameisen darin, die sich vielleicht von den toten Käfern nährten, die über das Ödland getrieben wurden; zu Zeiten des Grünwuchses schützen diese Ameisen die frischen Akaziensprossen vor äsenden Tieren wie den Giraffen. Mit Ausnahme einer verirrten Eidechsenspur sind die Ameisen das einzige Anzeichen irdischen Lebens. Unsere Tritte hallen, denn der Berg Gottes ist hohl; hier hat man kein Gefühl der Gegenwart, nur der Vergangenheit.

Im Frühjahr 1969, auf dem Flug von Nairobi nach Manyara, und nochmals im Winter 1970, auf dem Flug von Seronera nach Arusha, überredete ich den Piloten, den Vulkan zu umkreisen. Von Fallwinden gerüttelt und den Wolken ausweichend, kamen die leichten Flugzeuge über den tiefen Furchen der Flanken heran und drehten enge Kreise über dem erschreckenden Krater. Unter dem Bimsstein, dem toten Grau, dem Schwefelgelb, war kein Hauch von Grün, kein Lebenszeichen.

Der Hang war steiler geworden. Wir ließen unsere Rucksäcke neben der verdorrten Akazie fallen, und da, an den Berghang gelehnt, bemerkte ich Schmetterlinge und Vögel. Der erste Schmetterling war organgefarben wie die Sonne, der Wind trieb ihn über die abfallende Wüste von Osten nach Westen, das flach einfallende Licht verstärkte sein Feuer so sehr, daß er noch sichtbar war, als er den Berg umkreist hatte und in nordöstlicher Richtung zum Natronsee davonflatterte. Die Vögel waren Hochgebirgsvögel – Mauersegler, Felsenschwalben, der weiße Schmutzgeier –, die mit den Luftströmungen segelten. Dann kam eine Lerche merkwürdig nahe, bevor sie über die Wüstenei davonschoß. Am Morgen hatte ich ein fernes Lerchenlied gehört; vielleicht war dieser einsame Vogel der Sänger gewesen.

Ich steckte einige Nüsse und Rosinen in meine Tasche und nahm einen Schluck Wasser. Die Wüstenluft des Vulkans war so trocken, daß man das Wasser mit jener Ehrfurcht behandelte, die ein Buschmann für das Wasser fühlen muß, das er in Straußeneiern aufbewahrt. Dann machten wir uns wieder auf den Weg. Ich konzentrierte mich auf langsame, stetige Schritte, regelmäßiges Atmen und darauf, nicht hinabzublicken. Am immer schmäler werdenden Kamm gab es keine Felsen, keine Stämme, keine Möglichkeit, sich festzuhalten, nur die glatte Aschenfläche; sie war staubig, aber hart, und meine leichten Stiefel konnten keinen Halt finden. Hawkes ging es mit seinen Kletterschuhen besser, aber er war nicht optimistisch. Vor dem Ausbruch war der Lengai anstrengend, aber nicht schwierig gewesen, sagen die wenigen Veteranen; jetzt, meinte Hawkes, war zumindestens diese Route eine Sache für eine Viererseilschaft mit Pickeln. Rechts von uns fiel der Kamm senkrecht zur schwarzen

Schlucht ab, links würde man direkt bis hinunter zum schwarzen Fluß rollen, da man sich nirgends festhalten konnte. Ich starrte nach oben, wo der weiße Geier, steif wie ein Drache, plötzlich vom Nebel verschluckt wurde.

Wir näherten uns den Wolken. Tief unten peitschten kleine Wirbelstürme oder Windhosen Asche in die Luft, und der Wind blies Rauchfahnen über die Hänge. Der Nebel fiel, ein aufkommender Wind quälte die Nerven; Hawkes rief herunter, daß es schwieriger werde. Es war später Vormittag, der steilste Felsen des Vulkangipfels lag noch vor uns, und ich mußte bereits jetzt auf allen vieren kriechen. Wieder und wieder verloren meine Schuhe den Halt, ich mußte mich auf den Bauch werfen um nicht zurückzurutschen und allzu schnell den letzten Abstieg zu machen. Wo ich am Berghang klebte, war er so steil, daß er praktisch senkrecht wirkte. Atemlos, mit klopfendem Herzen, lauschte ich dem Schicksal der kleinen Steine, die mein verzweifeltes Krabbeln loslöste – ein immer lauter werdendes Zischen, dann Stille, und schließlich aus den Tiefen der Schlucht ein scheußliches, völlig unbeschreibliches Murmeln, das einzige Geräusch, das ich je am Lengai hörte. Und nachdem ich es einige Male gehört hatte, rollte ich mich auf den Rücken, um Atem zu schöpfen, und trank ein wenig Wasser; als ich ausgeruht war, gab ich auf.

Ich lag da, windverbrannt, voll toten Staubs, meine Flasche von einer braunen Hand umklammert, die in diesem Licht einer Raubtierklaue glich. Und meine Entscheidung war die richtige, denn kaum hatte ich sie getroffen, wurden die Wolken von einer strahlenden Sonne durchbrochen. Mein Körper entspannte sich, und in der Sonnenwärme fühlte ich, wie Wohlbehagen mich durchströmte, als wäre eine rote Feder in meine Hand herabgeschwebt. Ich lag da, entspannt vor Erleichterung, genoß den warmen Wind und die Berührung des Haarbüschels, das auf meine Stirn fiel, das reine Felsenwasser aus einer kühlen Quelle in Manyara, die Sonne auf meiner heißen Haut, das Gefühl zu atmen – alles verstärkt durch die wilde Schönheit der Welt. Von meinem Platz auf dem Berg Gottes aus regierte ich über den Embagai und die grünen, wechselnden Schatten des Kraterhochlandes,

das wie ein mystisches Königreich in schwarze Wolken emporkletterte. Die Wolken bewachten alte Vulkane, Jaeger Summit und Loolmalassin, deren Gipfel ich nie gesehen hatte. Ein Adler schwebte reglos über dem schwarzen Fluß, der den Lengai vom Hochland trennt. Von oben aus gesehen ist ein Raubvogel in seiner Konzentration auf alles, was unter ihm liegt, der Bote des Schweigens schlechthin.

Eine Reihe kleiner Erhebungen, wie Trittsteine, tauchte aus der glatten Aschenoberfläche auf; halbblind vor Anstrengung hatte ich sie beim Klettern nicht bemerkt. Die Erhebungen bildeten eine deutliche Linie, die den Kamm hinabführte, wie erhabene Nashornspuren, und das waren sie auch. Anscheinend hatte ein Nashorn hoch oben am Berg versucht, vor dem letzten Vulkanausbruch zu flüchten – vielleicht vergeblich, da seine Spuren am Rand der Schlucht verschwanden. Es war kein Pfad aufwärts zu sehen, nur abwärts. Die Tritte hatten die heiße Asche zusammengepreßt, und später hatten die Bergwinde die lose Asche rundherum hinweggefegt, bis die Abdrücke über der Oberfläche legen.

Einen Hufabdruck umklammernd, blickte ich hinauf zu der Stelle, wo diese gehörnte Masse, wie vom Vulkan ausgespien, in den giftigen Wolken Gestalt angenommen hatte und den feurigen Grat hinabgestürzt war. Was hatte das Tier hinauf in den Nebel gelockt? War es blind gewesen wie der Büffel, den man hoch oben auf dem Mount Kenia im Schnee fand? Man muß sich den Anblick des dunklen Wesens im Vulkanrauch vorstellen; hätte es ein Afrikaner gesehen, so wäre das Nashorn ein legendäres Tier geworden, wie die Hyäne, denn in derlei traumartigen Erlebnissen werden die Mythen geboren.

Ich wollte unbedingt dieses großartige Mysterium bewahren, daher löste ich zwei Hufabdrücke von der festgepreßten Asche und stopfte sie in meinen Rucksack. Wir stiegen vom Vulkan ab, überquerten die Aschenfelder, umgingen Staubstürme. Vier Stunden auf wunden Füßen trug ich die versteinerten Abdrücke, aber sie gehörten dem toten Berg an, während des Rückmarsches zerfielen sie zu Staub.

IX | Der Rote Gott

Epwo m-baa pokin in-gitin'got
Alles hat ein Ende.
Massai-Spruch[1]

Eines schönen Tages im August fuhr ich von Nairobi in Richtung Süden, auf der Straße, die über die Ngong-Berge und danach durch immer trockeneres Gelände führt, vorbei am Fundort des Handaxt-Menschen in Olorgesaille, bis sie schließlich, in weiten Kehren aus den Bergen sich herunterwindend, auf die Magadi- oder Sodaseen in der Senke des Ostafrikanischen Grabens trifft. Der Magadi-See selbst ist von blendender Weiße, ein Schneefeld mitten in der Wüste, doch direkt vor uns, unter den Halden und dem Abfall der Natronfabrik, ist das Weiß schmutziggrau, verkrustet und verfärbt durch fremdartige chemische Prozesse. Auf einem schmalen Deich führt eine Straße über den See. Ungefähr 50 Kilometer westlich von Magadi, jenseits des Uaso-Ngiro-Flusses, der im Süden in den Natronsee mündet, biegt ein Pfad nach Süden durch die Dorngrassteppe, entlang dem Fuße des Steilabbruchs von Nguruman, bevor er, nun wieder in nördlicher Richtung, das Plateau erklimmt.

In Magadi traf ich Lewis Hurxthal, einen jungen Biologen, der Forschungen über den Strauß betrieb, und seine schöne Frau Nancy, eine Graphikerin, die die Herausgabe von Aufklärungsmaterial für die African Wildlife Leadership Foundation in Nairobi betreute. Die Hurxthals wohnen am Rande der Hochebene von Aathi, wo er seine Lieblingsvögel beobachten kann; Lew war es, der mich auf die Besonderheit des männlichen Straußes hinwies – er ist der einzige Vogel, der über einen Penis verfügt. Um diese Jahreszeit schwellen Hals und Beine des Straußenhahnes rot an, und Männchen und Weibchen werden hektisch betriebsam. Sie laufen aufgeregt hin und her und wackeln mit ihren dicken Flügeln wie ein Dienstmädchen, das sich schnell die Schürze bindet, während sie zur Tür stürzt. Einmal platzte Lew mitten in eine Diskussion – man sprach über die „querencia“, jenen Bereich in der Arena, in dem der Kampfstier sich sicher fühlt, sich verteidigt und daher gefährlich wird: „Strauße“, sagte er und betonte das Wort mit leiser, fast vorwurfsvoller Stimme, als hätte man seinen Vögeln Unrecht getan, „Strauße haben auch Charisma.“

Wir kampierten unter großen Sykomorenfeigenbäumen, am Ufer eines klaren Bergbaches, der vom Nguruman herunterkommt. In Ostafrika sind klare Bergbäche selten, und wir genossen ein erfrischendes Bad in der Strömung – die jede Gefahr der Bilharzia fortwusch. Schwärme von Finken – Amarante, Elsterchen, Bandfinken, Braunrückenelsterchen, Blutschnabelweber, Schmetterlingsfinken und Marmorweber, alle bunt durcheinander wie Blätter im Herbst – schwirrten um eine blattlose Akazie, ließen sich wie ein

Windstoß zum Rand des Wassers herab und sausten wieder davon, unbekümmert um die Gegenwart von Menschen auf der anderen Seite des Baches. Der Blutschnabelweber ist auch als Pestfink bekannt, denn er taucht manchmal in Riesenschwärmen auf, die sich wie eine Wolke auf den Feldern niederlassen, ganz wie die Heuschrecken. Gegen Abend kamen ein paar Massai baden. Die Vorfahren dieser Leute waren nach den schrecklichen Stammesfehden im 19. Jahrhundert ins „Ackerland“ von Ngurumani geflüchtet; als nach einer Heuschreckeninvasion ihre Rinderherden durch Hunger dezimiert wurden, blieb ihnen gar nichts anderes übrig, als den Boden zu bestellen. Heute finden sie sich vor allem in der Gegend von Nguruma, um Engaruka und am Fuße des Meru; dort nennt man sie „Warusa“. In Kleidung und Sitten erinnern diese Ackerbauern noch immer an ihre viehzüchtenden Vettern. „In keiner Gegend Afrikas, die ich bis jetzt bereist habe, fand ich Eingeborene von ähnlich angenehmer und männlicher Art“, schreibt Joseph Thomson über dieses Volk.

Einer dieser angenehmen und mannhaften Eingeborenen, Legaturi, kam am nächsten Tag mit uns, als wir zu einer Expedition auf die höhergelegenen Steilstufen der Nguruman-Berge aufbrachen. Von oben hat man einen herrlichen Blick über die weiten grünen Sümpfe des unteren Uaso Ngiro, den Vulkan von Shombole und den Natronsee. Später wird der Pfad von Tsetsebusch verschluckt, und das Fortkommen war so beschwerlich, daß Nancy, die im vierten Monat war, bald nicht mehr weiterkonnte. Lew bettete sie unter einen Baum, während ich mit Legaturi den Pfad weiterverfolgte, der schließlich bei einem Safari-Camp von Philip Leakey endete. Dahinter erstreckten sich die Nguruman-Berge in nordwestlicher Richtung hin gegen die Wildnis der Loita-Berge.

Da ich wegen der Hurxthals beunruhigt war, drehte ich sofort um und trat den Rückweg an. An diesem heißen, verhangenen Tag bissen die Tsetsefliegen ohne Unterbrechung; diese stummen ovalen Wesen mit ihren einander überlappenden Flügeln wimmelten auf meiner Windschutzscheibe, und ein solches Biest mit beborsteten Augen setzte sich hoffnungsfroh auf meinen Arm. Trotz der fast unerträglichen Hitze trug ich ein Hemd – Legaturi war wie eine Mumie in seinen roten Umhang eingehüllt –, obwohl ich besser daran gewesen wäre, wäre das Hemd weiß gewesen: Tsetsefliegen bevorzugen dunkle vor hellen Tieren, und anscheinend verabscheuen sie das Zebra, dessen Streifen ihr schlechtes Sehvermögen nur noch mehr irritieren.

198

Daß die dipteriden Stechfliegen des Genus Glossina Überträger der Trypanosoma-Arten waren, die die Nagana-Seuche des Viehs und die Schlafkrankheit beim Menschen hervorrufen, wurde 1905 in Uganda entdeckt, und zwei Jahre später hatte man die Eingeborenen aus dem Gebiet der Murchison-Wasserfälle und vieler anderer Regionen evakuiert, einschließlich der Ufergebiete des Viktoriasees, wo zweihunderttausend Menschen – zwei Drittel der gesamten regionalen Bevölkerung – in einer Epidemie hinweggerafft wurden. Bis zum heutigen Tag bleibt die Tsetsefliege, die auch Teile von Kenia und den größten Teil Tansanias heimsucht, das Hindernis Nummer eins für den menschlichen Fortschritt in Ostafrika. Doch es gibt guten Grund anzunehmen,[2] daß diese „Fliege" durch die Eliminierung empfindlicher Tiere eine ökologische Nische für bodenbewohnende Primaten schuf und dadurch Pavian und Mensch den Weg bereitete; sehr wahrscheinlich verhinderte sie auch die Entwicklung früher Formen des Menschen, die genauso vielversprechend waren wie der Homo sapiens oder sogar mehr. Die Tsetsefliege hat den Zug und die Ansiedlungen der Menschen beeinflußt und das Landesinnere vor Invasionen von der Küste her geschützt; in Gebieten wie dem westlichen Massai-Land in Kenia, wo die Eliminierung der Tsetsefliege Siedler der politisch mächtigen Luo- und Kikuyustämme angelockt hat, oder in Ruanda-Urundi, wo die Niederwerfung der großen Tusi-Hirten durch ihre Bantu-Sklaven dazu führte, daß große Gebiete Weideland sich in Tsetsebusch verwandelten, überall dort nagt die Fliege noch immer am Lebensnerv Afrikas.

Nach knapp einer Stunde kehrte ich zu unserem Baum zurück; Hurxthal erhob sich und trat mir feierlich entgegen. Nancy, mit weitaufgerissenen Augen in einem kalkweißen Gesicht, litt an Krämpfen und befürchtete, Wehen zu haben. Bis zu unserem Lager waren es zehn Kilometer und gute dreißig Kilometer bis zum Außenposten Uaso Ngiro, der vielleicht einen intakten Sender hatte; von dort waren es mehr als fünfzig Kilometer bis nach Magadi. Die ersten zehn Kilometer würden am schlimmsten sein, jedenfalls aber mußte der ganze Weg eine Qual für eine Frau sein, die in Gefahr schwebte, ihr erstes Kind zu verlieren. Um sie zu beruhigen und für die Reise Kraft sammeln zu lassen, entschlossen wir uns, an Ort und Stelle zu kampieren. Lew bemühte sich in liebevoller Weise um seine Frau und machte es ihr trotz der großen Hitze halbwegs bequem. Obwohl sie nicht eine Minute die

Nerven verlor, war sie äußerst verängstigt, und das aus gutem Grund, zumindest schien es mir so. Ich persönlich gab eigentlich nichts mehr für dieses ungeborene Kind, und während der ersten Stunden dieses endlos scheinenden Nachmittags machte ich mir sehr große Sorgen um Nancy, die keine Minute ihr Krankenlager verließ, das wir ihr hinten im Landrover eingerichtet hatten. Ich bemühte mich, ihr zu zeigen, daß wir genau wußten, wie und in welcher Reihenfolge wir im Notfall vorzugehen hätten, gleichzeitig ärgerte ich mich über unsere Unbesonnenheit, eine schwangere junge Frau so weit von jeglicher Hilfe mitzunehmen. Am meisten fürchtete ich, daß mein altersschwacher Landrover in einem entscheidenden Augenblick völlig zusammenbrechen würde. In diesem düsteren Landstrich voll verbranntem Dornbusch schien der graue, regenlose Himmel des afrikanischen Sommers schwer über der Erde zu hängen, und ich erinnerte mich der Worte eines Mädchens, das hier in Tansania geboren wurde: „Afrika überwältigt mich so sehr, vor allem in der Abenddämmerung, daß ich manchmal sogar in Tränen ausbreche."

Ohne Kinder gibt es keinen Reichtum, sagen die Afrikaner, und vor allem den Massai bedeuten Kinder unendlich viel. „Die Kikuyu selbst erzählten mir, wie in alten Zeiten die Massai es unter ihrer Würde hielten, sich mit den Kikuyu zu vermischen. Aber jetzt mußte dieses seltsame, langsam aussterbende Volk – um sein endgültiges Verschwinden hinauszuzögern – seine stolze Haltung aufgeben, die Massai-Frauen haben keine Kinder, und die fruchtbaren jungen Kikuyu-Mädchen sind beim Stamm sehr gefragt."[3] Wenn ein Massai-Baby vier Tage alt ist, wird es ins Freie getragen und der Sonne vorgestellt, und in den Tagen des Bürgerkrieges wurde angeblich Frieden zwischen den feindlichen Stämmen geschlossen, wenn Mütter der gegnerischen Lager gegenseitig ihre Babys stillten.

Mit überlegener Gleichgültigkeit beobachtete uns Legaturi von seinem Platz unter einer großen Kommiphora aus, deren gekochte Rinde eine Medizin der Massai ist. Seine Gebärden machten deutlich, daß Nancys Bauch in einer bestimmten Art eingerieben werden sollte, aber leider konnten wir ihn nicht verstehen, und außerdem hatten wir auch kein Gefäß mit, in dem wir seine Kommiphora-Einreibung hätten brauen können. Außer einem kleinen Zelt und einigen Konservendosen hatten wir unsere gesamte Ausrüstung im Lager beim Fluß zurückgelassen.

Gegen Abend wurde Nancy ruhiger und fühlte sich etwas besser, abgesehen von ihrer Angst vor der Reise am nächsten Tag. Wir wärmten einige Konservendosen an einem Feuer, und da wir keine Laterne hatten, gingen wir im Dunkeln schlafen, die Hurxthals im Landrover und ich in ihrem kleinen Zelt unter dem Baum. Legaturi hatte einen Platz im Zweimannzelt abgelehnt und sich aus Dornbuschzweigen einen Unterstand gebaut, aber nach kurzer Zeit kam er zum Zelt und zerrte an der Zeltklappe, wobei er Entschuldigungen murmelte; sobald er im Zelt war, spuckte er das den dreieckigen Eingang verhängende Moskitonetz über und über an, um dieses durchsichtige Ding gegen das Eindringen des Nachtgetiers magisch zu schützen. Unweit Leakeys Camp waren wir auf einen schwarzmähnigen Löwen gestoßen, der im Gras lagerte, und Legaturi, der neben mir saß, hatte den König der Tiere herausgefordert; meine Ohren platzten fast angesichts der das Blut gerinnen lassenden Kriegsschreie und Gesänge der löwentötenden Moran früherer Zeiten. Der Löwe starrte ihn an, regungslos. Als ich aber näher heranfuhr, hörte Legaturi auf, ergriff meinen Fotoapparat, drängte ihn mir auf und flehte mich an, hier stehenzubleiben und eine Aufnahme zu machen: „Simba! Simba mkubwa!" (Großer Löwe!) Nachdem er das Autofenster fest geschlossen hatte, wickelte er sich in seine Decke, vor Angst erstarrt. Wenn Legaturi ein gutes Beispiel ist, dann haben die ackerbautreibenden Massai ihre Selbstsicherheit wilden Tieren gegenüber verloren, für die dieser Stamm so berühmt ist.

Mitten in der Nacht kam ein Nashorn zu unserem Zelt. Ein rauhes „Tschaff! Tschaff! Tschaff!" ließ uns beide auffahren, und Legaturi umfaßte erschrocken mein Knie, als ob er fürchtete, daß l'Ojuju, der Haarige, hinauseilen würde, um einen einsamen Kampf mit dem riesigen nächtlichen Biest zu kämpfen, dessen Horn nur wenige Meter von unseren Gesichtern entfernt war. Er ließ mich erst los, als das Nashorn abdrehte und davonstürmte. „Kifaru!", flüsterte Legaturi, als er endlich wieder seine Stimme fand, „Kifaru mkubwa!"

Bei Tagesanbruch rumpelte der Landrover langsam die Nguruman-Berge hinunter; Nancy lag in den Arm ihres Mannes gebettet. In der Nähe unseres ersten Lagers kochten wir Tee, und sie ruhte ein oder zwei Stunden lang. Hier verließ uns Legaturi, nachdem er uns noch herzlichst eingeladen hatte – „Karibu! Karibu! Karibu!" –, ihn einmal in seinem En-gang, seinem Heimatdorf, aufzusuchen. Dann mühten wir uns wieder Kilometer um Kilometer weiter und kamen am frühen Nachmittag am Uaso Ngiro an. Ein Berufsjäger, Robert Reitnauer, der sich hier gerade mit einer Gruppe Safaritouristen aufhielt, konnte Nairobi über Radiotelefon erreichen, und Frank Minot von der African Wildlife Leadership Foundation erwartete uns

mit einem Flugzeug in Magadi, wo wir knapp vor Einbruch der Dämmerung eintrafen. Nancy wurde ins Krankenhaus von Nairobi geflogen, und nach einigen Tagen Bettruhe durfte sie wieder heimgehen. (Das Baby kam am 23. Dezember zur Welt, und am ersten Weihnachtsfeiertag schrieb mir Nancy: „In meinem Wochenbett sitzend, versorgt mit Toast und Marmelade und nachdem ich gerade zum erstenmal unsere Tochter gewickelt und gefüttert habe, finde ich keine Worte, mein Staunen und meine Seligkeit zu beschreiben ... Sie war im wahrsten Sinn des Wortes mein Weihnachtsgeschenk ... ein kleines tolpatschiges Geschöpf, das erstaunlich starke Ähnlichkeit mit Lew zeigt.")

Südlich von Magadi schlug ich mein Lager auf, auf einem Grat, der vom sodaweißen Ufer aufstieg. In der Abendsonne waren die Untiefen rot und grau. Ich wusch mich und meine Kleider, die ich auf den breiten Ästen einer Kommiphore zum Trocknen aufhängte, der Baum war voll junger Skinks, und Augenblicke später waren die feuchten Kleidungsstücke mit durstigen Bienen übersät, die von überall und nirgends herkamen und das kostbare Naß aufsaugten. Die Hitze war unerträglich, als ob das ausgedörrte Gras rundherum Feuer gefangen hätte, und die Luft war so trocken, daß man sich nur so lange wohl fühlte, als man nackt war und sich kaum bewegte. Ich braute mir ein Rumgetränk und blickte, auf meinem Campingstuhl unter dem Baum sitzend, über das Südende des Magadi-Sees zu den Nguruman-Bergen und den Loita-Bergen. Morgen würde ich die halbmondförmigen Ufer des Natronsees entlangwandern, die ich so oft aus der Entfernung gesehen hatte.

Als ich vor zwei Jahren mit Myles Turner in den Gol-Bergen war, hatten wir eine Safari zu Fuß über die weglosen und kaum bekannten Loita-Berge geplant: George Schaller oder Hans Kruuk und der Tierfotograf Alan Root wollten auch mithalten. Soweit Myles wußte, hatte noch nie jemand diese Route zu begehen versucht, und er träumte schon seit vielen Jahren davon: „Eines Tages werde ich dorthin gehen", pflegte er zu sagen, als ob er vergessen hätte, daß wir schon längst den Plan ausgearbeitet hatten. Unser Weg würde uns südwärts über die Nguruman-Berge zu den Ansiedlungen der Sonjo führen, knapp hinter der Grenze von Tansania, und dann entlang der Westküste des Natronsees. In einem Tag würden wir den Ol Doinyo Lengai besteigen und anschließend ins Kraterhochland weiterwandern, vorbei am Embagai-Krater, und würden schließlich in Nainokanoka oder Ngorongoro herauskommen. Aber diese Reise, die so viel aufregender und lohnender sein mußte als eine Jagdsafari, fand niemals statt, obwohl Myles und ich noch heute davon sprechen und hoffen, daß wir sie doch noch einmal unternehmen werden.

Die Gründe für die andauernde Verschiebung der Safari – lange Dauer, Unvereinbarkeit der Terminpläne, Urlaubszeit, mein eigenes Unvermögen, in Kontakt mit meinen Gefährten zu bleiben, während ich nicht in Afrika war – waren verständlich genug, aber vielleicht war es auch ein unterbewußtes Gefühl in Myles, daß er diesen so lange gehegten Traum der Safari nicht Wirklichkeit werden und damit auch zu Ende sein lassen wollte. Denn jenes heroische Afrika der Hoffnung und Unberührtheit, das in blauer Ferne lag, das Afrika der Elfenbeinjäger Selous und Neumann, Jim Sutherland und Karamoja Bell, würde dann nicht mehr sicher in der Vergangenheit und Zukunft liegen, sondern in der Realität der Gegenwart, und mit dem Verblassen dieses Bildes würde auch die Hoffnung und damit der Sinn seines eigenen Lebens vorbei sein. Denn hinter Myles' einsilbiger, wortkarger Art verbirgt sich die Romantik eines Mannes, der der Vergangenheit schicksalhaft verfallen ist.

Ein Jahr, bevor wir das ganze Unternehmen abblasen mußten, fühlte ich bereits instinktiv, daß die Loita-Safari nur ein Traum bleiben würde und noch dazu der Traum eines anderen Mannes, nicht einmal mein eigener; deshalb versuchte ich die Reise in kleinen Teilen im Alleingang zu unternehmen. Zuerst begab ich mich nach Lengai, denn der Berg Gottes war mein Leitstern in dieser seltsamsten und prachtvollsten aller Landschaften, die ich jemals in Afrika kennengelernt habe. Später kampierte ich im Kraterhochland am Rand des Embagai mit einem Massai, einem Freund namens Martin Mengoriki, in der Hoffnung, in den Krater absteigen zu können. Dieser Rand war eine dicht mit Blumen bewachsene Almwiese, die sich wie ein Kranz um die Wolke im Vulkan schloß, und unter dieser Wolke lag in dichtem Wald ein Kratersee eingebettet. Den ganzen Tag warteten wir auf einen aufklarenden Wind, um einen Pfad über die Steilhänge hinunter erkennen zu können, doch statt dessen überdeckte die Wolke allmählich die ganze Wiese und betäubte unsere Sinne. Martin fühlte sich unbehaglich und meinte: „Es ist so ruhig", und erschrak dabei über die Intensität seiner eigenen sanften Stimme: Wir könnten ein grabendes Nagetier Graswurzeln kauen und den zarten Flügelschlag eines Cistensängers durch den Dunst hören. Inmitten lavendelfarbener und gelber Blumen lag ein großer Serval, Gewölk floß um seine weißgestreiften Ohren. Die Katze blieb eine ganze Weile hier liegen, bevor sie sich in die Blumen duckte und davonschlich.

Am späten Nachmittag zogen die Wolken ab. Nicht weit entfernt saßen Raben in einer toten Hagenia, jenem einsamen, ungewöhnlichen Baum, der als einziger noch in dieser Höhe vorkommt. Bevor er wieder von den Nebelschleiern umwölkt wurde, erkletterte ich den Baum und schnitt mit meinem Buschmesser trockene Äste ab, um Feuer zu machen. In der beginnenden Abenddämmerung war es bereits sehr kalt geworden, aber da das Wetter sich ständig änderte, brachen immer wieder vereinzelt Sonnenstrahlen durch. Später erhoben sich wieder heftige Windböen, und die Bäume auf den Kraterhängen schimmerten durch die Wolken, man sah den Kraterboden und schließlich auch den See in 600 Meter Tiefe, wo eine Herde Büffel wie dunkle Blöcke an den Ufern standen. Mehr als 20 Kilometer weiter tauchte der Berg Gottes kurz aus dem Dunstschleier auf und verschwand wieder; ich erblickte den Grat, den ich hinaufgeklettert und den das Nashorn hinuntergezogen war. Dann schloß sich die Nebeldecke wieder, und um den Rand von Embagai leuchteten feuerfarbene Aloen und rote Gladiolen durch die Wolkendecke.

Zwei Büffel zogen ihren alten gewundenen Spuren nach und kamen vom Westen her zu unserem Lager. Als sie vor dem Landrover standen, betrachteten sie ihn kurz, während das letzte Abendlicht sich auf ihren Hörnern spiegelte. Dann drehten sie um und machten sich davon; sie entschwanden unseren Blicken. Als die Dunkelheit einbrach, war der Berghorizont leer.

Am Morgen hatten sich dunkle Wolken am Krater angesammelt und machten den Abstieg unmöglich. Wir fuhren 80 Kilometer südwärts nach Ngorongoro durch eine wüstenähnliche Landschaft mit grobem Büschelgras, Wind und dunklem Aschenboden; die aufgewirbelte Asche reizte Nase und Hals. Im Sommer sind die Moore ausgedörrt trotz der tiefhängenden dunklen Wolken, die den Kreis der alten, oft mehr als 3000 Meter hohen Vulkane verhüllen; bei meinen vielen Wanderungen durch das Kraterhochland, Sommer und Winter, hatte ich dergleichen nie gesehen. Die drei Ansiedlungen hier sind die höchstgelegenen Dörfer im Massai-Land; einmal geriet unser Auto mitten in eine Flut dichtgedrängter Rinder, in einen Wirbelstrom dichten Staubes, rollender Augen und kläglichen Gebrülls, als ob der Untergang der Welt nahe sei. Einst gab es hier Wald und auch viel mehr Wasser, aber die Massai haben die Bäume gefällt und verbrannt, um mehr Weideland zu gewinnen, wie sie dies auch auf den Westhängen des Mau-Gebirges taten, und bis heute hören sie noch immer nicht auf jene, die ihnen sagen, daß sie damit ihr Land ruinieren.

In den drei zwischen den Vulkanen liegenden Ansiedlungen leben je ungefähr 70 Menschen, und weil das Moor nicht baumbestanden ist, sind die Dörfer mit langen gespaltenen Balken eingezäunt, die aus der Schlucht heraufgeholt wurden; die gegen das kahle Firmament sich schwarz abhebenden Pfähle lassen die menschlichen Ansiedlungen trostlos und öde erscheinen. Aber innerhalb der windgeschützten Umzäunung ist das Dorf Ol Alilal ein gemütlicher Ort mit sonnendurchglühten Gräsern und dem Blöken der Schafe, dem Geruch warmen Dungs, jungen Zicklein, neugeborenen Welpen und auf Häuten zum Trocknen aufgebreitetem Korn – eine Hirseart, die schon vor langer Zeit im Hochland von Äthiopien domestiziert wurde. Wie in allen Massai-Dörfern ist der Viehpferch von niedrigen ovalen Hütten umgeben. Wir mußten uns bücken, um eintreten zu können. Die Inneneinrichtung ist ausgeklügelt; es gibt kleine, mit Weidengeflecht abgeteilte Kammern; die innerste hat einen Herd aus drei Steinen und einen kleinen Abzug für den Rauch; auch zwei erhöhte Betten gibt es hier, die in die Wand eingelassen sind, eines für Vater und Mutter und das andere für die Kinder. Die Frau des Hauses war gastfreundlich, vielleicht weil ich mit einem Massai gekommen war; sie meinte, wenn wir das nächstemal kämen, würde sie frisches Blut und Milch vorbereiten. Jedermann war gesprächig und heiter, und obwohl weiße Reisende in diesem entlegenen Gebiet sicher selten sind, taten sie, als ob sie nicht weiter Notiz von mir nähmen. Nur die mit Perlenschnüren geschmückten Kinder starrten mich durch die dunklen Ringe von Fliegen um ihre entzündeten Augen an. Die Augen werden für gewöhnlich nie behandelt, so daß viele Massai im Alter erblinden. Eine hübsche Frau trug ein Halsband aus Löwenklauen und ein Stück altes Leder, das, wie mir Martin erklärte, Dawa oder Medizin war, die der Medizinmann verschrieben hatte, und ein paar eingehandelte Kaurimuscheln, die Fruchtbarkeit sichern sollten – da die geöffnete Kaurimuschel der Vagina ähnlich sieht.[4] In Ostafrika wird die Kaurimuschel, die von den Malediven-Inseln hierhergebracht wurde und im 14. Jahrhundert bereits in ganz Afrika bekannt war, zeremoniell bei den ersten drei der vier großen Durchgangsriten, Geburt, Beschneidung und Heirat, verwendet; der vierte Ritus gilt dem Tod.

Sonne, Hitze und Stille waren eins. Die hinter den Nguruman-Bergen versinkende Sonne tauchte die Feuerstelle in farbiges Licht, und nach Einbruch der Dunkelheit erhob sich ein heißer Wind, der überall am Horizont die nächtlichen Feuer aufleuchten ließ und eine Flammenzunge über den ruhigen See warf. Obwohl wir vorbereitet waren, von einem Moment zum anderen das Lager abzubrechen, schlief ich schlecht – der Mond und der Wind und das Feuer machten mich rastlos. Doch als der Morgen rot heraufdämmerte, erstarb der Wind, und das Feuer sank in sich zusammen und wartete auf die nächste Nacht.

Südlich des Magadi-Sees zerteilt sich der Weg, und gewundene Wanderpfade durchziehen den weißen Seeboden. Noch gibt es hier und da Wasser, in dem Stelzvögel sich spiegeln. In der schimmernden Hitze zittert ein Weißbartgnu in seiner eigenen Spiegelung. Noch eine Stunde später war das geisterhafte Tier aus der Ferne zu sehen – es hatte sich nicht bewegt.

Der Pfad windet sich südwärts zum Shombole. Da und dort im trockenen Busch gibt es riesige Termitenhügel, und gegen den Nguruman-Grabenbruch zu wirbelt der Wüstenwind Staubwolken die dunklen Hänge hinauf in den dunstigen Himmel des ostafrikanischen Sommers. Schließlich führt der Weg wieder abwärts, zwischen dem erloschenen Vulkan und dem Sumpf des Uaso Ngiro. Im leuchtenden Wasser zwischen grünen Schilfwäldern baden ein Mann und eine Frau. Die Frau hockt im Wasser, die Schultern eingezogen, während der Mann aufrecht wie eine Gazelle dasteht und vor sich hinstarrt, mit glänzendem Körper, der Urtyp des Afrikaners, wie ich ihn zum erstenmal im Sudan gesehen hatte.

Der Shombole-Pfad ist bei drei elenden Hütten unterhalb des Vulkans zu Ende, wo ein Laden, eine Duka, die abgelegen wohnenden Massai mit Perlen und Draht für Schmuck, mit rotem Stoff, Getränken und Kakao beliefert. Ein paar Kilometer nahm ich einen jungen Massai-Krieger mit, der mich mit abrupten Handzeichen durch den Busch zu einem steinigen Viehpfad leitete, der sich zwischen Hügel und Sumpf rund um Shombole wand. Später ließen wir noch zwei Massai-Frauen zusteigen, und wir waren alle vier auf den Vordersitzen zusammengedrängt, als in der brütenden Hitze dieses Wüstennachmittags, am Rand eines Sumpfes in diesem tiefsten und heißesten Punkt des Rift-Tales, mein treuer Landrover – 50 Kilometer von Magadi und 150 Kilometer von Nairobi entfernt – plötzlich höllischen Krach machte und, seine Eingeweide über den steinigen Boden schleifend, zum Stehen kam.

Die unheilvolle Stille wurde von den beiden Massai-Frauen unterbrochen, die sich bedankten und davongingen. Der junge Bursch blieb, weniger in Erwartung einer Belohnung oder aus Neugier, sondern vielmehr aus einer Art Pflichtgefühl gegenüber einem Fremden im Massai-Land. Auf meinen Fersen hockend und Fliegen verjagend, starrte ich benommen auf die schwere Kardanwelle, den Sand und die Steine und die Dornenäste, die am Schmierfett klebten, wo die Getriebestange aus der Kupplung gebrochen war, wodurch es keine Kraftübertragung zu den Hinterrädern gab. Mit dem Vorderradantrieb würde sich das Auto langsam vorwärtsbewegen, aber mit meinen wenigen Werkzeugen konnte ich die Kardanwelle nicht vom Getriebe trennen, es gab schreckliches Krachen und Getöse von Eisen und Felsbrocken, und das Auto drohte jeden Augenblick auseinanderzufallen.

Um meine Nerven zu beruhigen, trank ich eine Flasche Bier. Mein Landrover war zwar an einem äußerst ungünstigen Platz zusammengebrochen, aber wenigstens hatte er mich noch an meinen Bestimmungsort gebracht, und die Sonne – wenn auch nicht die Hitze – würde bald verschwinden. Jeden Augenblick konnte Douglas-Hamilton, der mich abholen wollte, mit seinem Flugzeug hier auf den kahlen Schlammebenen am Nordende des Natronsees landen. Am nächsten Tag wollten wir den Shombole besteigen, und wenn eine Reparatur von hier aus unmöglich war, könnte Iain nach Magadi fliegen und dort über meinen Aufenthaltsort Nachricht hinterlassen.

Aber wie es nun einmal im Leben oft so geht, kamen meine beiden Freunde Iain und Oria nie: Sie hatten eine Nachricht von Nairobi geschickt, die mich bis zum heutigen Tag nicht erreicht hat. Am nächsten Morgen machte ich mir eine Reihe von Seilschlingen und band damit die Getriebestange hinauf, die Reibung war allerdings so stark, daß sie fast durchbrannten. Bei Sonnenaufgang fuhr ich vorsichtig los, mit einer Stundengeschwindigkeit von fünf Kilometern; ich blieb häufig stehen, um die Seile zu erneuern oder zurechtzuschieben und den Motor abkühlen zu lassen. Nach zwei Stunden kam ich endlich bei der Duka an. Ein langer weicher Eisendraht, den mir der Ladenbesitzer gab, war zwar besser als das Seil, aber nicht viel, und das letzte Stück Draht war durchgewetzt, als ich Magadi am Nachmittag erreichte. Ich war nicht weniger als fünfzehnmal unter dem Auto gelegen, in unerträglicher Hitze in der feinen Vulkanasche, die ein teuflischer Wind in die Haare, unter die Fingernägel und in die Lungen blies. Der freundliche asiatische Ladeninhaber in Magadi und sein Fahrer und Mechaniker erfanden eine behelfsmäßige Vorrichtung, mit der ich sicher nach Nairobi gelangen würde; aber all das lag noch vor mir, als ich dastand und alles andere denn geistreich unter dem Blick des jungen Hirten am Ufer des Natronsees vor mich hinstarrte.

Nun ist es wirklich an der Zeit, endlich einmal meinen alten Wagen zu beschreiben. Dieser Landrover, der mich so treu durch Ostafrika geführt hatte, ist eigentlich ein geschlossener kleiner Laster ohne Rücksitze; zwei Eisenträger sind an der vorderen Stoßstange befestigt, auf jedem Träger liegen Kanister mit je 25 Liter Reservebenzin. Auf der breiten und flachen Motorhaube ist Platz für ein Reserverad vorgesehen, aber als Vorsichtsmaßnahme gegen Diebstahl habe ich das Reserverad im hinteren Teil des Autos unter Verschluß. Auf der Motorhaube presse ich Pflanzen und bereite das Essen zu. Im Wageninneren stehen Bücher und Karten auf den Stahlregalen zu beiden Seiten des Lenkrades, ein verstellbarer Schraubenschlüssel, Schraubenzieher, Zangen, Messer, eine langstrahlige Taschenlampe, destilliertes Wasser für die Batterien, Isolierband, Desinfektionsmittel, Verbandzeug, eine Rolle mit weichem Papier zum Reinigen des Fernglases, Fensterputzmittel, ein Ölmeßstab, verschiedene Zangen und Muttern. Das Auto hat vorne drei Sitze, ein Kasten unter dem linken Sitz (das Lenkrad befindet sich auf der rechten Seite) enthält eine Luftpumpe, Montiereisen, Gummikleber, Ersatzkeilriemen, Seilrollenwinde, Zündkerzen, Kontakte, Verteiler und Verteilerkappe, ein Siphonrohr, eine Tube Dichtungsmittel für den Kühler (rohes Eiweiß kann im Notfall auch verwendet werden), gelbe Elefantenseife als Dichtungsmittel für Öl- und Benzinleitungen, Lackverdünner (ein behelfsmäßiges Patentrezept für eine rutschende Kupplung) und vier Liter Motoröl. Hinter den Sitzen befinden sich ein großer Wagenheber, eine Schaufel, eine lange Handkurbel, für den Fall, daß die Batterie versagt, und eine Panga oder Machete, das Buschmesser, das man vor allem für das Schneiden von Fleisch und zum Abschneiden von Ästen verwendet, die bei durchdrehenden Rädern untergelegt werden.

Als das Auto noch dem Serengeti Research Institute gehörte, wurden im Autodach auch zwei Aussichtsklappen eingebaut, die nach außen zu öffnen sind und auf das Dach zurückgelegt werden können. Hier konnten die Passagiere Ausschau halten, wenn sie auf den Bänken standen. In der Nacht sind diese Klappen offen und lassen frische Luft herein, wenn man im Auto schläft, und im Notfall kann auch ein Moskitonetz darübergespannt werden. Quer über die engen Bänke auf beiden Seiten habe ich lose Bretter gelegt, und zwar von den Vordersitzen bis zur hinteren Tür. Das Reserverad liegt unter den Brettern, ebenso wie Seil, Insektenschutzmittel, Petroleum, ein Kantholz, das in Sand oder Schlamm als Unterlage für den Wagenheber dient, eine Allzweckwaschschüssel aus Blech mit sechzig Zentimeter Durchmesser, die am Marktplatz von Arusha 60 Cent gekostet hatte, und 24 Liter Wasser als Reserve. Auf den Brettern liegen zwei Matratzen mit Bettzeug und Moskitonetz, eine Blechkiste mit Lebensmitteln, eine Schachtel mit Petroleumlampe, Kocher, Topf, Pfanne, Teekessel und anderen Geräten, ein kleiner Seesack, ein Hocker, dessen Sitz aus Schnüren besteht, eine Pflanzenpresse. Sollte man nachts Platz brauchen, so kann man diese Dinge unter dem Wagen oder auf den Vordersitzen verstauen und die beiden Matratzen nebeneinanderlegen; müssen besondere Lasten oder viele Leute befördert werden, so werden die Bretter weggehoben und aufeinandergestapelt, denn ich habe schon ein ganzes zerlegtes Zebra, trocknende Elefantenohren, zahllose Menschen, Schildkröten, Vögel, Chamäleons und einen kranken Pavian transportiert.

Rückblickend würde ich folgende zusätzliche Ausrüstung empfehlen: eine Ersatzhalbachse, eine Asbestfilamentlampe, eine Benzinpumpe (oder eine Ersatzmembran, wenn man ein guter Mechaniker ist) und ein Traktat aus dem 19. Jahrhundert mit dem Titel „Shifts and Expedients of Camp Life", das lebenswichtige Informationen enthält, wie zum Beispiel die richtige Methode, eine kleine Kanone auf dem Hinterteil eines Kamels zu verstauen, um Eindringlinge abzuwehren und Shifta oder andere anstößige Individuen fein säuberlich zu erledigen, die von hinten angreifen könnten.

Da der gestrandete Wagen landeinwärts vom See stand, schien es am besten, die letzten eineinhalb Kilometer zur Ebene zu Fuß zu gehen, Iain und Oria zu begrüßen und sicherzustellen, daß ich nicht unbemerkt blieb; ich lauschte bereits auf das Dröhnen des Motors, der die nebelverhüllte Entfernung nach Lengai zu einem Punkt zusammenschrumpfen lassen würde. Von dem jungen Morani begleitet, folgte ich einem Viehpfad zwischen dem Marschland und einem dornenbewachsenen Felsen, der durch saftige rosafarbene Blüten der Wüstenrose merkwürdig vergrößert wirkte. In der Nähe der Mündung des Uaso Ngiro gehen die grünen Schilfwälder in die offene Ebene über, wo der Natronsee eine von Straußenspuren durchquerte Kruste hinterläßt.

Hier stieg der junge Krieger auf den Felsen, wies mit großartiger Geste auf das Massai-Land und seufzte aus tiefster Seele. Die roten und blauen Perlen, die an seinen Ohren baumelten, symbolisierten Sonne und Wasser, aber jetzt war die Sonne aus dem Gleichgewicht mit dem Regen geraten, und das Gras war schütter. Die Massai sprechen von einem wohlgesinnten Schwarzen Gott, der den Regen bringt, und einem übelwollenden Roten Gott, der ihnen den Regen nicht gönnt. Der Schwarze Gott lebt in dunklen Gewitterwolken, der Rote Gott in der gnadenlosen Sonne der Trockenzeit. Schwarzer Gott und Roter Gott sind verschiedene Aspekte von Ngai, denn Gott ist im Regen und in der unerträglichen Hitze verkörpert, außerdem regiert er die grünen Weiden des Himmels. Drohendes Gewitter wird gefürchtet: Der Rote Gott versucht, in das Königreich des Schwarzen Gottes einzubrechen, in der Hoffnung, dem Menschen zu schaden. Im fernen Donnergrollen aber hören die Massai den Schwarzen Gott sagen: „Es gedeihe der Mensch . . ."

Wir waren überwältigt von dem Anblick, der sich uns bot: Die weiße Ebene erstreckte sich fast einen Kilometer weit zum Wasserrand, wo die Hitzewellen im rosaroten Feuer Tausender und Abertausender Flamingos aufstiegen. Rund um das Norduferr des Sees gleißte die Farbe ziemlich weit an beiden Ufern entlang; am Westufer spiegelte sich unter der dunklen Sonjo-Anhöhe ein Wald im Wasser. Im Südosten war die Silhouette von Gelai ein Phantomberg in einem gestaltlosen Himmel, und im Süden verschwand der See im braunen Dunst, der den Ol Doinyo Lengai verhüllte.

In diesem düsteren Reich der Tagschatten und der toten Dünste wirkten die frischen Farben der Flamingos und der Wüstenrose unnatürlich. Was hierher gehörte, waren die Spuren dieser riesigen Vögel, wie schwarze Kreuze im kristallinen weißen Natron, und diese versteinerte, weiße, knochenartige Losung einer Hyäne und die Spuren einer Gazelle, die auf der Suche nach Salz einem unklaren Impuls weit hinaus in die Ebene gefolgt war. Ich erinnerte mich an die Grant-Gazellen in der Wüste Chalbi und an das Nashorn, das auf den Lengai geklettert war, und an das Weißbartgnu, das wie versteinert stehengeblieben war, im Mittagsglast des Natronsees. Was treibt solche Tiere fort aus lebenspendender Welt ins Ödland – was geht in diesen starren, kläräugigen Köpfen vor? Wie fand das Flußpferd den Weg hinauf ins Kraterhochland, um in das Wasser im Ngorongoro zu stolpern? Heute sieht man sie dort voll Verwunderung, von schroffen Wänden umgeben, und das Geheimnis wird noch tiefer, wenn ein Schreiseeadler zu den Quellen östlich des Sees hinabstößt und wieder in den Himmel hinaufsteigt, in den Fängen ein Stück unbekanntes Leben aus dem Vulkan.

Wir gingen schweigend in die Ebene hinaus. Irgendwo im Schlamm querten unsere Fußstapfen die Grenze Tansanias, denn der Natronsee liegt zur Gänze in jenem Land. Ich lauschte nach dem Flugzeug, aber nichts war zu hören, nur das Schwirren der Vögel, die mit dem Kopf nach unten ihre Nahrung suchten, Diatomeen und Algen aus dem stinkenden Wasser siebten, während sie es mit ihrem Guano bespritzten, der die Bildung der Algen anregt – sicher einer der kürzesten und wirksamsten Lebenszyklen in der Natur, gleichzeitig erregend und bedrückend in der Sinnlosigkeit so blind triumphierenden Lebens an einem so vergifteten und toten Ort. Ein Flamingoschwarm erhob sich aus den rosafarbenen Dünsten, gab dem Himmel wieder Konturen und versank dann wieder im Nichts der Zahllosigkeit.

Die Dämmerung kam. Der Junge zeigte auf ein fernes Dorf am Fuß des Shombole. „Aia" (So sei es), sagte er zum Abschied und ging rasch davon, aus Angst vor der afrikanischen Nacht. Sein roter Umhang wirkte dunkler vor dem weißen Hintergrund. „Aia", sagte ich und blickte ihm nach. Bald verschwand er im Schatten des Vulkans. Dieser Jahrgang von Moranis ist vielleicht der letzte, denn die Massai von Kenia, die es nicht verwinden können, daß sie von einst verachteten Stämmen überholt werden, stimmen heute dafür, das Moran-System aufzugeben und die jungen Massai zur Schule zu schicken. Aber im Massai-Land braucht jede Änderung ihre Zeit, sei es in Kenia oder in Tansania. Vor einem Monat gab es im Gebiet von Ol Alilal im Kraterhochland einen neuen Jahrgang beschnittener Jungen, in die traditionellen schwarzen, mit breiten Perlgürteln gegürteten Roben gekleidet, mit der geisterhaften weißen Bemalung rund um die Augen, die Tod und Wiedergeburt als Mann symbolisiert. Schwarze Straußenfedern schwankten im Bergwind an einem Holzrahmen, der von weitem wie eine Art Heiligenschein um ihre rasierten Köpfe aussah. Wenn das Haar wieder nachgewachsen ist, werden die Knaben junge Krieger sein, vielleicht die letzte Altersgruppe von il-Moran.

Ein Morani am Ol Alilal war sehr krank, und wir brachten ihn zur staatlichen Sanitätsstation in Nainokanoka. Dieser hochaufgeschossene Siebzehn- oder Achtzehnjährige konnte nicht mehr gehen; ich trug seinen leichten Körper auf meinen Armen in die dunkle Hütte, wo er, seinem Gesichtsausdruck nach zu schließen, glaubte, er werde nun sterben. Immerhin hatte er hier wenigstens eine Chance, die er am Ol Alilal wahrscheinlich nicht gehabt hätte. Die Massai halten zwar nicht viel von Zauberei, anerkennen aber böse Vorbedeutung und böse Geister; ein Sterbender wird außerhalb der Einzäunung gebracht, damit der Tod dem Dorf keinen Schaden bringe. Die Leiche wird dann nach Westen, der sinkenden Sonne entgegen, getragen und auf die linke Seite gelegt, den rechten Arm und den Kopf nach Norden, das Gesicht nach Osten und den rechten Arm quer über die Brust, den linken unter den Kopf. Dann wird der Tote den Hyänen überlassen. Sollte jemand in einer Hütte sterben, dann muß das ganze Dorf verlegt werden. Es heißt, man lausche dem Heulen der Hyäne und baue das neue Dorf in dieser Richtung auf. Die Massai fürchten sich vor dem Tod, aber nicht vor dem Sterben.

Lange Zeit stand ich reglos in der weißen Wüste, wie betäubt von diesen bedrückenden Horizonten, die nichts mit dem Menschen gemein haben, und verstand nun endlich die Stille der einsamen Tiere, die in der Weite Afrikas wie erstarrt stehen. Vielleicht weil ich allein und mir daher meiner Bedeutungslosigkeit unter diesem Himmel mehr bewußt war, bewußt auch, daß der Tag erstarb und daß das Flugzeug nicht auftauchen würde. Ich fühlte mich überwältigt von der Zeitlosigkeit und der Macht dieses alten Kontinents und aller Kraft beraubt: In solcher Leere schien alles sinnlos, es gab keinen Ort, wohin man gehen konnte. Ich wollte flach ausgestreckt in diesem allmächtigen Schlamm liegen, statt dessen aber kehrte ich langsam nach Kenia zurück, verfolgt vom Schnarren archaischer Vögel. Der Laut der Flamingos, der mit den dunkler werdenden Rosatönen der sich versammelnden Vögel anstieg und verebbte, schwoll wieder an, wie tausendfacher Flügelschlag – Vögel, Fledermäuse, urzeitliche fliegende Geschöpfe, dicke Insekten.

Das dumpfe Aufschlagen eines Pelikans, der im Süßwasser an der Mündung des Uaso Ngiro Tilapia fischte, war der erste Klang, der das Windesrauschen der Flamingos übertönte, dann kamen die schrillen Schreie der Hirten, die die letzten Rinder über die Deltabäche zu den Viehpferchen in den Vorbergen des Shombole trieben. Ein Massai kam mir aus den Hügeln entgegengelaufen, mit der Nachricht, daß zwei gefährliche Löwen („Simba! Simba mbili!") die Gegend unsicher machten. Er verlangte nichts von mir als

Vorsicht, und sobald er seine Warnung gegeben hatte, rannte er in der rasch hereinbrechenden Dunkelheit eineinhalb Kilometer oder mehr in den Schutz seines Dorfes zurück. Vielleicht wurden die ersten Pioniere fast überall auf diese Art von wilden Völkern begrüßt – der Gedanke war traurig, aber ich freute mich über das Verhalten des Massai.

Ich machte Feuer und röstete das frische Rindfleisch, briet eine Kartoffel in der Asche sowie Tomaten und trank noch ein Bier und hielt die ganze Zeit gespannt Ausschau nach bösartigen Löwen. Ich kochte auch Tee und zwei Eier für das Frühstück, um mir bei Tagesanbruch das Feuermachen zu ersparen. Ich hatte noch keine Lust, an den morgigen Tag zu denken, und noch viel weniger, notdürftige Reparaturen zu versuchen. Dafür war in der ersten Morgenkühle Zeit genug. Ich bewegte mich langsam, um mich der Hitze nicht noch mehr auszusetzen, putzte mir die Zähne, breitete meinen Schlafsack aus, kletterte auf das Wagendach und starrte über den Natronsee. Ich bemühte mich leise zu sein; die Nacht hat Ohren, wie die Massai sagen.

Über dem Kraterhochland ging das Kreuz des Südens auf; die Pleiaden, die für die Massai Regen bedeuten, waren Anfang Juni untergegangen. Juli ist die Zeit des Windes und der Streitigkeiten, und jetzt im August war das Gras trocken und tot. Im August, September und Oktober, die die Monate des Hungers genannt werden, heften die Menschen in der Hoffnung auf Regen Gras an ihre Kleider, denn Gras ist das Zeichen von Reichtum und Frieden, aber erst wenn die Pleiaden und der Südostmonsun wiederkehren, würden die weißen Wolken kommen, die das kostbare Wasser bringen. (Die Mbugwe der südlichen Ebenen am Manyara-See halten sich an Regenmacher, früher sollen sie in Zeiten der Dürre zuerst einen makellosen schwarzen Stier, dann einen makellosen schwarzen Mann und schließlich den Regenmacher selbst geopfert haben.)[5]

Das Licht in meinem kleinen Camp unter dem Shombole war das einzige Licht, das es noch auf der ganzen Welt gab. Während ich auf den schwarzen Kegel hinaufstarrte, der den Nachthimmel im Osten ausfüllte, wußte ich, daß ich ihn nie besteigen würde. Ich hatte einen langen harten Tag vor mir, von dem ich nicht wußte, wie er enden würde, und ich hatte nicht den Mut, allein aufzusteigen, besonders nicht hier in dieser düsteren Welt, die mich in solchem Abstand hielt. Der Aufstieg auf den Lengai und der Abstieg in dem Embagai-Krater waren beides Fehlschläge gewe-

sen, und die großen Vulkane des Kraterhochlands waren in den Wolken versteckt geblieben. Meine Freunde waren nicht zum Natronsee gekommen, mein Fahrzeug war zusammengebrochen, und morgen würde ich einen langsamen Rückzug antreten. Und vielleicht kam das alles von der Jagd nach einem flüchtigen Gefühl für Afrika, von dem Versuch, das Zeitlose in der Zeit zu fassen, das Unermeßliche zu messen, statt sachte und bewußt weiterzugehen, und das Zeichen – so wie den blutroten Vogel – sichtbar werden zu lassen, wo immer ich es wollte.

Jenseits des Ortes, an dem ich, ein Wächter in der stillen Sommernacht, stand, hoben und senkten sich die nächtlichen Bergketten zweier Länder, vom Loita-Gebirge über die Nguruman-Berge bis zu den Sonjo-Bergen am Natronsee. In den Loita-Bergen wohnt Enenauner, sagen die Massai, ein haariger Riese, halb Fleisch, halb Stein, der im Wald verirrte Menschen verschlingt; Enenauner trägt einen riesigen Knüppel, man hört ihn beim Gehen an die Bäume klopfen.[6] Eine ferne Hyäne rief die nächtlichen Futtersucher heran. Flamingos zogen in sichelförmigen Formationen quer über den mondbeleuchteten Himmel in Richtung Naivasha und Nakuru. Ihre Rufe schallten aus dem Himmel herab, ein ferner elektrischer Ton, als hätten sich hier, in dieser immensen Stille, Hitzegewitter entladen.

Gegen Mitternacht leuchteten in den Sonjo-Bergen plötzlich zwei Feuer auf. Vielleicht zeigten sie das Erntefest an, Mbarimbari, denn es waren keine Steppenfeuer, die während der Trockenzeit am nächtlichen Horizont entlangliefen; die Zwillingsflammen leuchteten wie Leopardenaugen aus den schwarzen Bergen. Zu dieser Jahreszeit kommt Gott vom Ol Doinyo Lengai zu den Sonjo, und einige ihrer Erzfeinde, Massai, bringen Ziegen zum Schlachten, um beim Mbarimbari Ngai um Regen und Kinder anzuflehen.

Die Sonjo wissen in ihrer Weltabgeschiedenheit, daß es zu Ende geht. Streitigkeiten und Kriege werden zunehmen, und schließlich wird der Himmel von einem Vogelschwarm verdunkelt werden, dann von Wolken und Insekten, und schließlich von Staubwolken. Zwei Sonnen werden am Horizont aufgehen, eine im Osten, eine im Westen, als Zeichen für den Menschen, daß das Ende der Welt naht. Am letzten Mittag, wenn die beiden Sonnen im Zenit zusammentreffen, wird die Erde wie ein Blatt zusammenschrumpfen, und alle werden sterben.

X | In Gidabembe

Die Abatwa sind sehr viel kleinere Leute als alle anderen kleinen Leute; sie gehen unter dem Gras und schlafen in Ameisenhügeln; sie gehen im Nebel; sie leben im Hochland in den Felsen ... Ihr Dorf ist dort, wo sie Wild töten; sie verzehren es ganz und ziehen weiter ...

Spruch eines unbekannten Zulu[1]

Hamana nale kui
Nale kui.
Hier geh'n wir im Kreis
im Kreis.

Tanz der Hadza[2]

An einem Wintertag im Jahr 1969 flog Myles Turner am Rückweg von Arusha nach Seronera um die Südseite des Kraterhochlandes, das hinter schwarzen Kumuluswolken verborgen lag. Das leichte Flugzeug umkreiste den Manyara-See und die staubigen Ebenen von Mbugwe, wo Hexen ihr Unwesen treiben sollen, und überflog dann Mbululand auf dem Kainam-Plateau. Bald sahen wir unter uns ein riesiges, stilles Tal. „Das ist das Yaida-Tal", sagte mir Turner. „Hier sind diese Buschmänner, die Watindigu, zu Hause." Dort unten in der trockenen, ungastlichen Stille, durch die Zinnen des Ostafrikanischen Grabenbruchs vom modernen Afrika abgeschnitten, hoben letzte Gruppen des Alten Volkes die Köpfe zu dem harten Silbervogel, der über ihrem Himmel flog. Es gab keinen Rauch, kein Dorf zu sehen, keinerlei Anzeichen menschlicher Siedlungen.

Später, im selben Winter, schlug Douglas-Hamilton in Ndala eine Safari ins Tindigaland vor, wo sein Freund Peter Enderlein jahrelang allein gelebt hatte und mit wilden Tindiga, die noch im Busch hausten, Kontakt gehabt hatte. Aber Iain konnte sich nie freimachen, und es verging ein ganzes Jahr, bis sich meine Wege mit denen von Enderlein in Arusha kreuzten und wir vereinbarten, daß ich im Sommer seine Wildstation in Yaida Chini besuchen sollte. Im Juli 1970 holte ich Aaron Msindai ab, einen jungen Isanzu vom Mweka College of Wildlife Management in Moshi, der Yaida Chini zugeteilt worden war. Wir luden Aarons Ausrüstung in den Landrover – ein Gewehr, ein Eisenbett, Kleidung, Laterne, Heizmaterial, Nahrungsmittel für einen Monat – und fuhren westwärts. Die erste Nacht verbrachten wir in Manyara, und am nächsten Morgen um sieben Uhr kletterte unser Wagen den Grabenbruch hinauf, in die Wolken des Kraterhochlandes. Im dichten Nebel schwankten die Bäume unheilvoll, und Gestalten mit Kapuzen und langen Stäben bewegten sich langsam an geisterhaften Mais- und Weizenfeldern vorbei, die dunklen Gesichter verschluckt von der allgemeinen Düsterkeit. Das waren die ackerbautreibenden Mbulu aus der sogenannten Irakw-Gruppe, die ethnographisch noch nicht klassifiziert worden sind und deren dem Hamitischen verwandte archaische Sprache die Vermutung nahelegt, daß sie seit unendlich langer Zeit, möglicherweise lange vor der Eisenzeit, hier im Hochland leben. So wie die hamitischen Stämme üben auch die Mbulu Beschneidung und Klitoridektomie, doch haben sie weder das Altersgruppensystem noch die anderen Gebräuche moderner Hamiten wie etwa der Galla. Sie haben sich zweifellos mit den später gekommenen Bantu und den nilotischen Stämmen

vermischt, die hier durchzogen, aber viele zeigen noch kaukasoide Züge; vor allem die lebhaften schmalen Gesichter der Männer gleichen den Gesichtern, die man in Äthiopien antrifft. Die Mbulu leben in Höhlen, die sie in die Berghänge graben und mit Lehm und Dung bedecken. Früher sollen diese Höhlenwohnungen oder Tembes, die wie niedrige Hügel im hohen Gras wirken, die Bewohner vor den Massai verborgen haben. Heute weichen die Tembes allmählich Wellblechhütten.

In Karatu wendet sich der Weg nach Süden auf das fruchtbare Kainam-Plateau, das den südlichen Ausläufer des Kraterhochlandes bildet. Abseits der Hauptstraße sind die Mbulu nicht an Autos gewöhnt – auf den achtzig Kilometern zwischen Karatu und Mbulu sah ich kein anderes Fahrzeug –, die Alten rennen kopflos am roten Straßenrand entlang, während die Jungen hinter Felsen oder Büsche springen. Heute war Saba-Saba (Sieben – Sieben – Tag, im Andenken an die Gründung der TANU, Afrikanische Nationale Einheitspartei von Tanganjika – am siebenten Tag des siebenten Monats 1954), und in der Nähe von Mbulu war die Straße voll Menschen, die in die Siedlung strömten. Alle trugen Kapuzen zum Schutz gegen Wind und Regen, und wenn man sie in ihren wehenden Umhängen von hinten sah, beschworen sie die Erinnerungen an die Wanderungen ihrer Ahnen herauf, die vor Jahrhunderten aus dem Norden in ein Land von Steinzeitjägern wie den Twa, den „Kleinen Leuten", kamen; die meisten von ihnen – wie die höhlenbewohnenden Gumba, die die Kikuyu vorfanden – sind vom Erdboden verschwunden.

Von Mbulu aus gibt es einen holprigen Pfad nach Westen, der schließlich vom Kainam-Plateau ins Yaida-Tal hinabführt, vorbei an einem Süßwassersee, dem Tlavi, von Papyrus und Seerosen umwachsen, einem selten schönen Ort mit Schwalben und schwankendem Schilf in einer hügeligen Landschaft mit Getreidefeldern, Wiesen und sanften Hügeln, die vor der leeren Weite Afrikas Schutz bieten. Der See schien sich im aufsteigenden Nebel langsam zu drehen, ein Prisma für die ersten Sonnenstrahlen, die durch die Morgenwolken über dem Kraterhochland brachen. Hinter dem Tlavi steigt der Pfad zur Sonne und zum Himmel an und wandert am Steilhang im Westen entlang, wo sich die Wolken des Hochlandes zerteilen. Unten liegen die blassen Ebenen eines stillen, achtzig Kilometer langen und sechzehn Kilometer breiten Tales, wie eine in den Wüstenbergen vergessene Welt. Zwei Klippspringer, gelb und grau, überqueren einen

Felspfad, der sich bergab schlängelt, und flüchten durch niedrigen Combretum-Wald davon. Unter dem Felsvorsprung, geschützt vor dem Südostwind, ist die Luft heiß. Ein Fliegenschwarm kommt durch die Luftschlitze, und Aaron schlägt zu. „Tsetse!" zischt er.

Im Gefolge des vor wenigen Jahren beendeten Tsetse-Kontrollprogramms begannen die Mbulu, die auf Grund des Bevölkerungszuwachses, des Abweidens und der primitiven Landwirtschaftsmethoden, die das Kainam-Plateau weitgehend der Erosion anheimfallen ließen, schon in Raumnot geraten waren, ins Yaida-Tal zu ziehen, während gleichzeitig vom Süden her die Isanzu-Bantu eindrangen. Aus dem Süden kamen auch die wilden Barabaig-Hirten, und alle diese Menschen machen den Tindiga und den Wildtieren das wenige Wasser streitig. Gleichzeitig versuchte die Regierung, der es peinlich war, daß im Neuen Afrika eine Steinzeitgruppe lebte, die Jäger in zwei Dörfern seßhaft zu machen, die einen in Yaida Chini, die anderen weiter westlich bei einer amerikanisch-lutherischen Missionsstation namens Munguli. Jetzt leben etwas mehr als 300 Eingeborene in den Siedlungen, und einige Hundert sind noch im Busch versteckt.

Heute leben Tindiga, Mbulu, Isanzu und Barabaig in Yaida Chini. Es ist vielleicht der einzige Ort in Ostafrika, wo alle vier Sprachfamilien (Khoisan oder Schnalzlautsprache, Hamitisch, Bantu und Nilotisch) zusammentreffen. Yaida Chini ist eine kleine staubige Streusiedlung unter riesigen Feigenbäumen am Yaida-Fluß. Eine Gruppe Afrikaner, die an der Pombe-Bar bei Hirsebier den Saba-Saba feierten, strömte heraus, um den Landrover zu begrüßen, der aus den Hügeln herunterrumpelte. Es waren hauptsächlich Isanzu, barfuß und mit zerrissenen Hemden und Hosen bekleidet, etwas abseits aber stand ein dunkles, untersetztes Pygmäenmädchen, und Aaron sagte „Tindiga". Das Mädchen hatte einen großen Kopf mit vorspringendem Kiefer, dicke schwarze Haut und große Antilopenaugen, nach westlichen Maßstäben war es sehr häßlich. Während die gelbäugigen Bauern zum Zeichen ihrer Überlegenheit Schreie ausstießen, kam es leise heran und starrte uns ernsthaft mit geschlossenem Mund an, wie ein scheues Tier. „Tindiga haben eine sehr schwere Zunge", sagte Aaron zu mir. „Meine Zunge ist nicht dieselbe wie ihre, aber wenn ich spreche, verstehen sie." Aarons Stamm, die Isanzu, haben die meisten südlichen Tindiga assimiliert, es gibt nur noch wenige, die nicht einen Isanzu-Elternteil haben. Sogar der Name „Tindiga" kommt aus der Sprache der Isanzu, die Leute selbst nennen sich Hadza oder Hadzapi.

Wegen der Tsetsefliegen und der Wasserknappheit hatten die Hadza das Yaida-Tal früher für sich allein, und vor 1924 wußte man kaum etwas von ihnen. Damals berichtete ein Distriktbeamter des nach dem Ersten Weltkrieg geschaffenen Territoriums Tanganjika über ein Volk, das sich vor den Europäern versteckte und noch weniger als die Buschmänner von der Außenwelt beeinflußt war: „... ein wilder Mensch, ein Geschöpf aus dem Busch und, so weit ich sehen kann, unfähig, je etwas anderes zu werden. Er wünscht auch gewiß nicht, anders zu werden, denn nichts kann ihn verlocken, seine Wildnis zu verlassen oder seine Lebensweise aufzugeben. Er verlangt nichts von der übrigen Welt, als in Ruhe gelassen zu werden. Er mischt sich nirgends ein und tut sein Bestes, um sicher zu sein, daß sich niemand in seine Angelegenheiten einmischt."[3] Einige Jahre später wurden die Hadza von einem Fachmann für Buschmänner untersucht, der im herrischen Ton kolonialer Gelehrsamkeit feststellte, „es müsse einmal eine Verbindung bestanden haben zwischen diesem schwarzen, affenähnlichen Stamm und den kleinen, zart gebauten, gelbhäutigen Menschen",[4] deren Gebräuche, Gedanken und Sprachstruktur anscheinend so zahlreiche Ähnlichkeiten aufwiesen.

Diese zweite Autorität, Miß Bleek, stimmt mit der ersten, Mr. Bagshawe, darin überein, daß der typische Stammesangehörige sehr schwarz, klein, untersetzt, häßlich und übelriechend sei, mit vorstehendem Kiefer und großen Spreizfüßen. Die Schwärze und die Kieferform waren bei den „reinsten" Vertretern am stärksten ausgeprägt, da schon zu Bleeks Zeiten viele Hadza im südlichen Teil ihres Verbreitungsgebiets einen Isanzu-Elternteil hatten. Sie kommentierte Bagshawes Behauptung nicht, daß die Hadza „außerordentlich dumm und von Natur aus betrügerisch", außerdem „faul" seien und daß er nicht verstünde, „warum sie überhaupt wissenschaftlich untersucht werden sollten ... es ist mehr als wahrscheinlich, daß sie einen anlügen". Bagshawe fühlt sich jedoch verpflichtet, festzustellen, daß der Hadza „sich nur wenig um die Zukunft sorgt und überhaupt nicht um die Vergangenheit" und daß er „glücklich ist und niemanden beneidet". Bagshawes verwirrter Ton findet ein Echo bei Miß Bleek, die dazu erwähnt, daß diese wenig ansprechenden Menschen oft in schlichter Freude tanzten: „Hamana nale kui", sangen sie. „Nale kui."

Hier geh'n wir im Kreis
im Kreis.

209

Die frühen Beschreibungen der Hadza erinnern an die kleinen Männer mit großen Bogen und fremdartiger Sprache, die von den Chagga auf den Kilimandscharo getrieben wurden, und auch an die „Menschen mit kleiner Gestalt und häßlichen Zügen", wie L. S. B. Leakey[5] die Gumba-Ureinwohner beschreibt, die die Kikuyu im Hochland von Kenia vorfanden. In der Zwischenzeit aber haben sich die Hadza immer mehr mit den Isanzu vermischt, die sie schließlich wahrscheinlich sogar absorbieren werden, so wie Bantu-Stämme seit zwei Jahrtausenden die Jäger und Sammler absorbiert haben. In jüngster Zeit meinte der Forscher Dr. James Woodburn, ein charakteristischer Körpertypus sei nicht mehr zu unterscheiden, er lehnt auch Miß Bleeks Annahme einer sprachlichen Verbindung mit den Buschmännern ab (obgleich die Beziehung zwischen der Schnalzlautsprache der Sandawe, eines seßhaft gewordenen Stammes aus Südtansania, und den Weidewirtschaft betreibenden Verwandten der Buschmänner, den Hottentotten, klar bewiesen ist). Ohne jegliche Beweise ist man versucht, zu überlegen, daß die Hadza möglicherweise eine Restgruppe Ur-Bantu-Negrider aus der Steinzeit sind, obgleich es keineswegs erwiesen ist, daß die Hadza sozusagen ein Relikt aus der Steinzeit oder überhaupt eine Restgruppe sind – höchstwahrscheinlich sind sie so zahlreich wie eh und je. Möglicherweise sind sie sogar regressiv und nicht primitiv, eine vor langer Zeit aus einer komplexeren Zivilisation ausgestoßene Gruppe, obgleich die vielen Analogien mit den Buschmännern dies eher unwahrscheinlich erscheinen lassen. Wir werden wohl kaum je der Wahrheit näherkommen und mehr wissen, als die eigenen Berichte der Hadza über ihre Herkunft aussagen.

Der Mensch, sagen die Hazda, stieg an dem Hals einer Giraffe zur Erde herab, noch öfter allerdings sagen sie, er sei von einem Affenbrotbaum herabgeklettert. Die Hadza selbst entstanden folgendermaßen: Ein riesenhafter Ahnherr namens Hohole lebte mit seiner Frau Tsikaio in Dungiko in einer riesigen Halle unter den Felsen, wohin ihm Haine, der Sonnengott, nicht folgen konnte. Hohole war ein Jäger, der die Elefanten mit einem Stockschlag tötete und sie an seinen Gürtel hängte. Manchmal ging er hundert Kilometer weit und kehrte abends mit sechs Elefanten in seine Halle zurück. Eines Tages wurde Hohole während der Jagd von einer Kobra in die kleine Zehe gebissen. Der mächtige Hohole starb. Als Tsikaio ihn fand, blieb sie fünf Tage lang an der Stelle und nährte sich von seinem Bein, bis sie sich stark genug fühlte, die Leiche nach Masako zu tragen. Dort überließ sie den Toten den

Vögeln zum Fraße. Bald verließ Tsikaio die Halle und lebte auf einem großen Affenbrotbaum. Nach sechs Tagen im Affenbrotbaum gebar sie Konzere, und die Kinder von Tsikaio und Konzere sind die Hadza.[6] „Die Hadza", wie die Leute sagen, „sind wir."

Am Westrand der Siedlung, flußabwärts, hat Peter Enderlein ein Haus gebaut. Sobald er den Motor hörte, kam er auf seine Veranda heraus, ein großer Mann in Shorts, breitbeinig, die Hände in den Hosentaschen. Wir gingen sofort seine Straußengehege besuchen, wo er eine Versuchsherde für Federn, Häute und Fleisch hält. (In der Wildnis sind die Verluste an Eiern und Kücken groß, da alle möglichen Feinde ihnen nachstellen, darunter auch Löwen, die sehr gerne mit den Eiern spielen.) Als Allesfresser, die sich trockenen Gegenden ausgezeichnet anpassen können, könnte man im Yaida-Tal Strauße als Haustiere halten, wo die Tsetseplage und die Wasserknappheit – die jährliche Niederschlagsmenge beträgt weniger als 50 Zentimeter – Landwirtschaft und Viehzucht äußerst schwierig gestalten. Enderlein, der beauftragt ist, die Möglichkeiten des Tals zu untersuchen, würde hier gerne Wildgehege einführen, doch finden seine Pläne wenig Unterstützung, und im Augenblick muß er sich damit zufriedengeben, Tiere abzuschießen. Frischfleisch wird billig an die Eingeborenen in der Umgebung verkauft oder auch als Biltong getrocknet; das wertvolle, hier heimische Tier ist das Zebra, und der Verkauf von Zebrahäuten an Großhändler liefert die Haupteinnahmequelle der Wildstation.

Bis zur Anerkennung seiner Projekte verbringt Enderlein den Großteil seiner Zeit damit, den Hazda, die weder die Siedlung verlassen noch auch ihr altes Leben im Busch aufnehmen sollen, Nahrungsmittel zu beschaffen. Aber Jäger haben den Übergang zur Landwirtschaft immer nur sehr zögernd und unwillig geschafft (die Ik aus dem Gebirge im Norden von Uganda sind hier eine Ausnahme). Meist verzehren die Leute sofort, was sie an Vieh oder Saatkorn erhalten, und schmieden ihre Hacken zu Pfeilspitzen. Weder das trockene Klima noch das Temperament der Hadza sind für den Ackerbau geeignet, und daher tun sie kaum etwas anderes als Pombetrinken. Diese erzwungene Faulheit und Abhängigkeit werden sicherlich zu ihrer völligen Auflösung führen. Bis sie sich freiwillig dazu entschließen, Ackerbau zu betreiben, versucht Enderlein die Regierung dazu zu bringen, das Yaida-Tal zum Wildreservat zu erklären, wo die Hadza als Führer, Wildhüter und Jäger in einem Wildregulierungsplan wie dem, der den Ariangulo-Elefantenjägern in der Gegend von Tsavo Arbeit gab, angestellt werden könnten. Gleichzeitig könnte die Ansiedlung von Neuankömmlingen an einem Platz konzentriert werden und nicht mehr wahllos in der Gegend verstreut sein, wobei Tausende Quadratkilometer von Lebensraum des Wildbestandes für ein paar Shambas vernichtet werden, die die Wasserstellen abschneiden. Das Yaida-Tal hat den letzten bedeutenden Bestand an Großen Kudus in Nordtansania, außerdem sämtliche üblichen Trophäentiere und würde als Wildreservat ein Einkommen aus dem hegerisch notwendigen Abschuß und aus Jagdlizenzen beziehen, was derzeit wegen der mangelnden Zufahrtsstraßen so gut wie völlig fehlt. Es gibt alte Felszeichnungen in den Hügeln, viele sind zweifellos immer noch unentdeckt. Der Eyasi-Mensch, der Zeitgenosse des Neandertalers in Rhodesien, wurde 1935 von einem Deutschen namens Kohl-Larsen in der Nähe von Mangola ausgegraben. Kohl-Larsen fand hier im Jahr 1939 auch einen Australopithecinen, zwei Jahrzehnte vor dem weitaus bekannteren Australopithecus, den die Leakeys in der Olduvai-Schlucht fanden. Alles, was heute noch fehlt, um Touristen anzulocken, ist eine gute Straße zum Nordende des Tals von der Hauptstraße über das Kraterhochland.

Obwohl Enderlein der Regierung eine genaue Analyse des Wildbestandes und der Möglichkeiten des Tales in einem zukunftsweisenden Programm vorgelegt hatte und obwohl der einsichtige Präsident Tansanias, Julius Nyerere, angeblich zustimmt, daß die Hazda über das Wildhüten leichter zur Zivilisation finden würden als über die Landwirtschaft, wurden Enderleins Pläne immer wieder von den lokalen Politikern vereitelt, die fast überall an die Stelle der europäischen Beamten getreten sind und sich hüten, ein Projekt eines Weißen zu unterstützen oder abzulehnen, aus Angst, den Ehrgeiz ihrer Kollegen zu entfachen oder sich Feinde zu machen. Wie in anderen jungen afrikanischen Staaten unterstützt die Regierung die Forderungen des Naturschutzes, da jene westlichen Länder, die der Regierung auf andere Weise helfen, dafür sind. Aber die meisten gebildeten Afrikaner haben wenig für wilde Tiere übrig, die Träger der Tsetsefliege sind, eine Bedrohung für Ernte und Menschenleben und eine Konkurrenz für die eigenen Viehherden. Außerdem werden sie gefühlsmäßig mit dem Weißen assoziiert, mit weißen Jägern, weißen Touristen und einer primitiven Vergangenheit, die die modernen Afrikaner vergessen wollen. Die Hadzapi sind der letzte Stamm in Tansania, der nicht verwaltet und besteuert wird, und je

eher er verschwindet, desto besser. Wie die Twa, die Buschmänner und die Dorobo werden diese kleinwüchsigen Jäger von ihren eigenen Landsleuten verachtet, und die meisten, die in die Siedlung kommen, flüchten bald wieder in ihr früheres Leben von Würde und Unabhängigkeit zurück.

In bezug auf die Massai hat Präsident Nyerere völlig richtig festgestellt, die Regierung könne es sich nicht leisten, einen Teil der Bevölkerung sozusagen in einem menschlichen Zoo für Touristen zu halten; man könnte dasselbe auch über die Hadza sagen. Die Zeit der Jäger ist für immer vorbei. Dennoch glaube ich, nach den wilden Völkern zu schließen, die ich in Südamerika und Neuguinea gesehen habe, es wäre besser, die Hadza in Ruhe zu lassen, bis eine für sie natürliche Alternative zur Verfügung steht, denn dieses Volk wird von allen, die es kennengelernt haben, als gesund und glücklich beschrieben. Es kennt weder Epidemien noch Hungersnöte und kann alle seine täglichen Bedürfnisse in ein paar Stunden befriedigen. Moderne Medizin, Transportmöglichkeit, Radios, ja sogar Schuhe können für den Armen schwerwiegende Probleme darstellen, da die Liste seiner Bedürfnisse endlos ist und sich selbst erneuert, da jede seiner Anschaffungen für ihn bedeutet, daß er sich etwas anderes nicht leisten kann. Die Bedürfnisse der Primitiven hingegen sind gering, da er nicht begehren kann, was er nicht kennt. Armut und die untergeordnete Stellung, die den angepaßten Hadza erwarten, sind keine echten Alternativen zum Leben im Busch mit seiner Zufriedenheit und Geborgenheit, und ihm dies wegzunehmen, indem man ihn einem „Fortschritt" aussetzt, an dem er nicht teilhaben kann, heißt seine Unschuld mißbrauchen und ihm schaden.

Man macht Enderlein jedoch den Vorwurf, er wolle dieses Volk in der Steinzeit zurückhalten, „wie es die Amerikaner für die Massai haben wollen"; er darf den faulen Hadza auch keine Hegearbeit geben, da die Regierung auf nationaler Ebene ein Landwirtschaftsprogramm durchsetzen will. Die Tsetsekontrolle soll wiederaufgenommen werden, die Leute sollen die „nutzlosen" Akazien, die den Tsetsefliegen Unterschlupf bieten, ringeln und damit absterben lassen, wobei gerade diese Akazien verhindern, daß das Tal zur Wüste wird. Außerdem werden immer mehr Zuwanderer angeregt, sich im Yaida-Tal niederzulassen, obwohl zwei von drei Ernten der Dürre zum Opfer fallen und die Erde unter den scharfen Hufen der Herden zu Staub wird.

Enderlein zeigte mir die harte, nackte Erde im Weideland, das im Westen bis zu den Giyeda-Barakh-Bergen reicht. „Vor zehn Jahren", sagte er,

„machten die Menschen einen riesigen Umweg um den Hain, wo jetzt das Lager ist, weil es dort so viele Nashörner gab, und man redet heute noch von den riesigen Elenantilopen, die zu sehen waren. In zehn Jahren wird das ganze Tal eine Wüste sein." Er sprach traurig von seinen aufgegebenen Projekten, von den ungeheuren Möglichkeiten des Yaida-Tals, von den Felsmalereien und den anderen Geheimnissen dieser noch so unerforschten Gegend – er hat nie Zeit gefunden, ins Gebiet der Isanzu zu fahren, wo es Höhlen mit riesigen Baumtrommeln gibt, die so groß sind, daß man sie nicht bewegen kann. Die Isanzu sagen, die Trommeln seien in früheren Zeiten gebaut worden, von einem älteren Volk; man wird an die Orakeltrommeln der großen Bantukönigreiche im Seengebiet erinnert. Für die Isanzu sind die Trommeln ein Teil ihres Aberglaubens, und sie verraten ihre Verstecke nicht.

Enderlein ist ein gut aussehender Schwede mit einem typischen Offiziersschnurrbart. Sein Mund zeigt noch die Narbe eines Fausthiebes, den er vor langer Zeit abbekommen hat. Er ist groß und stark, aber seine Augen sind ruhelos, er wirkt gehetzt und müde. Die Einsamkeit und die Frustration bei seiner Arbeit zermürben ihn. Entweder investiert er noch mehr Zeit, die höchstwahrscheinlich vergeudet sein wird, oder aber er gibt drei Jahre harter einsamer Arbeit und – aus seiner Sicht – jede Hoffnung für das Yaida-Tal auf. „Ich finde, es ist der herrlichste Ort in ganz Afrika. Und fast eine ökologische Einheit, viel mehr als die Serengeti – fast alle Tiere sind hier standortgebunden oder wären es jedenfalls, wenn sie an das Wasser herankönnten. Es ist mir schrecklich, aufzugeben, aber ich bin jetzt 31 Jahre alt und erreiche überhaupt nichts; ich kann nicht mein Leben hier vergeuden."

Die größte Bedrohung für das Yaida-Tal sind im Augenblick die Viehherden der Barabaig, eines Hirtenstammes aus dem Gebiet des Mount Hanang und der Barabaig-Ebene, 80 Kilometer weiter südlich. Am Saba-Saba-Tag waren mehrere schlanke Barabaig in der Siedlung, die mit ihren Erbfeinden, den Isanzu, Pombe tranken. Sie sind ein großes, gut aussehendes Volk, in Kleidung und Gebräuchen den Massai ähnlich. Sprachlich werden sie meist mit den Nandi in Verbindung gebracht, von denen man glaubt, daß diese sie aus dem Gebiet des Mount Elgon an der Grenze zwischen Kenia und Uganda vor etwa 250 Jahren vertrieben haben. Aber man weiß wenig über die Barabaig, die offenbar viel hamitisches Blut haben. Nach ihrer eigenen Tradition sind sie mit den Mbulu verwandt, und beide Gruppen kamen vom Ufer des Natronsees nach Süden.

Namen wie Barabaig, Hahang und Giyeda Barakh beschwören die nördlichen Wüsten herauf, ebenso die Bräuche wie das Abschneiden von Trophäen von den Leichen besiegter Feinde, ein Brauch der Danakil aus Äthiopien. Jedenfalls zeigen sie die ganze arglose Wildheit der Wüstennomaden und heißen bei den Massai Il-man'ati, „der Feind", ein Name, der nur einem würdigen Gegner verliehen wird, dessen Krieger im Gegensatz zu den Bantu das Recht haben, den Massai in ihrer Bitte um Gnade eine Handvoll Gras entgegenzustrecken. Die Mangati, wie sie allgemein genannt werden, wurden früher durch Angriffe der Massai zerstreut, in jüngerer Zeit aber haben sie den Übergriffen der Massai aus dem Westen des Eyasi-Sees standgehalten und Überfall um Überfall zurückgezahlt. Sie glauben, daß ein Barabaig zwanzig Massai überwältigen kann. Da sie vom Zugriff der Behörden weiter entfernt sind, haben ihre jungen Krieger den Brauch beibehalten, zum Zeichen der Mannbarkeit einen Löwen zu töten oder auch einen Menschen. Die sogenannten „Barabaig-Morde, um den Speer blutig zu machen", sind Nachbarn wie Regierung eine Quelle ständigen Ärgers. Die Ermordeten sind „Feinde des Volkes"[7] – wirkliche oder potentielle Viehdiebe, wobei diese sehr großzügige Kategorie alle Löwen und Fremden miteinschließt, ebenso wie die Mütter noch ungeborener Diebe.

Vor kurzem wurde nachts ein junges Hadza-Mädchen von einem aus dem Hinterhalt geworfenen Speer durchbohrt. Da die Mangati starke Trinker und die einzigen sind, die Speere besitzen und sie auch gebrauchen wollen, nimmt man hier an, daß das Mädchen vor einem Mangati-Verehrer flüchtete, der sich nicht zurückhalten konnte, ein fliehendes Opfer zu speeren. Das sterbende Mädchen wurde von Enderleins Koch entdeckt, der ihr Keuchen für einen Beweis von Volltrunkenheit hielt, die Gelegenheit rasch ausnützte und sie vergewaltigte. Es ist schwer, sich die letzten Gedanken des armen Geschöpfes über das Wesen seiner Mitmenschen vorzustellen. Der Koch, der selbst betrunken war, befleckte sich mit Blut und wurde in diesem Zustand aufgegriffen. Da niemand für ihn eintrat, bleibt er möglicherweise unbegrenzt lange im Gefängnis und wird vielleicht sogar gehängt für ein Verbrechen, dessen ihn niemand für schuldig hält.

Im September vorigen Jahres erwischte ein Wildhüter aus Yaida Chini einige Barabaig mit einer getöteten Giraffe und war unvorsichtig genug, mit seinen drei unbewaffneten Begleitern eine Festnahme zu versuchen. Die jungen Krieger verfolgten die vier voll Empörung mehr als fünf Kilometer weit und belagerten sie zuletzt die ganze Nacht lang in einer Höhle. Am Morgen, als dem Wildhüter die Munition schon ausging, zogen die Krieger ab. Bald darauf verloren die Moran einen der ihren, als sie einen Elefanten mit ihren Speeren angriffen, aber festgenommen wurden sie nie. Die Altersgruppe der jungen Krieger treibt seit Jahren ihr Unwesen im Yaida-Tal, das sie auf Überfällen und Raubzügen ins Gebiet der Massai durchqueren. „Ihre Gewohnheit, Menschen zu töten und den Leichen Ohren, Nasen, Finger usw. abzuschneiden, klingt vielleicht exotisch und interessant, wenn man weit vom Gebiet der Mangati entfernt ist", schrieb Enderlein im September 1969 in einem Gesuch um Hilfe an das Game Department, „aber für meine Heger und mich, die wir hier leben und uns unter diesen Menschen bewegen müssen, ist dieser Brauch höchst beunruhigend. Wir sind jetzt schon eine sehr kleine Gruppe, und bevor wir noch weniger werden, möchten wir um Hilfe bitten, um mit dieser gefährlichen Situation fertigwerden zu können."

Bei Sonnenuntergang legte sich der heiße Wind, und der Staub setzte sich in der Stille. Die westlichen Berge über dem Eyasi-See leuchteten in einer staubigen Wüstensonne. In Enderleins Hain hingen Fledermäuse silhouettenhaft an den Akazienbäumen, flatterte eine nach der anderen weg, der Dunkelheit entgegen, während Schwärme von Störchen und Geiern und Heiligen Ibissen sich in den dicken Feigenbäumen am Fluß zur Nachtruhe niederließen. Ein einsamer Pelikan segelte auf die höchsten Zweige, mit dröhnendem Flügelschlag, hohlem Schnabelklappern und gutturalen, unheimlichen Klagelauten.

Bei Einbruch der Dunkelheit füllte sich der Hof mit Betrunkenen, die gekommen waren, um den weißen Mann zu einem Fest einzuladen. In ländlichen Dörfern Ostafrikas beansprucht das Trinken von Pombe die Hälfte der Zeit und des Geldes der Eingeborenen, und je weniger schlau sie sind, desto hoffnungsloser wird alles. Aus Sorge um die Hadza versucht Enderlein, den Distriktsrat von Mbulu zu veranlassen, den Alkoholverkauf in dieser Siedlung einzuschränken. „Wir haben in Yaida Chini jede Woche sieben Pombe-Partys, und die Männer bemühen sich redlich, an jeder einzelnen teilzunehmen." Aber er weiß sehr gut, daß eine Einschränkung nur wenig Wert hätte, da jeder das Zeug zu Hause brauen kann.

In einer Isanzu-Hütte hockten wir im düsteren Licht und tranken aus einer gemeinsamen Kalebasse Pombe, der im besten Fall einen scharfen Holzgeschmack hat

und im schlechtesten jeder Beschreibung spottet. Gabelförmige Stützen hielten die Dachbalken der Flachdachhütte, die Wände waren aus Gras und Lehm hergestellt und mit getrocknetem Dung verschmiert. Der Rauch und die leisen Stimmen, die geduckten dunklen Gestalten, deren glänzende Stirnen der Feuerschein umspielte, die Augen, die Wärme, die lässigen Hände an der Feuerstelle schützten alle hier drinnen vor der Leere und den kalten Sternen, vor nächtlichem Zauber und den Hyänenreitern. Später tanzten die Isanzu zu vier großen Trommeln aus Holz und Fell, von flinken Händen gespielt, und zu einer im Zweitaktrhythmus mit einem Stock geschlagenen Blechscheibe, während ein wilder Chor den Singsang eines alten Mannes beantwortete. Hier, weit östlich der afrikanischen Seen, spürte man ein Echo aus dem Kongo und aus Westafrika. Das Stampfen ging unablässig weiter, und das trockene Tal zuckte bei dem Klang wie eine geschlagene Haut, und in der Ferne über dem Giyeda Barakh glühte der Nachthimmel in einer dreißig Kilometer langen Flamme, als sollte das ganze Land in Feuer aufgehen.

Gegen Mitternacht schwiegen plötzlich die Trommeln, und die schreienden Afrikaner verfluchten die weißen Männer, die Wazungu, die zu Bett gegangen waren. Ein Mann warf etwas gegen das Haus, das gegen die Wand schlug und auf die Veranda fiel.

Am Morgen ist Enderlein erschöpft. In letzter Zeit schläft er sehr schlecht, seine Augen zucken; alles, was er tut, wirkt gewalttätig. Er tranchiert einen Vogel und schmettert die Stücke auf die Teller. Auf der Jagd in der Ebene verreißt er den Wagen, fährt zu schnell und macht den Eindruck, als gehe er sorglos mit seinem Gewehr um, was allerdings nicht der Fall ist. Er erwischt sich dabei oder bemerkt vielleicht, daß er beobachtet wird, und murmelt kleinmütig: „Ich habe nicht aufgepaßt, ich habe mich gehenlassen und die Dinge laufenlassen. Vielleicht habe ich Bilharzia." Er zuckt gleichmütig die Achseln. „Als ich hierherkam, war ich so begeistert, aber jetzt nicht mehr. Die Leute, mit denen ich zu arbeiten versuche, sind gleichgültig, ich kann nicht ewig engagiert bleiben. Sie lassen alles laufen, wie es eben kommt." Er deutete mit dem Kopf zur Küche hin. „Gestern abend war Mfupi betrunken und nahm sich nicht die Mühe, die Tür zum Entenstall zu schließen, ein Honigdachs erwischte alle meine Vögel bis auf zwei. Ich bitte ihn, Reis für unsere Safari aufzusparen, und er verkocht meinen ganzen Vorrat. Wir brauchen zwei Campingbetten, aber alle zwölf

Yaida Chini zugeteilten Liegen sind verschwunden. Ein Bett, das 15 Jahre halten kann, wird in drei Monaten ruiniert – der Rest wurde verloren oder vielleicht in Mbulu verkauft." Er zuckte wieder die Achseln. „So geht's mit allem – dem Land, den Tieren. Niemand kümmert sich, und alles geht zugrunde." Er ging hinaus und stand breitbeinig auf seiner Veranda, die Hände in den Hosentaschen, und starrte in den von Feuer- und Rauchwolken und treibendem Staub verhangenen afrikanischen Himmel. In diesem Tal brennt der Boden nur dort nicht, wo das Gras so abgefressen ist, daß das Feuer keine Nahrung findet.

Wir fuhren im Schatten der Yaida-Hänge nach Norden. Wie jeden Morgen während der Trockenzeit beginnt auch dieser Tag mit staubiger Sonne und sich ständig drehendem Wind, einem Wüstenwind möchte man meinen, so riesig und leer ist die Ebene, aus der er weht. Es gibt einen alten überwachsenen Safaripfad, aber der Landrover sucht sich seinen eigenen Weg durch die Akaziensteppe, wo ein Ichneumon, dunkel und glänzend wie ein flinker Fisch, durch das dürre Gras schlüpft. Am späten Vormittag überqueren wir den Unterlauf des Udahaya, eines trägen Flusses, der in der Ebene versickert. Langsam fahren wir in Serpentinen zu den Sipunga-Bergen im Süden.

Irgendwo im Sipunga-Gebirge, vielleicht fünfzig Kilometer nördlich von Yaida Chini, halten sich kleine Hadzagruppen vor dem Ansiedlungsprogramm verborgen und leben, wie sie immer gelebt haben, als Jäger und Sammler, ein Volk ohne Töpferei, ohne Gärten, ohne Haustiere, außer dem einen oder anderen Hund. Sie werden sich wahrscheinlich auch vor uns verstekken, außer sie sehen, daß wir in Begleitung von Hadza sind, denen sie vertrauen. Magandula ist Wildhüter, und das Prestige seines Gewehrs – Bunduki genannt – berechtigt ihn zu zwei Trägern, Gimbe und Giga. Magandula ist laut und von sich eingenommen; Gimbe und Giga sind ruhig. Magandulas und Gimbes Väter sind Isanzu, Giga hingegen ist ein reiner Hadza, kleiner und älter, schwarz, mit kräftigem Kiefer, ausgeprägten Backenknochen und stumpfer Nase in einem Kopf, der für den kleinen, untersetzten Körper von weniger als 1,50 Meter viel zu groß scheint. Giga lebte bis vor kurzem im Busch – er ist einer von den Hadza, die zwischen dem alten und dem neuen Leben hin- und herpendeln – und trägt wie zum Zeichen seines Übergangsstadiums am rechten Fuß eine Sandale, nicht aber am linken. Magandula anderseits ist deutlich zum neuen Afrika bekehrt und trägt knallrote Socken in

schwarzen Straßenschuhen, die an den Spitzen abgewetzt sind.

Am frühen Nachmittag, am Fuß des Sipunga-Gebirges, spricht Giga. Zwischen schwarzen, zerklüfteten Baumstämmen und silbrigen Dornen hat er flüchtige Schatten erblickt, und jetzt spricht auch Magandula. „Tindiga!" sagt er triumphierend, wobei er den Isanzu-Namen verwendet.

Es ist nicht nur einer, es ist eine Jagdgesellschaft, tief ins goldene Gras geduckt, spähen sie zwischen den Stämmen hervor; das Schwarz ihrer Haut ist wie die alte Schwärze von Akazienrinde im Schatten. Giga lächelt sie an, und sie rennen nicht davon; sie haben Giga gesehen, und sie haben ein eben zerlegtes Zebra. Enderlein grinste zum erstenmal, seit ich ihn kennengelernt habe, ganz unbefangen. „Oh, wir haben aber Glück", sagt er zweimal; er hatte nicht gedacht, daß wir den Jägern schon an diesem ersten Tag begegnen würden.

Eine gestreifte Schulter leuchtet in einer Astgabelung, der Rest liegt auf den Schultern der Jäger. Es sind zehn Hadza, sieben mit Bogen und drei junge Knaben, und alle lächeln. Jeder Knabe hat glänzendes rohes Fleisch über die Schulter geworfen und um sich gewickelt, und einer trägt das gestreifte Fell nach außen wie eine Weste. Bis auf Perlen an Hals und Taille sind die Knaben nackt. Die Männer tragen Lendentücher, zu einer oliv-grün-erdigen Farbe verblaßt, die sich dem vergilbten Gras anpaßt; die Fetzen sind an der Taille mit Lederschnüren gebunden, manche haben einfache Ketten aus rot-gelben beerenfarbenen Perlen. Alle tragen grobe Dolche hinten am Rücken, und einer hat eine Perlhuhnfeder im Haar.

Schüchtern warten sie in einem Halbkreis, so viel kleiner als ihre Bogen. „Tsifiaqua!" murmeln sie, und unsere Leute sagen „Tsifiaqua mtana", und dann sagen die Jäger „M-taa-na!" voll warmer Betonung und lächeln herzlich dazu. (Tsifiaqua heißt „Nachmittag", hier als Gruß verwendet, mtana heißt „schön", wie „ein schöner Tag", und wenn Jäger tsifiaqua m-taa-na sagen, bedeutet das soviel viel wie „Oh, was für ein schöner Tag!") Auch ich lächle aus ganzem Herzen, und Enderlein ebenso; mein Lächeln scheint rings um meinen Kopf zu wandern. Die Begegnung in dem sonnigen Wald ist viel zu einfach, viel zu schön, um wahr zu sein, und doch ist sie wahrer als so vieles andere, das ich seit langer Zeit erlebt habe. Mich durchflutet eine warme Welle der Erleichterung, als wäre ich mein Leben lang fort gewesen und endlich wieder heimgekommen – ich möchte sie alle umarmen. Und so stehen die beiden Gruppen einander gegenüber, bewundern einander im Sonnenlicht, und dann werden rundum Hände geschüttelt, jeder einzelne wird von allen eigens begrüßt. Sie sind glücklich, daß wir sie besuchen wollen, und stapeln begeistert das Zebrafleisch in den Landrover, denn es ist ein heißer, trockener Tag, und die Hadza haben etwa zehn Kilometer steinigen Weg bis nach Hause hinter den Sipunga-Bergen. Der älteste, Mzee Dafi, fährt im Wagen mit, andere rennen neben uns her, einige bleiben zurück, um weiterzujagen. Die Läufer halten mit dem Wagen Schritt, der über Steine und Dornbüsche über die südlichen Ausläufer der Sipunga-Berge durch das Stammland der Hadza, „T'ua", rumpelt. Bald wirft Giga seine eine Sandale ab und rennt mit den anderen bloßfüßig, und dann läuft auch Magandula in seinen roten Socken und glänzenden Schuhen. Gimbe, ein junger Missionsschüler aus Munguli, sitzt ruhig. Er ist noch nicht zu Hause.

Es gibt keine Straße, nur hin und wieder einen Pfad, und Enderlein räumt immer wieder Steine zur Seite, um uns den Weg freizumachen. Peter ist glücklich, er arbeitet voll Begeisterung und wirft seinen aufgestauten Ärger von sich. Die Jäger freuen sich so sehr über unseren Besuch, daß auch sie Steine aus dem Weg räumen, aber da die meisten – Giga miteingeschlossen – keine Ahnung haben, wozu das gut sein soll, mühen sie sich aus reinem guten Willen mit Felsbrocken ab, die weitab von unserer Route liegen. Zwillingshügel ragen vor dem Himmel auf, von hochstrebenden Monolithen umgeben. Ich habe nie etwas Ähnliches gesehen. Die Berge überblicken das obere Udahaya-Tal, zwischen dem Sipunga- und dem Mbulu-Steilabbruch. Sobald sie die Hügel sehen, schreien die Jäger auf, springen über Felsblöcke, und der schnellste ist der mit der Perlhuhnfeder, Salibogo.

Hinter den Zwillingsportalen erheben sich auf einem Abhang Haine mit monumentalen Granitblöcken. Als wir uns über eine Wiese mit rosa Affenbrotbäumen diesem Ort nähern, flüstert Dafi: „Gidabembe." Noch immer kein Anzeichen menschlicher Siedlungen. Aber auf einem Felsvorsprung sind zwei in der Sonne hellgrün leuchtende Flaschenkürbisse zum Trocknen aufgestellt, diese Kürbisse verraten die Nähe des Menschen. Ein gelber Hund, der erste und letzte, den wir im Land der Hadza sahen, kommt steifbeinig und lautlos aus einem Busch unter einem schrägen Monolith, und aus dem Schatten des Steins steigt eine dünne Rauchwolke ins trockene Sonnenlicht auf, zwischen den Blättern taucht eine alte Frau auf, deren Haut die Farbe von trockenem Unterholz hat. Wie ein toter Ast steht sie im Schatten und beobachtet.

Im nächsten Felsenhain ist ein Stein so umgefallen, daß seine flache Seite in der Größe von etwa 5 mal 5 Meter vom Schutt, der bei seinem Fall absplitterte, hochgehalten wird, wodurch ein 1,50 Meter hoher Unterstand entstand. Ähnliche Felsunterstände bei Magosi in Uganda sind seit der Mittleren Steinzeit bewohnt.[8] Kleine Bäume an beiden Höhlenöffnungen filtern das Sonnenlicht, und an der Feuerstelle liegen ein gesprungener Kürbis, ein Stoffetzen, eine Dik-Dik-Haut, ein Knochen, alles zur Zeit verlassen, denn außer zur Zeit der schwersten Regenfälle leben die Hadza unter freiem Himmel. Mit Handbesen aus Gras und Zweigen fegen Gimbe, Magandula und die Jäger den losen Staub vom Höhlenboden, während der gedrungene Giga drei Herdsteine zusammenrückt und mit den Fingerspitzen und unter Blasen trockenes Gras zum Brennen bringt und einen schwarzen Topf zum Kochen auf die Steinstützen stellt. Draußen ist eine alte Frau aufgetaucht, gebeugt unter der Last ihrer am Vormittag gesammelten orangeroten Grewiabeeren, die trocken und süß sind und wie Nüsse schmecken. Sie bietet allen davon an und bekommt dafür ein Stück Zebrafleisch, das auf einem Stein ausgebreitet liegt. Unsere Leute nehmen Fleisch für uns, andere kommen lautlos in den Hain und bedienen sich ebenfalls, denn die Hadza kennen das Problem des Eigentums nicht. Bald ist das Wildpferd verschwunden. Gimbe spießt das rote Fleisch auf zugespitzte Holzstöckchen und legt zwei Spieße über das Feuer; den Rest hängt er in die Bäume, um ihn zu Biltong zu trocknen. Unsere Ankunft in Gidabembe wird mit einem Festmahl bestehend aus Tee, Zebra, Ugali (in Wasser zu sehr dickem Teig gekochtes Mehl, das mit den Händen geknetet wird – eine Art Brot) und feuerroten Beeren gefeiert.

Gidabembe, sagen die Hadza, war schon seit sehr langer Zeit eines ihrer Lager, länger, als die ältesten unter ihnen zurückdenken können. Es wird vor allem in der Trockenzeit verwendet, wenn größere Tiere leichter zu erlegen sind und die Menschen sich in größeren Gruppen sammeln, um den guten Jägern nahe zu sein. Das Hauptlager liegt weiter bergauf als die Höhle, auf einer Kuppe über dem Fluß, wo vier kleine Feuerstellen mit Dornbuschwänden zwischen den Steinen gruppiert sind. Zwei befinden sich vor hochstehenden Granitblöcken und eine dritte vor einem umgefallenen Baum; zu dieser Jahreszeit werden keine Dächer gebaut, denn es regnet nicht. Die Leute sind für die Außenwelt unsichtbar, die in Gidabembe nicht weiter weg ist als das schimmernde Blechdach einer Duka, eines Ladens, am Abhang des Kainam-Plateaus, hoch oben am anderen Ende des Tals. Ihre Feuer sind klein und ihre Stimmen leise, sie sind so umsichtig in allen ihren Handlungen und Bewegungen, daß man keinen Geruch von menschlichen Ansiedlungen merkt; doch kümmern sie sich nicht um den Kot der Paviane, die diese Felsen in Beschlag nehmen, wenn die Menschen nicht da sind. Die Affenbrotbaumsamen im Paviankot werden manchmal zum Eigengebrauch der Menschen herausgelesen.[9] Nur hin und wieder verrät das Weinen eines Kindes die Anwesenheit von Menschen, die Kinder spielen leise, ohne zu zanken. Man ist ganz plötzlich unter ihnen, in einer Gemeinschaft von kleinen Menschen, die in weichen Schnalzlauten sprechen. Weit unterhalb der schützenden Felsen liegen der grüne Wald und der braune windgepeitschte Fluß, der im Juli bereits allmählich austrocknet.

Weiche Stimmen in der durch die Blätter schimmernden Sonne, ein summendes Kind und ein warmer Wind aus dem Hochland, der die trockenen Bäume erzittern läßt und Farbe in die Glutreste der Feuerstelle bläst. Die Erde hinter dem Feuer wurde mit einem Grabstock aufgelockert. Hier legen sich bei Einbruch der Dunkelheit die Familienmitglieder nebeneinander auf eine kleine Matte aus Kongonihaut oder auf Heu, nur mit den dünnen Lumpen zugedeckt, die sie bei Tag tragen. Kürbisse, Pfeilbündel und Vogelhäute für Pfeilfedern hängen an den Dornwänden, und neben einer Feuerstelle gibt es einen Eisentopf, schwarz und dünn wie ein verkohltes Blatt. In diesen einfachen Arrangements liegt ein zeremonielles Gefühl der Ordnung, wo alles seinen Platz hat, denn die Zeremonie ist hier das Leben selbst, und doch existieren diese Unterstände nicht länger als die Launen ihrer Bewohner, die vielleicht schon morgen weiterziehen, an einen nahen oder fernen Ort. Während der Regenzeit zerstreuen sie sich meist, denn Wild und Wasser sind dann weit verbreitet. Manchmal stellen sie sich einige Zweige auf und bedecken sie mit geflochtenem Gras, aber im allgemeinen macht ihnen der Regen wenig aus, solange es reichlich Nahrung gibt. In der Trockenzeit werden viele wieder nach Gidabembe am Fluß zurückkehren, denn Gidabembe ist immer da, obgleich außer den Allerältesten alle kommen und gehen. Der Jäger, der mit leichtem Gepäck reisen muß, beschränkt seine Familie auf Eltern und Kinder, und die Menschen wandern in ständig wechselnden Gruppen, mit wenig Gefühl für Stammeszugehörigkeit. Die Hadza haben keine Häuptlinge, keine Dörfer, kein politisches System; ihre Unabhängigkeit ist ihnen so wichtig wie die Luft zum Atmen. Giga erzählte von einem alten Mann, der im Vorjahr davonwanderte und für verloren galt. Drei

Monate später tauchte er wieder auf, gut ausgeruht vom Streß menschlicher Gesellschaft.

Am Tag sind die Männer und Knaben von den Frauen getrennt. Die Männer tragen zwischen ihren Pfeilen einen Feuerbohrer, und wo immer Hadza für mehr als ein paar Minuten verweilen – und Verweilen nimmt einen Großteil ihres Lebens in Anspruch –, bauen sie ein kleines Feuer. Eine Feuerstelle liegt über dem Fluß. Hier hocken im abendlichen Sonnenlicht, im Duft des Holzrauchs, die Männer und Knaben Schulter an Schulter auf den Fersen, in einem warmen Kreis rings um das Feuer. Neben Dafi sitzen sein Sohn Kahunda und Sadi, der Sohn Chandaluas, der noch im Land T'ua jagt; beide sind schöne Kinder, deren Augen noch nicht vom Feuerrauch gerötet und deren Zähne noch nicht abgebrochen und braun sind. Dafi und Ginawi zerlegen mit geschickten Schnitten ihrer primitiven Messer ein Zebra; neben Dafi liegt ein uralter Wetzstein, an dem weiche Eisenspäne glitzern und der von vielen Jahren harter Verwendung eingedellt ist. Messer und metallene Speerspitzen kommen hauptsächlich von anderen Stämmen, aber manchmal werden sie kalt aus Weicheisen gehämmert, das für Häute und Honig eingetauscht wird. Die Scheiden werden aus zwei flachen Holzstücken hergestellt, die mit Haut und Sehnen zusammengebunden werden. Bis vor kurzem trug der männliche Hadza den Balg einer Ginsterkatze,[10] angebunden an den Lederriemen, an dem sein Messer befestigt ist, aber heute tragen schon fast alle kleine Stoffröcke. Jeder trägt einen Lederbeutel mit Schulterriemen, der Haut- und Sehnenstücke, Tabakblätter und Hanf enthält, eine Scheibe Baobabholz, Lucocuko, das zum Glücksspiel verwendet wird, ein Stück Rebenholz, das gekaut wird und ein Klebemittel für Pfeilblätter liefert, in einen Fetzen gewickelte Hornissenlarvenmedizin oder Dawa gegen Brustschmerzen und Schlangenbiß-Dawa, dessen Zusammensetzung nur einige wenige kennen und das im Tauschhandel mit den Mbulu und den Mangati angeboten wird, Pfeilspitzen und Metallstückchen, ein meißelähnliches Werkzeug, das aus einem Nagel hergestellt wird, eine aus weichem Flußstein geschnitzte Pfeife. Diese Pfeife, eines der wenigen Dinge, die die Hadza nicht im Tauschhandel erwerben, ist nicht mehr als ein Rohr, und der Tabak oder Bangi fällt heraus, wenn sie nicht vertikal gehalten wird. Nicht nur Männer, sondern auch Frauen rauchen diese Steinpfeifen mit genießerischen tiefen Zügen, den Blick gegen den Himmel gerichtet, begleitet von rauhem rituellem Husten, dem ein weicher, ekstatischer Seufzer folgt.

Dafi und Ginawi essen Zebrahaut, nachdem sie das Fell abgebrannt haben, und legen Streifen des dicken Leders für Sandalensohlen beiseite. Die meisten, wenn auch nicht alle Jäger haben sich angewöhnt, Sandalen zu tragen. Ein Hadza mit orientalischen Augen, hohen Backenknochen und hellerer Haut mit einem Stich ins Gelbliche gesellt sich zu ihnen. Man wird an die – durchaus nicht von der Hand zu weisende – Sage[11] erinnert, daß vor langen Zeiten Indonesier von der Küste her ins Landesinnere eindrangen; die in dieser Gegend beheimateten Tatoga sagen, ihre Ahnen seien ursprünglich übers Meer gekommen. Dieser Mann war in Yaida Chini und bedauert, daß Enderlein sich nicht an seinen Namen erinnert. „Zali", sagt er. „Es ist schlecht von dir, zu vergessen. Ich habe dir meinen Namen in Yaida Chini gesagt."

Manche andere gelbhäutige Hadza könnten Buschmänner sein, nur fehlen ihnen die Falten und der Fettsteiß. Enderlein sagt, daß die Hadza in Einstellung und Lebensart mit den Schnalzlautmenschen der Kalahari, über die er viel gelesen hat, geradezu identisch erscheinen. Mit den Buschmännern verwandte Völker bewohnten einstmals ganz Ostafrika, und die Annahme ist verlockend, daß die beiden Gruppen vor langer Zeit verwandt waren. Anderseits haben gewisse niedrige Gruppen wie die Berg-Dama aus Südwestafrika die Kultur der Buschmänner übernommen, und sogar die Zulu haben eine Schnalzlautsprache von diesen Twa oder Abatwa übernommen, deren alte Jagdgründe sie sich aneigneten. Die Buschmänner selbst haben mehrere negride Attribute, die sie nicht unbedingt immer besaßen – man weiß bis heute nicht, wie ihre Vorfahren aussahen.

Aber die gelbbraunen Hadza sehen Giga überhaupt nicht ähnlich, und die meisten Angehörigen dieses Stammes haben ein recht unterschiedliches Aussehen, trotz dem auffallenden starken Stirnwulst bei manchen, wie zum Beispiel Giga und Andaranda, der das Zebra erlegte, und einem Mann namens Kargo, der seiner Körpergröße nach ein echter Pygmäe ist, und das großköpfige Mädchen in Yaida Chini, die der erste Hadza war, den ich je sah, und die von meinem Isanzu-Reisegefährten, der sie nie in seinem Leben gesehen hatte, sofort als Hadza erkannt wurde.

Die Jäger kümmern sich bereits um ihre Pfeile, lange, dünne Schäfte aus Grewia oder Dombeyaholz mit Trappen-, Perlhuhn- oder Geierfedern. Die Pfeile für die Vogeljagd haben scharfe Holzspitzen, und jedes Bündel enthält einen Pfeil mit einer Lanzenspitze aus geschliffenem Eisen, der für Kleinwild wie Perlhühner und Dik-Dik verwendet wird. Alle anderen haben einfache oder doppelte Metallspitzen, die in schwarzes, harzartiges Gift getaucht sind, das normalerweise aus den Samen der schwarzen Strophanthusfrucht oder aus dem Saft der Wüstenrose gewonnen wird. Beide Gifte sind Herzstimulantia, die gefahrlos in Fleisch genossen werden können, aber tödlich sind, wenn sie in den Blutkreislauf gelangen. Dafi umwickelt die giftigen Stacheln mit dünnen Streifen von Impalahaut, damit das Gift nicht austrocknet und der Jäger sich nicht selbst verletzt. Sein langer, steifer Bogen aus Dombeyaholz ist ebenfalls mit Impalastreifen umwunden, aber das ist Maridadischmuck. Die Bogensaiten der Hadza sind meist Zebrasehnen, während die Federn mit gespaltenen Impalasehnen an den Schaft gebunden sind.

Wenn sie nicht mit ihren Grabstöcken Wurzeln und Knollen suchen, bleiben die Hadzafrauen an ihren eigenen Feuerstellen. Hier spielen die Kinder, mit ihren großen Bäuchen und den kleinen vorstehenden Gesäßen, die von der Asche grau bestaubt sind, die vielfältigsten Spiele mit den harten, hellgelben Früchten des Nachtschattengewächses, die als Sodomsäpfel bekannt sind. Gondoshabe sitzt bei Gindu, der Mutter von Andaranda, der das Zebra erlegte, und bei der langbrüstigen Angate, die ein Tabakbüschel hinter dem Ohr trägt; auch Hanako sitzt dabei, die junge Frau des flinken Jägers Salibogo, die Perlen auf lange Bastfäden vom Affenbrotbaum fädelt, und Gigas Tochter Kabaka, die mit ihrem Baby dem Wildhüter Nangai aus Yaida Chini davongelaufen ist. Die Frauen tragen die gleichen drei Kleidungsstücke wie die Frauen der Buschmänner: eine Schambedeckung, einen Rock und eine Tragtasche, früher aus Tierhaut, heute aber aus Stoff. Sie sitzen mit ausgestreckten Beinen und aufgestellten Zehen am Boden oder hocken wie die Männer auf den Fersen. Obwohl die nomadischen Hadza sich nicht mit Metallarmbändern belasten, tragen die meisten Frauen einfache Kopfbänder aus weißen, roten und blauen Perlen, außerdem Perlbänder um Hand- und Fußgelenke und um die Knie und haben manchmal wie die Männer drei Schmucknarben auf der Wange.

Kleine Jungen tragen einfache Perlschnüre um die Mitte, kleine Mädchen eine Schürze aus einem Stoffstückchen mit winzigen Perlen, während die Säuglinge und Kleinkinder manchmal Fetische und Amulette zum Schutz gegen die Berührung menstruierender Frauen und nächtlicher Vögel tragen.[12] Kabakas Baby hat so viele Perlschnüre, daß es sich kaum bewegen kann, aber trotz all ihrem Reichtum sieht Kabaka verärgert aus, und sie ist es, die gegen die Anwesenheit der weißen Fremden – der Mzungu – im Lager die Stimme erhebt. Die wilden Hadzafrauen schenken ihr wenig Beachtung; obwohl sie scheuer als die Männer sind, beachten sie die Gäste bald nicht mehr und gehen ihren Geschäften nach. Sie mahlen Mais, sammeln Brennholz, trocknen neue von den Mbulu eingehandelte Kürbisse, denn sie haben keine Keramik, und holen Wasser vom Fluß. Die Kalebassen mit kühlem Wasser stehen neben einer Kalebasse mit leuchtenden frischen Beeren. In dieser trockenen Gegend ist das Glitzern von kostbarem Wasser in Flaschenkürbissen eine wirkliche Pracht. Kürbisse und Pfeilschäfte sind manchmal mit Kreuzschnitten zwischen Parallellinien markiert, wobei die Parallellinien im Winkel zueinander stehen, aber abgesehen von diesen ornamentalen Verzierungen kenne die Hadza keine Kunst außer dem Schmuck ihres eigenen Körpers und der Einfachheit ihres Lebens.

Die Felsen von Gidabembe fallen zum Flußufer siebzig Meter tief ab. Am jenseitigen Flußufer liegt dichter Niederwald, und dahinter Akaziensavanne mit großen Bäumen. Die Mbulu sind von den Höhen heruntergezogen, um Felder in der Savanne zu roden. Ihre Gegenwart hat die schlichte Duka hier entstehen lassen, die am Hügel glitzert. Einige Mbulu sind schon über den Fluß herübergekommen und haben in der Gegend von Gidabembe Maisfelder angepflanzt; gleichzeitig ziehen vom Süden her Mangati ins Sipunga-Gebirge. Bis jetzt ist das Gebiet noch nicht abgeweidet, aber das wird noch kommen. Die Mbulu und die Mangati haben das Wild verscheucht, und Großwild ist während der Trockenzeit selten geworden, da die einzige vorhandene Wasserstelle im Udahaya durch den Menschen abgeschnitten ist. Letzten Endes werden die Mbulu vom Game Department den Abschuß der letzten Elefanten und Büffel fordern; mittlerweile werden die Tiere von Ackerbauern und Viehhirten gleichermaßen gewildert.

Einige wenige Fremde, die in diesem Tal verstreut leben, bedrohen den Wildbestand, von dem die Hadza abhängig sind, und trotzdem akzeptieren die Hadza diese Fremden ebenso offen und herzlich wie sie uns aufgenommen haben. Sie können nicht wissen, daß ihre Zeit vorbei ist, wenn auch die Jagd jetzt viel schwieriger geworden ist und vielleicht schon bald jenseits ihrer Möglichkeiten sein wird. In früherer Zeit kamen bei Hungersnöten Angehörige anderer Stämme in den Busch und lebten bei den gastfreundlichen Hadza, die keinen Hunger kennen. Bei aller Leidenschaft für Honig und Fleisch sind ihre Grundnahrungsmittel Samen, Knollen, Wurzeln, wilde Kuluerbsen, Efeukürbis, Borago, die Beeren vom Salvadare-Busch und Grewia, dazu gewisse Schwämme und saisonbedingte Baumfrüchte wie Affenbrot, Feigen, Wüstendatteln (Balaniten) und Tamarinden. Überschüssiges Fleisch und Honig, das früher gegen Perlen, Eisen und Tabak eingetauscht wurde, ist schwer zu finden, denn die von den Mbulu mitgebrachten Bienenstöcke aus Holzstämmen ziehen die wilden Bienen an, und das Wild ist rar geworden. Wenn es einmal nicht mehr möglich sein wird, Wild zu jagen, werden die Hadza vielleicht genötigt sein, Vieh zu töten, wie es bei den Buschmännern der Fall war. In der Nähe von Mangola wurde bereits ein Hadza gespeert, weil er eine Ziege geschlachtet und gegessen hatte.

Einige wenige Mbulu und Mangati, groß und verächtlich dreinblickend, stolzieren durch Gidabembe; sie beantworten den Weißen zuliebe den Gruß der Hadza mit kaltem Grinsen. Im Umkreis von eineinhalb Kilometern von Gidabembe gibt es zwei Mbulu-Shambas, und die Hadza haben bereits diesen Mbulu-Namen für den Ort ihrer Vorfahren übernommen, der in ihrer eigenen Sprache Ugulu heißt. Vor kurzem hat eine Mangati-Familie eine typische achterförmige Einpfählung in der Nähe gebaut; eine der Schlingen wird für Rinder verwendet, in der anderen befindet sich eine rechteckige Mangati-Hütte, ähnlicher einer Tembe der Bmulu, aber oberhalb des Bodenniveaus gebaut. Die Mbulu und die Männer der Mangati wickeln sich in eingehandelte Tücher, die Frauen der Mangati aber tragen Röcke aus Leder, das in menschlichem Urin gegerbt wurde, wie dies früher bei den Massai-Frauen Brauch war. Manche warmbrüstige Mangati-Mädchen in ihren Lederröcken, mit scharfgeschnittenen nördlichen Zügen, die der Süden weicher gemacht hat, sind die schönsten Frauen, egal ob schwarz, braun oder weiß, die ich je in Afrika gesehen habe.

Bei Einbruch der Dunkelheit setzen wir uns mit einem Getränk auf den Felsen über der Höhle, rollen Zigaretten, blicken über das Land der Hadza und lauschen. Schon ist Peter entspannt, obwohl er nicht geschlafen hat, und ich lerne ihn als wunderbaren Gefährten kennen, der über vieles Bescheid weiß, nachdenklich, neugierig und vorurteilsfrei ist. Er kann schweigen und betrachtet die Dinge mit einer ironischen Art, die ihm sicher seine geistige Gesundheit erhalten hat. Leute, die ihn von Zechgelagen bei seinen seltenen Besuchen in Arusha kannten, hatten mich gewarnt, daß Enderlein „vom Busch verrückt" geworden sei, wie man hier sagt, von der allzu langen Zeit, die er allein draußen im Busch verbracht hatte. Sie sprachen von Peters schöner junger Frau, die das Leben im Busch unerträglich gefunden hatte und vor zwei Jahren geflüchtet und nicht wieder zurückgekehrt war. Aber ein Brief, den er mir nach Nairobi schickte, ließ mich zuversichtlich sein, daß wir gut miteinander auskommen würden. „Ich glaube, wenn Sie sich zwei Wochen Zeit nehmen", schrieb er unter anderem, „würden Sie einen ziemlich guten Einblick in das Tal und seine Geheimnisse bekommen; wenn Sie länger bleiben, geraten Sie womöglich in dieselbe Lage wie ich, wo man gar nichts mehr weiß. Es scheint, je länger man an einem Ort bleibt, desto weniger hat man darüber zu sagen . . ."

Für diese Safari hatten wir uns auf zwei niedrige Campingbetten ohne Zelt geeinigt und auf die notwendigsten Lebensmittel wie Reis, Tee und Rum und ein paar Konserven, die hinten in meinem alten Landrover herumrollten. Ansonsten würden wir uns eben behelfen. Trotzdem war unser Lager unendlich aufwendiger als die Herdstellen der Hadza und wirkte bald sehr unordentlich. Wir haben beide eine Leidenschaft dafür, mit „leichtem Gepäck" zu reisen, und bedauern die Karawanserei, die besonders Angelsachsen für eine Safari halten – mit Tisch und Campingstühlen und Eiskasten, eigenen Toilettenzelten, Lastwagen voll Nahrungsmitteln und herumschwirrendem Personal, wodurch sie die kolonialen Annehmlichkeiten des Hotel Norfolk „ins Blaue" mitschleppen können. So wie ich hat sich auch Peter oft vor Afrikanern der Unmenge an Ausrüstung geschämt, die seine weißen Freunde mithatten. Aber die Afrikaner bewundern Reichtum und urteilen nicht über derlei Dinge, sondern akzeptieren eine andere Kultur, wie sie ist. Die Menschen in Gidabembe, die noch voll Vertrauen sind, sind weder servil noch unhöflich. Hier gibt es noch die Rücksichtnahme, die liebevolle Hingabe an den Augenblick, die auch in Ostafrika langsam im Verschwinden begriffen ist, so wie sie in der westlichen Welt verschwunden ist.

Selig und glücklich liegen wir auf den hohen Felsen ausgestreckt, die noch warm sind von der heißen Nachmittagssonne. Peter zieht mit den Finger auf den Himmel und fängt zu lachen an. „Falsche Sterne haben fünf Zacken, stimmt's?" fragte er. „Jetzt werde ich versuchen, zu zählen, wie viele Zacken die wirklichen Sterne haben . . ." Er lacht lange lautlos in sich hinein. Später ruft er plötzlich: „Siehst du? Siehst du, wie dieses Sternbild wandert? Wie ein Papierdrache! Es ist wie ein Drache, genau in dem Augenblick, bevor er herunterfällt . . ." Und ich drehe den Kopf und sehe zu, wie er ins All schreit.

Drei Monate nach unserem Aufenthalt in Gidabembe schrieb mir Peter aus dem Krankenhaus in Arusha:

„Es scheint, daß meine Zeit im Lande der Hadza zu Ende gegangen ist. Vor kurzem wurde ich zu einer Besprechung in Mbulu gerufen, um mein Projekt zu diskutieren, aber dann stellte sich heraus, daß ich die Hexe bei einer mittelalterlichen Hexenjagd war, wo der Scheiterhaufen fertig aufgebaut und das Streichholz schon angezündet war. Angeblich wollte ich ihre Bemühungen, die Hadza seßhaft zu machen, vereiteln. – Natürlich weiß jeder, daß die Weißen die Afrikaner nur primitiv und nackt sehen wollen – und sie in den Busch zurückschicken. Ich soll auch Geld dafür bezahlt haben, daß sie sich nackt auszogen, damit meine Freunde sie in diesem Zustand fotografieren konnten – und alles natürlich nur, um den Fortschritt des Landes in Mißkredit zu bringen. Einer behauptete, ich schieße mehr Zebras, als ich verrechne, und behielte Geld für mich. Ein anderer wollte wissen, daß die Hadza mich verachteten etc. etc. etc. Hier bin ich also, nachdem ich mir für eine Weile einen Spitalaufenthalt ausgesucht habe – wie kann man sich bloß Gelbsucht aussuchen? –, und suche neue Horizonte . . ."

Nach einem Tag ist das Zebra bereits verschwunden, und Dafi und Salibogo werden sich den Jägern jenseits der Sipunga-Berge anschließen. Wir gehen mit, um bei der Jagd zuzusehen. Ein einsamer Elefant quert eine Anhöhe zwischen riesigen Affenbrotbäumen, und sie schreien auf, aber es ist schwer, einen Pfeil durch die dicke Elefantenhaut zu schießen, außer aus allernächster Nähe. Ihre Bogen erfordern eine Zugkraft von 50 Kilogramm[13] von einem Jäger, der selbst nicht viel mehr wiegt, und das hier gebräuchliche Gift ist nicht stark genug.

Jenseits der Sipunga-Berge, unten in der Yaida-Ebene, sehen wir Impala, und Dafi und Salibogo laufen im Windschatten zwischen den verstreuten Bäumen durch, bevor sie quer auf die Tiere zugehen. Beide sind sehr klein und flink, als wäre bei Jägern diese Kleinheit ein Phänomen natürlicher Auslese, wie die langen Beine der nomadischen Hirtenvölker. Im Fall der gutgenährten Hadza wäre es schwierig, behaupten zu wollen, ihre geringe Körpergröße sei die Folge des Lebens in einer feindlichen und dürftigen Umwelt. Wie alle Jäger und Sammler auf der ganzen Welt sind sie meist besser ernährt als seßhafte Völker, die einen Existenzkampf führen müssen. Bis vor kurzem war es nicht nötig, hart zu jagen, um so viel Fleisch zu bekommen, wie sie wollten, und das Wild wird wohl völlig verschwunden sein, ehe sie ihre Jagdtechnik verfeinern. Enderlein beobachtete einmal Ariangulo-Jagdführer, die weiße Jäger aus der Gegend von Tsavo mitgebracht hatten. Er sagt, daß die Hadza, die allein jagen, außer wenn sie Paviane einkreisen, weder an Taktik noch an Ausdauer mit den Ariangulo verglichen werden können, die riesige Bogen mit in Acocanthera getauchten Pfeilen haben und auf die Elefantenjagd spezialisiert sind.

Magandula packt einen Bogen und trottet in seinen schwarzen Schuhen den Jägern nach. Sein selbstbewußtes Grinsen kann die unschuldige Erregung in seinem Gesicht nicht verbergen. Zuletzt geht Salibogo allein weiter, läuft gebeugt über lange Strecken offenen Landes, fällt, steht wieder auf, duckt sich, späht und kriecht schließlich am Bauch zu dem Kapernstrauch, wo er sich auf die Lauer legt. Die Tiere ziehen an Dafi vorbei, der sie, wie es die Löwen tun, langsam in den Hinterhalt treibt, aber der Wind dreht sich, und das Leittier nimmt Salibogos Witterung auf. In der Stille hört man ein lautes Schnaufen des Impala, und die Helläugigen sind verschwunden.

Mit den Impala ist die letzte gute Gelegenheit des Tages dahin. Auch als Enderlein beschließt, sein Gewehr zu verwenden, erreichen wir nichts. Zebra, Impala und Weißbartgnus sind scheu und selten, und ein Weißbartgnubulle, der aus größerer Entfernung getroffen wird, fällt nicht. Der Tag ist trocken und sehr heiß, das Land südlich und westlich der Sipunga-Berge wurde von den Mangati abgebrannt; auf dem verkohlten Boden suchen die Senegaltrappen verbrannte Perlhühner. Weiter nördlich, in einer Grassteppe mit niedrigen, erstickten Dornbüschen, gibt es überhaupt keine Tiere. Ein Pelikan fliegt flügelschlagend über uns hinweg auf der Suche nach fernem Wasser, aber hier sind der Akazienwald und das dichte, staubige Gras leer, und als es Nachmittag wird, verfallen Schwarze und Weiße in Schweigen. Eine afrikanische Landschaft voller Tiere, auch gefährlicher, erscheint nicht feindlich; das Leben geht weiter, und irgendwo gibt es Wasser. Aber ohne Tiere scheinen das verdorrte Gras, die bitteren Dornen, die hartgebackene Erde, der alte Himmel, verhüllt von Rauchschwaden, in denen eine fahle Sonne wie ein blindes Auge droht – alles scheint unversöhnlich. Der Sonnengott Haine wird zwar von den Hadza verehrt, aber er ist fern und dem Menschen schlecht gesinnt und wird nicht angefleht. Bei Neumond tanzen die Jäger die ganze Nacht lang, um gute

Jagd und gute Gesundheit zu erlangen, denn manchmal wird ein Jäger, der nachts bei einem Wasserloch im Hinterhalt liegt, vom Löwen, Sesemaya, gerissen.

Müde, erhitzt und deprimiert daheim angekommen, wandern wir zum Udahaya hinunter. Ohne Angst vor Bilharzia liegen wir in der kühlen, zwanzig Zentimeter tiefen Flut, die über feinen kupferfarbenen Sand strömt. Wir waschen uns, lassen uns am grünen Ufer vom kühlen Nordwind trocknen und klettern dann wieder nach Gidabembe hinauf. Nun fühlen wir uns viel besser. Gondoshabe und Angate knien vor großen, flachen, schrägstehenden Steinen, auf denen Maismehl mit einem flachen Stein feingemahlen wird. Sie singen, und ihre Brüste schwingen über den Steinen. Das Mehl fließt auf eine reine Impalahaut unter dem Stein.

Der Knabe Saidi sitzt allein an einem Feuer über dem Fluß und arbeitet an seinen kleinen Pfeilen. Alle Hadzaknaben haben ihrer Körpergröße entsprechende Waffen, mit denen sie ständig spielen und üben, um ihre Bogenkraft von Kindheit an zu entwickeln. Wenn über einer stillen Landschaft ein Vogelpfeil durch die Bäume aufblitzt, ist das ein Zeichen dafür, daß Hadza in der Nähe sind. Manche Männer jagen überhaupt nie, sie sind es zufrieden, gegen einen Prestigeverlust von der Großmut der anderen leben zu können. Saidis Eifer und Haltung aber zeigen deutlich, daß er ein Jäger werden wird. Auf den Fersen hockend, schneidet er seine Geierfedern zu und bindet sie mit der Halssehne eines Impala an den Schaft. Vier Federn werden in ebenso vielen Minuten beschnitten und angebunden, und die Bindestelle wird mit Klebstoff – einer gekauten Wurzel – beschmiert. Saidi hält seine neuen Pfeilschäfte an ein Auge, kaut an einem Schaft, um ihn geradebiegen zu können, bevor er seine Pfeilspitzen in Vertiefungen steckt, die er mit einem gebogenen Nagel ausgehöhlt hat. Dann steht er auf und geht auf die Jagd nach Dik-Dik und Klippschliefern, die beide häufig hier vorkommen. Der Klippschliefer sieht aus wie ein spitznäsiges Murmeltier, aber auf Grund bestimmter anatomischer Ähnlichkeiten, vor allem der Füße, wurde festgestellt, daß seine engsten lebenden Verwandten die Elefanten sind. Vielleicht als Schutz gegen die Angriffe der Adler hat der Klippschliefer die erstaunliche Fähigkeit entwickelt, direkt in die Äquatorsonne hinaufstarren zu können.

Enderlein blickt Saidi nach und sagt: „Weißt du, was aus ihm werden wird?" Seine Züge verfinstern sich. „Erst einmal, wenn das Wild weg ist und auch die Bäume, wird er nach Yaida Chini gehen müssen. Ohne jede Ausbildung kann er nichts tun, und weil er ein Hadza ist, wird er immer und überall als minderwertig behandelt werden. Wenn er sehr viel Glück hat, wird er vielleicht ein Dieb in Daressalaam, ansonsten wird er nur eines von den vielen Gesichtern auf der Straße sein, hoffnungslos und verloren, und alle Würde, die ihm dieses Leben gibt, wird verschwunden sein." Er stand angewidert auf, und wir gingen in der Dämmerung schweigend auf die Höhle zu, vorbei an den schönen Felsmonumenten und den wilden, stillen Hainen von Kommiphoren wie alten Apfelbäumen und Terminalien mit roten fruchtartigen Samenständen und Feigen und fruchttragenden Grewiabüschen und einer kleinen, süßduftenden Akazie voll Dornen mit Widerhaken, die die Unvorsichtigen erwischen – der Wart-ein-wenig-Dornbusch, wie der Kisuaheliname, Ngoja kidogo, wörtlich übersetzt heißt.

An der Höhe treffen wir den Wildhüter Nangani, der zu Fuß aus Yaida Chini gekommen ist, um seine junge Frau Kabaka, die Tochter Gigas, zurückzuholen. „Wer weiß, warum sie davonlief?" Nangani zuckt die Achseln und lächelt scheu seine widerspenstige Frau an. Giga hält sein geschmücktes Enkelkind an seine Wange, rollt die Augen und summt leise vor sich hin; seine Liebe wirkt besonders herzergreifend wegen seiner ungeheuren Häßlichkeit, die, wenn man den Mann wirklich ansieht, zu einer tiefen Schönheit wird.

Der verschwiegene Gimbe mit seinem traurigen Gesicht serviert Tee. „Karibu chai" (Willkommen zum Tee), sagt er mit derselben ergreifenden Schlichtheit, mit der ein anderer Afrikaner einmal zu mir sagte: „Sie sind schön willkommen in Samburu." Mit seinem Holzschöpflöffel rührt er Maismehl in kochendes Wasser, um den dicken weißen Brei namens Ugali zuzubereiten, der in Ostafrika das Grundnahrungsmittel darstellt. Ugali wird mit den Fingern gegessen und zu einem eingedellten Ball gerollt, mit dem man auftunkt, was es eben an Fleisch, Gemüse und Soße gibt. Bald bringt Gimbe eine Schüssel Wasser, in die man vor dem Essen die rechte Hand taucht und abspült, denn hier in der Höhle wird unsere „posho"-Ration aus einer gemeinsamen Schüssel gegessen. Den mohammedanischen Brauch, die rechte Hand zu waschen, brachten die Suaheli von der Küste her. Die Suaheli, die teils arabischer Herkunft sind, waren einst die Agenten des Sklaven- und Elfenbeinhandels. Sie haben auch die Mbira oder „Marimba" mitgebracht, die die Hadza „irimbako" nennen. Die Hadza haben keine eigenen Musikinstrumente. Die Mbira oder Flachbrettzither

kam vor Jahrhunderten aus Indonesien nach Ostafrika. Sie besteht aus einer flachen Kiste mit gestimmten Metallstreifen, die weiche, flüchtige, traurige Rhythmen der vergänglichen Zeit hervorbringt. Hier in Gidabembe wird die Mbira von Hand zu Hand weitergereicht. Giga spielt sie am Feuer, während wir Ugali und gebratene Tauben zum Abendessen verzehren.

Am Gidabemba-Hügel treiben sich zwischen den Monolithen Paviane herum, und plötzlich ertönt ein kurzer, merkwürdiger Laut, der Giga aus seiner Höhle stürzen läßt. „Chui", flüstert er. Leopard. Aber die andern zucken die Schultern. – Wie kann man es wissen? Die Hadza wollen nie eine Meinung äußern. Einige Tage später finden wir den von Geiern ausgefressenen Kadaver eines jungen Leoparden auf einem offenen Hang, wo ein kranker Leopard sich nie niederlassen würde. Ringsum ist das Gras zertreten und zertrampelt, als wäre der Leopard von einer riesigen Pavianherde auf freiem Feld angefallen und getötet worden. Aber er hatte kein Pavianfell im Maul, noch waren Zeichen eines Kampfes im Gras zu sehen.

Wieder wird die Dunkelheit still. Aus den Sipunga-Bergen klingt das Nachtlied unbekannter Vögel und das schrille, durchdringende Bellen eines fernen Schakals und das unvermeidliche Heulen der Hyänen. Die Hadza sind verhältnismäßig frei von Aberglauben und fürchten sich nicht vor der Dunkelheit. „Wir sind für ihn bereit", sagen sie von Fisi und berühren dabei ihre Bogen. „Hyänen können verdammt lästig sein", meint Enderlein und erzählt eine zweifellos erfundene Geschichte von einem Mann, dem eines Nachts eine Hyäne im Schlaf den Fuß sauber abgebissen habe. Er stellt eine schwachbrennende, angerußte Petroleumlampe neben unsere Schlafsäcke, denn wir schlafen außerhalb der Höhle. Über meinem Kopf ist ein heller Klippschliefer auf dem dunklen Fels, und daneben sind die Gewehre aufgestapelt. Es gibt nur wenige Moskitos, und wir schlafen ohne Netz und starren durch die schwarzen Blätter hinauf zu den grausam hellen Sternen. Gimbe schläft im Landrover, die anderen schlafen auf Fellen in der Höhle. Magandula umklammert sein Gewehr, und Giga hat sich neben der Feuerstelle zusammengerollt. Sie flüstern mit weichen, tiefen Stimmen, die eine nach der anderen verstummen. Bald ist Giga eingeschlafen, die ganze Nacht lang atmet er hechelnd wie ein niedergeschlagenes, betäubtes Tier.

Die Hadza finden es unnötig, mit Speer und Bogen zu jagen, wenn es ein Gewehr im Lager gibt. In der Hoffnung auf Fleisch kommen die Eingeborenen von den Hügeln herunter, und es gibt jetzt sieben Feuerstellen, wo vor kurzem noch vier waren. Es gibt nicht weniger als 30 Hadza hier, und ein Büffel würde alle tagelang ernähren.

Im Wald unterhalb von Gidabembe leben viele Büffel, auch Nashörner und Elefanten. Peter fragt mich, ob ich auf die Jagd gehen will, und ich antworte, daß ich es mir überlegen möchte. Enderlein ist ein ausgezeichneter Schütze, der aber schlecht schießt, schlecht schläft, jede seiner Handlungen zeigt eine Spur verhaltener Wut; er ist nicht gerade der Gefährte, den ich mir zur Jagd auf gefährliche Tiere aussuchen würde, ganz besonders auf Büffel, für die er anscheinend weniger Respekt zeigt als irgendein anderer Jäger, der mir je über den Weg gelaufen ist. „Er ist zu verdammt unvorsichtig mit Büffeln, einer wird ihn noch eines Tages erwischen", meint Douglas-Hamilton, der selbst nicht gerade für seine Vorsicht bekannt ist. Anderseits, obwohl ich keinen Wunsch verspürte, selbst Großwild zu schießen, war die Jagd auf gefährliches Wild ein Teil des Mysteriums von Afrika, den ich noch nicht kannte. Und dieser Morgen ist ein weicher grüner Morgen, an dem der Tod, der in Afrika nie fern scheint, sondern immer irgendwie da ist, vertraut wie etwas, an das man sich halb erinnert, fast kameradschaftlich kommen könnte . . . Wie dem auch sei, ich lasse meine Zweifel daheim.

Bei Tagesanbruch steigen wir zum Fluß hinunter, begleitet von den Wildhütern Magandula und Nangai sowie Mugunga, Nagais jungem Träger, außerdem zwei wilden Hadza, Yaida und Salibogo. Magandula trägt Peters Büchse, Kaliber 372, die nur wenige Jäger für stark genug halten, um einen Büffel aufzuhalten, und Nangai bringt eine .22er-Büchse für Kleinwild. Naida und Salibogo tragen Pfeil und Bogen. Wir überqueren den Fluß, wo er den Fuß des Gidabembe-Felsens umfließt, und betreten einer hinter dem anderen den dichten Wald. Salibogo führt, dann folgen Enderlein, Nangai, Mugunga, der Peters Munitionstasche trägt, dann Magandula, dahinter ich und zuletzt Yaida, der wie ein junger Buschmann aussieht. Zum erstenmal geht Magandula ohne Hemd, er hat einen Stachelschweinstachel ins Haar gesteckt, aber seine roten Socken und spitzen Schuhe gibt er nicht auf.

Die Bäume in diesem unberührten Gebiet sind riesig – Schirmakazien und hochaufragende Fieberbäume und da und dort ein mächtiger Akazienbaum (Acacia albida), die edelste aller Akazien, und dazwischen dicke Sycamorenfeigen und Wurstbäume. Entlang den Wildwechseln und rings um die kleinen Lichtungen aber ist das Dickicht mannshoch, mit Aushöhlungen, wo

Rhinozeros und Büffel völlig versteckt stehen können. Ihre Losung liegt überall, und Salibogo bleibt zurück, denn ein Fährtensucher ist hier völlig unnötig. Wir bewegen uns vorsichtig und leise, bücken uns jeden Augenblick, um in die Höhlen zu spähen. Der Trick liegt darin, jedes versteckte Tier zu sehen, bevor es sich bedrängt fühlt und zum Angriff übergeht, aber die Deckung ist dicht, und Enderlein grinst gespannt. „Verdammt gefährlicher Busch", murmelt er. „Sie können einen sehen, aber von uns nicht gesehen werden." Nach Peters Meinung sind Nashörner gefährlicher als Büffel, da sie dumm und unberechenbar sind, „warmblütige Dinosaurier", wie er sagt, die ihre Zeit überlebt haben. Nashörner stürzen blind vor, wo ein Büffel davonschleichen würde. Ich aber teile die weitverbreitete Angst vor dem Büffel, der die Kiefer beim Wiederkäuen seitwärts verschiebt und dessen Horn im Licht aufblitzt.

Ahnungsloses Vogellied im frühen Morgenwind; bunte Schmetterlinge spinnen Sonnenstrahlen durch die Lichtungen. Die Hadza bleiben immer wieder stehen, um trockene Beeren von den Grewiabüschen zu zupfen, aber mein Mund ist trocken, ich habe keinen Hunger. Es liegt eine Erregung in der Jagd, und auch der rasche Herzschlag der Gejagten. Ich fühle mich stark und leicht und flink, und dem nächsten Baum, der im Notfall erklettert werden muß, mehr als gewachsen. Es gibt verdammt wenige davon: die großen Bäume haben keine tiefhängenden Äste, und die kleinen sind mit Dornenranken und Lianen überwachsen. Ebenso wie ich beobachten Yaida und Salibogo auch die Bäume genau, und wir grinsen einander nervös an.

In einer kreisförmigen Lichtung kauert sich Enderlein nieder, richtet sich wieder auf, tritt zurück und streckt die Hand aus. Magandula reicht ihm die Büchse. Zehn Meter links vor ihm, im Schatten der Bäume, füllt eine riesige Gestalt eine Lücke im Blattgewirr, still wie ein Stein. Vor kurzem hatten wir frische Nashornspuren gesehen, und Peter vermutet nun ein Nashorn im Gebüsch. Er schlägt einen Bogen, um sicher zu sein. Jede kleinste Bewegung könnte das Rhinozeros zum Angriff verleiten – seine schlechten Augen können nicht feststellen, was sich bewegt, und seine Nerven ertragen keine Spannung –, eine plötzliche Bewegung hingegen könnte es in die Flucht treiben. Ich erwäge meinerseits eine plötzliche Bewegung, zum Beispiel zu flüchten, als ich in einem dünnen Lichtstrahl die Silhouette einer Schwanzquaste sehe, und brumme zu Peter hinüber: „Büffel."

Ein Sonnenstrahl spiegelt sich auf den feuchten Nasenlöchern; das Tier steht uns zugekehrt. Der

Schwanz bewegt sich nicht mehr. Wir stehen sekundenlang ratlos. Enderlein kann bei dem schlechten Licht hier nicht genau zielen, und in so geringer Entfernung möchte er keinen verwundeten Büffel haben. Er beginnt die Baumgruppe zu umkreisen und deutet seinen Fährtensuchern an, ihm zu folgen. Aber es ist der junge Mugunga, der vorspringt, und die anderen sind es zufrieden und lassen ihn gehen. Wir folgen vorsichtig, aber bald verschwinden die Jäger in den Büschen. Hitze und Stille. Bald wird die Stille von einem scheuen Vogellied noch verdichtet, einem Lied, das unvollendet bleibt, wie die unbeantwortete Frage eines Kindes.

Der Vogel singt wieder, wartet, singt wieder. Bienen schwirren hin und her. Bald taucht Mugunga wieder auf. Das Tier läßt sich nicht aus seinem Versteck locken, und es besteht keine Hoffnung auf einen sauberen Schuß. Aber ein Giftpfeil muß nicht so genau gezielt sein. Der Jäger muß nur ein paar Stunden warten, bevor er die Fährte aufnimmt, damit er das sterbende Tier nicht zu weit fortjagt, und mittlerweile kann er zum Lager zurückkehren und Leute holen, die beim Zerteilen helfen oder, wenn das Tier zu groß ist, das ganze Lager zu der Beute verlegen.

Mugunga spannt Yaidas Bogen, doch dann wählt er Salibogos stärkeren Bogen. Freude spiegelt sich auf den Gesichtern der Hadza, sie respektieren das Gewehr, aber sie vertrauen dem Bogen. Dann verschwindet Mugunga wieder, und die Stille vertieft sich. Blätter zittern und werden reglos.

Das Vogellied verstummt, als der Büffel herausstürmt, aber man hört keinen Schrei, keinen Schuß, nur noch tiefere Stille. Endlich tauchen die Jäger wieder auf. Enderlein sagt: „Ich dachte, der Pfeil würde ihn heraustreiben, wo ich auf ihn zielen könnte, aber Mugunga wartete einen Bruchteil einer Sekunde zu lang, und das verdammte Vieh rannte auf der anderen Seite davon." Trotzdem werden wir diesen Büffel verfolgen; Peter behält sein Gewehr. Die Hadza gehen weiter, Busch um Busch, Lichtung um Lichtung, untersuchen geknicktes Gras, Erde und Zweige, schlüpfen durch Unterholz, so dicht, daß man nicht glauben würde, daß ein so großes Tier durchkommen kann. Es ist ein Vergnügen, diese Fährtensuche zu beobachten, aber es ist eine nervenzermürbende Arbeit, denn der Büffel lauscht, er ist nicht geflüchtet. Irgendwo zwischen den schweigenden Bäumen steht das dunkle Tier reglos, vielleicht umkreist es uns auch, um von hinten anzugreifen. Wo immer es sein mag, es ist viel zu nahe.

Von der ansteigenden Hitze werden unsere Nerven abgetötet, wir schieben uns stumpfsinnig und unauf-

merksam weiter, und dann verläuft sich auch die Spur; wir wenden uns vom Fluß ab, auf der Suche nach einem anderen Tier. Aber die Sonne steigt, und die großen Tiere werden längst den Schatten aufgesucht haben. Die Chance, jetzt noch eines im offenen Land grasend zu finden, ist gering.

In einem Moor finden die Hadza einen Tomatenstrauch. Die kleinen Früchte haben ein warmes Rot und einen intensiven Geschmack, wir essen, soviel wir können, und binden den Rest in ein Tuch, um ihn nach Gidabembe heimzubringen. Nicht, daß sich die Jäger dazu verpflichtet fühlten: Männer und Frauen suchen und essen getrennt und rasch, schon um nicht schlechte Manieren zeigen zu müssen, indem sie jemand anderem etwas abschlagen; gelegentliches Teilen zwischen den Geschlechtern ist eine Sache der Laune. Ein Stück weiter entdecken Yaida und Salibogo Honig in einem Baum, und wieder wird die Büffeljagd aufgegeben. Meist steckt man eine Grasfackel in das Loch, um die Bienen auszuräuchern, aber die Hadza stören Bienenstiche weniger als andere Afrikaner, und Yaida schüttelt eine gestochene Hand, während er mit der anderen ißt. Die Waben werden schnell aufgegessen, mitsamt dem Wachs und den Larven. Die Hadza essen auch Hyänen, Wildkatzen und Schakale, aber von Fröschen und Reptilien nehmen sie Abstand, und nicht jeder Eingeborene ißt zum Beispiel einen Geier.

Hyänenspuren und Losung eines Wasserbocks. Nangani stößt mit dem Fuß gegen den Büffeldung, um zu sehen, wie frisch er ist, und es ist eindeutig, daß wir an dem dunklen stillen Tier ganz nahe vorbeigegangen sind. In seiner Enttäuschung schießt Mugunga einen Lanzenpfeil auf ein Dik-Dik, das in den niedrigen Ästen halb versteckt ist – er lehnt sich beim Abschießen auf dem linken Fuß vor –, und der Pfeil geht tief in einen jungen Baum neben dem Hals des Dik-Dik. Mugunga dreht sich zu uns um und schüttelt den Kopf. Wir gehen langsam im Kreis auf den Udahaya zu, den wir zu Mittag weit flußabwärts erreichen. Die Jagd ist vorbei. Wir gehen barfuß im Wasser und schießen beim Flußabwärtsgehen Tauben und Klippschliefer mit der kleinkalibrigen Büchse. Peter ist niedergeschlagen, aber ich bin noch erregt von der Jagd und froh, heil aus dem dichten Busch herausgekommen zu sein, also genieße ich diesen Augenblick meines Lebens, das Funkeln goldener Glimmererde auf meinen braunen Füßen, ein Graufischerpaar, das von einem toten Baumstamm zum anderen hüpft, den süßen Duft der weißen Vernoniablüten, umsummt von Bienen, die für die Hadza Honig produzieren. Und auch die Hadza scheinen glücklich zu sein: ihre Zeit ist das Jetzt. Obwohl wir keineswegs genug für alle haben werden, schauen sie voll Ehrfurcht zu, wie die Tauben vor unserem Gewehr fallen. Sie sind es gewöhnt, bei der Jagd Mißerfolge zu haben, heutzutage geschieht das oft, und in der Zukunft wird es noch häufiger sein.

Ein Besucher kommt nach Gidabembe aus einem kleinen Lager in den Sipunga-Bergen, wo er einen jungen Kranken betreuen hilft, der vermutlich an Epilepsie leidet. Im Vorjahr fiel dieser Junge in ein Feuer, zog sich schlimme Verbrennungen zu und wurde über die Berge in die Klinik von Mbulu gebracht, aber nach zwei Tagen lief er davon, zurück nach Sipunga. In diesem Frühjahr fiel er, als er allein im Lager war, wiederum ins Feuer und erlitt so schwere Verbrennungen, daß er sich nicht mehr bewegen kann.

Magandula hat sich von Giga einen hölzernen Kamm ausgeborgt, auf einem Felsen hockend kämmt er sich lange, ohne sichtbaren Erfolg. Magandula zufolge ist es nur der Einfluß der Zivilisation, der die „Sipunganebe" davon abhält, den Verbrannten im Stich zu lassen, und die Hadza geben ihm fröhlich recht: unter nomadischen Jägern und Sammlern, die sich keine Verantwortung für andere leisten können, sei es durchaus üblich, Kranke auszusetzen. Erst im letzten Jahr, sagt Yaida, wurde ein Fieberkranker am Berg zurückgelassen. „Wir haben ihm seinen Bogen gelassen, aber er konnte nicht leben; sicher wurde er von Löwen gefressen." Magandula putzt gerade seine Schuhe, er ist sehr erregt, und seine Stimme wird schrill: „Im Busch leben ist schlecht! Hat uns die Regierung nicht gelehrt, in Häusern zu leben? Ich will mit dem Busch nichts zu tun haben!" Im Lauf der letzten Jahre hat die Regierung die Hadza als Symbol primitiver Apathie hingestellt, das Volk wird ermahnt, sich zu vermehren und tüchtig auf den Shambas zu arbeiten – „Verrottet nicht im Busch wie die Watindiga!" Und Ackerbauern aus Mbulu kommen manchmal nach Yaida Chini und höhnen: „Wie kann ein Mensch so primitiv sein!" Genauso wie die Leute aus Arusha von den armen Bauern in Mbulu reden würden oder die Bewohner von Daressalaam von den Provinzlern aus Arusha.

Vier nackte Kinder sind in einen Grewiabusch geklettert, hocken zwischen den Ästen, die Knie unters Kinn gezogen, und beobachten uns, während sie sich mit süßen Beeren vollstopfen. Hadza-Kinder haben zwar anfangs große Bäuche und dünne Beine, aber klare Augen und ungeheure Energien und sind fröhlich wie ihre Eltern. Es wurde einmal behauptet, Jäger und Sammler seien glücklicher als Bauern und notwendiger-

weise auch vielseitiger und wacher als Menschen, die meist im gleichen Trott dahinleben. Ihre gute Laune könnte auch mit ihrer abwechslungsreichen Nahrung zu tun haben, die weit gesünder ist als das ewige Ugali und Pombe der Shambabewohner, die man ihnen als Vorbild hinstellt.

Magandula beobachtet, „Kama nyani" höhnt er, die widersprüchlichsten Gefühle empfindend, denn Magandula leidet sichtlich. „Genau wie die Paviane!" Er sucht in unseren Mienen nach der Zustimmung, die er dort zu finden fürchtete, bevor er den Mund aufmachte. „Seht doch den alten Mutu an und die alte Frau!" bricht es wieder aus ihm hervor. Er zeigt mit dem Finger auf sie. „Das Leben hier ist zu hart!" Und die alte Frau redet eines Tages, als sie mit ihrem Lumpensack heimkommt, verächtlich von den Beeren. „Ugali ist besser", erklärt sie, um ihre Bekanntschaft mit Maismehlbrei zu demonstrieren, obgleich Ugali sowohl an Geschmack wie an Nährwert jämmerlich wenig zu bieten hat.

Magandulas Gefühlsausbruch ist beunruhigend, weil er ohne Veranlassung zornig ist, also ängstlich, und daher fanatisch. Aber wovor sollte Magandula Angst haben? Vielleicht fürchtet er, den Kontakt mit seiner Herkunft, seinem Stamm, der Erde und der alten Lebensart verloren zu haben, ohne wirkliche Hoffnung oder Aussicht auf das Neue.

Als wollte er Magandulas Worte bestätigen, kommt der alte Mutu zu seiner Feuerstelle getorkelt und fällt neben einem Stein wie ein Sack zusammen. Er kümmert sich nicht mehr um seine Pfeile, die im Busch hinter seinem Lagerplatz verrotten; die gebrochenen Pfeile mit den zerzausten Federn sind von Spinnen bewohnt. Mutu kommt von einer Mbulufarm zurück, wo er um Mais gebettelt hat, und klagt wie immer über seine Füße, die leprös aufgesprungen und bis zum Fußgelenk verhornt sind. Das kranke Fleisch fühlt sich gummiartig und abgestorben an. Mutu ging einst zu Fuß bis nach Bmulu im Osten, wo er sich diese Krankheit zuzog. „Solche Dinge bekommt man nicht im Busch" – er schlägt verächtlich auf sein zerstörtes Fleisch und schürzt die Lippen um ein schurkisch aussehendes lückenhaftes altes Gebiß. Zum Beweis dafür, wie sehr ihn diese Welt verdorben hat, bettelt Mutu zynisch um zwei „Shillingi" – der einzige Hadza, den ich je betteln sah – und nimmt statt dessen glücklich eine Taube an. Trotz seines Elends und seiner Bresthaftigkeit will er die Krankenstation in Yaida Chini nicht aufsuchen und winkt ab, als wir anbieten, ihn hinzufahren. Schon hat er seine Steinpfeife angezündet, wobei er ein glühendes Holzstück mit nackten Fingern hineinstopft, und nun lehnt er sich zurück, lacht über irgendeinen uralten Scherz und hustet ekstatisch nach dem Brauch seines Volkes.

Mutu hat Spindelbeine und einen aufgeblähten Bauch wie ein Baby, wie er da im Sonnenlicht liegt. Er schimpft mit lästerlicher Befriedigung über das Leben, und zwei alte Frauen stimmen ein; ihre Feuerstellen liegen neben der seinen am Fuß des riesigen schrägen Felsens mit der runden Kuppe, der der Grabstein Gottes sein könnte. Diese drei erschöpften Seelen kommen aus verschiedenen Familien und bewahren eifersüchtig ihre getrennten Feuerstellen als Symbole jener Unabhängigkeit, die für die Hadza so lebenswichtig ist, obwohl keiner von ihnen Verwandte in Gidabembe hat, die sich um sie kümmern könnten. Trotzdem hat Mutu Mais und Beeren zum Abendessen und seine beiden Nachbarn auch. Es war Mutu, der das größte Rätsel des Lebens in Gidabembe erklärte: Wie es kam, daß in schlechten Zeiten ein verachtetes Volk von den Mbulu Mais und Tabak erbetteln konnte, wo es doch hier nur wenige Leute gab und diese wenigen selbst arm waren und kaum das Notwendigste zum Leben hatten.

Die Hadza behaupten, sie leisteten den Mbulu gewisse Dienste, Hilfe beim Graben auf ihren Feldern, beim Viehhüten und beim Anbau während der Regenzeit; auch kommen die Mbulu um Honig und Medizin zu den Hadza. Aber diese seltenen Dienste können die Großzügigkeit der Mbulu nicht erklären, und aus der Maismenge, die sie bekommen, ist klar ersichtlich, daß die Hadza nicht betteln, sondern in Erwartung einer verdienten Belohnung zu den Hütten gehen.

Für die Mbulu ist der Tod ein großes Unglück, und die bösen Einflüsse oder Verunreinigungen, die sie am meisten fürchten, sind mit Leichen assoziiert. Früher wurden die Leichen den Hyänen überlassen wie bei den Massai, aber heute wird der Tote rasch begraben, wie Mutu sagt, der in jeder Einzelheit von Giga und Nangai bestätigt wird; dann wird ein Hadza vom selben Geschlecht wie der Tote gerufen. Der Hadza rasiert dem trauernden Hinterbliebenen den Kopf, worauf sich dieser nackt auszieht und dem Hadza seine Kleidung sowie alle Besitztümer des Toten übergibt, mit Ausnahme von Geld, das nicht als verunreinigt gilt, und dazu vier Debe (die Debe oder der Vier-Gallonen-Kanister [16 Liter] für Petroleum ist der Standardbehälter im Busch) mit Mais. Er oder sie vollzieht dann den Geschlechtsakt mit dem Hadza, der dadurch das Unglück erbt und schließlich an diesem Akt sterben wird. „Er kann seine Jahre zählen", ruft Magandula,

der sich bei Mutus Worten windet, sie aber nicht widerlegt, „es erwischt ihn bald." Mutu wiederholt die Geschichte eindringlich und klopft dabei mit seinen alten Fäusten auf den Boden, um den Geschlechtsakt zu simulieren. Als er fertig ist, wendet er den Blick ab und zuckt mit den Schultern. Das war eben die Strafe, die sein Volk dafür bezahlen mußte, daß es arm war; man konnte nichts dagegen tun. Aber Nangai und Magandula sagen, sie würden diesen Dienst nicht übernehmen, das sei nur für diese wilden Hadza, die so arm sind, daß ihnen keine Wahl bleibt. (Vielleicht haben die Fährtensucher die Nachricht verbreitet, daß es in Gidabembe wilde Hadza gibt, denn kurz nach unserer Abreise schickte mir Enderlein eine böse Nachricht: „Die Leute dort wurden ausgehoben und nach Yaida Chini gebracht, wo sie gerade während einer Masernepidemie eintrafen, an der neun Hadzakinder starben.")

Die Jäger hören Magandulas Protestgeschrei höflich an und erheben keinen Einspruch. Sie nehmen die Verachtung ihrer Mitmenschen als Teil des Lebens hin. Anderseits aber ziehen sie es vor, im Busch zu bleiben. „Ich habe mich daran gewöhnt", sagt Chandalua, Yaidas älterer Bruder und Vater des jungen Saidi. Normalerweise lebt er mit Dafi am Giyeda Barakh, jenseits des Yaida-Tals über dem Eyasi-See. Giyeda Barakh – in ihrer Schnalzlautsprache „Hani'abi", die Felsen – wird der letzte Zufluchtsort der Hadza sein. Chandaluas sanftes Gesicht hat die Transparenz der Unendlichkeit. Auf seinem warmen Stein sitzend, bohrt er einen Pfeilschaft an und lächelt Magandula aufmunternd zu, der immer noch wütend an seinen Schuhen putzt.

Ein steiniger Pfad führt ins Sipunga-Gebirge hinauf, von Nashörnern, Menschen und Elefanten benützt. Als wir eines Morgens hinaufsteigen, begegnen wir vier hageren Mangati, die, mit Speeren und Giftpfeilen bewaffnet, in das Tal kommen. Die Pfeile sind gesetzwidrig, da nur die Hadza hier unbeschränkt jagen dürfen, aber die fleischessenden Mangati wildern, wo sie nur können, ehe sie ihr Vieh schlachten.

Beide Gruppen bleiben in einiger Entfernung stehen und betrachten einander sichtlich ohne Freude. Die großen, Sandalen tragenden Mangati mit ihren Kapuzen und Schmucknarben – Halbkreise erhöhter Wülste um die Augen – sind schöne, verschlossene Männer mit hartem Blick. Sie sehen aus wie legendäre Wüstenbanditen, und ihre Speere glänzen wie frisch geschliffen. Aber unsere Gruppe ist die stärkere, mit zwei weißen

Männern und dem bewaffneten Wildhüter Nangai, außerdem noch Salibogo, Andaranda und Maduru; wir haben zwei Gewehre und drei Bogen. Als Nangai vortritt und die Giftpfeile anfaßt, gibt der Führer der Mangati sein böses Lächeln auf. Er läßt die Pfeile aber nicht los, und seine Begleiter runzeln die Stirn und scharren mit den Füßen. Der jüngste, ein sehr schöner Morani mit kaltem Blick, noch keine zwanzig Jahre alt, macht verächtliche Bemerkungen zu Andaranda, der mit bloßen Füßen, die Zehen einwärts gebogen, an ihm vorbeigeht. Um auf beiden Seiten das Gesicht zu wahren, beschließt man, die Schäfte nicht zu nehmen, sondern nur die Pfeilspitzen, und die beiden Gruppen trennen sich schweigend und blicken über ihre Schultern zurück, bis die anderen außer Sichtweite sind.

Die wenigen Mangati in der Gegend von Gidabembe leben in Frieden mit den Hadza, bei denen es nichts zu stehlen gibt. „Sie töten uns jetzt nicht mehr", sagen die Hadza. Aber die Jäger, die klein und friedfertig sind und keine territorialen Ansprüche stellen, sind weder hilflos noch fehlt es ihnen an Mut, und ihre Geduld hat ihre Grenzen. Vor nicht langer Zeit erwischten im Süden in der Nähe von Tanduse einige Hadza zwei junge Mangatikrieger in einem kostbaren Bienenbaum, und als die Mangati sich weigerten, herunterzukommen, schossen sie mit Lanzenpfeilen auf den Baum und töteten beide.

Auch die Mangati schenken dem Tod sorgfältige Beachtung. Das Begräbnis eines Ältesten kann neun Monate dauern, bis ein Grabmal aus Lehm, Dung und Stangen von mehr als vier Meter Höhe nach und nach über dem Grab errichtet ist; nach den letzten Zeremonien kriechen bei Einbruch der Dunkelheit zwei uralte Männer nackt zu dem verlassenen Grabhügel und befestigen eine zauberkräftige Rebe rund um die Basis, wobei sie flüstern: „Beeile dich nicht, warte auf uns, wir kommen dir bald nach." Die meisten Frauen und alle Kinder werden den Hyänen überlassen, eine weibliche Älteste von gutem Ruf aber kann auch einen kleinen Grabhügel erhalten, auf den ihr Holzlöffel und ihr Tonkochtopf gestellt werden. Am Ende einer kurzen Trauerperiode wird ein Loch in den Tontopf gestoßen, zum Zeichen dafür, daß ihre Arbeit auf dieser Erde getan ist.[14]

Wir klettern den ganzen frühen Morgen lang stetig über trockene offene Hänge ohne Blumen. Zwischen einem großen Haufen Dik-Dik-Losung am Pfad ist ein kleines, fünfzehn Zentimeter tiefes und ebenso breites Loch. Im Tageslicht bewegt sich die winzige Antilope im Schatten von Fels und Büschen, nachts aber kehrt sie zu diesem Bau im offenen Land zurück, wo sie sich vor Feinden sicher fühlt und die lange afrikanische Dunkelheit abwartet. Dik-Dik (sagen die Dorobo) stolperten einst über den mächtigen Dunghaufen eines Elefanten und versuchen seither, Gleiches mit Gleichem zu vergelten, indem sie ihre winzigen Losungen wie verabredet nur auf einem Platz ablegen.[15] Die Menschen machen sich diese Gewohnheit zunutze, indem sie in einem Loch einen Dornring mit den Stacheln nach innen und unten verstecken. Das Dik-Dik – „schnell-schnell" in Kisuaheli – kann seine zarten Beine nicht herausziehen und wird vom ersten Feind, der des Weges kommt, getötet. Wer immer hier jagt, ist sicherlich kein Hadza, denn die Hadza kennen keine Fallen oder Schlingen.

Die Nashörner, die ebenfalls standortgebunden sind, folgen immer denselben Pfaden zum Wasser, zum Staubbad und zu den Weiden und haben ebenfalls, allerdings in großem Maßstab, die Gewohnheit, ihre eigenen alten Kothaufen zu vergrößern, die dann überall herumliegen, vielleicht um ihr Territorium zu markieren, wahrscheinlicher aber als Orientierungshilfe für ein Tier, dessen ungeheurer Geruchssinn seine schlechte Sehschärfe kompensieren muß. Nashornhaufen sind auf diesem Pfad häufig, auch Schlacken und die primitiven dreizehigen Fußabdrücke. Irgendwo in der Nähe lauscht eines dieser Tiere mit unabhängig voneinander zuckenden Ohren, wodurch seine unheimliche Gehörschärfe teilweise erklärt wird, und überlegt mit seinem rudimentären Gehirn, ob es die Luft mit einem ordentlichen Angriff säubern soll oder nicht.

Der Bergkamm ist nur leicht bewaldet mit dicken Bäumen, und dazwischen liegen Granitblöcke. Ein Eichkätzchen springt zwischen den seltsam sternförmigen Sterculiafrüchten umher. Der krummbeinige Andaranda, dem ein Klippschliefer vom Gürtel baumelt, blickt lächelnd um sich. Seine nackten Füße stampfen rhythmisch auf den Boden, unempfindlich gegen Stacheln und Steine, und auch seine Hände sind hart wie Baumstümpfe, müssen es schließlich sein, da er so unmittelbar neben Bienen, Dornen und Feuer lebt. Der Pfad erreicht eine Wasserstelle, Halanogamai, die Mbulu oder Mangati mit Dornengestrüpp eingezäunt haben, um das Wild abzuhalten. Enderlein reißt wortlos den Zaun nieder und wirft die Zweige zu einem großen Haufen für ein Feuer zusammen; die Hadza schleppen Holz zum Feuer, ihr Eifer hat eben nichts mit dem Dornenzaun zu tun, denn sie haben nicht verstanden, welche Bedrohung er für ihre Lebensart darstellt. Maduru bleibt mit dem Rücken an einem Dornenzweig hängen, und ich ziehe ihm die Dornen heraus. Ich selbst wurde einmal von Salibogo abgeklaubt, als ich unter dem Landrover hervorkroch, und ein andermal von Gimbe. Kein Afrikaner würde für diese einfache Höflichkeit Dank erwarten, und Maduru hielt sich auch jetzt nicht damit auf, sich bei mir zu bedanken.

Der Pfad führt auf der anderen Seite der Berge nach Norden, an engen Schluchten entlang, die eine weite Aussicht auf das Yaida-Tal freigeben, das blaß in der Wüstensonne des Sommers daliegt. Am Grat entlang ragen Granitblöcke auf. Bei einem dieser riesigen Felsen, der Maseibe heißt, lebte bis vor wenigen Jahren ein alter Hadza namens Seira mit seiner Frau Nyaiga. Eines Tages, so erzählte Maduru, war Seira auf Klippschlieferjagd gegangen und hatte schon fünf mit seinem Bogen erlegt, der sechste aber fiel in eine dunkle Felsspalte, wo sich eine Schlange versteckt hatte. Seira wurde dreimal gebissen – Maduru schlägt sich auf den Arm, auf die Brust, an die Seite –, rannte nach Hause und legte starke Dawa gegen Schlangenbiß auf. Er fühlte sich besser und legte sich nieder, um auszuruhen. Aber im Gegensatz zu den meisten Jägern, die jede zusätzliche Belastung vermeiden, hatte Seira zwei Frauen, und Nyaiga war sehr eifersüchtig auf die zweite Frau, obwohl diese in Gidabembe lebte. Nyaiga rieb Pfeilgift in Seiras Bißwunden, und er starb bald darauf.

Die Hadza verlassen den Elefantenwechsel, wenden sich über winddurchwehte Lichtungen westwärts den hohen Felsen zu, die mit orangefarbenen, blaugrauen und graugrünen Flechten überwachsen sind. Unter uns bildet eine Fußspalte zwischen zwei Portalen ein Fenster auf die Yaida-Ebene, und in die Spalte eingebettet liegt, völlig vor der Welt verborgen – außer von dem einen Punkt aus, wo wir jetzt stehen – ein kleiner Felsvorsprung, überschattet von drei Kommiphoren. Die Myrrhenbäume stehen in einem schildartigen Dreieck, und an ihren schuppigen Stämmen lehnen drei Unterstände, so gut unter abgeschnittenen Zweigen getarnt, daß es aussieht, als wüchsen die Bäume aus einem Dickicht. In den Jahreszeiten, wo die Kommiphoren Blätter tragen, kann man die Unterstände überhaupt nicht sehen.

Wir steigen leise hinunter, von den Einwohnern aus dem Versteck beobachtet. Dies hier ist Sangwe, flüstert Maduru, und hier leben acht Hadza. Sie sind sehr scheu und verstecken sich unter den Hütten, obwohl sie Maduru erkannt haben und begrüßt wurden. Alle drei Hütten sind mit Gras bedeckt und ausgekleidet. Die

Wand der einen stützt die andere, und im Inneren sind sie so eng und ordentlich wie neue Vogelnester. Wie in Gidabembe auch hier kein Geruch nach menschlichem Abfall, wie dort wird auch hier die Pavianlosung nicht beachtet. Zwischen den Hütten und auf dem Felsrand, wo die Felsen zur Schlucht abfallen, ist kaum genügend Platz für die Herdstelle; neben dem Feuer liegt auf einer Kongonihaut ein kräftig gebauter junger Hadza mit einem verdrehten Auge, einer steifen rechten Hand, die durch eine Hautverbrennung am Handgelenk zurückgebogen ist. An seinem deformierten linken Fuß ist eine Wunde nacktrosa abgeheilt, die Kruste auf einer handgroßen Wunde aber näßt. Das ist Magawa, in dessen wilden Augen ich den keuchenden Kampf im Feuer sehe und das Umsichschlagen auf diesem Felsen der Schmerzen in den Wochen danach, unter dem fernen, unnachsichtigen Auge des Sonnengottes Haine.

Magawa sagt, daß er aus der Klinik in Mbulu davonlief, weil er nicht so weit entfernt von Sangwe leben konnte, und wie Mutu will auch er nicht nach Yaida Chini gehen, obwohl er hier ein hilfloser Krüppel bleiben muß. Maduru beschließt, an Magawas Stelle nach Yaida Chini zu gehen, und kommt mit uns, anstatt in Sangwe zurückzubleiben. Die anderen sehen Maduru nach, und Magandula würde sagen, daß mit der Zeit auch sie weggehen und Magawa den Löwen überlassen werden.

Nangai und Maduru kennen einen großen Felsen mit roten Malereien, die hier Tausende Jahre alt sein mögen, Zeichnungen jüngeren Datums sind meistens abstrakt und weiß und grau ausgeführt. Am frühen Morgen hatten wir abseits vom Pfad eine große Höhle gefunden, fast völlig vom Dickicht verborgen, das über den Höhleneingang gewachsen war. Maduru hatte nichts von dieser Höhle gewußt, die derzeit von Fledermäusen und Hornissen bewohnt ist, aber auch eine uralte Feuerstelle und vertikale rote Streifen enthält. Die Hadza haben kein besonderes Interesse an diesen roten Markierungen, da jeder Baum und jeder Felsblock in diesem Land, das ihnen Lebensunterhalt gibt, seine eigene Bedeutung und Wichtigkeit hat.

Wir steigen über den Grat abwärts, das heißt in südöstlicher Richtung entlang der Sipunga-Berge. Maduru weist auf Bienenlöcher, in die er Steine geklemmt hat. Wenn der Eingang zu einem Bienenstock vergrößert werden mußte, um an den Honig heranzukommen, und wenn Steine vorhanden sind, steckt man manchmal einen oder mehrere in die Öffnung, bis sie wieder auf die den Bienen genehme

Größe reduziert ist. „Wir geben Steine hinein", sagt Salibogo, „damit der Honig zurückkommt." In Bäumen steckende Steine sind eines der wenigen Anzeichen der Anwesenheit von Hadza, die im Gegensatz zu den Mbulu und den Mangati in ihrer Umwelt unsichtbar sind; sie haben keinen Begriff von der Wildnis, denn sie sind selbst ein Teil davon. Am Fuß einer Klamm kommt ein Vogel aufgeregt trillernd zu den Bäumen, fliegt wieder davon, von Salibogo und Andaranda verfolgt, die ebenfalls eifrig trillern. Dieser Vogel ist der große Honiganzeiger, der die erstaunliche Gewohnheit entwickelt hat, Honigdachs und Menschen zu Bienenstöcken zu führen und sich dann an den Überresten des Überfalls gütlich zu tun. Wenn kein Honig für den Honiganzeiger übrigbleibt, sagen die Afrikaner, dann führt er den nächsten Mann zu einer Schlange oder zu einem Löwen. Aber unser Vogel ist bald wieder zurück, immer noch trillernd; die Hadza hat er weit unten am Hang zurückgelassen.

Südostwärts, unter den aufstrebenden Felsen, folgen wir den achtunggebietenden Spuren eines Elefanten. Maduru zeigt auf eine überhängende Felswand, die wie eine Welle aus Granit vor dem gelben Himmel aufragt: Darashagan. Eine anstrengende Kletterei führt uns schließlich zu einem Vorsprung unter dem Überhang, in Baumwipfeln, die auf den Hängen unterhalb wachsen, gut versteckt. Von diesem Vorsprung blickt man nach Süden über das ganze Yaida-Tal hin. Hier gibt es eine Feuerstelle, die auch noch benützt wird, und an der Wand hinter der Feuerstelle, durch den Überhang abgeschirmt, Felszeichnungen von einem Büffel und einer Giraffe in verblaßtem Rot. Wir stehen in ehrfurchtsvollem Schweigen davor. An irgendeinem Tag hat ein anderer Mensch mit Nerven und Blut und Hoffnung, genau wie wir, diese Zeichen des Lebens mit einer spitzen Spachtel aus Vogelknochen, mit einem Fellbüschel, einer Feder eingeritzt und aufgetragen. Die Buschmänner schufen auch Malereien, bevor sie Flüchtlinge wurden, die diesen sehr ähnlich waren. Die einzigen anderen roten Malereien in diesem Land finden sich im Gebiet Kondoa-Irangi, im Land der Sandawe, die auch eine Schnalzlautsprache haben.

Andaranda macht Feuer und brät Klippschliefer und ein Perlhuhn. Nach dem Essen pflückt er Grewiablätter, und die Hadza beschneiden die Blätter und rollen Tabak aus ihren Beuteln. Ich koste Nangais unkultiviertes Kraut, und die Hadza kichern über meinen Hustenanfall. Über die Malereien sagen sie schüchtern: „Wie können wir wissen?" Als wir in sie dringen,

schreiben sie sie dem Alten Volk oder Mungu (Gott) zu, wobei sie uns forschend anblicken, in der Hoffnung, herauszufinden, welche Version wir vorziehen. Unser Drang zu verstehen verursacht ihnen Unbehagen. Für ein Volk, das von einem Tag zum anderen leben muß, haben Vergangenheit und Zukunft wenig Relevanz, die Begriffe sind für sie nebulos; sie leben im und für den Augenblick, eine sehr kostbare Fähigkeit, die wir verloren haben.

An diese uralten Felsen Afrikas gelehnt, bin ich voll Zufriedenheit. Die große Stille dieser Landschaft, die mich einst ratlos gemacht hatte, dringt Tag um Tag tiefer in mich ein und damit ein völlig unrationales Gefühl, gefunden zu haben, was ich suchte, ohne entdeckt zu haben, was das eigentlich war. In der Asche der alten Feuerstelle haben Ameisenlöwen ihre Fallen gebaut und warten im losen Staub auf ihre Opfer; hoch oben segelt ein Falke über den Felsrand und weiter hinaus über das Tal, und heute ist es mir völlig gleichgültig, ob es ein Wanderfalke oder ein Lannerfalke ist. Der Tag ist schön, mein Bauch ist voll, und wenn wir am Nachmittag in die Höhle zurückkehren, wird es eine Heimkehr sein. Zum erstenmal bin ich in Afrika unter Afrikanern. Wir verstehen fast gar nichts voneinander, und doch teilen wir dieselbe Wasserflasche, unsere Finger berühren sich in der gemeinsamen Schüssel. In Halanogamai gibt es eine Quelle, und in Darashagan gibt es rote Felsmalereien – das ist alles.

In ein paar flüchtigen trockenen Sommertagen ist diese uralte Höhle in Zentralafrika, über Jahrhunderte vom Rauch geschwärzt, für mich zum Sitz meiner eigenen Ahnen geworden, wo vor 50.000 Jahren ein mir nicht unähnliches Wesen beim ersten Feuer hockte. Die Streifenschwalbe, die unter dem Bogen nistet, war schon hier, bevor die ersten aufrecht gehenden Menschenhorden unter den schweigenden Affenbrotbäumen hierherkamen, und ebenso die Geckos, die Hornissen und die kleinen Mäuse, die ungestört ihren Geschäften nachgehen.

Giga und Gimbe kümmern sich um die Höhle, die in der trockenen Hitze des Tages kühl bleibt, und der eine oder der andere ist immer beim Feuer und spielt zart auf der Mbira. Mahlzeiten sind im afrikanischen Lebensstil nicht zeitgebunden, und wir haben nicht den Wunsch, ihnen eine Ordnung zu geben. Wir essen, bevor wir auf die Jagd gehen und nach unserer Rückkehr, und an manchen Tagen gibt es zwei Mahlzeiten, an anderen vier oder fünf. Wenn man es am wenigsten erwartet und am meisten wünscht, kommt Gimbe mit einer Schüssel mit frischem Wasser – Karibu –, rührt unser Poscho (Mehl) mit seinem Holzlöffel in dem schwarzgebrannten Topf und bietet uns dieses wärmende Zeug mit einem ausgezeichneten Stew aus dem Wild, das gerade zur Hand ist. Nachmittag baden wir im Fluß und stehen am kühlen Ufer, bis wir trocken sind; im Zwielicht klettern wir fast jeden Abend auf den umgestürzten Monolith, der das Höhlendach bildet, rauchen und sehen zu, wie die Sonne über den Sipunga-Bergen untergeht.

Zu dem Felsen, der wie ein Grabstein aussieht, kommt jeden Abend in der Dämmerung die älteste der Frauen mit einem Bündel Holz für ihr nächtliches Feuer. Als ich sie aus reinem Glücksgefühl begrüße, starrt sie mich kalt und freudlos in der Art uralter Frauen an – Warum begrüßt du mich, Idiot? Siehst du nicht, wohin die Welt geht? – und wankt wortlos an mir vorbei zu ihrer Feuerstelle. Im Dunkel, wenn der Wind weht, erhellen drei Feuer die Felswand, mit hüpfenden Schatten der drei kleinen menschlichen Gestalten unter dem Skelett ihres einsamen Baumes. Aber der Schattentanz erstirbt, sobald die Feuer ausgehen, und die drei Panakwetepi, die „alten Kinder", werden still. Die Älteste hüllt sich in fledermausfarbene Lumpen, geduckt und nickend, ein Häuflein trüber Sterblichkeit. Ich frage mich, ob sie die Hyänen heulen hört.

Ein Esel der Mbulu stößt seinen irren Schrei aus, und in weiter Ferne leuchten auf dem Hang die harten Augen eines Lastautos, das sich langsam durch das Dunkel des Berges vorschiebt und billige Ware für die Duka, den Laden, bringt. Von den „Sieben Feuerstellen" sehen die Hadza die Außenwelt, aber die Welt kann sie nicht sehen. „Dieses Tal, diese Menschen – das, was wir hier sehen, ist eine Tragödie!" meint Enderlein. „Und es ist ein Zeichen dafür, was überall in diesem Land geschieht, überall auf der ganzen Welt! Manchmal glaube ich wirklich, man kann es nicht ertragen, zuzusehen. Ich habe einfach nicht das Herz dazu, ich werde weggehen müssen. Und dann wieder, besonders wenn ich betrunken bin, sehe ich mich als Zuschauer bei der größten Komödie, die es je gab, der Vernichtung der Menschheit durch unsere eigene Hand."

Wenn die Luft kalt wird, klettern wir vom Felsen herab. In der Höhle sind die Hadza um das Feuer versammelt, Schulter an Schulter wie die Schwalben, endlos in ihrer warmen Sprache plaudernd, mit tiefen Seufzern und emphatischem kurzem Stöhnen, mit weichen N- und ANH- und M-Lauten. Hände fahren in die Glut, ziehen sich zurück, eine Messerschneide wetzt über einen Stein, einer hustet, ein flüchtiger Duft von Cannabis-Hanf, bis schließlich die Leute von den

Sieben Feuerstellen sich verabschieden. Der letzte, der noch hockengeblieben ist, Magandula, kriecht mit einem lauten, selbstbewußten Seufzer zu seinem Lager, der den weißen Männern, die da wie die Toten unter den Sternen ausgestreckt liegen, sagt, daß der weltgewandte Magandula bei aller Eselsgeduld keinen Platz unter so simplen Leuten hat. Giga, der Feuerhüter, atmet schon sein Nachtatmen, das klingt, als wäre einer auf der Flucht zu Boden gezogen worden; ich betrachte sein schlafendes Gesicht und fühle ein Kribbeln in den Schläfen. Giga ist seit ewigen Zeiten in Afrika, er ist der Prototyp des Menschen überhaupt, der Lehm der Schöpfung, und man liebt nicht Giga, sondern dieses Wesen, das sterblich ist, den gutmütigen, humorvollen Kerl von großer Würde und nicht geringer Intelligenz, der sterben wird. Und auch Gimba, der seine Lieder singt und seine süße Irimbako spielt und selbst den frechen Magandula, der zu seiner Flucht aus der alten Lebensart seine zauberkräftigen Straßenschuhe anzieht: Wenn man diese Männer im Schlaf sieht, sieht man sich selbst und schließt Frieden mit sich.

Kurz vor Tagesanbruch wirft Giga Späne aufs Feuer, rollt sich eine dicke, knotige Zigarette und hustet und hustet und hustet, was das Zeug hält, und man verzeiht ihm sogar das. Bald hört die Grille zu zirpen auf, und nach einigem Schweigen beginnt das Vogellied, der Glockenton eines schieferfarbenen Flötenwürgers, die Tauben und Turakos, ein Nashornvogel. Bei Sonnenaufgang erklingt ein Kreischen, das den Zug der flinken, blütenfarbenen Unzertrennlichen ankündigt.

Die Hadza kauern nahe an ihren Feuern, um sich zu wärmen; sobald die Sonne warm wird, beginnt der Tag. Bald kommen die Akwetepi, die „Kleinen Leute", an der Höhle vorbei, zuerst Knaben mit Bogen, dann jüngere Kinder, die Beeren suchen. „Shai-yaamo!" rufen sie. Und die Antwort ist „Shai-yamo mtana", das sie mit weichem „m-taa-na-" erwidern. Sie ziehen Beerenzweige herunter und pflücken sie leer, lachend. Am Feuer schlürfen die ruhelosen, langbeinigen weißen Männer in Shorts und Stiefeln ihren Tee und hören zu, wärmen ihre kalten Hände an den Blechbechern. In den nächsten Tagen werden wir ohne den Wildhüter Magandula weggehen, der von Wilderern in der Gegend murmelt und fragt, ob er noch im Busch bleiben kann.

Der letzte Tag bei der Höhle ist bedächtig und friedlich. Die Jäger kommen von den Sieben Feuerstellen herunter zu einem versteckten Feuer, von wo sie die Gäste höflich beobachten können. Sie schnitzen und kauen und erweichen neue Pfeilschäfte, richten sie aus, spannen sie, indem sie sie zwischen den Zehen festhalten, oder sie schneiden Pfeifenlöcher in neue Steine aus dem Fluß.

„Dong-go-ko." Einer singt leise von Zebras und Löwen. „Dong-go-ko-gogosala ..."

„Zebra, Zebra, schnell laufendes ..."

Die Frauen sind auf die Suche nach Wurzeln und Knollen gegangen und nach den seidiggrünen Nüssen des Baobab, des Affenbrotbaumes, die, auf einem Stein aufgeklopft und ein wenig gekocht, für fünf Monate im Jahr Nahrung bieten. Die stille Luft über dem Bergland zittert vom Schlagen von Stein auf Stein, und an diesem Ort, so weit von der Welt entfernt, ist der stetige Ton ein Echo aus der Urzeit. Manchmal läßt man die Samen in der Schale für eine Babyrassel, oder man bewahrt eine halbe Schale als Trinkgefäß auf. In der Regenzeit bietet der Baobab Schutz und während der Dürre Wasser, das er in seinen weichen Höhlen gesammelt hat, und immer Bastfäden, manchmal auch Honig. Vielleicht waren die größten Affenbrotbäume schon voll ausgewachsen, als der Mensch die roten Felsmale-reien in Darashagan schuf. Heute werden die jungen Baobabbäume vom Feuer vernichtet, das die Fremden anzünden, die das Land für ihre Herden und Gärten roden, und der Baum, auf dem der Mensch geboren wurde, stirbt im Hadzaland langsam aus.

Aus einem Hain abseits im Westlicht steigt ein Pfeil auf, durchbohrt die Sonne, die über dem dunklen Massiv des Sipunga-Gebirges steht. Der Schaft funkelt, scheint stillzustehen, und fällt zur Erde. Bald kommen die jungen Jäger heim, einer hinter dem anderen zwischen den Bäumen, schwarze Haut vor schwarzen silhouettenhaften Akazien. Einer spielt eine Mbira, und in sehnsuchtsvoller Monotonie, mit zögerndem Schritt, gehen die nackten Gestalten mit ihren kleinen Bogen eine nach der anderen im langsamen Tanz der Kindheit vorbei. Die Gestalten tauchen immer wieder schemenhaft zwischen schwarzen Dornbüschen und gelblichem zwielichtigem Gras auf und verschwinden. Noch ein letztes Mal sieht man sie, wie in einem Traum; als wären sie eine Gruppe des Alten Volkes, der kleinen Gumba, die vor langer Zeit in der Erde Zuflucht suchten.

Danksagungen

Für die Ermutigung, dieses Buch zu schreiben, bin ich vor allem John Owen dankbar, dessen Weitblick und Hingabe in einer schweren Zeit mithalfen, die afrikanische Tierwelt für die Zukunft zu bewahren.

Ich danke außerdem Martha Gellhorn und Truman Capote, die mich so großzügig an Dr. Owen empfohlen haben, sowie William Shawn vom Magazin „The New Yorker" für die dauernde Unterstützung, die es mir überhaupt erst möglich machte, jahrelang herumzureisen.

Im Winter 1970 schloß ich mich mit dem Photographen Eliot Porter zusammen. Ich verbrachte einige Tage mit ihm in Tansania, und im darauffolgenden Juni begleitete ich die Familie Porter auf einer Safari in den Nordwesten von Kenia. Ansonsten arbeiteten wir getrennt, in der Hoffnung, daß unsere Arbeiten einander ergänzen würden.

Frank Minot und seine Leute von der African Wildlife Leadership Foundation in Nairobi (ein Zweig der Conservation Foundation in Washinton, dem die wichtige Aufgabe obliegt, junge Afrikaner für die Erhaltung des Naturschutzes zu interessieren) sowie seine Frau Mary halfen in unzähligen Dingen, die alle zusammen ein wichtiger Beitrag zu meiner Arbeit waren. Nicht zuletzt trug dazu die Gastlichkeit ihres zauberhaften Hauses in Langata bei.

Andere, die mich mit überschwenglicher Gastfreundschaft aufnahmen, waren Iain Douglas-Hamilton (Manyara), Peter Enderlein (Yaida Chini), Nancy und Lewis Hurxthal (Embakasi), Patricia und John Owen (Arusha), Ruth und Hugh Russell (Arusha) und Desmond Vesey-FitzGerald (Momela). In Seronera, wo ich mein Hauptquartier hatte, waren das Personal des Wildparks sowie die Wissenschaftler des Serengeti Research Institute sehr entgegenkommend, hier vor allem Kay und George Schaller sowie Kay und Myles Turner. Prinz Sadruddin Aga Khan war so freundlich, mich 1970 zur Teilnahme an seiner Safari auf den Ngorongoro-Krater einzuladen; im selben Jahr kam eine weitere Safari durch die großzügige Hilfe von Mr. Solomon Ole Saibull zustande, damals Konservator des Kraters, der mir sein Privatzelt zur Verfügung stellte.

In Dankbarkeit für ihre Freundlichkeit, ihre Informationen und Hilfeleistungen erwähne ich folgende Personen, im Bewußtsein, daß mir die Namen von anderen, nicht weniger hilfsbereiten Menschen erst dann einfallen werden, wenn es zu spät ist; auch diesen danke ich und bitte sie, mir meine Vergeßlichkeit zu verzeihen:

Terence Adamson (Samburu)
Jock Anderson (NFD)
Ir. Hubert Braun (SRI)
M. K. Chauhar (Magadi)
Mervyn Cowie (Nairobi, 1961)
Dr. Harvey Croze (SRI)
Mme. Leo d'Erlanger (Seronera)
Reggie Destro (Ngorongoro)
Iain Douglas-Hamilton (Ndala)
Badru Eboo (Nairobi)

Dr. G. Eckhart (Njombe)
Ulla Ekblad (Nairobi, 1961)
Peter Enderlein (Yaida Chini)
Luis Fernandes (Nairobi)
P. A. G. „Sandy" Field (Seronera)
Martha Gellhorn (Naivasha)
J. B. Gillett (East African Herbarium)
Giga (Gidabembe)
Gimbe (Gidabembe)
Aleicester Graham (Langata)
Dr. Peter Greenway, O. B. E. (East African Herbarium)
Dr. Bernhard Grzimek (Seronera)
Patrick Hemingway (Arusha, 1961)
Jane und Hillary Hook (Kiganjo)
Nancy und Lewis Hurxthal (Embakasi-Ngurumans)
Dr. Alan Jacobs (Inst. African Studies-Nairobi)
E. P. K. Kayu (East African Herbarium)
Kessi (Frank) (Mount Meru - Ol Doinyo Lengai)
Prinz Sadruddin Aga Khan (Ngorongoro)
Kimunginye (Derati)
Dr. Hans Kruuk (SRI)
John Kufunguo (Ngorongoro)
Dr. Hugh Lamprey (SRI)
Richard Leakey (Nationalmuseum)
Leite (Gol Mountains)
Adrian Luckhurst (NFD)
Sir Malcolm Mac Donald (Seronera)
Magandula (Gidabembe)
Martin ole Mengoriki (Embagai)
Mary und Frank Minot (Langata)
Jonathan Muhanga (Manyara)
M. Nawaz (Seronera)
Perez Olindo (Nairobi)
Patricia und John Owen (Arusha)
David Ommaney (Nairobi)
Ian S. C. Parker (Nairobi)
Eliot Porter (NFD)
Sandy Price (Nationalmuseum)
Robert Reitnauer (Ngurumans)
Mary Richards (Momela)
Oria Rocco (Ndala)
Alan Root (Nairobi)
Hilary und Monty Ruben (Nairobi)
Ruth und Hugh Russell (Arusha)
Solomon Ole Saibull (Ngorongoro)
Yvonne und John Savidge (Ruaha)
Kay und George Schaller (Seronera)
Serekieli (Mount Meru - Ngurdoto)
David Stevens (Manyara)
Simon Trevor (Nairobi)
Kay und Myles Turner (Seronera)
Desmond Vesey-FitzGerald (Momela)
David Western (Nairobi)
Dr. James Woodburn (London)

Schließlich bin ich jenen Personen sehr zu Dank verpflichtet, die das Mansukript auf Fehler überprüft haben; sie sind selbstverständlich in keiner Weise für noch verbliebene Irrtümer verantwortlich.

Nahezu das komplette Buch wurde von Dr. John S. Owen und von Myles Turner gelesen, von den Ökologen Desmond Vesey-FitzGerald und David Western und von Hugh Russell, dessen besondere Aufmerksamkeit der Verwendung und Rechtschreibung des Kisuaheli galt. Außerdem profitierten manche Kapitel besonders durch die Hinweise folgender Personen:

Kapitel I   John Owen

Kapitel II   Mary und Frank Minot, Hugh Russell

Kapitel III   Jock Anderson, Richard Leakey

Kapitel IV   Dr. George Schaller, Myles Turner

Kapitel V   Myles Turner

Kapitel VI   Dr. George Schaller, Myles Turner

Kapitel VIII   Desmond Vesey-FitzGerald

Kapitel IX   Nancy und Lewis Hurxthal

Kapitel X   Peter Enderlein, Dr. James Woodburn (Gespräche in London)

Glossar   Hugh Russell

Peter Matthiessen

Mein Dank gilt:

meinen Söhnen Stephen und Patrick sowie Stephens Frau Martha für ihre unentbehrliche Hilfe bei der Betreuung der Photoausrüstung, beim Einlegen der Filme und beim Anfertigen der laufenden Aufzeichnungen;

John Owen, Direktor des Tansania-Nationalparks, der mir besondere Vorrechte einräumte, um das Photographieren innerhalb des Parks zu erleichtern;

Perez M. Olindo, Direktor des Kenia-Nationalparks, für die Freundlichkeit, mir und meinen Begleitern freie Durchfahrt durch den Park zu gewähren;

Root & Leakey's Photographic Safaris Ltd., den Direktoren Alan Root und Jock Anderson, Joan Root, Adrian Luckhurst, Tor Allan, Finn Allan, John Mbuthi und den Mitgliedern des Personals von Root & Leakey für das Organisieren und für die Leitung der Safaris, während derer die Photos dieses Buches entstanden.

Sandy Field und Myles Turner für die wertvolle Unterstützung in der Serengeti;

Willy Curry, dem Geschäftsführer von Naro Moru Lodge, der es mir und meiner Frau Aline ermöglichte, uns im Lager am Mount Kenia aufzuhalten;

den Piloten Janet Holmes und Capt. Ben. A. C. Pont, die mich bei meinen Luftaufnahmen flogen;

dem Wildhüter Samuel T. Olesaitoti (Ole Saitoti) für seine fachkundige Führung in der Serengeti.

Eliot Porter

(Alle Ausdrücke sind aus dem Kisuaheli, wenn nicht anders angegeben)

askari	Soldat, Wildwart, Wächter
banda	Hütte, strohgedeckte Hütte
bangi	(aus dem Indischen *bhang*): Cannabis-Hanf, Narkotikum
bao	altes Steinchenspiel
biltong	getrocknetes, bukaniertes Fleisch
boma	Viehpferch, mit Dornbüschen eingezäunter Unterstand
dawa	Medizin, Zaubermittel, Talisman
debe	18-Liter-Kerosinkanister
donga	Schlucht, Wasserrinne (trocken außer zu Regenzeiten)
duka	Handelsposten, Verkaufsladen
en-gang	(Massai): Heimatdorf
kanga	Schal (aus ostindischer Druckbatik)
karibu	willkommen in ...
kikoi	siehe shuka
korongo	kleiner Bach, Kanal
laibon	(Massai): Medizinmann
magadi	Natron, Natronsee
mbira	Marimba
miombo	trockener Wald, hauptsächlich *Brachystegia*
morani	(Massai; Pl. il-moran): Krieger
mswaki	Zahnbürstenstrauch *(Salvadora)*
mzungu	(Pl. wazungu): Weißer, Europäer
nyika	Wildnis (vor allem trockenes Dornbusch-Ödland zwischen Gebirge und Meer)
ol duvai	(Massai): Bajonettpflanze *(Sansevieria)*
panga	Art Buschmesser, Machete
pombe	einheimisches Bier (meist aus Mais hergestellt)
posho	Nahrungsmittel (hauptsächlich Maismehl)
shamba	kleiner Flecken Land für Ackerbau
shifta	(Somali): Bandit (wörtlich: Wanderer)
shuka	rechteckiges Stück Stoff, bedruckt oder eingefärbt, das die Hirten als Umhang tragen; auch als kikoi oder Männerhemd (an der ostafrikanischen Küste getragen)
ugali	Maismehl, Haferbrei

Anmerkungen

1. Kapitel

[1] Willard Trask, Hrsg., *The Unwritten Song*, New York 1966
[2] A. J. Arkell, *A History of the Sudan*, Oxford 1961
[3] Godfrey Lienhardt, „The Shilluk of the Upper Nile", in *African Worlds,* hrsg. von Daryll Forde, Oxford 1954
[4] Trask, a. .a. O.
[5] Mary Douglas, *Purity and Danger*, New York 1966
[6] E. E. Evans-Pritchard, *The Nuer*, Oxford 1940
[7] Geoffrey Parrinder, *African Mythology*, London 1967

2. Kapitel

[1] Marjorie Perham im Vorwort zu *Mau Mau Detainee* von J. M. Kariuki, London 1964
[2] J. M. Kariuki, *Mau Mau Detainee*, London 1964
[3] Patrice Lumumba, zitiert in *The Horizon of Africa* von Horizon Editors, New York 1971
[4] G. P. Murdock, *Africa: Its Peoples and Their Culture History*, New York 1959
[5] K. R. Dundas, „Notes on the Origin and History of the Kikuyu and Dorobo Tribes", *Man*, Nr. 78, 1908
[6] Joseph Thomson, *Through Masai Land*, London 1968
[7] Ludwig R. von Hohnel, *Discovery by Count Teleki of Lakes Rudolf and Stephanie*, London 1968
[8] J. H. Patterson, *The Man-Eaters of Tsavo*, New York 1963
[9] R. Oliver und G. Matthew, *History of East Africa*, Bd. I, Oxford 1963, S. 417
[10] Jomo Kenyatta, *Facing Mt. Kenya*, London 1938
[11] Peter Beard, *The End of the Game*, New York 1965
[12] Placide Tempels in Basil Davidson, *The African Past*, New York 1964
[13] Peter Beard, a. a. O.
[14] Karen Blixen, *Afrika. Dunkel lockende Welt*, Stuttgart-Berlin 1938
[15] Peter Beard, a. a. O.

3. Kapitel

[1] Gerhard Lindblom, *The Akamba in British East Africa*, Uppsala 1920
[2] Elspeth Huxley, *Die Grashütte*, Stuttgart 1961
[3] Dundas, a. a. O.
[4] G. W. B. Huntingford, *The Southern Nilo-Hamites*, London 1953
[5] Paul Spencer, *The Samburu*, University of California, 1965
[6] J. A. Hunter, *Die Löwen waren nicht die schlimmsten. Weißer Jäger im Schwarzen Erdteil*, Innsbruck 1953

[7] Dr. Alan Jacobs, Korrespondenz
[8] Spencer, a. a. O.
[9] John G. Williams, *Field Guide to the Birds of Central and East Africa*, Boston 1964
[10] M. Posnansky, Hrsg., *Prelude to East African History*, Oxford 1966
[11] Sonia Cole, *The Prehistory of East Africa*, New York 1965
[12] R. Oliver und G. Matthew, *History of East Africa*, Bd. I, Oxford 1963
[13] Ebenda
[14] G. P. Murdock, a. a. O.
[15] Ebenda
[16] Lindblom, a. a. O.
[17] Jacobs, Korrespondenz
[18] von Hohnel, a. a. O.
[19] Joy Adamson, *The Peoples of Kenya,* New York 1967
[20] Kariuki, a. a. O.
[21] Spencer, a. a. O.
[22] Thomson, a. a. O.

4. Kapitel

[1] Huntingford, a. a. O.
[2] Murdock, a. a. O.
[3] George B. Schaller, *The Serengeti Lion*, University of Chicago 1972, unkorrigierte Fahnen
[4] Frederick C. Selous, *A Hunter's Wanderings in Africa*, London 1881
[5] Parrinder, a. a. O.
[6] George B. Schaller und Gordon R. Lowther, „The Relevance of Carnivore Behavior to the Study of Early Hominids", *Southvestern Jour. Anthrop.*, Bd. 25, Nr. 4, 1969
[7] Hugh Russell, Gespräche und Korrespondenz

5. Kapitel

[1] C. W. Hobley, „Notes on the Dorobo", *Man*, Nr. 76, 1906
[2] H. A. Fosbrooke, „An Administrative Record of the Masai Social System", *Tanganyika Notes and Records*, Nr. 26, 1948 (im weiteren TNR)
[3] Ebenda
[4] Joseph H. Greenberg, *The Languages of Africa*, University of Indiana, 1963
[5] Karl Peters zitiert in Fosbrooke, a. a. O.
[6] G. W. B. Huntingford, „The Peopling of East Africa by Its Modern Inhabitants", aus *History of East Africa* von R. Oliver und G. Matthew, Oxford 1963
[7] Robert F. Gray, *The Sonjo of Tanganyika*, Oxford 1963

[8] Ian Henderson (mit Philip Goodhart), *The Hunt for Kimathi*, London 1958

[9] A. Wykes, *Der Schlangenfänger*, Stuttgart 1962

[10] C. P. J. Ionides, „Southern Province Native Superstitions", *TNR* Nr. 29, 1950

[11] Russell, a. a. O.

[12] Colin Turnbull, *The Lonely African*, New York 1962

[13] H. K. Schneider, „The Lion-Men of Singida: A Reappraisal", *TNR* Nr. 58, 1962

[14] Elspeth Huxley, *Zwischen Magie und Macht*, Stuttgart 1965

[15] Parrinder, a. a. O.

[16] Blixen, a. a. O.

[17] Robert F. Gray, „Structural Aspects of Mbugwe Witchcraft", aus *Witchcraft and Sorcery in East Africa*, hrsg. von John Middleton und E. H. Winter, New York 1963

6. Kapitel

[1] D. M. Sindiyo, „Game Department Field Experience in Public Education", *E. African Agric. and Forestry Journal*, Bd. XXXIII, 1968

[2] George B. Schaller, Gespräche

[3] George B. Schaller, *The Serengeti Lion*

[4] Ebenda

7. Kapitel

[1] J. A. Hunter, a. a. O.

[2] Henri Junod, aus *Life in a South African Tribe*, New York 1912, zitiert in: *Technicians of the Sacred* von J. Rothenburg, New York 1968

[3] Stewart Edward White, *The Rediscovered Country*, New York 1915

[4] R. M. Laws und I. S. C. Parker, „Recent Studies on Elephant Population in East Africa", *Symp. Zool. Soc.*, London 1968

[5] Ebenda

[6] David Western, Gespräche

[7] Arthur Neumann, *Elephant Hunting in East Equatorial Africa*, London 1898

[8] Dennis Holman, *The Elephant People*, London 1967

8. Kapitel

[1] Nach Colin Turnbull, *Tradition and Change in African Life*, New York 1966

[2] Thomas, a. a. O.

[3] Ionides, in Wykes, a. a. O.

[4] G. W. B. Huntingford, „The Social Organisation of the Dorobo", *African Studies* Nr. 1, 1942

[5] Huxley, *Zwischen Magie und Macht*

[6] L. S. B. Leakey, „Preliminary Report on an Examination of the Engaruka Ruins", *TNR* Nr. 1, 1936

[7] Murdock, a. a. O.

[8] Elspeth Huxley, *A New Earth*, New York 1960

[9] Posnansky, a. a. O.

[10] Gray, *The Sonjo of Tanganyika*

[11] Murdock, a. a. O.

[12] Leslie Brown, *Afrika*, München-Zürich 1966

[13] Sir A. Claud Hollis, *The Masai*, Oxford 1935

9. Kapitel

[1] Hollis, a. a. O.

[2] Frank Lambrecht, „Aspects of the Evolution and Ecology of Tsetse Flies...", aus *Papers in African Prehistory* von J. D. Fage und R. A. Oliver, Cambridge 1970

[3] Blixen, a. a. O.

[4] Adamson, a. a. O.

[5] Gray, *The Sonjo of Tanganyika*

[6] Myles Turner, Gespräche und Korrespondenz

10. Kapitel

[1] Aus Olivia Vlahos, *African Beginnings*, New York 1967

[2] Dorothea Bleek, „The Hadzapi or Watindega of Tanganyika Territory", *Africa*, Nr. 3, 1931

[3] F. J. Bagshawe, „The Peoples of the Happy Valley", *Jour. of the African Society*, II. Teil, Nr. 24, 1925

[4] Dorothea Bleek, „Traces of Former Bushman Occupation in Tanganyika Territory, *South African Jour. Sci.*, Nr. 28, 1931

[5] L. S. B. Leakey, *Stone Age Culures of Kenya Colony*, Cambridge 1931

[6] Peter Enderlein, Gespräche und Korrespondenz

[7] George J. Klima, *The Barabaig*, New York 1970

[8] Posnansky, a. a. O.

[9] James C. Woodburn, „Hunters and Gatherers", Broschüre des British Museum, 1970

[10] Ebenda

[11] G. M. Wilson, „The Tatoga of Tanganyika", *TNR* Nr. 33, 1952

[12] Woodburn, a. a. O.

[13] B. Cooper, „The Kindiga", *TNR* Nr. 27, 1949

[14] Klima, a. a. O.

[15] R. A. J. Maguire, „Il-Torobo", *TNR* Nr. 25, 1948

Abrahamson, H., *The Origin of Death*, London 1952
Adamson, Joy, *The Peoples of Kenya*, New York 1967
Arkell, A. J., *A History of the Sudan*, Oxford 1961

Bagshawe, F. J., „The Peoples of the Happy Valley", *Journal of the African Society*, II. Teil, Nr. 24, 1925
Beard, Peter, *The End of the Game*, New York 1965
Bleek, Dorothea, „The Hadzapi or Watindega of Tanganyika Territory", *Afrika*, Nr. 3, 1931
—, „Traces of Former Bushman Occupation in Tanganyika Territory", *South African Journal Sci.*, Nr. 28, 1931
Blixen, Karen, *Afrika. Dunkel lockende Welt*, Stuttgart-Berlin 1938
Brown, Leslie, *Afrika*, München-Zürich 1966

Carrington, Richard, *Elephanten*, Stuttgart 1962
Cave, F. O., und James D. MacDonald, *Birds of the Sudan*, London 1955
Clark, J. Desmond, *The Prehistory of Africa*, New York 1970
Cole, Sonia, *The Prehistory of East Africa*, New York 1965
Cooper, B., „The Kindiga", *Tanganyika Notes and Records* (im weiteren *TNR*), Nr. 27, 1949

Davidson, Basil, *The African Past*, New York 1964
Douglas, Mary, *Purity and Danger*, New York 1966
Douglas-Hamilton, Iain, „The Lake Manyara Elephant Problem", unveröffentlichtes Manuskript, 1969
Dundas, K. R., „Notes on the Origin and History of the Kikuyu and Dorobo Tribes", *Man*, Nr. 78, 1908
Dyson, W. S. und V. E. Fuchs, „The Elmolo", *Jour. Royal African Inst.*, Nr. 67, 1937

Evans-Pritchard, E. E., *The Nuer*, Oxford 1940

Fage, J. D., and R. A. Oliver, *Papers in African Prehistory*, Cambridge 1970
Fordham Paul, *The Geography of African Affairs.* London 1965
Fosbrooke, H. A., „An Administrative Record of the Masai Social System", *TNR*, Nr. 26, 1948
—, „A Stone Age Tribe in Tanganyika", *South African Arch. Bull.*, Nr. 11, 1956

Graham, Aleicester, „The Lake Rudolf Crocodile", unveröffentlichtes Manuskript
Gray, Robert F., *The Sonjo of Tanganyika*, Oxford 1963
—, „Structural Aspects of Mbugwe Witchcraft", in Middleton und Winter, *Witchcraft and Sorcery in East Africa*, New York 1963
Greenberg, Joseph H., *The Languages of Africa*, University of Indiana, 1963

Gregory, J. W., *The Rift Valley and the Geology of East Africa*, London 1910
Gulliver, P., und P. H. Gulliver, *The Central Nilo-Hamites*, London 1953

Henderson, Ian (mit Philip Goodhart), *The Hunt for Kimathi*, London 1958
Hobley, C. W., „Notes on the Dorobo", *Man*, Nr. 76, 1906
Hohnel, Ludwig R. von, *Discovery by Count Teleki of Lakes Rudolf and Stephanie*, London 1968
Hollis, Sir A. Claud, *The Masai*, Oxford 1935
Holman, Dennis, *The Elephant People*, London 1967
Horizon Editors, *The Horizon History of Africa*, New York 1971
Hunter, J. A., *Die Löwen waren nicht die schlimmsten. Weißer Jäger im Schwarzen Erdteil*, Innsbruck 1953
Huntingford, G. W. B., „The Peopling of East Africa by Its Modern Inhabitants", in Oliver und Matthew, *History of East Africa*, Band I, Oxford 1963
—, „The Social Organisation of the Dorobo", *African Studies*, Nr. I, 1942
—, *The Southern Nilo-Hamites*, London 1953
Huxley, Elspeth, *Die Grashütte*, Stuttgart 1961
—, *A New Earth*, New York 1960
—, *Zwischen Magie und Macht*, Stuttgart 1965

Ionides, C. P. J., „Southern Province Native Superstitions", *TNR*, Nr. 29, 1950

Junod, Henri, *Life in a South African Tribe*, New York 1912, zitiert in: *Technicians of the Sacred* von J. Rothenburg, New York 1968

Kariuki, J. M., *Mau Mau Detainee*, London 1964
Kenyatta, Jomo, *Facing Mt. Kenya*, London 1938
Klima, George J., *The Barabaig*, New York 1970

Laws, R. M., und I. S. C. Parker, „Recent Studies on Elephant Populations in East Africa", *Symp. Zool. Soc.*, London 1968
Leakey, L. S. B., *Adam's Ancestors*, London 1960
—, „Preliminary Report on an Examination of the Engaruka Ruins", *TNR*, Nr. 1, 1936
—, *Stone Age Cultures of Kenya Colony*, Cambridge 1931
Leakey, Richard, „In Search of Man's Past at Lake Rudolf", *Nat. Geog.*, 1969
Lee, Richard, und I. Devore, Hrsg., *Man the Hunter*, London 1968
Lienhardt, Godfrey, „The Shilluk of the Upper Nile", in *African Worlds*, Hrsg. Daryll Forde, Oxford 1954
Lindblom, Gerhard, *The Akamba in British East Africa*, Uppsala 1920

Maguire, R. A. J., „Il-Torobo", *TNR*, Nr. 25, 1948

el Mahdi, Mandour, *A Short History of the Sudan*, Oxford 1965

Meinertzhagen, Colonel Richard, *Kenya Diary: 1902—1906*, London 1957

Middleton, John, und E. H. Winter, Hrsg., *Witchcraft and Sorcery in East Africa*, New York 1963

Murdock, G. P., *Africa: Its Peoples and Their Culture History*, New York 1959

Neumann, Arthur, *Elephant Hunting in East Equatorial Africa*, London 1898

Oliver, R., und J. D. Fage, *Kurze Geschichte Afrikas*, München 1963

Oliver, R., und G. Matthew, *History of East Afrika*, Bd. I, Oxford 1963

Parrinder, Geoffrey, *African Mythology*, London 1967

Patterson, J. H., The Man-Eaters of Tsavo, New York 1963

Posnansky, M., Hrsg., *Prelude to East African History*, Oxford 1966

Praed, C. W. Mackworth und Capt. C. H. B. Grant, *Birds of East Africa*, London 1952

Radin, Paul, *African Folktales*, Bollingen 1952

Ricciardi, Mireilla, *Vanishing Africa*, Reynal 1971

Schaller, George B., *The Serengeti Lion*, University of Chicago, unkorrigierte Fahnen

—, und Gordon R. Lowther, „The Relevance of Carnivore Behavior to the Study of Early Hominids", *Southwestern Jour. Anthrop.*, Bd. 25, Nr. 4, 1969

Schneider, H. K., „The Lion-Men of Singida: A Reappraisal", *TNR*, Nr. 58, 1962

Selous, Frederick C., *A Hunter's Wanderings in Africa*, London 1881

Sindiyo, D. M., „Game Department Field Experience in Public Education", *E. African Agric. and Forestry Journal*, Bd. XXXIII, 1968

Spencer, Paul, *The Samburu*, University of California, 1965

Thomas, Elizabeth Marshall, *Meine Freunde die Buschmänner*, Berlin-Frankfurt-Wien 1962

Thomson, Joseph, Through Masai Land, London 1968

Trask, Willard, Hrsg., *The Unwritten Song*, New York 1966

Turnbull, Colin, *Molimo. 3 Jahre bei den Pygmäen*, Köln-Berlin 1963

—, *The Lonely African*, New York 1962

—, *Tradition and Change in African Tribal Life*, New York 1966

Van der Post, Laurens, *Die verlorene Welt der Kalahari*, Berlin 1959

Vesey-FitzGerald, Desmond, „Elephants in National Parks: A Problem of the Environment", unveröffentlichtes Manuskript, 1969

Vlahos, Olivia, *African Beginnings*, New York 1967

White, Stewart Edward, *The Rediscovered Country*, New York 1915

Williams, John G., *Field Guide to the Birds of Central and East Africa*, Boston 1964

—, *Field Guide to the National Parks of East Africa*, Boston 1968

Wilson, G. M., „The Tatoga of Tanganyika", *TNR*, Nr. 33, 1952

Woodburn, James C., „The Future of the Tindiga", *TNR*, Nr. 58, 1962

—, „Hunters and Gatherers", Broschüre des British Museum, 1970

Wykes, A., *Der Schlangenfänger*, Stuttgart 1962